한국사

6

삼국의 정치와 사회 2
백제

국사편찬위원회

자문위원

이 기 백　　황 수 영

편찬위원

노 태 돈　　신 형 식　　이 기 동

정 영 호

집필(삼국의 정치와 사회 Ⅱ - 백제)

권 오 영　　권 태 원　　김 주 성

노 중 국　　양 기 석　　유 원 재

기획 · 편집

신 재 홍　　변 승 웅　　이 근 택

고 혜 령　　고 성 훈　　나 애 자

박 한 남　　윤 병 희

복간 간행 : 김 용 곤 · 장 득 진

한국사 간행취지

우리 겨레가 앞으로 어떻게 살아갈 것인가 하는 문제는 우리들은 물론 우리와 더불어 살아가는 세계인들의 관심사일 것이다. 이에 대한 해답은 과거에 어떻게 살아왔는가 하는 우리 역사에 대한 인식을 통해 찾을 수 있을 것이라고 생각된다.

본 위원회에서는 이미 1970년대에 『한국사』 25권을 간행하여 해방 이후 한국사의 연구성과를 집대성함으로써 한국사에 대한 인식을 새롭게 한 바 있다. 그 이후 한국사회는 놀라운 성장과 발전을 이루었고 역사학계도 상당한 연구성과를 축적하였다. 이러한 변화에 발맞추어 한국사학계는 새로운 『한국사』 편찬의 필요를 느끼게 되었다.

이에 본 위원회는 일차적으로 한국사 연구지원비를 마련하여 역사학계로 하여금 1980년대 중반까지 연구성과가 미진하다고 생각되는 분야를 연구할 수 있도록 하였다. 이어서 1989년부터 1990년까지의 준비를 거쳐 1991년에는 '신편 한국사 편찬위원회'를 따로 구성하고 총 60권에 달하는 새로운 『한국사』를 편찬하기로 하였다. 그리고 다음과 같은 『한국사』 편찬의 목표를 세웠다.

① 한국의 역사와 문화에 대한 객관적 인식의 토대를 제공할 수 있는 한국사를 편찬한다.

② 민족의 창조적 문화활동과 민족사의 내재적 발전을 드러내는 한국사를 편찬한다.

③ 최근까지의 연구성과를 체계화하고 새로운 영역을 개척함으로써 한국사 연구의 지평을 넓힌다.

④ 한국사 연구와 관련하여 고고학·인류학·사회학·경제학 등 인접학문의 연구성과를 수용하여 한국사 인식의 폭을 넓히는 데 기여한다.

새로운 『한국사』를 펴내면서 우리 모두가 바라는 바는, 민족의 통일에 대비해야 하고 급격히 변화하는 시대상황 속에서, 한국사 연구자의 깊이 있는 연구를 도와주고 독자들의 역사인식을 드높일 수 있는 길잡이 구실을 할 수 있었으면 하는 것이다.

국사편찬위원회 위원장

목 차

Ⅲ. 백제의 대외관계

Ⅳ. 백제의 정치·경제와 사회

개 요

I

《三國史記》에 의하면 백제는 서기전 18년에 건국되어 660년에 나당연합군에 의해 멸망한 것으로 되어 있다. 678년간 존속한 백제의 역사는, 시조 온조왕에서 사반왕까지는 소국적 질서가 남아 있는 小國－小國聯盟시기로서, 고이왕에서 계왕까지는 소국연맹에서 중앙집권체제에 이르는 과도기인 5部체제시기로, 근초고왕 이후는 중앙집권적 국가체제의 시기로, 그리고 이후의 한성시대 전기(근초고왕～아신왕), 한성시대 후기(전지왕～개로왕), 웅진시대(문주왕～무령왕), 사비시대(성왕～의자왕)로 각각 나누어 볼 수 있다. 소국－소국연맹단계는 族制的 성격이 강한 國邑－邑落체제가 유지되었으나, 중앙집권화가 이루어지면서 종래의 국읍－읍락을 재편한 城(村)이 사회편제의 단위가 되었다. 그리고 농업생산력의 증대에 따라 자연촌이 성장하면서 사비시대에는 자연촌이 사회편제의 단위가 되었다.

백제를 구성한 주민들의 계통은 여러 갈래이다. 이 가운데 선주토착민은 마한의 여러 소국들을 구성하였던 韓人이 주류를 이루었고 여기에 濊人들이 섞이게 되었다. 이 한인·예인들은 주로 백제 피지배층을 형성하였을 것이다. 백제의 지배층을 구성하는 세력들의 계통은 왕족과 解氏 등을 비롯하여 부여족 계통이 중심을 이루었으며, 4세기 이후 삼국간의 접촉과 중국 및 왜와의 접촉이 본격화되면서 신라인·고구려인·왜인·중국계통의 사람들도 지배세력으로 등장하게 되었다.

백제는 세 차례를 천도하면서 개성있는 문화를 형성하였다. 한성시대에는 石村洞에 있는 대규모의 積石塚에서 보듯이 고구려적인 성격을 강하게 띠었다. 그러나 웅진·사비로 천도하면서 중국의 남조문화를 받아들여 세련되고 우아한 문화를 만들어 내었다. 또 백제는 지리적 이점을 최대로 활용하여 중국으로부터 새로운 문물을 받아들여 이를 백제화하고, 다시 왜에 전수하여 일본문화를 발전시키는 역할을 하기도 하였다.

Ⅱ

백제의 건국사를 정리하고자 할 때 가장 문제가 되는 것은 기본자료인 《三國志》 동이전과 《삼국사기》 백제본기 초기기록을 어떻게 볼 것인가 하는 문제이다. 동이전에는 3세기 중엽 무렵까지 백제가 마한 54국의 하나라고 하는데 반해 초기기록에서는 온조왕대에 영역을 古阜지방까지 확보한 것으로 되어 있다. 그리고 초기기록에는 고이왕대에 이미 6좌평·16관등제라고 하는 잘 짜여진 국가조직을 갖춘 것으로 되어 있지만 동이전에는 國邑主帥가 邑落 渠帥들을 잘 제어하지 못하는 것으로 묘사되고 있다. 따라서 어느 자료에 신빙성을 두어 취해 보느냐에 따라 백제의 건국·성장과정을 이해하는 데 커다란 차이가 있게 된다. 여기서는 동이전의 伯濟國과 4세기대의 百濟國은 연속선상의 계승관계를 가지며, 초기기록은 구체적인 연대나 왕실 계보에는 일부 조작이 가해진 것으로 보는 절충론의 입장에서 정리하였다.

《삼국사기》 백제본기에는 온조 중심의 건국설화와 비류 중심의 건국설화를 전해 주고 있다. 두 건국설화에서 온조와 비류가 형제로 나오는 것은 두 집단이 연맹을 형성하였던 사실을, 두 설화에서 모두 비류가 형으로 나오는 것은 연맹 초기에 비류계집단이 온조계집단보다 우세하였던 것을 각각 반영한다. 건국 후 백제국은 중국 군현의 「以夷制夷的」 분열정책을 극복하면서 마침내 마한내에서 정치적 주도권을 잡았다. 그 시기는 대체로 3세기 중엽 무렵 고이왕대로 보인다. 백제가 目支國 중심의 마한연맹을 압도할 수 있었던 것은 선진적인 철기문화를 소유하여 우수한 무기와 농공구를 만들었다는 것과 중국－낙랑·대방－가야－왜를 잇는 활발한 교역망을 형성하였기 때문이었다.

근초고왕대에 와서 백제는 소국 수장들을 중앙귀족으로 轉化시키고 일원적인 관등체제에 편제하였다. 그리고 영역을 分定함으로써 지방통치조직을 만들고 지방관을 파견하여 중앙에서 직접적으로 통치하였다. 또 유교이념을 강조하고 국사를 편찬하여 왕권을 뒷받침하는 이념으로 하였다. 이러한 토대 위에서 백제는 활발한 정복활동을 벌여 남으로는 영산강유역에 근거한 마한의 잔여세력들을 완전히 병합하였고, 북으로는 고구려의 압력을 물리치면서 황해도 新溪지역까지를 영역으로 확보하였다.

Ⅲ

근초고왕 이후 문주왕이 웅진으로 천도하기까지의 한성시대는 두 시기로 나누어 볼 수 있다. 한성시대 전기는 근초고왕에서 아신왕대까지로 왕과 왕비족인 眞氏세력이 중심이 되어 정치운영을 이루어 나간 시기이다. 이 시기에는 진사왕과 아신왕의 즉위과정에 왕위계승 분쟁이 있어 상대적으로 왕비족인 진씨세력의 영향력이 크게 확대되었다. 한편 대외적으로는 고구려 광개토왕의 적극적인 남하공세에 밀려 58성 700촌을 빼앗기는 등 고전을 하기도 하였다.

한성시대 후기는 전지왕에서 개로왕대까지로 전지왕의 즉위 이후 解氏와 木氏 등이 정치적 실권을 장악한 시기이다. 이 시기에는 아신왕이 죽은 후 해씨를 중심으로 한 세력들이 왕제 碟禮 지지세력들을 물리치고 왜에 인질로 가 있던 태자 전지를 옹립하였다. 그 결과 이제까지 실권을 장악하였던 진씨세력은 밀려나고 왕족 餘信과 해씨·목씨세력이 정국을 주도하게 되었다. 전지왕대에는 上佐平을 설치하여 軍國政事를 위임함으로써 왕권이 위축된 듯하였다.

이러한 왕권의 미약함을 극복하기 위해 개로왕은 일련의 왕권강화책을 추진하였다. 그는 궁실과 부왕의 능묘를 새로이 조영하는 등 토목공사를 일으켜 왕실의 권위를 높이고, 대외적으로는 고구려의 압력에 대항하기 위해 신라와 긴밀한 관계를 가지면서 北魏에 사신을 보내 請兵외교를 벌이기도 하였다. 그러나 그의 왕권강화책은 안으로는 귀족들의 반발과 밖으로는 고구려의 공격으로 왕도가 함락되고 왕이 피살됨으로써 수포로 돌아가고 말았다.

개로왕이 피살된 후 문주왕은 황급히 웅진으로 천도하였다. 천도 초기에는 한성에서 남하해 온 구귀족세력들의 분열과 갈등으로 병관좌평 解仇가 문주왕을 살해하고 반란을 일으키는 등 정치정세가 매우 불안하였다. 이러한 정치적 불안을 극복하기 위해 동성왕은 錦江유역에 기반을 둔 沙氏·燕氏 등 신진세력들을 등용하여 신구귀족간의 세력균형을 도모하였다. 그 과정에서 정치적 주도권은 점차 신진귀족들에게로 옮겨져 갔다. 무령왕은 동성왕을 피살하고 반란을 일으킨 苩加의 난을 평정함으로써 정국의 주도권을 장악하였다. 그리고 왕족을 대폭 등용하면서 담로에 왕족을 파견하여 지방에 대한 통제력도 강화하였다. 또 수리시설을 확충하고 유민들을 귀농시켜 농민경제의 안정을 도모하였고, 고구려에 대해서는 공세적 입장을 취하였다. 이로써 백제는 梁에 사신을 파견하여 다시 강국이 되었음을 선언하기도 하였다.

동성왕·무령왕대의 왕권강화책을 기반으로 하여 성왕은 사비로 천도하였다. 성왕의 사비천도에는 부여지역에 기반을 둔 沙宅氏세력과 목씨세력이 적극적으로 협력하였던 것 같다. 천도 후 성왕은 국호를 南扶餘로 개칭하고 16관등제, 22부사제, 수도의 5部－5巷制, 5方·郡－(城)縣制를 실시하여 국가체제를 정비하였다. 체제정비를 통해 중흥을 이룩한 성왕은 신라·가야군과 더불어 고구려를 공격하여 잃어버린 한강유역을 회복하였다. 그러나 신라 진흥왕이 백제가 확보한 한강 하류지역까지를 점령하자 이에 분노한 성왕은 많은 반대에도 불구하고 신라정토군을 일으켰다가 管山城전투에서 대패하여 전사하고 말았다. 성왕의 뒤를 이은 위덕왕대는 신라정벌을 반대한 귀족들이 실권을 장악하였는데 그 중심세력들이 이른바 大姓8族이었다.

법왕이 재위 3년으로 죽은 후 실권귀족들은 益山에서 마를 캐던 薯童을 옹립하였으니 이가 무왕이다. 무왕은 阿莫山城전투 이후 적극적으로 왕권강화책을 도모하여 좌평의 관료화를 추진하고 彌勒寺를 건립하여 귀족세력과의 타협을 모색한 뒤 王興寺의 건립을 통하여 권력을 강화하였다. 무왕의 권력강화를 뒷받침해 준 세력으로는 鬼室氏·黑齒氏·階伯氏 등을 들 수 있다. 그러나 익산으로의 천도를 단행하지 못한 것은 그의 정치적 한계라고 할 것이다. 무왕의 뒤를 이은 의자왕은 즉위 초에 친위정변을 단행하여 왕권에 반대되는 고위 귀족들을 추방하였다. 그리고 신라의 大耶城을 공략하고 신라 북계의 30여 성을 함락시키는 등 신라에 대한 압력을 가하였다. 또 대외정책은 實持兩端의 정책에서 친고구려정책으로 전환하고, 왜와의 화친도 이룩하였다. 그러나 의자왕의 빈번한 신라공격은 농민경제를 파탄으로 이끌었고, 고구려와의 긴밀한 관계는 나당동맹을 맺도록 하였으며, 15년 이후에는 荒淫에 빠져 국정은 寵臣의 손에서 좌우되었다. 그 결과 백제는 나당군의 공격을 감당하지 못하고 마침내 멸망의 길을 가고 말았다.

Ⅳ

백제의 대외관계는 삼국간의 관계와 중국·왜와의 관계로 나누어 볼 수 있다. 삼국의 대외관계는 기본적으로 실리와 세력균형을 추구하는 방향에서 전개되었기 때문에 정세에 따라 다양한 양상을 보였다. 4세기 초에 낙랑군·대방군이 소멸된 후 백제는 고구려 광개토왕의 남진에 대항하기 위해 위세력을 끌어들이기도 하였다. 비유왕대에 와서는 신라와 공수동맹을 맺고 고구려의 침략에 대응하였지만 개로왕은 고구려 장수왕의 공격으로 전사하였다. 신라와의 공수동맹 관계는 웅진천도 이후에도 지속되었으나 성왕 31년(553)에 백제가 고구려로부터 회복한 한강유역을 신라 진흥왕이 차지하게 되면서 깨어지고, 양국은 적대관계로 들어가게 되었다. 이후 삼국은 상호 대립과 갈등의 양상을 보이다가 중국에서 唐이 서자 백제는 고구려와 손잡고 신라와 당나라의 연합체제에 대응하는 외교노선을 취하였다.

백제와 중국과의 관계는 그 내용을 朝貢·封冊·遣使·請求·戰爭·會盟 등으로 나누어 볼 수 있으며 조공과 봉책이 주류를 이루었다. 그러나 이 시기의 조공은 중국적 질서 속에 예속되는 것이 아니라 한반도내에서의 역학관계를 중국과 연결함으로써 세력균형을 유지하려던 외교행위로 봐야 할 것이다. 백제 초기 중국과의 관계는 낙랑·대방군을 중심으로 이루어졌으나 근초고왕이 東晉에 사신을 파견하고 동진으로부터 '鎭東將軍領樂浪太守'의 작호를 받음으로써 본격적으로 진행되었다. 백제의 중국에 대한 외교는 지리관계상 주로 남조를 중심으로 이루어졌지만 때로는 고구려를 봉쇄하기 위해 북조와의 외교접촉을 추구하기도 하였다. 웅진천도 초기에는 고구려의 방해로 중국과의 접촉이 단절되기도 하였으나 동성왕 이후 다시 재개되었고, 사비도읍기에는 남북조 모두와 외교교섭을 가지는 등거리외교를 구사하기도 하였다.

백제와 왜와의 관계는 현재의 사료에는 대립적인 것보다는 우호적이고 상호 원조하는 형태로 나온다. 이는 왜지역으로 이주한 백제계 사람들이 왜정권의 핵심에 자리한 것과도 일정한 연관이 있을 것으로 생각된다. 그러나 《日本書紀》에 보이는 백제－왜관계 기사는 왜를 중심으로 왜곡되게 서술되어 있어서 이를 백제 중심으로 재해석하는 것이 필요하다. 백제와 왜관계는 근초고왕대에 본격적으로 이루어졌다. 이 시기의 양국관계를 단적으로 보여주는 것이 백제왕이 倭王을 侯王으로 대우하면서 보낸 七支刀이다. 이후 백제는 왜에 학술·기술 등 선진문물을 제공하고 대신 왜는 백제의 요청에 응해 군사를 원조하는 형태로 전개되었다. 백제가 왜에 《千字文》과 《論語》를 보내주고 五經박사 등을 파견한 것과 〈광개토왕비문〉이나 白江전투에서 보듯이 왜가 원군을 파견한 것은 이러한 사실을 반영하는 것이다.

V

백제의 통치조직은 한성에서 웅진으로, 웅진에서 사비로 천도하는 상황에서 여러 차례 변화를 겪게 되었다. 먼저 관등제를 보면 고이왕대에 좌평과 率系·德系 관등이 만들어졌고, 근초고왕대에 와서 솔계 관등과 덕계 관등을 각각 5개의 관등으로 분화시켜 일원적인 관등체계를 만들었다. 그 후 성왕이 사비로 천도하면서 文督과 武督을 설치함으로써 16관등제로 정비되었다. 16관등제 중 1품 좌평은 전왕인 무령왕대에 상좌평이 설치되면서 상·중·하좌평 등으로 분화되었고, 사비도읍기에 와서 內臣·內頭·內法·衛士·朝廷·兵官좌평으로 되었는데 점차 관직적인 성격으로 바뀌어 갔다. 2품 달솔은 정원이 30명이었으나 3품 은솔 이하는 정원이 없었다.

행정을 총괄하는 부서로는 22部가 있었다. 22부는 왕실관계의 업무를 관장하는 내관 12부와 일반 서정을 다루는 외관 10부로 구성되었다. 내관 12부 중에서 前內部는 왕명의 출납을 담당하였고, 외관 10부 가운데 司軍部는 군사업무를, 司徒部는 교육과 의례업무를, 司空部는 재정업무를, 司寇部는 사법업무를 관장하였다. 22부의 장은 長史 또는 長吏라고 하였으며 임기는 3년이었다. 이외에 관직으로는 군사권을 관장한 左將, 교육을 담당한 박사 등이 있었다. 백제의 귀족회의체의 전신은 좌평을 의장으로 하고 솔계 관등이 참여하는 諸率회의체였으나 후에 좌평이 분화되면서 좌평들이 최고귀족회의체를 구성하게 되었다. 좌평회의체의 구성원은 웅진도읍기까지는 5명이었으나 사비 천도 후 6좌평제로 정비되었다. 좌평회의체는 중요한 국사를 의논할 때 政事巖과 같은 신성지역에서 하였다.

백제의 지방통치조직은 근초고왕대에 檐魯制를 실시함으로써 종래의 간접통치에서 직접적인 통치로 바뀌게 되었다. 담로제는 소국을 구성하였던 國邑-邑落을 城(村)으로 재편한 후 大城에 지방관을 파견하여 다스리도록 한 거점지배적 성격을 지녔다. 웅진도읍기의 담로의 수는 22개였고 왕의 子弟宗族이 파견되었다. 이 담로제는 성왕이 사비천도 후 지배체제를 정비하면서 方·郡-城(縣)제로 개편되었다. 방은 전국을 다섯으로 나눈 5방으로 이루어졌으며 장관은 方領, 치소는 方城이라 하였다. 군은 37개였는데 군사적인 측면에서는 방령의 관할을 받았으며, 장은 郡將이라 하였다. 방과 군이 통할하는 하위의 조직이 성(현)이었다. 성(현)의 장은 城主 또는 道使라 하였다. 방·군-성(현)의 편제는 田丁戶口의 다과라고 하는 보다 객관적인 기준에 의해 이루어졌는데 구성단위는 자연촌이었다.

백제의 군사조직은 왕권이 점차 확립되고 삼국간의 전쟁이 보다 치열하게 전개되는 과정에서 정비되었다. 군사권은 고이왕이 좌장을 설치함으로써 왕권하에 집중되었고, 그 후 병관좌평이 설치되면서 좌장은 군령권을 관장하고 병관좌평은 군정권을 관장하게 되었다. 그러나 군사권이나 庶政權은 정치적 상황에 따라 신임하는 신하에게 위임되기도 하였다. 중앙군사조직으로는 수도 5부에 각각 배치된 부대가 있었는데 수도의 방위와 경찰의 임무를 담당하였다. 이 부대들은 각각 500명으로 구성되었고, 달솔의 관등을 소지한 자가 지휘하였다. 지방군사조직으로는 5방의 방성에는 700~1,200명의 군사가 배치되어 방령의 통솔을 받았다. 군이나 성에도 군사조직이 있었으나 그 인원은 알 수 없다. 일반민은 모두 병역의 의무가 부여되었는데 복무 기간은 3년이 원칙이었다.

Ⅵ

백제의 경제구조는 토지경제가 중심을 이루었다. 지배층은 田租의 賜與와 食邑의 지급을 받았다. 식읍은 공훈이 뛰어난 왕족이나 관료들이 받는 경제적 특혜로서 租·調·力役의 賦稅를 직접 수취하는 형태였다. 이외에 귀족들은 정복지역의 토지를 사여받거나 새로운 토지를 개간·소유하여 대토지를 소유하게 되었다. 농민들도 私的 소유가 진전되면서 개별적인 토지소유가 가능하게 되었다. 그리고 철제 농기구의 광범위한 보급과 牛耕의 실시, 碧骨堤 같은 대규모의 저수지와 제방의 축조 등으로 생산력이 증대되면서 개별농가가 농업 경영 단위로 성장하였다. 이에 따라 농민층은 자영농민층의 성장과 아울러 無田농민, 傭作농민 등으로 다양하게 분화되었다.

백제의 세제로는 租·調·力役이 있었다. 조의 수취대상은 농민층이었다. 경작물은 쌀을 비롯하여 小麥·大豆·粟 등이었다. 租와 調의 수취는《周書》백제전에 의하면 그 해의 풍흉에 따라 차등을 두었는데 수취기준은 분명하지 않으나 고구려처럼 재산의 크기를 기준으로 하여 戶를 3등급으로 나누어 수취하지 않았을까 한다. 調의 수취물은 布·絹·絲·麻였다. 백제의 수공업품으로는 갑옷에 황색칠을 한 光明鎧·鐵甲·彫斧 등이 유명하며, 출토유물로는 武寧王陵과 羅州 新村里 9호분 乙棺에서 나온 單龍環頭大刀가 유명하다. 그리고 〈광개토왕비문〉에 백제가 고구려에 항복한 대가로 공납한 細布는 모시를 가리키는 것으로 생각된다. 궁중과 관청에서 필요로 하는 물품과 국왕의 사여물 및 대외교역품은 대체로 관영수공업자들에 의해 생산되었는데 상급 匠人들은 박사의 직위를 수여받았다. 일반민들이 필요로 하는 물품은 농민들이 가내 수공업의 형태로 생산한 것이었다. 이러한 생산물을 수취·관리하는 중앙관청이 왕실 소속으로는 穀部와 內椋部·外椋部 등이 있었고, 정부 소속의 관청으로는 點口部·綢部가 있었다.

역역은 요역과 군역으로 크게 구분할 수 있다. 요역은 성곽·궁실·제단·제방의 축조 등에 民을 동원한 것으로 15세 이상의 丁男이 동원대상이었다. 이 요역 동원은 주로 2월과 7월의 농한기를 이용하였다. 군역은 삼국 사이의 전쟁이 격화되면서 일반민들도 그 부과대상이 되었다. 군역의 복무기간은 원칙적으로 3년이었으며 군현을 단위로 하여 징발된 것으로 보인다.

Ⅶ

백제의 신분은 크게 지배신분층과 평민층 및 천인층으로 나누어진다. 지배신분층은 다시 특권의 크기에 따라 3계층으로 나누어 볼 수 있다. 제1지배신분층은 왕족과 대성8족이 중심을 이루었는데 좌평과 솔계 관등을 가질 수 있었다. 이 대성8족은 한성도읍기에서 웅진도읍기를 거친 후 사비도읍기에 와서 확립된 것으로서 금강유역을 기반으로 한 가문과 한성에서 남하해 온 가문들로 이루어졌다. 제2지배신분층은 덕계의 관등까지 승진할 수 있는 신분으로 생각된다. 제3지배신분층은 督系의 관등까지 승진할 수 있는 신분층이 아니었을까 한다.

신분제는 관등·관직제를 규정하기 때문에 신분에 따라 관등·관직·복색·대색에도 구별이 있었다. 이 가운데 왕은 金花로 장식한 烏羅冠을 쓰고, 흰 가죽띠를 두르고, 검은색의 비단신을 신었다. 제1신분층은 紫色의 공복을 입고, 은화로 장식한 관을 썼다. 제2신분층은 緋色의 공복을 입되, 紫帶에서 黃帶까지의 띠를 띠었다. 제3신분층은 푸른 색의 공복을 입되, 누런 띠에서 흰 띠까지의 띠를 둘렀다.

평민층은 농민이 주류를 이루었다. 평민층은 군역과 역역이 부과되는 주된 대상이었으며, 비색이나 자색의 옷을 입는 것이 금지되었다. 천인층의 주류는 노비였다. 노비는 非自由民으로서 재산으로 취급받는 존재였다. 노비의 소생은 노비가 되었으며, 전쟁포로·형벌노비·부채노비 등의 형태로 지속적으로 공급되었다.

중앙집권적 국가체제가 갖추어진 근초고왕대에 백제는 율령을 반포하여 일원적인 법체계를 만들었다. 백제의 律로는 관리로서 뇌물을 받거나 도둑질한 자는 3배를 배상하고 終身禁錮에 처하는 것, 모반하거나 退軍한 자는 목을 베고 도둑질한 자는 流刑에 처하는 것, 부인이 간통하면 남편집의 종으로 삼는 것 등을 들 수 있다. 令과 관련되는 것으로는 官品令的인 성격의 16관등제, 職員令과 관련되는 22부제, 郡縣令 성격의 방·군－성(현)제, 賦役令과 관련되는 賦稅·力役 등을 들 수 있다.

백제는 중국으로부터 유교사상과 불교를 받아들여 중앙집권의 지배이념으로 삼았다. 백제에서 성행한 불교종파로는 三論宗·律宗 등이 있었다. 또 다른 신앙으로는 시조묘 제사, 천지신에 대한 제사, 도교사상 등이 있었는데, 근래 부여 陵山里에 발견된 龍鳳金銅香爐에 새겨진 조각은 산악숭배·신선사상·도교·불교가 복합된 모습을 보여주고 있다. 백제의 오락으로는 投壺, 樗蒲, 握槊(雙六), 圍碁(바둑), 騎射, 角抵(씨름) 등이 있었고, 특히 개로왕은 바둑을 즐긴 사람으로 유명하다.

〈盧重國〉

Ⅰ. 백제의 성립과 발전

1. 백제의 기원
2. 백제의 성립과 발전

Ⅰ. 백제의 성립과 발전

1. 백제의 기원

1) 백제 초기사를 보는 시각

백제 초기라고 할 때에는 3세기 중반의 고이왕 이전을 가리키는 것이 일반적이며 경우에 따라서는 4세기 중반 근초고왕 즉위 이전을 가리키는 경우도 있다. 삼국의 초기 역사가 모두 그러하듯이 백제 초기사는 사료의 극심한 부족과 기사 자체의 신빙성 여부 때문에 구체적인 실상을 밝히기가 매우 어려운 상황이다. 따라서 백제 초기사를 이해하기 위한 기본전제에 대해서도 아직껏 최소한의 합의조차 이루어지지 못한 형편이다. 지금까지 발표된 견해들은 크게 두 가지로 나눌 수 있는데 각각의 견해들은《三國史記》의 초기 기록을 어떻게 볼 것인가 하는 입장의 차이와 밀접히 관련되어 있다.

먼저 연속성 내지 계승성을 인정하는 견해이다. 즉《三國志》韓條의 馬韓 小國 중의 하나인 3세기 무렵의 伯濟國과 4세기 이후의 百濟와의 관계를 연속선상에서의 계승관계로 보는 것이다. 이 견해는 다시《삼국사기》의 초기 기록을 역사적 사실의 정확한 반영으로 인정하는 긍정론[1]과 대략적인 추세는 인정하지만 구체적인 연대나 왕실 계보에는 일부 문제가 있는 것으로 보는 실증론[2]으로 나눌 수 있다.

그 다음은 불연속성 내지 단절을 강조하는 견해이다. 4세기 중반 이후 급

---

1) 千寬宇, 〈三韓의 國家形成(下)〉(《韓國學報》 3, 一志社, 1976).
李鍾旭, 〈百濟의 國家形成〉(《大丘史學》 11, 1976).
――, 〈百濟王國의 成長〉(《大丘史學》 12·13, 1977).
――, 〈百濟 初期史 硏究史料의 性格〉(《百濟硏究》 17, 忠南大 百濟硏究所, 1986).
崔夢龍, 〈漢城時代 百濟의 都邑地와 領域〉(《震檀學報》 60, 1985).

2) 金哲埈, 〈百濟建國考〉(《百濟硏究》 특집호, 1982).
盧重國, 《百濟政治史硏究》(一潮閣, 1988).

작스러운 발전을 이루는 백제의 왕실은 그 출자면에서 이전의 백제국과는 별개의 존재로서 만주지역에 존재하던 기마민족이 남하하여 세운 일종의 정복왕조라는 것이다.[3] 이 견해는 《삼국사기》의 초기 기록에 대해 강한 의문을 품고 있는 점이 특징이다.

이렇듯 4세기 이전의 백제사는 기초 사료의 신빙성 여부로 인하여 연구자간에 팽팽한 평행선을 그리고 있는 실정이다. 여기에서는 마한 소국으로서의 백제국과 4세기 이후 백제와의 연속성을 인정하는 입장을 취하였으며, 《삼국사기》의 초기 기록에 대해서는 절충론적 입장을 취하고 있음을 미리 밝혀둔다.

2) 건국설화

백제의 건국설화는 내용상으로는 그리 풍부하지 못하고 빈약한 모습을 보여주면서도 서로 다른 여러 갈래의 전승을 남기고 있다.

첫째, 온조를 시조로 하는 설이다. 《삼국사기》 백제본기 온조왕조의 본문에 그 내용이 전해진다. 북부여를 떠난 朱蒙이 卒本扶餘에 정착한 후, 졸본부여왕의 둘째 딸과 혼인하여 두 아들 沸流와 溫祚를 낳았으나, 이들은 주몽이 북부여에서 낳은 아들이 남쪽으로 내려와서 태자가 되자 그에게 용납되지 못할까 두려워하여 함께 남하했다. 그 후 비류는 彌鄒忽(인천)에, 온조는 신하 10명의 輔翼을 받으며 慰禮지역(서울 강남)에 정착하고 국호를 十濟라 하였다고 한다. 곧이어 비류가 죽으면서 그의 신하와 백성들이 온조에게 귀의하였고 이때부터 국호를 백제로 바꾸었다고 한다. 《삼국사기》 권 37, 지리 4, 백제조, 그리고 《三國遺事》 권 1, 王曆과 권 2, 紀異 2 南扶餘前百濟조에는 주몽이 東明王으로 표기되어 있으나 동일한 계통임이 분명하다. 王姓을 《삼국사기》에서는 扶餘氏로, 《삼국유사》에서는 解氏로 보는 점이 다르지만 양자 모두 주몽

3) 李基東, 〈百濟 王室交代論에 대하여〉(《百濟研究》 특집호, 1982).
———, 〈百濟建國史의 二, 三의 問題〉(《百濟研究》 21, 1990).
李道學, 〈百濟의 起源과 國家形成에 관한 재검토〉(《한국 고대국가의 형성》, 民音社, 1990).
———, 《百濟集權國家形成過程研究》(漢陽大 博士學位論文, 1991).

(동명왕)에서 온조로 이어지는 계보를 백제왕실의 근간으로 간주하고 있는 셈이 된다.

둘째, 비류를 시조로 인정하는 설이다. 《삼국사기》 백제본기 온조왕조 細註에 인용된 기사이다. 북부여왕 解扶婁의 庶孫인 優台와 卒本人 延陀勃의 딸인 召西奴의 사이에서 비류와 온조가 태어났으며, 우태가 죽은 후 소서노는 주몽에게 개가하였다고 한다. 주몽의 맏아들 孺留가 남쪽으로 오자 비류·온조 양인이 떠나오는 과정부터는 앞의 내용과 동일하다. 단 浿帶二水를 건넜다는 점, 정착한 곳이 미추홀이라는 점, 신하 10명의 존재가 보이지 않는 점 등에 차이가 있다. 이 경우 주몽은 비류·온조 양인의 계부에 지나지 않고 해부루-우태-비류가 백제 왕실의 뿌리가 되는 셈이다. 《삼국사기》 권 32, 제사조에서는 《海東古記》에 의거하여 시조 동명설과 시조 우태설을 나란히 기록하고 있다. 여기서의 우태는 비류의 친부를 일컫는 것이 분명하기 때문에, 역시 비류를 시조로 하는 설에 포함된다.

셋째, 仇台를 시조로 보는 설이다. 《周書》 異域 上, 百濟條에서는 백제를 마한의 속국, 부여의 별종이라면서 구태란 자가 대방에서 처음으로 나라를 열었다고 하였다. 이 내용은 《隋書》 단계에 와서 부여의 尉仇台와 仇台를 혼동하여[4] 帶方太守 公孫度의 딸과의 혼인 기사가 첨가되었고 동명신화와 결부되면서 구태는 동명의 후예라는 인식을 낳게 되었다.[5] 이 내용은 《北史》에서 답습되었고 《삼국사기》에 재인용되었다. 이 경우 구태는 고구려와는 관계없이 부여와 직접 연결되는 셈이다.[6]

마지막으로 일본측 사서에 전하는 都慕說이다. "百濟 遠祖 都慕王은 河伯의 딸이 日精에 감응하여 태어났다"[7]거나, "百濟 太祖 都慕大王은 日神이 降靈하여 부여에서 개국하였는데 후에 여러 韓을 총괄하여 왕이라 일컬었다"[8]

---

4) 李丙燾, 〈百濟의 建國問題와 馬韓 中心勢力의 變動〉(《韓國古代史硏究》, 博英社, 1981), 473쪽.

5) 兪元載, 〈中國正史 百濟傳 硏究〉(《韓國上古史學報》 4, 1990), 192쪽.

6) 한편 仇台와 夫餘가 동일하게 발음될 수 있음을 전제로 仇台는 특정인물이 아니라 夫餘氏와 동일한 姓氏이며 동시에 왕을 칭하는 것으로 보는 견해도 있다(王民信, 〈百濟始祖 「仇台」考〉, 《百濟硏究》 17, 1986).

7) 《續日本紀》 권 40, 延曆 8년 明年 정월.

8) 《續日本紀》 권 40, 延曆 9년 7월.

라는 따위의 내용들이다. 倭地의 백제계 渡來人들 중에는 자신의 계보를 都慕에 연결시킨 예가 많다.[9] 都慕가 부여의 東明 또는 고구려의 朱蒙·鄒牟 가운데 누구에 해당하는지 단언하기는 곤란하다. 다만 도모·동명·주몽·추모는 동일하게 읽혔을 가능성이 크다.[10]

이렇듯 백제의 시조에 대해서는 다양한 설이 존재하는데 첫째 전승은 고구려의 주몽과 직결되는데 비해, 둘째·셋째 전승은 고구려와는 관련없이 부여와 직접 연결된다는 점에서 공통적이다. 넷째 전승은 부여와 고구려를 포괄적으로 인식하는 속에서 나타난 것으로 이해된다.

3) 건국집단의 기원과 주민구성

(1) 건국집단의 기원

건국설화의 다양함과 시조에 대한 이견은 그만큼 백제 지배집단의 계통이 복잡하다는 방증이 되겠다. 《삼국사기》의 찬자는 다양한 전승 중에서 주몽－온조로 이어지는 계보를 채택하였으며, 《삼국유사》는 《삼국사기》의 내용을 답습하였다.

하지만 우태－비류로 이어지는 전승 역시 《삼국사기》에 남겨질 정도로 오랫동안 유지되었다는 점에서 중요시되어야 할 것이다. 이것은 백제 건국세력의 주체가 온조계만의 단일집단이 아니라 온조계와 비류계가 양립한 시기가 있었음을 반영한다. 게다가 예외없이 비류가 형으로 기록되어 있기 때문에 이른 시기에는 온조계집단보다 비류계집단의 세력이 우월하였던 것으로 보인다.[11] 비류와 온조가 형제로 기록된 것은 양 집단의 출자와 계통이 동일하여서라기보다는 초기에 연맹을 형성하였던 현실의 반영이라고 보아야 할 것이다.[12]

---

9) 《新撰姓氏錄》 左京諸蕃下 和朝臣·百濟朝臣·百濟公, 右京諸蕃下 菅野朝臣·百濟伎·不破連, 河內國諸蕃 河內連 등이 그러하다.

10) 백제시조를 都慕로 설정한 건국설화체계에서는 부여의 시조로서의 東明과 고구려의 시조로서의 朱蒙은 동일시되었을 가능성이 크므로 양자를 엄밀히 구분하는 것은 별 의미가 없었을 것이다.

11) 시조 비류설이 원초적인 신앙이나 습속을 더 많이 포함하고 있기 때문에 시조 온조설보다 이른 시기에 성립된 것으로 보기도 한다(金杜珍, 〈百濟 建國神話의 復元試論〉, 《國史館論叢》 13, 國史編纂委員會, 1990, 72쪽).

12) 大伽倻王 惱窒朱日(伊珍阿豉)과 金官國王 惱窒靑裔(首露王)를 형제로 결합시

비류를 시조로 인정하는 전승에서는 고구려나 주몽과의 관계가 배제되어 있기 때문에, 비류계집단은 일단 고구려나 주몽과는 직접적인 계승관계가 없었다고 판단된다. 비류라는 명칭이 압록강유역에서 주몽으로 대표되는 桂婁部집단과 쟁투를 벌였던 松讓王의 沸流國과 동일하기 때문에 비류집단의 출자를 비류국, 즉 消奴部집단과 연결시킬 수도 있다. 이럴 경우 비류를 시조로 하는 전승과 자연스럽게 연결된다. 비류 시조설에서 비류는 졸본인 연타발의 외손자이며 졸본에서 살았다고 하므로, 계루부집단이 도착하기 전에 압록강 중류지역에서 연맹의 주도권을 잡고 있던 소노부원 일부가 한반도 중부지방으로 남하하였고 이들이 비류를 자기 집단의 시조로 삼았을 것이라는 추정이다.

이와 달리 비류라는 명칭이 후대에 부회되었을 가능성을 생각해 볼 수 있다. 온조의 남하와 건국을 동명·주몽의 남하 및 건국과 동일한 구도로 설정한 설화체계에서는 주몽과 쟁투하다 패배한 비류국과 온조와 대립하다 패배한 미추홀집단은 그 위상과 역할이 동일한 것이다. 이 경우 동명·주몽과의 계승관계를 표방하는 위례집단이 종전부터 한강 하류지역의 주도권을 잡고 있었던 미추홀집단을 통합하는 과정에서, 흡수당한 집단은 비류집단으로 가상되었을 가능성이 있는 것이다.

두 가지 가능성 모두 추론의 단계를 벗어나지 못하지만 분명한 것은 비류를 시조로 설정한 전승과 미추홀집단은 주몽이나 계루부집단과의 직접적인 계승관계는 없었을 것이라는 점이다.

반면에 온조를 시조로 하는 경우에는 주몽 또는 동명왕과의 관계를 강조하고 있기 때문에 고구려에서 갈라져 나온 집단이라고 볼 수 있을 것이다. 그 원인은 정치적 패배로 인한 것이었을 가능성이 높다. 간언이 받아들여지지 않고 오히려 파직되자 남으로 달아난 陜父의 예[13]가 참고된다. 협부(보)는 주몽이 북부여에서 남하할 때부터 동행하였던 옛 부하 3인 중 한 명이며, 나머지 두명인 烏伊·摩離는 온조가 남하할 때 동행한 신하 10명 중 이름이 명기되어 있는 두 사람 즉 烏干·馬黎와 동일인으로 생각된다. 유리왕대에 선

킨 대가야 시조설화(《新增東國輿地勝覽》 권 29, 高靈縣)도 이와 유사한 형태일 것이다(金杜珍, 〈百濟始祖 溫祚神話의 形成과 그 傳承〉, 《韓國學論叢》 13, 1991, 12~14쪽).

13) 《三國史記》 권 13, 高句麗本紀 1, 유리명왕 22년.

대의 신하들에 대한 정치적 탄압 내지 숙청의 와중에서 일부 집단이 남하한 사실을 반영하는 것으로 볼 수 있다.

중국이나 일본측 자료에서는 온조와 비류에 관한 내용이 거의 보이지 않는다.[14] 《魏書》에서는 백제의 계통을 부여에서 구하고 있으며[15] 《周書》 이후에는 그것이 구태라는 개인으로 구체화되었다. 이러한 현상은, 중국측의 자료가 4~5세기 이후 백제와 고구려의 관계가 帶方故地의 영유를 둘러싸고 악화되면서 치열한 외교·군사적 경쟁을 전개하던 상황을 반영하기 때문인 것으로 보인다. 백제측의 입장에서 자국 왕실의 출자를 현실적 적성국가인 고구려에서 구하기는 곤란하였을 것이기 때문이다.[16] 이런 까닭에 근초고왕 27년(372) 東晋에 사신을 보낸 왕은 餘氏(부여씨)를 칭하였고,[17] 개로왕 18년(472) 北魏에 보낸 국서에서 백제가 고구려와 마찬가지로 부여에서 직접 갈라져 나왔음을 주장하였으며,[18] 성왕 16년(538)에는 泗沘로 천도하고 국호를 南扶餘라고 칭하였던 것이다.[19]

고구려와의 경쟁관계로 인해 심화된 부여 계승의식과 함께 고구려 계승의식도 여전히 존재하였다. 성왕 31년 고구려와의 전투에서 왕자 餘昌(후의 위덕왕)은 고구려 장수와 통성명하는 과정에서 성이 같음을 밝히고 있다.[20]

백제왕실이 자신의 출자를 때로는 부여에, 때로는 고구려에 연결시킨 원인은 정치·외교적인 목적에 따른 것이지만, 실제 계통상으로도 백제 지배계급

---

14) 일본의 廣井連의 조상이라는 百濟國 避流王(《新撰姓氏錄》 攝津國諸蕃)을 比流王의 誤記로 보는 견해도 있으나(洪思俊, 〈新撰姓氏錄의 百濟人姓氏考〉, 《馬韓·百濟文化》 2, 1977, 209쪽), 그보다는 沸流일 가능성이 높다. 왜냐하면 《신찬성씨록》에서 11대 비류왕은 예외없이 比流로 표기되고 있는 반면에 沸流를 避流로 표기한 예(《海東高僧傳》 1, 流通, 釋摩羅難陀)가 있기 때문이다. 그렇다면 《신찬성씨록》의 避流王은 沸流에 관한 국외 유일의 자료인 셈이다.

15) 《魏書》 권 100, 列傳 88, 百濟.

16) 李賢惠, 〈馬韓 伯濟國의 形成과 支配集團의 出自〉(《百濟硏究》 22, 1991), 24~25쪽.

17) 《晋書》 권 9, 帝紀 9, 太宗簡文帝 咸安 2년 정월·6월.

18) 《魏書》 권 100, 列傳 88, 百濟.

19) 《三國史記》 권 23, 百濟本紀 1, 시조 온조왕 13년조에 보이는 疆場의 사방 표시가 부여족 고유의 領域意識, 혹은 宇宙觀의 발로인 것으로 이해하고 이를 백제 건국의 주체세력이 부여족계통이었음을 뒷받침하는 근거로 삼는 견해도 있다(李基東, 〈馬韓領域에서의 百濟의 成長〉, 《馬韓·百濟文化硏究》 10, 1987, 54~55쪽).

20) 《日本書紀》 권 19, 欽明天皇 14년 정월.

의 계통은 단일하지 않았을 것이다.

동명신화는 지배집단간의 상이성을 범부여족의식으로 용해시키는 기능을 하였다. 온조왕 원년에 東明王廟가 세워진[21] 이후 다루왕 2년, 책계왕 2년, 분서왕 2년, 비류왕 9년, 아신왕 2년, 전지왕 2년에 걸쳐 동명묘 배알이 행해지고 있다.[22] 일반적으로 백제 왕실은 肖古系와 古爾系가 대립하며 왕위계승이 이루어졌던 것으로 이해되고 있다.[23] 책계왕·분서왕은 고이계이며, 아신왕·전지왕은 초고계임에도 불구하고 이들은 한결같이 동명묘에 배알하고 있는 것이다. 이렇듯 동명신화의 공유와 동명묘 배알은 범부여계 지배집단 내부의 결속력을 강화시키는 통합적 기능을 담당하였던 것이다.[24]

백제 왕실이 넓은 의미에서의 부여계임은 분명하지만 현재 확인된 고고학적 자료로 볼 때, 왕실 묘제는 고구려계통임이 분명하다. 서울시 석촌동 일대에는 다듬은 돌을 계단모양으로 쌓아 올린 基壇式 積石墓가 분포되어 있다.[25] 외형상으로는 압록강유역의 고구려 적석묘와 동일하지만 내부 구조면에서는 순수하게 돌로만 채워 넣은 유형(1호분 남분·3호분)과 점토를 版築한 유형(1호분북분·2호분·4호분)으로 구분된다. 후자는 고구려지역에서 전혀 발견되지 않고 있어서 한강유역에서 발전한 지역적 변형으로 판단된다. 시기적으로는 3세기 중반에서 5세기 전반경에 해당되는데[26] 출토유물면에서는 고

---

21) 《三國史記》 권 23, 百濟本紀 1, 시조 온조왕 원년 5월.

22) 이외에 구수왕 14년 여름에 크게 가물어 왕이 東明廟에 빌자 비가 왔다고 한다(《三國史記》 권 24, 百濟本紀 2, 구수왕 14년 4월).

23) 우태-비류-고이계를 優氏로, 주몽-온조-초고계를 扶餘氏로 파악하는 견해(千寬宇, 앞의 글, 134~137쪽)와 초고계를 부여씨 왕실내에서의 직계로, 고이계를 방계로 보는 견해(盧重國, 앞의 책, 78쪽)가 있다.

24) 그 원인은 동명이 북부여·고구려·백제 등 부여족 전체의 시조신으로 인정되었기 때문일 것이다(盧明鎬, 〈百濟 建國神話의 原形과 成立背景〉, 《百濟史의 理解》, 學硏文化社, 1990, 35~36쪽).

25) 서울大學校 博物館·考古學科, 《石村洞 積石塚 發掘報告》-서울大 考古人類學叢刊 제6책-(1975).
金元龍·裵基同, 《石村洞 3號墳(積石塚) 發掘調査報告書》(서울대 博物館, 1983).
서울特別市石村洞發掘調査團, 《石村洞古墳群發掘調査報告》(1987).
金元龍·任孝宰·林永珍, 《石村洞 1·2號墳》(서울大 博物館, 1989).

26) 金元龍·任孝宰·林永珍, 위의 책, 47쪽.
李賢惠, 앞의 글, 19쪽.
반면에 서울에서 기단식 적석묘의 출현은 3세기대로 올라갈 수 없다는 입장도 있다(李道學, 앞의 책, 1991, 33~36쪽 및 朴淳發, 〈漢城百濟 成立期 諸墓制

구려와 연결될 만한 것이 거의 없다. 이러한 현상은 3~5세기에 들어와 압록강유역의 적석묘가 갑자기 석촌동에 출현한 것이 아니라 이미 이전에 갈라져 나와 백제화하였음을 의미한다. 현재 서울시내에서는 기단식 적석묘의 선행 형태가 확인되지 않고 있으나 남한강·북한강을 포함한 한강유역에는 2~3세기 무렵으로 편년되는 무기단식 적석묘[27]가 널리 분포되고 있으며[28] 최근에는 임진강유역에서도 발견되고 있다.[29] 따라서 온조집단의 남하문제는 시각을 서울지역에만 국한시킬 것이 아니라 한강을 중심으로 한 중부지방으로 넓혀서, 압록강유역 고구려 주민의 남하라는 대세 속에서 파악하여야 할 것이다. 그럴 경우 그 시점은 3세기 이전이었을 가능성이 높다.

(2) 주민구성

백제가 성장한 한강 하류지역은 마한 세력권에 포함되기 때문에 지배집단을 이루게 되는 북방 유이민들이 정착하기 이전, 이 지역의 선주민세력은 대개 韓族계통으로 볼 수 있다. "後漢의 桓帝·靈帝代(2세기 후반)에 韓濊가 강성해져 郡縣(樂浪郡)이 통제할 수 없게 되자 다수의 민이 韓國으로 흘러 들어갔다. 建安연간(196~219)에 公孫康이 屯有縣 이남에 帶方郡을 설치하고 公孫模·張敞

의 編年檢討〉, 《百濟考古學의 諸問題》-韓國古代學會 제5회 학술발표회 발표문-, 1993).

27) 이를 적석묘의 영향을 받기는 하였지만 土築墓나 土墩墓와 가까운 형태로 이해하는 견해(姜仁求, 〈漢江流域 百濟古墳의 再檢討〉, 《韓國考古學報》 22, 1989), 적석묘와는 무관하게 葺石封土墳에 포함시키는 견해(李道學, 위의 책), 역시 적석묘와의 관계를 부정하고 葺石墓라고 부르는 견해(崔秉鉉, 〈墓制를 통해서 본 4~5세기 韓國 古代社會〉, 《韓國古代史論叢》 6, 韓國古代社會硏究所, 1994), 전형적인 고구려 무기단식 적석묘와의 차이점에 주목하여 葺石式 積石墓로 명명하는 견해(朴淳發, 위의 글) 등 다양한 의견들이 제기되고 있다. 이에 葺石이란 용어는 타당치 않다는 반론도 있다(權五榮, 〈중서부지방 백제 토광묘에 대한 시론적 검토〉, 《百濟硏究》 22, 1991).

28) 權五榮, 〈初期百濟의 성장과정에 관한 일고찰〉(《韓國史論》 15, 서울大 國史學科, 1986), 34~54쪽.

29) 漣川郡 仙谷里·鶴谷里·三串里 등에서 발견되었으며 이중 삼곶리의 적석묘가 발굴조사되었다.
金聖範, 〈軍事保護區域內 文化遺蹟 地表調査報告〉(《文化財》 25, 文化財管理局, 1992), 238쪽.
尹根一·金性泰, 《漣川 三串里 百濟積石塚 發掘調査報告書》(文化財管理局 文化財硏究所, 1994).

등을 보내어 흩어진 인민들을 끌어모으고 병사를 일으켜 한예를 토벌하였다"는 기사[30]에서의 한예는 낙랑군의 남쪽과 동쪽에 있던 세력들을 말하는 것으로 볼 수 있다. 광개토왕릉 守墓者로서 차정된 한예 220家는 대개 한강유역의 백제주민으로 이해되고 있다.[31]

한강유역에 거주하던 주민집단의 대다수는 韓人일 것이며 여기에 동해안 방면에서 이주해온 濊人이 일부 섞이게 되었을 것이다. 南沃沮 仇頗解 등 20여 가의 이주[32]가 그 예이다. 《삼국사기》에는 백제와 신라를 침략하는 靺鞨이 자주 등장하고 있는데 이들은 동해안지역의 예인일 것이며[33] 백제와의 잦은 접촉과정에서 일부 집단이 한강유역에 정착하였을 가능성이 있다.

이들 한예들은 주로 백제의 피지배층을 형성하였을 것이다. 한반도 중서부 지방에 널리 분포하는 木棺墓는 이들, 특히 한인들의 묘제로서 고구려계 유이민들의 묘제인 적석묘와 뚜렷이 구분된다. 목관묘는 서울지역에서만 葺石封土墳[34]이라는 새로운 형태로 발전하는데 이는 고구려계 유이민들이 전래한 적석묘의 영향으로 생각되며[35] 다른 지역에서는 대형 옹관묘나 목곽묘로 발전하였을 것으로 추정된다.

백제 지배층을 구성하였던 세력들은 각각 다른 지역에서 시차를 두고 남하하여 한강유역 각지에 정착하였던 것 같다. 온조왕대에 右輔로 임명된 北部人 解婁는 본래 부여인이었다고 하므로[36] 백제 후기까지 중요 귀족세력이었던 해씨집단은 부여계통임이 분명하다. 해씨와 함께 북부에 속하였던 眞氏

---

30) 《三國志》 권 30, 魏書 30, 烏丸鮮卑東夷傳 30, 韓.

31) 盧重國, 앞의 책, 36쪽.

32) 《三國史記》 권 23, 百濟本紀 1, 시조 온조왕 43년.

33) 박진욱, 〈백제, 신라에 이웃하였던 말갈에 대하여〉(《력사과학》 1978-3, 과학백과사전출판사), 27쪽.
俞元載, 〈三國史記 僞靺鞨考〉(《史學硏究》 29, 1979).

34) 이를 (方形)土築墓라고 부르는 견해(姜仁求, 《三國時代墳丘墓硏究》, 嶺南大 民族文化硏究所, 1984)와 封土土壙墓라고 부르는 견해(朴淳發, 앞의 글)가 있다.

35) 봉토 위에다 돌을 덮는 착상이라든지 매장주체부의 위치가 地上化하는 점 등에서 그러하다.
林永珍, 〈石村洞一帶 積石塚系와 土壙墓系 墓制의 性格〉(《三佛金元龍敎授停年退任紀念論叢》 Ⅰ-考古學篇-, 1987), 486쪽.
李賢惠, 앞의 글, 18쪽.

36) 《三國史記》 권 23, 百濟本紀 1, 시조 온조왕 41년.

세력이나 말갈과의 전투에서 두각을 나타낸 東部人 屹于, 高木城 昆優 등도 대개 유사한 성격으로 파악된다. 춘천에 貊國이 존재하였다는 설[37]은 이러한 상황에서 이해하여야 할 것이다.

백제의 주민구성에 신라・고려(고구려)・왜・중국인들이 섞여 있는 상황[38]은 4세기 전반 중국의 군현이 축출된 이후 활발해진 삼국간, 나아가서는 중국・왜와의 긴밀한 교섭에서 말미암은 것이다. 개로왕대와 동성왕대에 중국에 보낸 국서에 등장하는 張茂,[39] 高達・楊茂・王茂・張塞・陳明 등과[40] 高興,[41] 王仁[42] 등은 낙랑군과 대방군이 축출되는 와중에서 백제에 흡수된 중국계 인물들일 가능성이 크다.[43]

〈權五榮〉

2. 백제의 성립과 발전

1) 백제국과 목지국

마한의 여러 「國」 중의 하나였던 伯濟國은 한강 하류지역, 현재의 서울시 강남구・송파구 일대를 중심으로 삼았다. 백제국이라는 정치적 실체가 최초로 확인되는 시점은 《삼국지》에 의하면 3세기 중반 무렵에 해당된다. 서울시 송파구의 가락동과 석촌동 일원에 분포하는 목관묘계통의 유적이 당시의 무덤으로 판단된다. 하지만 이 무덤들이 북방계인 백제국 최고 지배세력의 무

37) 《三國史記》 권 35, 雜志 4, 地理 2, 朔州.

38) 《北史》 권 94, 列傳 82, 百濟.
《隋書》 권 81, 列傳 46, 東夷, 百濟.

39) 《魏書》 권 100, 列傳 88, 百濟.

40) 《南齊書》 권 58, 列傳 39, 百濟.

41) 《三國史記》 권 24, 百濟本紀 2, 근초고왕 말미.

42) 《日本書紀》 권 10, 應神天皇 15・16년.
《古事記》 中, 應神天皇.

43) 이전에도 낙랑지역의 주민들이 다양한 원인으로 백제지역으로 이주하는 일이 잦았을 것이다. 後漢 桓帝・靈帝代의 "民多流入韓國"(《三國志》 권 30, 魏書 30, 烏丸鮮卑東夷傳 30, 韓)이 가장 현저한 예이다. 양 세력간의 전투에서도 民에 대한 약탈이 빈번하였을 것이다(《三國史記》 권 24, 百濟本紀 2, 고이왕 13년).

덤이었다고는 생각되지 않는다.

한편 서울시 강동구의 몽촌토성은 백제국의 중심세력이 거주하였던 생활유적으로서 백제국의 國邑에 해당된다. 축성시기는 분명하지 않으나 성내에서 발견된 西晋의 錢文陶器片[1]은 이 성의 사용시기가 3세기대로 소급함을 보여준다. 아마도 최초의 모습은 현재와 같은 대규모의 盛土築城한 토성이었다기보다는 자연구릉을 최대한 활용하고 주위에 목책을 두른 형태였을 것이다.[2]

《삼국사기》에 의하면 온조왕대에 이미 영토를 북으로는 浿河, 남으로는 熊川, 서로는 大海, 동으로는 走壤으로까지 뻗쳐 마한과의 경계를 정하고[3] 곧이어 마한을 공격하여 병탄한[4] 것으로 되어 있다. 이 때의 마한은 마한 전체라기보다는 目支國을 중심으로 결집된 일부 세력으로 판단된다. 따라서 《삼국사기》 온조왕조 기사에 반영된 백제와 마한과의 관계는 한강 하류지역에서 성장한 백제국 중심의 연맹과 기존의 선주민사회를 바탕으로 성장하여 온 목지국 중심의 연맹간의 관계로 이해된다.

여기서의 패하는 현재의 임진강, 대해는 서해, 주양은 춘천에 해당되며, 웅천은 安城川으로 보는 견해[5]와 錦江으로 보는 견해[6]로 대립되어 있다. 《삼국사기》 온조왕조의 영역관은 당대의 사실을 반영하는 것이라기보다는 후대의 사실이 소급, 부회되었을 것으로 판단된다. 가장 큰 이유는 《삼국지》의 내용을 볼 때 3세기 중반까지도 의연히 목지국이 존재하고 있으며, 백제국은 아직 전체 마한을 대표하는 위치에까지 이르지 못하였기 때문이다. 따라서 《삼국사기》 온조왕조의 영역기사와 마한(목지국)의 멸망기사는 3세기 중반 이후의 사실을 반영하는 것으로 보아야 할 것이다.

---

1) 夢村土城發掘調査團, 《夢村土城發掘調査報告》(1985), 140쪽.

2) 外城의 정상부, 本城의 서북벽, 동벽의 바깥쪽에서 목책의 흔적이 발견되었다. 夢村土城發掘調査團, 《整備·復元을 위한 夢村土城發掘調査報告書》(1984), 91~93·242~245쪽.
 ———, 앞의 책(1985), 53~54쪽.

3) 《三國史記》 권 23, 百濟本紀 1, 시조 온조왕 13년.

4) 《三國史記》 권 23, 百濟本紀 1, 시조 온조왕 26·27년.

5) 李丙燾, 〈目支國의 位置와 그 地理〉(《韓國古代史硏究》, 博英社, 1981), 248쪽.

6) 李道學, 《百濟集權國家形成過程硏究》(漢陽大 博士學位論文, 1991), 170~171쪽.

최근에 天安 淸堂洞,[7] 淸州 松節洞,[8] 公州 下鳳里[9] 등지에서는 3세기대의 목관묘와 목곽묘들이 발견되었는데 묘광의 주위에 周溝를 돌린 점이 큰 특징이며 입지, 유구의 구조, 출토유물면에서도 많은 공통점을 지니고 있다. 이 지역의 목관묘들은 서울지역의 같은 시기의 목관묘들과 내용면에서 상당한 차이를 보이고 있다. 이러한 차이는 백제국 중심의 세력권과 목지국 중심의 세력권간의 차이를 반영하는 것으로 간주할 수 있다.[10] 서울을 중심으로 하는 한강유역에서는 목관묘와 함께 적석묘가 사용되고, 반면에 충청 이남에서는 서울의 목관묘와는 다른 특징적인 목관묘들이 발견되는 현상은 백제국 중심의 연맹과 목지국 중심의 연맹간의 문화적 차이를 반영하는 셈이므로, 결국 목지국의 위치는 천안-청주를 잇는 선의 이남에서 구할 수 있을 것이다.

《삼국사기》에 의하면 백제는 마한을 멸망시킨 후, 즉시 大豆山城을 쌓았다고 한다.[11] 이 성의 기능은 목지국의 저항을 제압하는 군사적인 성격이 강했을 것으로 판단되기 때문에 그 위치는 목지국의 국읍과 가까운 거리에 있었을 것이다. 온조왕 36년(18)에는 湯井城을 쌓고 大豆城의 민호를 나누어 거주하게 하였다고 하므로, 대두성은 탕정성(현재의 溫陽)에 근접한 지역으로 볼 수 있다.[12] 따라서 목지국의 위치는 온양에서 그리 멀지 않은 지역, 특히 천안 일대를 지목할 수 있을 것이다.[13]

---

7) 徐五善·權五榮, 〈천안 청당동유적 발굴조사보고〉(《休岩里》-국립박물관 고적조사보고 제22책-, 1990).
 徐五善·權五榮·咸舜燮, 〈천안 청당동 제2차 발굴조사보고서〉(《松菊里》Ⅳ-국립박물관 고적조사보고 제23책-, 1991).
 徐五善·咸舜燮, 〈천안 청당동 제3차 발굴조사보고서〉(《固城貝塚》-국립박물관 고적조사보고 제24책-, 1992).
 韓永熙·咸舜燮, 〈천안 청당동 제4차 발굴조사보고서〉(《淸堂洞》-국립박물관 고적조사보고 제25책-, 1993).

8) 車勇杰·趙詳紀·禹鐘允·吳允淑, 《淸州 松節洞 古墳群》(忠北大 博物館, 1994).

9) 徐五善, 〈公州 下鳳里遺蹟 出土 一括遺物〉(《考古學誌》 5, 韓國考古美術硏究所, 1993).

10) 權五榮, 〈중서부지방 백제 토광묘에 대한 시론적 검토〉(《百濟硏究》 22, 忠南大 百濟硏究所, 1991).

11) 《三國史記》 권 23, 百濟本紀 1, 시조 온조왕 27년.

12) 최근에 大豆山城의 위치를 牙山 靈仁山城으로 비정하는 견해가 발표되었다(兪元載, 〈百濟 湯井城硏究〉, 《百濟論叢》 3, 百濟文化開發硏究院, 1992, 84쪽).

13) 天安郡 稷山일대는 예전부터 목지국의 중심지로 비정되어 왔으며(李丙燾, 앞의 글), 역시 天安의 花城里유적은 인근의 淸州市 新鳳洞유적과 함께 이 일대

목지국을 중심으로 하였던 마한연맹체는 백제국의 성장, 목지국의 쇠락과 함께 분열·퇴축되어 갔을 것이며 차츰 영산강유역의 세력이 마한 잔여세력을 대표하는 중심체로 떠올랐던 것 같다. 5세기대를 중심 연대로 하는 羅州·靈巖 등지의 대형 옹관묘들이 그 증거이다.

2) 백제국 성장의 배경

북방 유이민들이 주체가 된 백제국 중심의 연맹이 목지국 중심의 연맹을 압도할 수 있었던 원인은 몇 가지로 유추해 볼 수 있다. 우선 선진적인 철기문화를 들 수 있다. 한강유역의 春川 中島,[14] 中原 荷川里,[15] 堤川 陽坪里[16]·桃花里[17] 등의 유적에서는 鑄造鐵斧 이외에 鍛造鐵器, 특히 농공구와 무기들이 상당량 출토되고 있다. 반면에 기원 전후한 시기부터 3세기까지 금강유역 철기문화의 발달은 지금까지의 자료로 보는 한 이에 미치지 못하는 것 같다. 이러한 현상은 기원전 3세기 단계만 하더라도 금강유역이 한반도의 중부 이남에서는 철기문화의 보급이 가장 이른 지역이었다는 사실과 비교해 볼 때 매우 주목되는 현상이다.

鉾·鏃·斧·刀 등의 발달된 철제 무기류는 기원 이후 중부지방의 각지에서 성장해 오던 지역집단간, 소국간의 분쟁에서 우열의 격차를 심화시켰을 것이다. 도끼·삽날·괭이·낫·손칼 등의 철제 농공구는 황무지 개간을 비롯한 起耕·제초·수확 등 일련의 과정에서 석제나 목제 농공구에 비해 월등히 우월하였을 것이다.[18]

에서는 가장 중요한 유적이다.

14) 國立中央博物館, 《中島 I — 國立博物館 古蹟調査報告 제10책 —》(1980).
國立中央博物館, 《中島 II — 國立博物館 古蹟調査報告 제14책 —》(1982).
朴漢卨·崔福奎·盧爀眞·崔恩珠, 《中島發掘調査報告書》(江原大 博物館, 1982).

15) 尹容鎭, 〈中原 荷川里 F地區 遺蹟發掘調査報告—1983·1984年度—〉(《忠州댐水沒地區 文化遺蹟發掘調査綜合報告書—考古·古墳分野 II—》, 忠北大 博物館, 1984).

16) 裵基同, 〈堤原 陽坪里 A地區 遺蹟發掘調査報告〉(《忠州댐水沒地區 文化遺蹟發掘調査綜合報告書—考古·古墳分野 I—》, 忠北大 博物館, 1984).

17) 崔夢龍·李熙濬·朴洋震, 〈堤原 桃花里地區 遺蹟發掘調査報告〉(《忠州댐水沒地區 文化遺蹟發掘調査綜合報告書—考古·古墳分野 I—》, 忠北大 博物館, 1984).

18) 李賢惠, 〈三國時代의 농업기술과 사회발전〉(《韓國上古史學報》 8, 韓國上古史學會, 1991).

이런 점에서 주목되는 것이 농업생산력의 문제이다. 최근에 발굴 조사된 河南 渼沙里유적에서는 늦어도 4세기 무렵으로 편년되는 밭의 흔적이 발견되었다.[19] 《삼국사기》 백제본기에는 가뭄·홍수·蝗害 등의 자연재해와 그로 인한 보리·콩 등의 곡물피해, 나아가서는 가뭄·기근 등의 사건이 자주 나타나고 있어서 당시 경제에서 농업이 차지하는 비중을 보여주고 있다. 왕에 의한 勸農 조치가 자주 내려지고 있으며 때로는 구체적으로 논의 설치, 홍수 피해를 입은 밭의 보수, 제방 보수, 흉년으로 인한 釀酒의 금지령 등이 내려지기도 하였다. 한 가지 주목되는 점은 논농사, 또는 쌀의 재배는 초기에는 그리 활발하지 않았던 것 같다. 《삼국사기》에 의하면 다루왕 6년(33)에 가서야 처음으로 논을 만들었다는 점, 미사리유적의 경우도 논이 아닌 밭이라는 점, 하천리의 주거지 내부에서 보리알을 포함한 밭곡물이 토기 속에 보관된 상태로 발견된 점 등에서 이러한 유추가 가능하다.[20]

백제에서 쌀농사의 시행이 국가적인 차원에서 권장되기 시작한 것은 고이왕대에 南澤에서 논이 개척[21]되면서 부터이다. 이 때는 3세기 중반경으로서 백제국을 중심으로 하는 연맹의 남쪽 경계가 확장되면서 경기도 남부의 평야지대가 개발되기 시작하였던 것 같다.

철기의 보급은 금강유역이 한 걸음 앞서 나갔으나 이 지역의 철기가 주조철부와 鐵鑿의 단조로운 조합상을 보이는 점[22]에서 유추되듯이 사회적 생산력의 급속한 증진에는 별다른 영향력을 행사하지 못하였을 것이다. 반면에 한강유역에서는 한걸음 늦게 철기문화가 등장하기는 하였으나 발달된 단조기술을 기반으로 농공구류가 풍부하게 제작되었으며 이러한 생산도구를 이

19) 崔鍾澤, 〈渼沙里出土 밭의 構造와 年代에 대해서〉(《서울大學校 博物館年報》 5, 서울대 박물관, 1993).

20) 청동기시대에 이미 한강유역의 驪州 欣岩里遺蹟(《欣岩里住居址》 4-서울대 고고인류학총간 제8책-, 1978), 금강유역의 扶餘 松菊里遺蹟(《松菊里》 Ⅰ-國立博物館 古蹟調査報告 제11책-, 1979)에서 쌀재배의 흔적이 확인되고 있다. 그럼에도 불구하고 백제 초기에 쌀농사가 본격화하지 못한 이유는 단정할 수는 없으나 백제의 지배집단이 북방계란 점과 관련이 있을 것 같다.

21) 《三國史記》 권 24, 百濟本紀 2, 고이왕 9년 2월.

22) 池健吉, 〈長水 南陽里出土 青銅器·鐵器 一括遺物〉(《考古學誌》 2, 1990).
李健茂, 〈扶餘 合松里遺蹟 出土 一括遺物〉(《考古學誌》 2, 1990).
———, 〈唐津 素素里遺蹟 出土 一括遺物〉(《考古學誌》 3, 1991).

용한 농업의 확대는 여러 측면에서 생산력의 발전을 추동하였을 것이다.

漢城期 백제의 鐵産地는 현재 분명히 드러난 것은 없으나 《新增東國輿地勝覽》에 의하면 남한강 상류인 寧越·堤川·忠州 등지와[23] 황해도의 瑞興·平山·鳳山·海州·牛峰 등지의 철산이[24] 중요시된다.

다음으로는 한강 하류지역의 입지적인 조건을 꼽을 수 있다. 고대의 항해로가 바다를 직접 횡단하지 못하고 연안을 따라 진행되었음을 감안할 때 한강하구는 중국-낙랑·대방-가야-왜를 잇는 해상교통로상의 중요지점이었다. 弁辰 狗耶國의 성장 배경으로 풍부한 철산지와 함께 낙동강유역의 여러 정치체에 대한 관문으로서의 기능을 들 수 있다는 견해[25]는 이런 점에서 시사하는 바가 크다. 백제국의 경우도, 인천지역의 미추홀집단을 병합하면서 한강하구에 대한 지배권을 공고히 할 수 있었을 것이며 이를 기반으로 내륙지방, 나아가서는 낙랑군과 대방군, 晋과의 교역에서 우세를 차지할 수 있었을 것이다.[26]

한반도 중부와 서부지방에서는 3~5세기 무렵의 서진과 동진의 물품들이 자주 발견되고 있다. 3세기 후반의 서진대 물품들은 서울 몽촌토성에서 출토된 錢文陶器,[27] 洪城 神衿城 출토의 전문도기,[28] 益山 胎峰寺址 출토의 西晋鏡[29] 등이 대표적인데 이러한 것들은 마한 소국들이 독자적인 교역을 통하여 구입한 것일 가능성이 크다. 반면에 4세기 이후의 동진제 물품은 서울 몽촌토성과 풍납동토성, 석촌동고분군에서 자주 발견되며 原州 法泉里,[30] 天安 花城里[31] 등지에서도 발견되고 있다. 이러한 것들은 백제 중앙에 의하여 수

23) 李道學, 앞의 책, 78쪽.
24) 金哲埈, 〈百濟社會와 그 文化〉(《武寧王陵》, 文化財管理局, 1973), 79쪽.
25) 李賢惠, 〈4세기 加耶社會의 交易體系의 변천〉(《韓國古代史硏究》 1, 韓國古代史硏究會, 1988).
26) 이와 함께 인천지역을 확보함으로써 소금의 산지를 장악하게 된 백제국이 소금의 독점적인 생산과 공급을 통해서 한강유역의 각 세력들에 대해 정치적, 경제적 우세를 점할 수 있었다고 보는 견해가 제기되었다(李道學, 앞의 책 68~82쪽).
27) 夢村土城發掘調查團, 앞의 책(1985), 140쪽.
28) 成正鏞, 〈漢城百濟期 中西部地域 百濟土器의 樣相과 그 性格〉(서울大 碩士學位論文, 1993), 64쪽.
29) 洪思俊, 〈全北 益山出土 六朝鏡〉(《考古美術》 1-1, 韓國美術史學會, 1960).
柳佑相, 〈胎峰寺出土 晋鏡에 對한 小考〉(《湖南文化硏究》 4, 1966).
30) 金元龍, 〈原城郡 法泉里 石槨墓와 出土遺物〉(《考古美術》 120, 韓國美術史學會, 1973).
31) 三上次男, 〈漢江流域發見の四世紀越州窯青磁と初期百濟文化〉(《朝鮮學報》 81, 1976).

입된 후 분배되었을 것으로 판단된다.[32)]

대외교섭 창구의 일원화로 인하여 백제국은 중서부지방의 여러 정치체 안에서 단연 두각을 나타내게 되었을 것이며, 역으로 이러한 우세는 백제국의 위치를 한층 공고히 하는 요인이 되었을 것이다.[33)]

3) 백제국의 성장

백제국 성장의 방향은 크게 두 가지로 요약된다. 내부적으로는 백제국을 구성하고 있던 여러 집단들, 그리고 주로 유이민집단이 중심이 되었을 경기도 북부, 강원도 서부의 여러 정치체들[34)]의 원심분리적인 운동력을 제거하면서 지배세력들을 관료체제 내부로 흡인하는 방향이었다. 외부적으로는 북방의 군현세력, 동북방의 靺鞨(濊)과 항쟁하고, 남쪽으로는 기존의 목지국 중심의 마한연맹체를 잠식해가면서 전체 마한사회의 패권을 장악하는 방향이었다.[35)]

2세기 후반 이후 韓濊가 강성해져 중부 이남지역의 정치체들에 대한 낙랑군의 장악력이 현저히 떨어지게 되었다. 당시 요동지방에서 독자적인 세력을 누리고 있던 公孫康에 의해 3세기 초에 설치된 대방군은 이러한 추세를 저지하게 위한 방편이었다. 이 시도는 부분적인 효과를 거두어 유민을 모으고 한예를 공격하면서 주민이 점차 돌아오게 되었고, 이후 왜와 한은 대방군의 관할하에 놓이게 되었다.[36)] 대방군의 설치는 2세기 이후 삼한사회의 정치적 성장이 현저하여졌음을 방증하는 것이며, 그 주역은 백제국을 중심으로 한 마한 북부의 여러 정치체들이었을 가능성이 크다.

《삼국사기》 백제본기에 의하면 백제국을 중심으로 마한의 북부 세력들이 결집되어 가는 모습을 발견할 수 있다.[37)] 온조왕대에는 말갈·낙랑·마한과

小田富士雄, 〈越州窯靑磁를 伴出한 忠南의 百濟土器〉(《百濟硏究》 특집호, 1982).

32) 權五榮, 〈4세기 百濟의 地方統制方式 一例〉(《韓國史論》 18, 서울大 國史學科, 1988).

33) 이러한 양상은 삼국 전기에 공통적이었을 것이다(盧泰敦, 〈三國時代의 「部」에 關한 硏究〉, 《韓國史論》 2, 1975, 10~20쪽).

34) 이러한 세력들은 《三國史記》 百濟本紀에 北部와 東部로 표현되었을 것이다.

35) 盧泰敦, 〈三國의 成立과 發展〉(《한국사》 2, 국사편찬위원회, 1977), 171~172쪽.

36) 《三國志》 권 30, 魏書 30, 烏丸鮮卑東夷傳 30, 韓.

37) 그 연대를 그대로 믿을 수는 없으나 대체적인 흐름은 반영되어 있다고 본다.

전투할 때, 항상 온조왕이 친히 군사를 이끌고 전투에 임하는 것으로 묘사되어 있다. 반면에 온조의 뒤를 이은 다루왕 3년(30)에는 동부 屹于가, 4년에는 고목성 昆優가 각각 말갈과의 전투를 수행하고 있다. 이러한 변화의 중간에는 온조왕 31년(13)·32년에 남북·동서부의 설치, 41년에 右輔였던 族父 乙音의 후임으로 북부인 解婁의 임명 등이 있다. 다루왕대에는 우보의 직위가 북부인 해루에서 동부인 흘우로 옮겨졌고 동왕 10년에는 左輔를 신설하여 전임 우보였던 흘우를 좌보로 이동시키고 새로이 북부인 眞會를 우보로 임명하고 있다. 고이왕 7년(240)에는 역시 북부인으로 여겨지는 眞忠을 左將에 임명하여 內外 兵馬使를 통괄시키고 14년에는 진충을 우보로, 眞勿을 좌장에 임명하고 있다.[38] 이렇듯 중앙의 정치무대에 참여하는 집단의 폭이 확대되어 가는 양상은 백제국 중심의 연맹 형성을 의미하는 것이며, 관계조직의 성립이 지방세력의 흡수 및 편제와 밀접한 관계에 있었음을 보여주는 것이다.

魏의 景初연간(237~239)에 접어들며 요동의 공손씨정권은 붕괴되고 낙랑군과 대방군은 위의 직접 관할로 들어갔다.[39] 새로이 파견된 대방태수 劉昕과 낙랑태수 鮮于嗣는 각 소국간의 통합을 방해하고 분열을 조장하기 위한 방편으로 소국의 우두머리인 臣智들에게 邑君·邑長 등의 印綬를 분배하고, 이보다 낮은 지위의 사람들에게는 衣幘을 하사하였다.[40]

한반도 중부지방에서 성장해 나가던 세력집단들과 낙랑·대방과의 충돌은 불가피해졌다. 마침내 3세기 중반 魏의 正始연간에는 대규모 충돌이 벌어지게 되었으니 그 발단은 幽州刺史 毋丘儉의 고구려 침공이었다. 고구려 동천왕 18년(244; 고이왕 11) 步騎 1만명으로 시작된 관구검의 침공은 고구려의 패주로 본대는 일단 회군하였다. 그러나 다음해에는 玄菟太守 王頎가 파견되어, 동천왕을 추적하여 함경도의 동옥저를 거쳐 두만강 너머 북옥조지역에까지 이르렀다.[41] 그리고 이 해에는 낙랑태수 劉茂와 대방태수 弓遵이 영동지

38) 이 가운데 해씨와 진씨는 이른바 「大姓八族」으로서 백제사에서 중요한 위치를 점하고 있었으며 漢城期에는 王妃族으로 기능하였다(李基白, 〈百濟王位繼承考〉, 《歷史學報》 11, 1959, 569~579쪽).

39) 《三國志》 권 30, 魏書 30, 烏丸鮮卑東夷傳 30, 序.

40) 《三國志》 권 30, 魏書 30, 烏丸鮮卑東夷傳 30, 韓.

41) 《三國志》 권 28, 魏書 28, 毋丘儉傳 및 권 30, 魏書 30, 烏丸鮮卑東夷傳 30, 高句麗·東沃沮.

42) 《三國志》 권 30, 魏書 30, 烏丸鮮卑東夷傳 30, 濊.

방의 濊를 침공함으로써[42] 이 전쟁은 현도·낙랑·대방을 주축으로 한 유주와 고구려의 대결이 되고 동시에 동옥저·북옥저·동예마저 전화에 휩쓸려 들어가는 방향으로 진행되었다.

그 파급은 곧 남쪽에도 미치게 되었다. 백제의 고이왕은 유주자사, 낙랑·대방태수가 고구려를 침공하자 그 틈에 좌장 진충을 보내어 낙랑의 변방 주민을 습격하여 잡아왔다고 한다.[43] 이 사건은《삼국지》한조에서는 약간 다르게 묘사되어 있다.「辰韓八國」을 분할하여 낙랑군에 통할시키는 분리책에 대항하여 어떤 신지가 韓의 분노를 격발시켜 대방군을 선공하면서 대규모 충돌이 일어나 대방태수 궁준이 전사하는 지경에 이르렀다고 한다.[44]《삼국사기》와《삼국지》에 나타난 사건은 동일사건임이 분명하다.《삼국지》에 나타난 전쟁의 원인이 보다 근본적인 이유이면서 배경을 이룬다면,《삼국사기》의 내용은 그 발단을 표현한 것으로 보이기 때문이다. 이 때의 전쟁을 주도한《삼국지》에 보이는 한의 신지의 정체는 분명하지 않다.《삼국사기》의 기사와 결부시켜 이를 고이왕으로 보는 견해,[45] 목지국의 신지로 보는 견해,[46] 그리고 제3의 세력으로 보는 견해[47] 등 복잡한 양상을 띠고 있다. 이 문제는 현재 명쾌히 해명하기 곤란한 상태인데 여기에서는 첫번째의 견해를 주목하고자 한다. 우선 낙랑·대방군과의 전투는 마한의 여러 정치체 중에서도 북쪽에 위치한 세력들이 주도하였을 가능성이 크기 때문이다. 그리고 이 전쟁은 246년에 일어났을 가능성이 매우 큰데[48] 이 해는《삼국사기》에서 고이왕이 낙랑을

43)《三國史記》권 24, 百濟本紀 2, 고이왕 13년.

44) 弓遵은 正始 6년까지도 대방태수로 재직하였음이《三國志》권 30, 魏書 30, 烏丸鮮卑東夷傳 30, 濊條에서 확인되며, 이 해의 고구려 공격을 담당하였던 현도태수 王頎(《三國志》권 28, 魏書 28, 毌丘儉傳)가 8년에는 대방태수로 등장하기(《三國志》권 30, 魏書 30, 烏丸鮮卑東夷傳 30, 倭人) 때문에 그 사이, 즉 245~247년 사이에 사망한 셈이다. 따라서 전쟁은 이 기간에 전개되었던 것으로 여겨진다.

45) 千寬宇, 〈『三國志』韓傳의 再檢討〉(《震檀學報》41, 1976), 32~33쪽.

46) 이 전쟁은 目支國 중심의 마한의 패배로 귀결되었고 그 결과 소국들의 이탈로 목지국의 세력은 급격히 약화되었으며, 이러한 상황은 백제가 목지국을 제압하고 마한 전체의 영도권을 차지하는 계기로 작용하였다는 논리이다(盧重國, 〈馬韓의 成立과 變遷〉,《馬韓·百濟文化》10, 1987, 36~38쪽).

47)《三國志》百衲宋本에는 "臣智激韓忿"이란 구절이 "臣幘沾韓忿"으로 되어 있기 때문에 이를 "臣幘(濆)沾(沽)이 노하여"로 해석하고 대방군을 공격한 주체를 백제국이 아닌 馬韓諸國 중의 하나인 臣濆沽國으로 간주하는 견해이다(末松保和,《新羅史の諸問題》, 東洋文庫, 1954, 518쪽의 後註 65).

습격한 때와 그대로 일치하고 있다.

전쟁의 결과에 대해서는 약간씩 다르게 서술되어 있다. "2郡이 드디어 韓을 멸망시켰다"라는 기록[49]에서부터 "낙랑태수가 노하니 왕(고이왕)이 침공당할 것을 두려워하여 빼앗았던 民口를 돌려주었다"[50] "韓那奚 등 수십국이 각기 種落을 이끌고 항복하였다"[51] 등으로 분분하다.[52] 아마도 궁준의 사망 이후 두 세력간의 대규모 충돌은 더 이상 없게 되었고 韓(백제국)측에서 빼앗았던 주민을 송환하는 선에서 마무리지어진 것으로 판단된다.

이후 약 30년 동안 두 세력간에는 별다른 충돌이나 교섭의 모습이 보이지 않는다. 반면에 백제 내부적으로는 많은 변화가 있었다. 《삼국사기》 백제본기에 의하면 고이왕 27년(260)에 6佐平의 설치와 직무분장, 좌평 이하 克虞까지의 16관등의 설치, 紫·緋·青으로 3분된 관인들의 복색규정, 奈率(6품) 이상 銀花로 장식한 冠의 착용,[53] 內臣佐平 임명 등이 이루어지고 다음해에는 왕의 冠制와 服式제정,[54] 南堂에서의 聽事, 내신좌평 이외에 나머지 다섯 좌평의 임명 등이 이루어진다. 그 다음해에는 관인으로서 재물을 받은 자와 도둑질한 자에 대한

48) 池內宏, 〈公孫氏の帶方郡設置と曹魏の樂浪·帶方二郡〉(《滿鮮史研究》 上, 제1책, 吉川弘文館, 1951), 247쪽.

49) 《三國志》 권 30, 魏書 30, 烏丸鮮卑東夷傳 30, 韓.

50) 《三國史記》 권 24, 百濟本紀 2, 고이왕 13년.

51) 《三國志》 권 4, 魏書 4, 齊王芳紀 正始 7년.

52) 《三國志》 齊王芳紀에서는 正始 7년에 관구검의 고구려 침공, 예맥토벌, 한나해 등의 항복이 있었던 것으로 기록하였으며 《삼국사기》 고구려본기와 《資治通鑑》 권 75, 魏紀 7, 邵陵厲公에서도 이 연대를 좇고 있어서 혼란을 가중시키고 있다. 《삼국지》 관구검전과 고구려·예·한·왜인조 등을 종합적으로 고려할 때, 침공은 정시 5년부터 시작하여 7년까지 지속되었고 齊王芳紀에서는 이 전역이 완전히 마무리된 정시 7년조에서 일련의 사건을 간략히 압축, 서술한 것으로 보아야 할 것이다.

53) 銀製 花形冠飾은 扶餘 下黃里(洪思俊, 〈扶餘 下黃里 百濟古墳 出土의 遺物〉, 《然齋考古論集》, 1967), 論山 六谷里(安承周·李南奭, 《論山 六谷里 百濟古墳發掘報告書》, 百濟文化開發研究院, 1988), 南原 尺門里(洪思俊, 〈南原出土 百濟飾冠具〉, 《考古美術》 9-1, 韓國美術史學會, 1968), 羅州 興德里(有光敎一, 〈羅州潘南面古墳の發掘調査〉, 《昭和十三年度朝鮮古蹟調査報告》, 朝鮮古蹟研究會, 1940) 등지의 석실분에서 그 실물이 발견되었다. 따라서 이 무덤에 묻힌 피장자는 奈率 이상의 관등을 지녔음을 알 수 있다.

54) 왕의 冠인 금으로 장식한 烏羅冠은 公州 武寧王陵에서 출토된 金製 冠飾 1쌍을 검은 비단 모자에 결합시킨 형태였을 것으로 추정되고 있다(文化財管理局, 《武寧王陵》, 三和出版社, 1973, 18쪽).

처벌령이 내려지고 있다. 이러한 일련의 제도와 문물의 정비는 고이왕대를 백제사에서 하나의 획을 긋는 시기로 설정하는 또 하나의 중요한 요인이 된다.[55]

그런데《삼국사기》에 나타난 6좌평의 구성과 직무분장, 왕의 복식과 관인의 부정행위에 대한 처벌의 내용은《舊唐書》와, 16관등의 명칭과 서열은《周書》·《北史》의 기록과 거의 일치한다.[56] 따라서《삼국사기》의 기록은 중국측 자료를 그대로 옮겨 실은 것으로 이해되고 있다. 이런 까닭에《삼국사기》의 기사처럼 고이왕대에 정연한 체제정비는 이루어지지 않았을 것이며 泗沘期 이후의 사실이 부회되었다고 보는 것이다.[57]

하지만《삼국사기》와《일본서기》에 나타난 바로는 고이왕 27년과 28년에 최초의 좌평 임명이 이루어진 이후, 동성왕대까지는 內頭佐平을 제외한 5좌평의 관등을 지닌 인물들이 골고루 계속해서 등장하고 있다. 오히려 무령왕대 이후부터는 구체적인 직능을 갖지 않은 형태의 좌평, 상·중·하좌평, 대좌평만이 확인되고 있다. 따라서 6좌평제도는 漢城 및 熊津期에 이미 정비된 형태로 기능하였을 가능성이 매우 크다.[58] 達率 이하의 관등도 마찬가지였을 것으로 생각된다.

冠制의 경우는 현재까지 출토된 冠飾을 검토할 때 고이왕대의 규정에 들어맞는 관식이 사용되는 것은 6세기 초반 이후이기 때문에, 관제 역시 6세기

---

55) 이런 까닭에《周書》에 전하는 백제 시조인 仇台를 古爾와 동일시하며 고이왕 27~28년 경을 백제의 진정한 건국 연대로 보기도 한다(李丙燾,〈百濟의 建國問題와 馬韓中心 勢力의 變動〉, 앞의 책, 474~477쪽).

56) 약간씩의 차이는 존재한다. 예컨대 5품관의 경우《삼국사기》와 《주서》에는 扞率로,《北史》·《隋書》·《翰苑》는 杆率로 표기되어 있다. 官人의 帶色에 대해서는 대부분의 중국측 사서에서 紫·皁·赤·靑·黃·白의 순서로 나열하고 있지만《삼국사기》본기에는 해당내용이 없고 권 32, 色服에서 중국측의 기사를 인용하고 있을 뿐이다. 관인의 服色에 대해 중국측 자료에서는《구당서》의 緋色,《신당서》의 絳色 이외에 더 이상의 설명이 없으나《삼국사기》본기에는 紫·緋·靑의 3단계의 구분이 있다.

57) 盧重國,〈百濟王室의 南遷과 支配勢力의 變遷〉(《韓國史論》4, 서울大 國史學科, 1978), 80~83쪽.

58) 한편 6좌평제도 자체가《周官》에 입각하였을 것으로 보면서 문주왕 원년(475) 웅진 천도를 전후한 시기부터 6세기 전반의 어느 시기에 채택되었을 것으로 보는 견해도 있다.
李基東,〈百濟國의 政治理念에 대한 一考察〉(《震檀學報》69, 1990), 11~13쪽.
———,〈百濟國의 成長과 馬韓 倂合〉(《百濟論叢》2, 百濟文化開發硏究院, 1990), 9~10쪽.

이후에야 실행되었을 것으로 보고 있다.[59)]

고이왕대에 율령이 반포되었느냐 하는 점에 대해서는 "무릇 관인으로서 受財한 자와 도둑질한 자는 3배로 변상케 하고 종신 禁錮에 처한다"라는 《삼국사기》 고이왕 29년의 기사를 인정하고 이 때에 율령의 반포가 이루어진 것으로 인정하는 입장[60)]과 이를 부정하고 근초고왕 내지 근구수왕대에 이루어졌을 것으로 보는 입장[61)]으로 나뉘어져 있다. 고구려와 신라의 경우 율령의 반포가 불교의 전래 및 공인과 동일한 맥락에서 이루어지고 있는 것을[62)] 고려할 때 백제도 역시 불교 전래와 공인의 시기를 고려할 필요가 있으며 그럴 경우 4세기 후반 이전으로 소급시키기는 곤란할 것 같다.

이상의 모든 사건들이 과연 고이왕대에 한꺼번에 이루어졌는지에 대해서는 회의적인 것이 사실이다. 하지만 《삼국사기》 에서 일련의 제도와 문물에 관한 정비의 내용들을 고이왕 27~29년의 사건으로 일괄 기재하고 있는 점은 이 시기가 앞선 시기와 구분되는 하나의 획기라고 인식하였기 때문일 것이다.

3세기 후반에 접어들면서 중국에서는 새로이 통일왕조 西晋이 등장하게 되며 서진과 「東夷」와의 교섭이 급증한다.[63)] 《진서》에서의 동이는 夫餘國·馬

---

59) 李南奭, 〈百濟 冠制와 冠飾〉(《百濟文化》 20, 公州大 百濟文化硏究所, 1990), 15~19쪽.

60) 李鍾旭, 〈百濟의 佐平〉(《震檀學報》 45, 1978), 30~32쪽.

61) 盧重國, 《百濟政治史硏究》(一潮閣, 1988), 266~267쪽.

62) 불교와 율령은 종교와 법제라는 형식의 차이는 있으나 고대국가 성장과정에서 중층적인 지배구조를 극복하고 일원적인 지배질서를 구축하는 데에 동일한 역할을 담당하였을 것으로 보인다.

63) 《晋書》 武帝紀와 馬韓條에 나타난 양자의 교섭을 정리하면 다음과 같다.

		〈武帝紀〉	〈馬韓條〉
咸寧 2년(276)	2월	東夷八國歸化	
	7월	東夷十七國內附	
3년(277)	是歲	東夷三國…各帥種人部落內附	復來
4년(278)	3월	東夷六國來獻	又請內附
	是歲	東夷九國內附	
太康 원년(280)	6월	東夷十國歸化	其主遣使入貢方物
	7월	東夷二十國朝獻	
2년(281)	3월	東夷五國朝獻	其主遣使入貢方物
	6월	東夷五國內附	
3년(282)	9월	東夷二十九國歸化 獻其方物	
7년(286)	8월	東夷十一國內附	又頻至
	是歲	馬韓等十一國遣使來獻	
8년(287)	8월	東夷二國內附	又頻至

韓·辰韓·肅愼氏·倭人·裨離等十國 등으로 구성되어 있다. 이 가운데 숙신은 함녕 5년(279)에 楛矢石砮를 바친 것이 서진과의 교섭으로는 유일하고,[64] 倭人은 태시(265~274) 초에 사신을 보낸 이후 함녕(275~279), 태강(280~289), 태희(290) 연간에는 교섭이 보이지 않으며 裨離等十國은 태시 3년(267)과 태희 원년(290), 합쳐서 2회의 교섭이 있었을 뿐이다. 따라서 武帝紀의 동이는 대개의 경우 부여·마한·진한으로 압축된다.[65]

태강 3년(282)의 "東夷二十九國歸化"는 《진서》 張華列傳의 "東夷馬韓新彌諸國에서 … 대대로 귀부하지 않았던 20여 국이 함께 사신을 보내 조공을 바쳤다"는 내용과 동일한 사건에 대한 설명인 것으로 보인다.[66] 따라서 무제기의 동이 29국은 馬韓·新彌諸國을 가리키는 셈이다.[67] 태강 7년 8월의 동이 11국 來附도 '是歲條'에서는 마한 등 11국으로 표현되고 있다. 따라서 무제기와 마한조 양자에 모두 나타나는 것은 물론이고 무제기에서만 확인되는 동이 관계기사도 대개의 경우 마한이 포함되었을 것으로 보아야 할 것이다.

280·281년의 馬韓主는 전체 마한세력권 안에서 주도권을 잡기 시작한 伯濟國王, 따라서 고이왕일 가능성이 크다. 282년에 이루어진 '東夷馬韓新彌諸國의 遣使朝獻'에서 「마한」은 백제국 중심의 연맹을, 「신미」는 그 나머지, 즉 마한 잔여세력을 뜻하는 것으로 볼 수 있다.[68] 백제국이 기존의 목지국을

9년(288)	9월	東夷七國詣校尉內附	
10년(289)	5월	東夷十一國內附	又頻至
太熙 원년(290)	2월	東夷七國朝貢	詣東夷校尉何龕上獻
永平 원년(291)	是歲	東夷十七國…詣校尉內附	

64) 《晋書》 권 97, 東夷傳, 肅愼氏條에는 武帝 元康 초에 교섭이 있었던 것으로 되어 있으나 원강은 惠帝代에 속하므로 이는 착오이다. 무제기에 의할 때 함녕 5년에 교섭이 있었음이 확인되고 있다.

65) 부여는 서진과의 교섭이 東夷諸國 중에서 제일 잦았을 것이며, 특히 태강 6년 慕容鮮卑의 침공으로 망국의 위기에 처하면서 서진과 더욱 긴밀히 연결되었을 것이다. 진한의 경우는 《晋書》 권 97, 東夷傳 辰韓條에 의하면, 태강 원년, 2년, 7년 등 모두 3회에 걸쳐 遣使·朝貢한 것으로 되어 있다. 그 밖에 《진서》 동이전에서는 누락되어 있으나 고구려도 당연히 이 시기에 서진과 교섭하였을 것이다.

66) 張華가 '持節 都督幽州諸軍事 領護烏桓校尉 安北將軍'이 된 것은 태강 3년(282)이다(《晋書》 권 3, 武帝, 太康 3년 정월 및 권 36, 張華列傳).

67) 이 구절은 흔히 "동이에 속하는 마한의 新彌諸國이"로 해석하여 新彌國 등을 마한의 하위개념으로 이해하지만, 해석상 마한과 新彌는 대등한 단위로 보아야 한다. 따라서 "동이에 속하는 마한과 新彌의 諸國이"로 이해하여야 할 것이다.

68) 태강 연간의 마한이란 표현을 구분하여, 277~281년까지의 마한은 백제국 중

대체하여 전체 마한의 중심세력으로 떠오르게 되면서 마한을 칭하고 그 왕은 「馬韓主」로 불리웠을 것이므로, 백제국 세력권 밖의 마한 제국들은 다른 명칭으로 불리웠을 것이니 이것이 바로 신미제국이 아닌가 한다. 신미국의 위치는 대체로 전라남도 일대에 해당된다.[69]

당시의 교섭은 歸化・內附・(遣使)來獻・朝獻・朝貢・遣使入貢方物・上獻 등 다양하게 표현되어 있는데, 東夷校尉[70]를 거쳐서 입조하거나 東夷校尉府까지 가는 선에 머물렀을 것으로 이해된다.

서진과 마한과의 교섭이 있었던 시기는 백제로서는 고이왕 43년(276)에서 책계왕 6년(291)까지의 시기이다. 《삼국사기》에 의하면 백제와 2郡과의 관계도 우호적이었던 듯, 군사적 충돌이 전혀 확인되지 않고 있다. 책계왕은 고이왕이 재위할 때에 '帶方王女寶菓'와 혼인하였으며, 그 원년(286) 고구려의 대방 침공에 임하여 대방이 구원을 청하자 '舅甥之國'이라면서 군사를 내어 구원하기까지 하였다.[71] 이러한 사실은 이 시기에 마한 등의 동이세력들이 서진과 긴밀한 교섭을 가졌던 것과 잘 부합되고 있다.

하지만 이러한 밀월관계는 곧 깨어지게 된다. 서진의 무제가 죽고 혜제가 즉위하면서 전개된 8王의 亂(291~306), 5胡의 발흥 등으로 서진은 전반적인 붕괴기에 돌입한다. 이와 함께 동이의 입조도 영평 원년(291)을 마지막으로 끊기게 된다. 《삼국사기》에는 백제와 2군과의 관계가 급격히 악화된 양상이 나타나 있다. 책계왕 13년(298)에 漢(2郡)과 貊人의 침공을 방어하던 책계왕이

심의 마한, 282년의 마한은 신미국 등 20여 국이라고 보는 견해(盧重國, 〈목지국에 대한 일고찰〉, 《백제논총》 2, 1990, 88쪽)도 있다. 이 경우에도 282년 단계에서 마한연맹체가 백제국 중심의 세력권과 신미국 중심의 세력권으로 양분되었다고 보는 점에서는 본고와 동일한 이해에 도달하고 있다.

69) 《日本書紀》 神功皇后 49년 조의 '南蠻忱彌多禮'의 忱彌多禮를 일본어 훈독인 '도무다례(トムタレ)'로 읽지 않고 심미다례로 읽어 이를 新彌國과 동일시하기도 한다. 忱彌多禮의 위치는 제주도로 보는 견해(三品彰英, 《日本書紀朝鮮關係記事考證》 上, 吉川弘文館, 1962, 154~155쪽)와 康津으로 보는 견해(李丙燾, 〈近肖古王拓境考〉, 앞의 책 512쪽)가 있어 왔다. 新彌國을 忱彌多禮와 동일시하는 입장에서는 전라도 해안지역, 특히 영산강유역의 옹관묘 조영집단을 주목하는 견해(盧重國, 앞의 책, 118쪽)와, 해남으로 좁혀 보는 견해(李道學, 앞의 책, 192~193쪽)가 있다.

70) 이 때의 東夷校尉는 平州刺史가 겸임하였으며(權五重, 《樂浪郡硏究》, 一潮閣, 1992, 124쪽의 주 74), 소재지는 襄平(遼寧省 遼陽市)이었다.

71) 《三國史記》 권 24, 百濟本紀 2, 책계왕 원년.

전사하면서, 이어 즉위한 분서왕은 304년 樂浪西縣을 습격하다가 낙랑태수가 보낸 자객에 의해 살해당하였던 것이다.72)

2군과 백제의 관계가 급격히 악화된 이유는 이전부터 쇠락해가던 낙랑·대방이 서진 중앙의 혼란으로 고립무원의 상태에 빠지게 되고, 이를 감지한 백제가 강공책을 감행한 데에 그 원인이 있었을 것이다. 비록 책계·분서 두 왕이 이 과정에서 희생되는 대가를 치르기는 하였지만73) 이 항쟁은 고이왕 이후 진행된 체제정비를 기반으로 백제의 국력이 급격히 신장되어 2군과 정면으로 승부를 벌일 정도로 성장하였음을 보여주는 것이기도 하다.

4) 정복전쟁과 마한통합

4세기 초 낙랑군과 대방군이 축출되는 것을 고비로 한반도의 정세는 급변하였다. 낙랑·대방의 옛땅을 둘러싼 고구려와 백제의 영토분쟁이 시작되었고 400년 이상을 한반도의 중심부에 자리잡고 동방세계를 조정하던 군현세력이 물러간 힘의 공백상태에서 고구려·백제·신라·가야제국·왜 사이에는 복잡한 교섭이 전개되었다.

4세기 중반, 백제는 왕위를 둘러싼 갈등에 휩싸이게 되었다. 외세로 말미암아 책계·분서 두 왕이 갑작스럽게 피살된 이후, "구수왕의 둘째 아들로서 오랫동안 민간에 있었으나 개인적인 출중함에 의해 汾西王의 어린 맏아들(契)을 대신하여 臣民의 추대에 의해 즉위"하였다는74) 비류왕의 등장은 개루-고이-책계-분서로 이어지는 계통75)과 초고-구수-비류로 이어지는 계통76)의 알력을 반영하고 있다. 비류왕이 죽은 뒤에 개루-고이계의 계왕이

72) 《三國史記》 권 24, 百濟本紀 2, 책계왕 13년 및 분서왕 7년.

73) 고이계의 마지막 왕인 契가 죽은 후 고이계는 절멸된 듯 이후 전혀 흔적을 남기지 않고 있다. 《新撰姓氏錄》에 기재된 백제계 씨족 중에는 《삼국사기》에 이름을 전하는 백제왕들의 후예를 칭하는 씨족들이 다수 눈에 뜨이지만 고이·책계·분서·계의 후손을 칭하는 씨족들은 전혀 없다.

74) 《三國史記》 권 24, 百濟本紀 2, 비류왕 즉위년.

75) 《三國史記》 권 24, 百濟本紀 2, 고이왕조에서는 고이왕이 개루왕의 둘째 아들로 표현되어 있으나 이를 사실로 받아들일 경우 고이왕의 생존년수는 123년 이상이 되기 때문에 양자의 관계는 직접적인 혈연관계라기보다는 다분히 의제적인 관계일 것으로 여겨진다(金哲埈, 〈百濟建國考〉, 《百濟硏究》 특집호, 1982, 13~14쪽).

76) 비류왕 역시 구수왕의 아들이라고 할 때에는 110세 이상 생존한 셈이 되기 때문에 두 사람이 직접적인 혈연관계에 있었다고 보기는 곤란하다(李道學, 〈百

다시 왕위에 올랐으나 2년만에 사망하고 비류왕의 둘째 아들인 근초고왕이 즉위하였다. 이러한 상황은 당시의 왕위계승이 평화적으로 이루어진 것이 아니었음을 시사한다.[77] 계왕은 초고계에 의해 살해되었거나 아니면 일시 근초고왕과 양립하다가 제거되었을 가능성이 농후하다. 근초고왕과 그의 아들 근구수왕의 이름에서 「近」자는 혈통의식을 강조하기 위해서 붙여진 것이며[78] 초고계가 왕권을 장악하였음을 안팎으로 천명하는 것이었다.

왕위가 초고계로 고정된 근초고왕대에는 활발한 대외정복이 이루어졌다.[79] 북으로는 대방의 옛땅을 두고 고구려와 항쟁을 벌이는 한편, 남으로는 마한 잔여세력에 대한 통합을 시도하였고, 동남쪽으로는 소백산맥을 넘어 가야지역에까지 영향력을 뻗치게 되었다.

《일본서기》 신공황후 섭정 49년(369)[80]조에는 백제·신라·가야·왜가 관련된 중대한 사건이 서술되어 있다. 그 내용을 간추리면 다음과 같다. 신공황후가 파견한 倭兵이 卓淳에 모두 모여 신라를 격파하니 이로 인해 比自炋(昌寧)·南加羅(金海)·㖨國(昌寧 靈山?)[81]·安羅(咸安)·多羅(陜川)·卓淳(昌原?)[82]·加羅(高靈) 등의 7국을 평정하게 되었다. 거듭 군대를 옮겨 서쪽으로 방향을 돌려 古奚津(강진)에 이르고 南蠻 忱彌多禮를 정벌하여 백제에게 주었다. 이에 肖古(근초고왕)와 왕자인 貴須(근구수)가 군대를 이끌고 합류하니 比利·辟中·布彌支·半古 四邑[83]이 스스로 항복하였다. 이리하여 백제왕 부자와 荒田

濟의 起源과 國家形成에 관한 재검토〉, 《한국 고대국가의 형성》, 民音社, 1990, 135쪽).

77) 근초고왕이 즉위할 수 있었던 원인으로서는 당시 유력한 귀족가문이었던 眞氏 세력과의 연합을 들 수 있다. 진씨와의 연결은 비류왕대에 이미 이루어졌으며 그 형태는 왕비족이었을 것으로 추정되고 있다(盧重國, 앞의 책, 126~129쪽).

78) 金哲埈, 앞의 책, 14쪽.

79) 이 정복전쟁의 배경에는 국력의 성장이란 측면과 함께 초고계와 고이계간의 왕위계승과정에서 야기된 내분을 외부적으로 발산하려는 의도가 있었음이 지적되고 있다(梁起錫, 《百濟 專制王權成立過程 硏究》, 檀國大 博士學位論文, 1990, 66쪽).

80) 《日本書紀》의 연대로는 249년이지만 神功紀의 연대는 120년 내려서 다루어야 한다.

81) 이를 경북 경산으로 보는 견해도 있다.

82) 이를 대구, 또는 칠원에 비정하는 견해도 있다.

83) 이는 《日本書紀》에서의 끊어 읽기와는 달리 '布彌·支半·古四의 邑'으로 읽는 것이 합리적이다(全榮來, 〈周留城·白江 位置比定에 關한 新硏究〉, 한국문

別・木羅斤資 등은 意流村에서 회합한 후 千熊長彦만이 백제왕과 함께 백제국에 이르러 辟支山에 올라가 맹세하였다. 다시 古沙山에 올라 백제왕은 이후 변함없이 西蕃으로서 끊임없이 조공할 것을 맹세했다.

한때 임나일본부설을 날조하는 데에 이용된 근거자료 중의 하나였던 이 기사는 심하게 왜곡되어 있음이 분명하지만 정벌의 주체를 왜가 아니라 백제로 치환할 경우 역사적인 진실을 일부 담고 있는 것으로 이해되어 왔다.[84] 대체적인 줄거리는 백제와 왜병이 연합한 전쟁의 결과 백제에 대한 比自炑 등 7국의 종속, 忱彌多禮의 정벌, 比利 등의 항복으로 귀결되었다는 것이다.

그러나 이 때의「가야정벌」은 군사적인 무력침공이라기보다는 백제를 정점으로 比自炑 등 7국이 동맹을 맺거나 통교하게 되었던 역사적 사실을 설화적으로 표현한 것일 가능성이 크다.[85] 그것은 뒷날 성왕이 "옛날 나의 선조 速古王(近肖古王), 貴首王(近仇首王)의 치세에 安羅・加羅・卓淳旱岐 등이 처음으로 사신을 보내 서로 통하게 되어 우호관계를 두터이 맺게 되었다. 그래서 子弟로 삼아 항상 도탑게 잘 지내기를 바랐었다"[86]고 한 회고담을 통하여 짐작된다. 실제로 4세기 중반부터 백제가 가야지역을 직접 지배하였다는 고고학적 증거는 거의 없는 형편이다. 가야유적에서 종종 발견되는 백제계의 유물들은 대개가 5세기 후반, 즉 웅진기 이후에 해당된다.[87]

백제가 가야지역에 진출한 이유는 왜와의 교역로를 확고하게 장악하기 위해서였던 것 같다.[88] 윤색이 심하기는 하지만《일본서기》의 신공섭정 46년・47년조를 통해 볼 때, 아래의 사실들이 추출된다.

근초고왕 19년(364) 久氏 등 백제 사신 3인이 왜와의 통교를 위해 파견되었다. 이들은 탁순까지 나아간 후 해로를 개척하지 못하고 되돌아왔다. 동왕

화재보호협회전라북도지부・부안군, 1976). 그럴 경우《三國志》권 30, 魏書 30, 烏丸鮮卑東夷傳 30, 韓條에 보이는 馬韓의 不彌國, 支半國, 狗素國에 대응된다. 比利는 역시 馬韓 小國 중의 하나인 卑離國일 가능성이 있다.

84) 千寬宇,〈復元加耶史(中)〉(《文學과 知性》, 8-3, 1977), 916~919쪽.
李丙燾,〈近肖古王拓境考〉(앞의 책), 511~514쪽.

85) 金泰植,《加耶聯盟史》(一潮閣, 1993), 333쪽.

86)《日本書紀》권 18, 欽明天皇 2년 4월.

87) 崔鍾圭,〈濟羅耶의 文物交流〉(《百濟研究》23, 1992).

88) 이외에도 고구려와의 긴장감이 고조되는 상황에서 배후의 안정을 꾀하기 위한 목적이 깔려 있었을 것으로 보기도 한다(金鉉球,〈4세기 가야와 백제・야마토 왜의 관계〉,《韓國古代史論叢》6, 韓國古代社會研究所, 1994, 116쪽).

21년 왜에서 파견된 斯摩宿禰는 이 사실을 알고 종자인 爾波移와 탁순사람 1인을 백제에 파견하였다. 초고왕(근초고왕)은 기뻐하며 이들을 후대하였고 五色綵絹·角弓箭·鐵鋌 등을 이파이(니하야)에게 주고 보물창고를 열어 여러가지 진기한 물건들을 보여줌으로써 왜측의 교역에 대한 욕구를 자극하였다. 이파이가 돌아와 사마숙네(시마노스쿠네)에게 보고하고 이들은 일본으로 돌아갔다. 근초고왕 22년 백제는 신라와 동시에 왜에 교역단을 파견하였다. 이에 왜의 조정은 선왕대부터 바라던 바가 이루어졌다고 감격하였다. 백제와 신라. 양국은 왜와의 독점적인 교역권을 확보하기 위하여 치열하게 경쟁하였으나 백제측의 우세로 끝나게 되었다.

그리고 근초고왕 24년(369)의 사건이 있었다. 이 사건은 왜와의 교역을 독점하여 동아시아 교역권의 중심축으로 발돋움하려는 백제의 의도와 낙랑·대방의 퇴축 이후 한동안 선진문물의 공급에 곤란을 겪던 왜측의 욕구가 부합되어 일어난 것으로 볼 수 있다.[89] 가야에 대한 작전은 백제와 왜 사이의 원활한 교통로의 확보, 신라에 의한 교역 방해의 방지 등이 주목적이었을 것이다. 백제는 이듬해 多沙城(河東)을 확보하여[90] 왜와의 교역에서 확고한 우세를 점하게 되었다.

忱彌多禮와 比利 등에 대한 정벌은 교역로의 확보와 마한 잔여세력의 통합이라는 측면이 결부되었을 것이다. 침미다례는 마한 잔여세력 중에서 가장 중심적인 세력이었다. 그것은 침미다례가 3세기 후반에 나타났던 新彌國과 동일한 존재일 가능성이 있다는 점, 근초고왕 24년의 전역에서 남만이라는 수식어가 별도로 붙어 있다는 점, 침미다례를 무찌르자 비리 등의 소국들이 자연히 항복해 왔다는 점 등에서 유추할 수 있다. 침미다례는 강진이나 해남 지역으로 비정되며 비리 등도 대개 오늘날의 전남 해안지방에 비정된다. 반면에 백제국의 영내로 표현된 벽지산은 金堤 부근,[91] 고사산은 古阜 부근[92]으로 비정되기 때문에 근초고왕 24년 이전 백제의 영토는 이미 노령산맥 이

89) 李賢惠, 앞의 글(1988), 174쪽.
90) 《日本書紀》 권 9, 神功皇后 攝政 50년 5월.
91) 李丙燾, 앞의 책, 513쪽.
92) 古沙山을 沃溝 臨陂로 보는 견해(李丙燾, 위의 글)도 있으나 古沙夫里, 즉 古阜 부근으로 보는 것(末松保和, 《任那興亡史》, 吉川弘文館, 1961, 51~52쪽)이 합리적이다.

북까지 확대되었음을 알 수 있다.

이 때의 통합은 내부의 지배세력들을 온존시키면서 이들을 통한 공납적 지배의 수준에 머물렀던 것 같다. 이는 이 지역에서 5세기에 접어들어 대형의 옹관묘가 조영되고, 그 중에는 금동관과 금동신발, 큰칼 등의 화려한 물건들을 부장한 지배세력이 의연히 존재했던 사실[93]을 통하여 알 수 있다.

근초고왕대의 마한통합은 불완전한 것이어서 일원적인 지방제도의 정비와 지방관의 파견으로까지 진전되지는 못하였으나 이 때부터 백제는 전체 마한세력을 대표하게 되었다. "晋代 이후 諸國을 병탄하여 마한의 옛땅에 자리잡았다"[94]라는 표현은 이러한 양상을 반영한다.

낙랑·대방의 축출 이후 고구려와의 관계는 4세기 전반부터 중반까지는 자료의 공백으로 인하여 구체적인 양상을 알 수가 없다. 다만 완충지대가 없어지면서 국경을 직접 맞닿게 된 양국이 대방의 옛땅을 사이에 두고 첨예하게 대립하였을 것으로 짐작된다. 팽팽하던 긴장관계는 마침내 근초고왕 24년(고구려 고국원왕 39) 폭발하였다.

고구려의 선공으로 시작된 전투는 초기에는 帶方故地의 남쪽에 해당하는 예성강유역을 중심으로 전개되었다.[95] 전세는 차츰 백제에게 유리하게 전개되어 근초고왕 26년에는 왕과 태자인 근구수가 3만 명의 병사를 이끌고 고구려지역에 깊숙이 진입하여 평양성을 공격하였고 이 와중에 고구려의 고국원왕이 전사하기에 이르렀다.[96]

이 때 백제는 黃州에서 新溪를 잇는 선까지 진출하였던 것 같다. 이것은 4세기 중엽에서 후반에 해당하는 백제토기류가 황주지방에서 출토된 점,[97] 근

---

93) 有光敎一, 〈羅州潘南面新村里第9號墳發掘調査記錄〉(《朝鮮學報》 94, 1980).
穴澤咊光·馬目順一, 〈羅州潘南面古墳群〉(《古代學硏究》 70, 古代學硏究會, 1973).
國立光州博物館·全羅南道羅州郡, 《羅州潘南古墳群》-國立光州博物館學術叢書 제13책-, (1988).

94) 《通典》 邊防門, 東夷傳 百濟.

95) 전쟁 초기에 백제군이 고구려군의 침공에 맞서 싸웠던 雉壤과 半乞壤은 모두 黃海道 白川으로, 浿河는 禮成江으로 비정되고 있다(李丙燾, 앞의 책, 509쪽). 半乞壤은 白川의 半月岡(《新增東國輿地勝覽》 권 43, 白川郡, 古蹟)일 가능성이 크다.

96) 《三國史記》 권 24, 百濟本紀 2, 근초고왕 24·26년, 근구수왕 즉위년 및 권 18, 高句麗本紀 6, 고국원왕 39·41년.

97) 崔鍾澤, 〈黃州出土百濟土器類〉(《韓國上古史學報》 4, 1990).

초고왕 30년(375) 백제의 북변 水谷城(황해도 신계)을 고구려가 쳐서 함락시키는 상황[98]에서 유추된다. 황해도 谷山 근처로 비정되고 있는 谷那鐵山[99]은 이무렵 개발되었을 것이다.

대고구려전의 성공적인 수행, 왜와의 교역로 확보와 가야지역에 대한 영향력 증대, 마한 잔여세력의 통합이 일단락 된 근초고왕 27년(372) 왕은 동진에 사신을 보냈고 '鎭東將軍 領樂浪太守'에 제수되었다.[100] 이제는 伯濟國王으로서 북부 마한연맹의 영도권을 가지고 있는 정도의 「馬韓主」가 아니라 전체 마한을 아우르는 「百濟王」을 칭하게 된 것이다.

이러한 상황에서 백제 조정의 공식적 역사서인 《書記》가 편찬되었다. 그 목적은 伯濟國이 성장해 가는 과정에서 흡수되어 들어온 다양한 세력들의 활동과 경험들을 백제 전체의 역사로 용해시키고, 왕실 내부적으로는 초고계를 근간으로 하는 일원적 계보를 마련하는 데에 있었을 것이다. 당연히 내용의 많은 부분이 당대 근초고왕의 치적을 과시하는 데에 할애되었을 것이다.

당시 백제의 국력과 왕권의 성장은 서울시 석촌동 3호분에 잘 나타나 있다. 이 무덤은 시기적으로는 4세기 후반에서 5세기 초에 해당되며, 한 변의 길이가 50m에 달하는 초대형의 적석묘로서 여기에 묻힌 피장자는 근초고왕으로 추정되고 있다.[101]

〈權五榮〉

---

98) 《三國史記》 권 24, 百濟本紀 2, 근초고왕 30년.

99) 《日本書紀》 권 9, 神功皇后 攝政 52년조에는 근초고왕이 七枝刀와 七子鏡 등을 倭에 보내면서 한 말 가운데 "나라의 서쪽에 강이 있는데 谷那鐵山에서 발원한다. 그 거리가 멀어 7일을 가도 미치지 못한다"라는 구절이 있다. 신공황후 52년은 근초고왕 27년(372)에 해당된다. 《삼국사기》에 의하면 이 때에 백제는 水谷城을 확보하고 있었다. 따라서 谷那鐵山은 현재의 谷山일원에 위치하였을 가능성이 크며 "나라 서쪽의 강"은 예성강이 된다.

100) 《晋書》 권 9, 簡文帝 咸安 2년 정월 · 6월.

101) 金元龍 · 李熙濬, 〈서울 石村洞 3號墳의 年代〉(《斗溪李丙燾博士九旬紀念 韓國史學論叢》, 1987), 31~32쪽.

II. 백제의 변천

1. 한성시대 후기의 정치적 변화
2. 웅진천도와 중흥
3. 사비천도와 지배체제의 재편
4. 지배세력의 분열과 왕권의 약화

Ⅱ. 백제의 변천

1. 한성시대 후기의 정치적 변화

1) 한강유역의 상실

(1) 왕위계승 분쟁과 왕권의 쇠퇴

가. 4세기 후반의 왕위계승 분쟁

방계인 古爾王系를 물리치고 肖古王系의 왕위계승권을 확립한 근초고왕(재위: 346~375) 이후 근구수왕(재위: 375~384), 침류왕대(384~385)까지는 영역의 확대, 《書記》의 편찬 및 불교의 수용 등 일련의 왕권강화책에 힘입어 고대 귀족국가의 기반을 갖추게 되었다. 그러나 4세기 후반에서 5세기 후반에 이르는 약 1세기 동안의 한성시대 후기는 백제의 역사상 일대 격동의 시기였다.[1] 대외적으로 고구려의 적극적인 남침공세와 함께 대내적으로 잇따른 왕위계승 분쟁과 이에 따른 眞氏·解氏·木氏 등의 유력한 정치세력의 발호로 인하여 왕권은 극도로 쇠미해지게 되었다. 이 시기의 권력구조는 왕족과 왕비족간의 연합체제를 이루는 가운데 왕권과 유력한 귀족세력 사이의 타협물인 上佐平制를 중심으로 운영되었다.

근구수왕 이후 백제는 왕의 단명, 이에 따른 비정상적인 왕위계승, 정변에 의한 왕의 피살 등 왕위계승 분쟁을 불러오고 일련의 내분을 겪게 되면서 왕권은 극도로 동요하였다. 이 시기에 일어난 왕위계승 분쟁 중 첫번째로 들

---

1) 한성시대 후기의 정치과정을 종합적으로 다룬 연구는 다음과 같다.
盧重國, 《百濟政治史硏究》(一潮閣, 1988), 129~149쪽.
———, 〈4~5世紀 百濟의 政治運營〉(《韓國古代史論叢》 6, 1994).
梁起錫, 《百濟 專制王權 成立過程 硏究》(檀國大 博士學位論文, 1990), 73~89·119~128쪽.
李道學, 〈漢城後期의 百濟王權과 支配體制의 整備〉(《百濟論叢》 2, 百濟文化開發硏究院, 1990), 287~302쪽.

수 있는 것은 진사왕의 즉위를 둘러싼 왕위계승 분쟁이다. 침류왕이 재위 2년만에 죽자 그의 동생인 진사가 태자 阿莘이 어리다는 구실로 왕위를 잇고 있다. 진사왕(재위: 385~392)이 왕위에 오를 수 있었던 것은 앞선 고이왕과 비류왕의 즉위 예에서도 나타나듯이[2] 태자가 연소하여 정사를 돌볼 수 없는 비상시기의 경우 왕위계승이 부자상속이 아닌 형제상속에 의해 이루어졌기 때문이다. 그런데 《日本書紀》에서는 진사왕이 왕위를 찬탈한 것으로 기록하고 있어서[3] 진사왕의 즉위과정에 어떤 정변이 있었음을 시사해 주고 있다. 그의 인물됨을 평하여 "강용하고 총명하며 지략이 많았다"고 한 점으로 보아[4] 진사는 태자 아신이 연소함을 틈타 왕위를 찬탈한 것으로[5] 짐작된다.

이와 같이 변칙적으로 즉위하였던 진사왕은 빈번한 토목공사 등을 실시하여 왕권을 신장하고자 하였다. 진사왕 2년에는 고구려와 이에 부용된 말갈의 침입에 대비하기 위하여 그 북쪽 국경지대인 靑木嶺에서 서해안에 이르는 곳까지 15세 이상의 민력을 동원하여 대대적인 축성사업을 벌였으며,[6] 동왕 7년에는 궁전을 대대적으로 수리하고 그 부속시설들을 호화스럽게 꾸미는 등[7] 토목공사를 일으켜 왕실의 위엄을 과시하려 하였다. 또한 狗原(豊壤[8]), 강화도, 橫岳(서울 북한산[9]) 등 서울 근교지역에서 사냥을 빈번히 실시하였는데, 이는 국왕으로서의 군사통수권을 확인하여[10] 대고구려전을 독려하기 위한 조치였던 것으로 이해된다. 그러나 무모한 토목공사의 실시와 특히 진사왕 8년(392) 고구려군의 대규모 공세로 인해 그 북방의 요새인 關彌城을 상실하는 등 대고구려전에서의 충격적인 패배는 백제의 지배세력간에 동요를 일으켜 진사왕 자신의 정치적 기반을 와해시키는 결과가 되었고 그 자신도 재위 8년만에 죽고 말았다.

---

2) 《三國史記》 권 24, 百濟本紀 2, 고이왕 즉위년 및 비류왕 즉위년.
3) 《日本書紀》 권 9, 神功皇后 65년 을유.
4) 《三國史記》 권 25, 百濟本紀 3, 진사왕 즉위년.
5) 盧重國은 진사에 의한 왕위찬탈 배경을 침류왕의 불교공인에 따른 지배세력 사이의 갈등이 작용한 것으로 추정하였다(앞의 책, 132~133쪽).
6) 《三國史記》 권 25, 百濟本紀 3, 진사왕 2년 춘.
7) 《三國史記》 권 25, 百濟本紀 3, 진사왕 7년 정월.
8) 酒井改藏, 〈三國史記の地名考〉(《朝鮮學報》 54, 1970), 46쪽.
9) 金正浩, 《大東地誌》 권 1, 漢城府, 山水・典故.
金瑛河, 《三國時代 王의 統治形態 硏究》(高麗大 博士學位論文, 1988), 38~39쪽.
10) 金瑛河, 위의 책, 58~60쪽.

진사왕의 죽음에 대해서는《三國史記》에서는 구원에서 사냥을 하다가 행궁에서 죽은 것으로 기술되어 있으나,11)《일본서기》에서는 진사왕이 살해된 것으로 되어 있어서12) 아마 그는 어떤 모종의 정변에 의해 희생되었을 것으로 여겨진다. 따라서 아신왕(재위: 392~405)의 즉위도 일련의 내분을 거치고서 이루어진 것으로 볼 수 있다.

침류왕 사후 진사왕의 변칙적 즉위, 고구려의 적극적인 남침공세의 강화, 진사왕의 피살로 이어지는 당시 백제의 대내외적인 정치정세의 불안은 왕족은 물론 지배세력간의 대립과 갈등을 야기시켰을 것이다. 지배세력들간의 구체적인 동태를 파악할 수는 없지만, 진사왕대에 眞嘉謨가 병관좌평이었고, 아신왕대에 左將 眞武는 國舅로서 각기 병권을 장악하고 있었던 점을 감안해보면 이 시기에 진씨의 정치적 영향력이 보다 강화된 것으로 볼 수 있고, 위와 같은 왕위계승 분쟁에도 크게 관여했을 것으로 여겨진다.13) 이러한 왕비족 진씨세력의 역할 증대는 점차 왕권이 쇠미해지는 현상을 초래하게 되었다.

진사왕을 제거하고 왕위에 오른 아신왕은 먼저 왕권의 정통성을 과시하고 지배세력간의 결속을 다지기 위하여 시조묘인 동명묘에 배알함과 동시에 범부여족사회에서 거행되던 전통적인 의례인 祭天祀地를 南壇에서 거행하였다.14) 이어 즉위 3년에 원자 전지를 태자로 조기 책봉하여 왕위계승상의 분쟁을 미연에 방지하고자 하였고, 서제인 洪을 수석좌평인 內臣佐平에 임명하여 왕실의 기반을 다지고자 하였다. 그리고 국구인 진무를 좌장에 임명하여 병마권을 위임함으로써 내정은 왕족, 병권은 왕비족인 진씨세력에게 각각 역할을 분담시켜 국정을 운영하고자 하였다. 따라서 아신왕의 왕권은 근초고왕대 이래로 구축된 왕족-왕비족 연합체제를 중심으로 지배체제를 강화하는 방향에서 유지되었다.

그런데 백제 진사왕대부터는 대외적으로 고구려 광개토왕의 적극적인 남하공세에 밀려 한강유역에서 패전을 거듭하고 있었다. 아신왕 5년(396)에는 〈광

---

11)《三國史記》권 25, 百濟本紀 3, 진사왕 8년 10월·11월.

12)《日本書紀》권 10, 應神天皇 3년 임진.

13) 아신왕 2년에 眞武가 左將에 임명된 사례에 주목하여 진무가 이 정변에서 핵심적인 역할을 하였을 것으로 보고 있다(盧重國, 앞의 책, 150쪽).

14)《三國史記》권 25, 百濟本紀 3, 아신왕 2년 정월.

개토대왕릉 비문〉에서 보듯이 한강유역에 있는 58성 700촌을 고구려군에게 공취당하였다. 이에 아신왕은 굴복하고 그 복속의 표시로 왕제와 대신 10명을 인질로 고구려에 보내고, 남녀 1,000명과 細布 1,000필을 바치는 한편, 한때나마 고구려왕의 「奴客」으로서 고구려세력권에 예속되지 않을 수 없었다.[15] 이와 같은 굴욕을 씻기 위하여 아신왕 6년에는 왜와 비밀리에 통교하고 태자 전지를 왜에 청병사의 성격을 가진 인질로 파견하여 백제를 후원토록 하였다. 태자 전지가 인질로 왜에 파견된 이후 아신왕은 한강 남쪽에서 열병을 실시하여 왕으로서의 군사통수권을 확인하였고, 이듬해에는 진무를 좌장에서 병관좌평으로, 沙豆를 좌장으로 승진시켰다.[16] 이 인사조치는 지금까지 병마권을 장악하고 고구려와의 전쟁에서 연패하였던 진씨세력에 대한 책임 추궁의 성격을 가진 것으로 볼 수 있다. 또한 雙峴城을 축조하거나 西臺에서 활쏘기를 하는 등[17] 왕이 일선에 나서서 고구려와의 전쟁을 적극적으로 독려하였으나 기대하는 만큼 성과를 거두지 못하고 재위 14년만에 죽었다.

이와 같이 고구려와의 전쟁에서 잇따라 패배함으로써 이후 백제는 대내적으로 큰 어려움을 겪게 되었다. 거듭되는 전쟁으로 말미암아 많은 사상자가 나오고 농민들의 생활고는 더욱 가중되었다. 아신왕 4년 백제는 고구려와 패수에서 전투를 할 때 8,000명의 사상자를 내었고, 동왕 8년에는 군역을 기피하는 농민들이 신라로 집단적으로 도망하는 사례도 속출하여 왕정의 지배기반을 약화시켰던 것이다. 그 후 백제의 정치권은 지배세력의 대립과 갈등으로 혼미를 거듭하게 되었다. 그 대표적인 사례가 전지왕의 즉위 초에 벌어진 왕위계승 분쟁이었다.

나. 왕비족의 교체와 상좌평제의 설치

아신왕이 죽자 왜에 인질로 체류하고 있던 태자 전지가 8년만에 귀국의 길에 오르게 되었다. 그런데 전지왕(재위: 405~420)의 즉위과정에 또 다시 왕위계승 분쟁이 발생하였다. 즉 아신왕의 맏아들로서 차기 왕위계승권을 가진 태

---

15) 武田幸男, 〈高句麗好太王碑文にみえる歸王について〉(《末松保和博士古稀記念古代東アジア史論集》 上, 1978), 79~88쪽.

16) 《三國史記》 권 25, 百濟本紀 3, 아신왕 7년 2월.

17) 《三國史記》 권 5, 百濟本紀 3, 아신왕 7년 3월 · 9월.

자 전지가 아신왕이 죽었다는 전갈을 받고 귀국길에 오르고 있을 때 큰아우인 訓解가 일시 섭정을 하면서 태자 전지의 환국을 기다리고 있었다. 이 때 작은아우인 碟禮가 왕위계승의 원칙을 무시하고 자의로 형 훈해를 죽이고 왕위를 찬탈하였으나, 한성사람 解忠과 그의 지지세력에 의해서 진압되었고, 이어 전지가 왕위에 오르게 되었다. 전지왕의 즉위과정에서 백제의 지배세력은 전지 옹립파와 설례 지지파로 나뉘어 대립하는 양상을 보였다. 전자의 경우 훈해로 대표되는 일부 왕족과 전지가 귀국할 때에 그를 호위하였던 100명의 왜군[18] 및 해충으로 대표되는 해씨세력 등을 들 수 있다. 반면 설례의 지지세력은 구체적으로 알 수는 없으나, 진씨세력을 꼽을 수 있겠다. 진씨세력이 전지왕의 즉위를 계기로 한동안 정계에 등장하고 있지 않기 때문이다. 진씨세력은 4세기 후반 이래 병관좌평과 좌장을 역임하면서 병권을 장악하여 대고구려전을 주도적으로 수행해 나갔던 것이다. 그런데 아신왕 5년(396) 전투의 예와 같이 백제가 대고구려전에서 참패를 거듭하게 되자 진씨세력도 크게 타격을 입게 되었을 것이다. 아신왕 7년의 인사에서는 고구려와의 전쟁에서의 패전책임을 물어 병마지휘권을 담당하는 좌장직이 진씨세력 진무로부터 沙氏세력 沙豆에게로 넘어가게 되었다. 또한 〈광개토대왕릉비문〉의 영락 6년(396) 작전의 참패로 일부 진씨세력의 유력한 귀족들이 고구려에 인질로 보내졌을 가능성도[19] 상정된다. 이로 인해 진씨세력은 정치적으로 상당한 궁지에 몰렸을 것이다. 이러한 분위기에서 진씨세력은 자신의 거듭된 패전을 호도하고 실추된 세력을 만화하기 위하여 적극적으로 설례를 옹립하고자 하였을 것이다. 진씨세력에 의한 이러한 책동은 전지를 지지하는 해씨세력 등으로부터 강한 반발에 부딪쳐 결국 무산되고 말았다.

전지왕이 설례 일파에 의한 왕위찬탈의 책농을 분쇄하고 즉위하자 이듬해 정월에 즉위의례적인 성격을 가진 동명묘의 배알과 범부여족의 공통적 제의인 제천사지를 동시에 거행하였다. 이것은 새 왕으로서의 정통성을 천명하고

18) 전지가 귀국할 때에 동원된 왜군과 연결고리를 가지고 있었던 정치세력으로 목씨세력을 상정하는 견해도 있다(文東錫, 〈4·5세기 百濟 政治體制의 變動〉, 慶熙大 碩士學位論文, 1993, 35쪽). 이에 따르면 목씨세력도 전지 지지파로 분류될 수 있다.

19) 李道學, 앞의 글, 290~291쪽.

그동안의 왕위계승을 둘러싼 정치적 내분을 수습하여 지배세력간의 광범위한 결속을 다지고자 한 것이었다. 이어 즉위에 따른 논공행상적인 인사를 단행하였는데, 서제인 餘信을 내신좌평으로, 解須를 내법좌평으로, 解丘를 병관좌평으로, 그리고 옹립의 공이 매우 큰 한성사람 해충을 달솔로 각각 임명하였다. 전지왕 4년(408)에는 내신좌평 여신을 새로 신설된 재상직인 상좌평에 승진·임명하였다. 여기서 주목해야 할 사실은 정치의 실권이 진씨세력에서 해씨세력으로 교체되었다는 점이다. 해충은 전지왕 옹립에 관여한 공로로 달솔관등에 오르고 漢城租 1,000석을 지급받았으며, 그 밖에 해수·해구 등 해씨세력이 병관좌평 등 중요한 요직을 차지할 정도로 크게 부상하였다. 해씨세력은 백제 왕실과 통혼하여 마침내 왕비족에 올라 「解氏王妃族時代」로 불리울 정도로[20] 한동안 성세를 누렸다. 王戚인 해수는 내법좌평에 기용되었다가 비유왕 3년(429)에는 상좌평으로 승진되었고, 解丘도 병관좌평이 되어 병권을 장악하였다. 웅진천도 직후에 병관좌평이었던 解仇가 전횡을 일삼았던 것도[21] 이에 해당된다. 반면에 지금까지 왕비족으로서 중요한 지위를 차지했던 진씨세력은 웅진시기 초까지 한동안 나타나지 않고 있어 전지왕 즉위 초의 정변에 연루되어 설례를 옹립하려다가 결국 세력을 잃게 된 것이 아닐까 한다. 이로써 5세기 전반의 권력구조는 종래와 같이 왕족-왕비족 사이의 연합체제적인 틀을 그대로 유지하고 있으나, 다만 전지왕대를 기점으로 하여 지배귀족이 진씨세력에서 해씨세력으로 교체가 이루어진 점이 주목된다.

그리고 전지왕 즉위 초의 정변으로 왕권 자체도 동요되었으나, 이를 계기로 재상직인 상좌평을 설치하여 왕권을 강화하고자 하였다. 전지왕 4년에는 餘信을 새로 신설된 상좌평에 임명한 사실이 눈에 띈다. 상좌평의 설치는 전지왕 즉위 초의 정변에 따른 왕족간의 분열을 수습하고, 또 왜에 오랫동안 체류하였던 관계로 긴 정치적 공백을 가졌던 전지왕을 보필하기 위하여 취해진 조처로 이해된다.[22] 이러한 의미에서 상좌평의 설치는 전지왕과 그의 지지세력간에 이루어진 정치적 타협의 산물이라는 측면도 있다. 또한 상좌평체제는 왕

---

20) 李基白, 〈百濟王位繼承考〉(《歷史學報》 11, 1959), 31~35쪽.
21) 《三國史記》 권 26, 百濟本紀 4, 문주왕 2년 9월.
22) 梁起錫, 〈百濟 腆支王代의 政治的 變革〉(《湖西史學》 10, 1982), 22쪽.

족과 유력한 귀족세력들의 이익을 대변하는 기능도 가졌지만,[23] 한편으로는 왕권과 일정한 혈연관계에 있는 왕족과 왕비족에게 대귀족에 대한 통제력을 위임함으로써 상대적으로 국왕의 지위를 상징적이고 초월적인 존재로 부각시키려는 조처로 이해된다. 처음 설치된 상좌평에 전지왕이 신임하는 왕족 여신이 임명되었다는 점이나, 상좌평은 신라의 상대등제와 같이[24] 국정을 총괄할 뿐만 아니라 귀족세력을 일원적으로 통솔한다는 측면에서 볼 때, 그 설치에는 왕권강화의 측면이 보다 고려된 것으로 볼 수 있다. 따라서 5세기 백제의 권력구조는 왕족과 왕비족인 해씨세력을 기축으로 한 상좌평체제를 중심으로 유지되었다고 할 수 있다.

전지왕은 상좌평제를 신설하여 왕권을 강화하고자 하였으나, 그의 의도와는 달리 그가 죽은 뒤에 오히려 왕권이 약화되고 있음을 볼 수 있다. 즉 전지왕에 이어서 구이신왕(420~427)이 16세 정도의 어린 나이로[25] 즉위하였는데, 그의 재위기간이 8년에 불과할 정도로 단명하였을 뿐 아니라 《일본서기》에는 목씨세력이 국정을 농단하였던 사실을 전해 주고 있기 때문이다. 구이신왕이 연소함에 따라 왕모인 八須夫人의[26] 영향력이 강화되자, 木滿致가 왕모와 정을 통해 왕모의 권위를 등에 업고 국정을 멋대로 휘둘렀던 것이다.[27] 구이신왕대에 목씨세력이 대두하게 된 배경은 전지왕의 옹립 이후 실권을 잡았던 왕족 여신과 해씨세력을 견제하려는 데서 비롯된 것으로 이해된다.[28] 목씨세력이[29] 구이신왕대에 정치실권을 장악한 점은 기존의 유력한 귀족세력인 진

---

23) 盧重國은 상좌평 설치를 5세기경 백제왕권의 쇠미현상과 관련시켜 지배세력들의 이익과 의사를 대변하기 위한 제도적 장치로 파악하고 있으나(앞의 책, 141쪽), 일단 귀족세력을 일원적으로 통솔하기 위한 왕권강화책의 일환으로 이해할 필요가 있다. 한편 상좌평과 내신좌평과의 관계에 대해서는 상좌평이 수석좌평으로서의 내신좌평의 위치를 제도화한 것으로 보는 견해도 있으나(盧泰敦, 〈三國의 政治構造와 社會經濟〉, 《한국사》 2, 국사편찬위원회, 1977, 221쪽), 문주왕 때 왕제 昆支가 내신좌평에 임명되었고, 또 《日本書紀》 권 19, 欽明天皇 4년조에 沙宅已婁의 관직이 상좌평인 점을 볼 때 양자를 별개의 것으로 봐야 할 것이다.

24) 李基白, 〈上大等考〉(《新羅政治社會史硏究》, 一潮閣, 1974), 95~96쪽.

25) 李道學, 〈漢城末 熊津時代 百濟王系의 檢討〉(《韓國史硏究》 45, 1984), 6쪽.

26) 《三國史記》 권 25, 百濟本紀 3, 전지왕 즉위년.

27) 《日本書紀》 권 10, 應神天皇 25년.

28) 盧重國, 앞의 책, 158쪽.

29) 목씨세력의 출자를 마한의 목지국과 관련시키고 있으며, 근초고왕대 백제의 가라 7국 정벌에 세운 전공을 바탕으로 정치적 기반을 갖춘 것으로 보고 있다(盧

씨와 해씨세력 중심의 권력구조상의 변화를 의미한다.

그러나 이어 즉위한 비유왕대(427~455)에는 왕비족인 *解須*가 상좌평에 임명된 사실로 보아(429) 정치실권은 목씨세력에서 다시 해씨세력으로 넘어갔던 것으로 보인다. 아마 해씨세력이 구이신왕대에 정치실권을 장악했던 목씨세력을 물리치고 비유왕을 옹립하는 데 중요한 역할을 했던 것으로 추정된다. 이와 같이 5세기 전반에는 왕족 이외에 진씨·해씨·목씨세력간에 정치실권을 장악하기 위한 대립과 갈등이 첨예화되면서 왕권이 극히 쇠약해져 대귀족을 통제할 수 없는 상태에 이르렀던 것이다.《삼국사기》에 비유왕의 죽음을 흑룡의 출현과 관련시키고 있음을 볼 때 비유왕도 이러한 와중에서 어떤 정변에 의해 희생되었을 것으로[30] 여겨진다. 개로왕이 즉위한 직후에 "선왕의 陵이 제대로 조영되지 못하고 방치되어 있다"고 한 것을[31] 보면 비유왕의 죽음이 비정상적이었음을 암시해 주고 있기 때문이다.

(2) 개로왕대의 왕권강화 시도와 파탄

비유왕이 죽은 후 개로왕(455~475)이 즉위하였는데, 그의 즉위과정도 결코 순탄치 못했던 것으로 보인다. 우선《삼국사기》에는 이례적으로 개로왕 즉위초부터 14년까지의 기록이 없고,[32] 또 개로왕 부친의 유골이 무덤조차 조영되지 못한 채 방치되어 있었다고 하는 점, 그리고 고구려군에 의해 한성이 공략당할 때 개로왕을 죽인 再曾桀婁와 古爾萬年이 백제에서의 어떤 정변에 연루되어 고구려로 망명한 자였다는 점[33] 등이 지적될 수 있다. 개로왕의 옹립에 적극적으로 관여했던 정치세력은 일부 왕족과 목씨세력 등으로 여겨진다. 즉 개로왕이 지배체제를 확립하는 데 큰 공로가 있는 백제의 중신 11명을 대상으로 劉宋에 작호의 제수를 요청하였는데(458),[34] 그 가운데 8명의 왕

重國, 앞의 책, 155~156쪽 및 〈百濟의 木劦(羅)氏 硏究〉,《百濟社會의 諸問題》-제7회 백제연구 국제학술대회 발표요지-, 충남대 백제연구소, 1994, 173쪽).

30) 李道學, 〈漢城末 熊津時代 百濟王位繼承과 王權의 性格〉(《韓國史硏究》50·51, 1985), 3쪽.
盧重國, 앞의 책, 140~141쪽.

31)《三國史記》권 25, 百濟本紀 3, 개로왕 21년 9월.

32) 千寬宇, 〈三韓의 國家形成(下)〉(《韓國學報》3, 1976), 139쪽.

33)《三國史記》권 25, 百濟本紀 3, 개로왕 21년 9월.

34)《宋書》권 97, 列傳 57, 百濟國.

족을 제외하고 목씨세력으로 보이는 沐衿이 일반 귀족 중 가장 높은 서열인 제3품 龍驤將軍으로 제수받았던 데에서 짐작할 수 있다.

개로왕대는 대내적으로 대성귀족 세력들의 발호를 제어하여 왕권 중심의 지배질서를 확립하고, 대외적으로는 더욱 첨예화된 고구려와의 군사적 긴장관계에 효과적으로 대처해야 하는 어려운 시기였다. 개로왕은 즉위 초의 왕위계승 분쟁을 수습하고 왕권의 지배기반을 넓히기 위해 왕족 중심의 왕권강화책을 펴나가게 되었다. 상좌평에 그의 동생인 文周를 임명하여 왕실세력의 결속을 다지게 하고, 또 다른 동생인 昆支에게는 기존의 대성귀족들이 장악하고 있었던 병권을 장악케 하는 등[35] 왕족을 중용하여 친정체제의 기반을 다져나갔다. 그리고 기존의 귀족 중심의 연합체제를 고수하려는 진씨·해씨·목씨 등과 같은 대성귀족세력들의 정치적 영향력을 배제하려는 노력을 기울이게 되었다.

이미 살폈듯이 유송에 작호 제수를 청한 중신들이 대부분 왕족이었다는 데서 당시 왕족의 정치적 지위를 엿볼 수 있다. 개로왕의 동생인 문주와 곤지가 行輔國將軍과 行征虜將軍左賢王에 각각 보임되고 있어서[36] 작호 제수의 대상자 중 높은 서열을 차지하고 있다. 특히 곤지는 흉노와 같은 북방의 유목기마민족국가에서나 볼 수 있는 군주(單于·可汗)의 다음가는 자리인 좌현왕에 보임되고 있는 것[37]을 보면 개로왕의 권력기반 형성에 핵심적 역할을 한 인물이었음을 알 수 있다. 그리고 개로왕 18년(472) 북위에 청병사로 파견된 長史 餘禮는 '冠軍將軍駙馬都尉弗斯侯'라는 작호를 겸대하고 있는 것[38]으로 보아 그는 왕족이면서도 개로왕과 통혼관계를 맺은 것으로 나타난다. 이처럼 왕족 사이에 근친혼이 행해졌다는 것은 기존의 왕비족의 지위뿐 아니라 정치 운영상의 변화를 시사해 주는 것으로 주목된다.

한편 盧重國은 개로왕에 대한 작호 수여의 요청은 대외교역에 있어서 기득권 인정이라는 의미로 이해하였으나(〈百濟王室의 南遷과 支配勢力의 變遷〉, 《韓國史論》 4, 서울大, 1978, 112~113쪽), 이는 작호수여가 갖는 부차적인 의미만을 언급했을 뿐이다. 이는 지배세력의 신분서열을 체계화하기 위한 것으로 파악해야 할 것이다.

35) 李道學, 앞의 글(1985), 13쪽.

36) 李基東, 〈中國史書에 보이는 百濟王 牟都에 대하여〉(《歷史學報》 62, 1974), 21쪽.

37) 坂元義種, 《古代東アジアの日本と朝鮮》(吉川弘文館, 1978), 69쪽.

38) 《魏書》 권 100, 列傳 88, 百濟.

이와 같이 개로왕대에는 왕족이 상좌평과 같은 요직은 물론 병권과 외교권까지 독점하여 왕권 중심의 지배체제를 구축하고자 하였다. 개로왕은 천명적 질서에 가탁하여 스스로 대왕이라 자처하고 그 신료들을 王·侯·太守로 분봉하여 백제류의 천하질서를 갖추면서 왕권의 전제화를 모색해 나갔다.[39] 아울러 궁성의 수축, 왕릉의 조영, 한강변 蛇城의 동쪽에서 崇山의 북쪽에 이르는 치수와 대토목공사를 착수함으로써 강력한 왕권의 힘을 과시하였다.[40]

한편 대외적으로 고구려의 군사적 압력에 대처하기 위한 자구책의 일환으로 다각적인 외교책을 강구하였다. 신라와는 비유왕 7년(433)에 맺은 나제동맹체제를 기본 축으로 하여 고구려의 남진에 대처하였고, 개로왕 원년(455)에는 신라의 원병과 함께 고구려군을 격퇴하기도 하였다.[41] 동왕 7년에는 왕제 곤지를 일본 河內의 近飛鳥地方에 파견하여[42] 유사시에 청병을 대비하여 외교관계를 긴밀히 하였으며, 勿吉과도 연합하여[43] 고구려를 측면에서 견제하고자 하였다. 남조인 劉宋과도 전통적인 우호관계를 유지하면서도 이례적으로 남조일변도의 외교책에서 벗어나 고구려와 긴밀한 외교교섭을 맺고 있는 북위에 국서를 보내 고구려 정벌을 요청하기도 하였다.[44] 이러한 대고구려 봉쇄망을 형성하려는 백제의 전략은 도리어 고구려를 자극시켜 그 침입을 초래하는 결과가 되었다.

개로왕의 왕족을 중심한 왕권강화책은 결국 대성귀족세력들의 불만을 사게 되었고, 특히 고구려군의 대대적인 침공이라는 대외적인 요인과 상승작용

---

39) 梁起錫, 〈5세기 百濟의 王·侯·太守制에 대하여〉(《史學研究》 38, 1984), 64~65쪽.
한편 다음의 글들은 이 왕·후제를 지방통치체제와 관련시키고 있는데 이는 왕권을 정점으로 해서 중신들을 서열화하기 위한 관직으로 이해하여야 할 것이다.
末松保和, 《任那興亡史》(大興出版社, 1961), 109~114쪽.
坂元義種, 앞의 책, 99~102쪽.
金英心, 〈5·6세기 百濟의 地方統治體制〉(《韓國史論》 22, 서울大 國史學科, 1990), 73~90쪽.

40) 대규모 역사를 전제권력의 과시와 관련시킨 다음의 기사가 참고된다. "임금이란 백성들이 우러러 보는 바로서 궁전이 장엄하고 화려하지 않으면 무엇으로 위엄을 보이겠는가"(《三國史記》 권 49, 列傳 9, 倉助利).

41) 《三國史記》 권 3, 新羅本紀 3, 눌지왕 39년.

42) 《日本書紀》 권 14, 雄略天皇 5년 4월.

43) 《北史》 권 94, 列傳 82, 勿吉.

44) 《魏書》 권 100, 列傳 88, 百濟.

하여 백제는 한강유역을 상실하고 부득이 웅진으로 남천하는 의외의 결과를 빚어냈다. 개로왕 자신도 "나 자신의 과오로 인하여 백성도 줄어들고 군대도 약해졌다"라고[45] 후회하였듯이 무리한 토목공사를 빈번히 일으킴으로써 국력을 낭비하고 민심을 이반시키는 결과를 초래했다. 또한 고이만년과 재증걸루와 같은 일부 중앙귀족의 이탈을 가져왔다. 결국 개로왕 24년(475) 9월 고구려의 장수왕은 3만의 군사를 거느리고 갑자기 들이닥쳐 왕도인 한성을 7일만에 함락시켰던 것이다. 이 전쟁으로 백제는 영토의 손실과 함께 막대한 인적·물적 손실을 입게 되었다. 개로왕 자신뿐 아니라 태후·왕자들이 고구려군에 의해 살해되었고,[46] 8천여 명의 인민이 포로로 끌려갔으며, 한성을 포함한 한강유역 일대를 송두리째 고구려에 빼앗기게 되었다. 더구나 백제 왕실의 대제전으로서 범부여족의 결속을 다지고 동명의 정통 계승자임을 표방하는 동명묘 제사는 왕도 한성을 빼앗김으로써 더 이상 지속할 수 없게 되었다.[47] 특히 개로왕의 전사는 그 동안 추진해 온 왕권강화책을 수포로 돌아가게 하였으며, 이로 말미암아 백제는 웅진천도라는 새로운 국면을 맞이하게 되었던 것이다.

2) 백제와 신라의 동맹

4세기 말과 5세기 초에 신라는 고구려와 동맹관계를 맺으면서 백제와 적대관계를 유지해 왔다. 〈廣開土大王陵 碑文〉에 의하면 신라는 내물왕 44년(399)에 고구려의 보병과 기병 5만 명의 구원을 받아 자기 나라에 침입해 온 백제·가야와 왜의 연합군을 가야지역에까지 추격하여 섬멸한 적이 있었다. 당시 신라가 고구려와 동맹관계를 갖게 된 것은 우선 국초부터 빈번히 침략을 일삼던 왜세력에 대항하기 위하여 왜와 동맹관계에 있는 백제보다 고구려에 접근할 필요성이 있었다. 그리고 내물왕계 김씨 세습체제를 확립하기

---

45) 《三國史記》 권 25, 百濟本紀 3, 개로왕 21년 9월.

46) 《日本書紀》 권 14, 雄略天皇 20년.

47) 盧明鎬, 〈百濟의 東明神話와 東明廟〉(《歷史學硏究》 X, 전남대, 1981), 45~46쪽. 개로왕대에 왕권강화를 위한 이념으로 불교를 크게 숭신하였기 때문에 "建邦之神"(《日本書紀》 권 19, 欽明天皇 16년 2월)으로 지칭되는 동명묘 배알을 중단했을 것으로 추정하는 견해도 있다(文東錫, 앞의 글, 44~45쪽).

위해서는 경쟁세력인 석씨·박씨세력 및 다른 왕실세력 등을 견제, 또는 정략적으로 제거할 필요가 있었다. 눌지왕의 왕위계승 과정에서 고구려세력이 일정한 역할을 했던 것처럼[48] 고구려의 도움이 필요하였다.

그런데 백제가 신라와 화친을 맺고 고구려와 적대관계를 갖게 된 것은 비유왕 7년(433)의 일이었다.[49] 이 때의 화친은 백제의 적극적인 요청에 의해서 이루어진 것이었다. 그 해 7월에 백제가 화친을 먼저 제의하였고, 이듬해 비유왕이 양마 2필과 흰 매를 신라에 예물로 보냈다. 신라의 눌지왕도 이에 대한 화답으로 황금과 명주를 백제에 보냄으로써 양국간에 우호적인 분위기가 조성되었다. 이로써 나제양국은 그 동안의 적대관계를 버리고 화친을 맺게 되었던 것이다.

백제가 신라와 우호관계를 맺게 된 배경은 무엇보다도 백제의 대고구려 봉쇄전략의 차원에서 찾아야 할 것이다. 백제는 고구려의 평양천도에 따른 남진정책에 대응하기 위하여 다각적인 외교적 노력을 기울였다. 우선 남조국가인 송과 긴밀한 외교적 교섭을 전개하였다. 평양천도(427)부터 한성함락(475)에 이르기까지 백제와 송의 외교적 교섭은《宋書》百濟傳이나《南史》宋本紀에 의거해 볼 때 9회로 나타나고 있어서 양국간에는 빈번한 교류가 이루어졌음을 알 수 있다. 이는 당시 북위와 송의 남북조 양국에 대해 양면외교를 펼치고 있던 고구려를 외교적으로 견제하려는 의도로 이해된다.

백제는 신라와 수교한 이후에도 왕제 곤지를 파견하여 왜와 긴밀한 관계를 유지하였으며(461),[50] 새외민족인 勿吉과도 연합하여[51] 고구려를 배후에서 견제하고자 하였다. 더구나 백제는 남조 일변도의 외교책에서 벗어나 고구려와 긴밀한 교섭관계를 맺고 있던 북위에 국서를 보내 고구려의 정벌을 요청하기도 하였다. 고구려 장수왕의 왕녀를 북위 현종의 후궁으로 맞아들이는 문제로[52] 인하여 양국이 잠시 불편한 관계로 접어들자 백제 개로왕은 이 기

48) 《三國史記》 권 3, 新羅本紀 3, 눌지왕 즉위년.
《三國遺事》 권 1, 紀異 2, 제18 實聖王.

49) 《三國史記》 권 25, 百濟本紀 3, 비유왕 7년 7월, 8년 2월·9월·10월 및 권 3, 新羅本紀 3, 눌지왕 17년 7월, 18년 2월·9월·10월.

50) 《日本書紀》 권 14, 雄略天皇 5년 4월.

51) 《北史》 권 94, 列傳 82, 勿吉.

52) 《魏書》 권 100, 列傳 88, 高句麗.

회를 틈타 북위에 고구려 정벌을 요청하였던 것이다. 이러한 일련의 외교활동을 통해서 백제는 중국의 북위와 송·신라·가야·왜·물길을 연결하는 다각적인 외교를 전개하여 대고구려 봉쇄망을 구축하고자 하였던 것이다. 이러한 전략의 일환으로 백제는 당시 고구려와 밀접한 관계를 맺고 있던 신라를 고구려로부터 유리시키기 위해 적극적으로 신라에 접근을 시도하였던 것이다.

신라는 4세기 후반에서 5세기 중반경까지 대체로 고구려군의 출병(400)과 주둔,[53] 왕자 實聖과 卜好의 인질파견, 불교 수용[54] 등의 사례에서 보듯이 일정하게 고구려의 정치적·문화적인 영향력 아래 놓여 있었다. 그러나 신라가 성장·발전하는 데에는 고구려의 정치적·군사적 간섭이 오히려 제약이 되는 실정이었다. 나제간의 화친은 신라의 입장에서 볼 때 고구려의 간섭을 배제하려는 자립화운동과 밀접한 관련을 가진 것으로 볼 수 있다.

이와 같이 나제간의 화친은 백제의 고구려에 대한 봉쇄전략과 고구려의 간섭에서 벗어나려는 신라의 필요성에 따른 양국간의 이해가 합치되어 이루어진 산물로 이해된다. 이 일로 신라는 고구려와의 동맹관계에서 벗어나 친백제정책으로 선회하였기 때문에 이후 삼국의 항쟁사에서 큰 영향을 미쳐 고구려와 나제연합의 대결구도를 설정하는 계기가 되었다.

5세기 후반 삼국의 정세는 힘의 우위에 선 고구려가 전선의 균형을 유지하기 위하여 백제와 신라를 번갈아 침략하는 양상을 보이게 된다.[55] 그러나 이 시기 고구려와 백제간의 전투는 4회인 반면에, 고구려와 신라간의 전투는 悉直原(삼척)에서의 고구려변장 살해사건을 계기로 하여[56] 5세기 말까지 모두 8회에 이르고 있다. 따라서 고구려는 주로 신라를 공격목표로 군사적 공세를 전개하였음을 알 수 있다. 나제양군이 연합하여 고구려의 침입에 공동으로 대응하는 사례도 각각 3회씩 나타나고 있다. 더욱이 백제는 고구려의 대대적인 한성침공과 같은 국가 존망의 위기로부터 신라의 구원을 받기도 하였다.

한편 신라는 소지왕 3년(481)에 彌秩夫(흥해)까지 쳐들어온 고구려와 말갈

53) 《中原高句麗碑》에 보이는 "新羅土內幢主"라는 문구와 《日本書紀》 雄略天皇 8년 2월조의 기사를 통해서 당시 고구려군이 신라 영토내에 주둔하고 있었음을 알게 해준다.

54) 《三國史記》 권 4, 新羅本紀 4, 법흥왕 15년.

55) 金瑛河, 〈高句麗의 巡狩制〉(《歷史學報》 106, 1985), 47~50쪽.

56) 《三國史記》 권 3, 新羅本紀 3, 눌지왕 34년 7월.

로부터 왕도가 위협당하자 백제와 가야의 구원을 받아 이를 격퇴시킨 일도 있었다.[57] 이처럼 나제양국은 어느 한쪽의 힘만으로 고구려의 침략을 막지 못할 경우 상호 군사적 요청으로 공동 대응하는 관계로 발전시켜 나갔다. 나제간의 우호관계를 더욱 공고히 하여 군사동맹관계로 발전시킨 것은 백제 동성왕과 신라 소지왕 때의 일이었다. 소지왕은 동성왕의 요청에 따라 이벌찬 比智의 딸을 보내어 혼인시킴으로써(493)[58] 양국은 혼인관계를 통하여 군사동맹 관계를 한층 공고히 하게 되었다.

〈梁起錫〉

2. 웅진천도와 중흥

1) 동성왕의 활동

(1) 웅진천도와 정정의 불안

개로왕 21년(475) 장수왕이 이끄는 3만 고구려군의 공격으로 백제는 불의에 왕도 한성이 함락되고 국왕이 전사하는 지경에 이르렀다. 이 무렵 개로왕의 동생인 文周는 신라로부터 원병 1만 명을 얻어 가지고 돌아오는 중이었으나 이미 고구려군은 퇴각하였고 개로왕은 참살당한 상태였다. 이에 문주는 왕위에 오른 후 10월에 祖彌桀取·木協滿致와 같은 중신들의 보필을 받아 부득이 남쪽의 熊津(公州)으로 도읍을 옮기게 되었다. 공주지역은 북으로 차령산맥과 금강에 둘러싸여 있고, 동으로는 계룡산이 막아서 고구려와 신라로부터의 침략을 방어해 주는 천험의 요새지였다. 이곳을 관통하여 흐르고 있는 금강을 통해 서해로 나아갈 수 있고, 또 남쪽에는 곡창인 호남평야가 펼쳐져 있어서 關防뿐만 아니라 교통과 경제의 요충지로서 좋은 입지조건을 갖추고 있었다. 문주왕의 웅진천도는 고구려군의 침공에 의해 갑작스럽게 행해진 것이었다. 그러나 웅진은 우선 고구려의 직접적인 예봉을 피할 수 있고, 또 후일을 도모할 수 있는 여건을 갖춘 곳이기 때문에 새로운 왕도로 선

57) 《三國史記》 권 3, 新羅本紀 3, 소지왕 3년 3월.
58) 《三國史記》 권 3, 新羅本紀 3, 소지왕 15년 3월.

정될 수 있었다. 여기서부터 웅진시대(475~538)의 역사가 펼쳐지게 된다.

웅진천도는 개로왕이 패사한 지 불과 한 달만에 임기웅변적으로 이루어진 것이기 때문에, 웅진이 새 왕도로서의 면모를 갖추는 데에는 많은 시일이 소요되었다. 먼저 옛 왕도인 한성에서 옮겨 온 민호들을 귀족세력의 통제하에 일정지역에 분산시켜 수용·정착케 하는 일부터 착수하였다. 문주왕 2년(476) 2월에는 남으로 옮겨온 한성민호를 아산에 있는 大豆山城과[1] 직산의 慰禮城[2] 등에 거주케 하였다. 이와 같이 유민들을 새 왕도와 그 부근에 안치시킴으로써 뜻밖에 천도로 빚어진 혼란을 수습하려 했던 것이다.

이어 새 왕도인 웅진성 안의 궁전 및 여러 정청 등 지배층을 위한 시설물들을 갖추어 나가는 일에 착수하였다. 웅진천도가 상당히 위급한 정황 속에서 불과 한 달만에 이루어졌고, 또 성왕 4년(526)에 웅진성을 처음「修葺」했다는《삼국사기》의 기사를 감안해 보면 왕도의 중심성인 웅진성을 새로 신축할 겨를이 거의 없었을 것이다. 따라서 천도 직후에는 기존의 성곽시설을 그대로 활용할 수밖에 없었는데, 현재 2,660m에 이르는 包谷式의 공산성 중에서 현존하고 있는 테뫼식의 토성 부분이 당시의 웅진성의 규모로 추정된다.[3] 웅진성 안의 궁실은[4] 문주왕 3년(477)과 동성왕 7년(485)에 걸쳐 중수되었는데, 南堂과 臨流閣[5] 등 부속 시설물들이 하나씩 조영됨에 따라 제모습을 갖추게 되었다.

곧 이어 왕도의 도시계획안을 마련하여 웅진교를 세우고 도로망을 정비하고,[6] 또 웅진성의 방위를 위해 그 주변 일대의 요지에 沙井城, 炭峴 등 관방

---

1) 李基白,〈熊津時代 百濟의 貴族勢力〉(《百濟硏究》 9, 忠南大 百濟硏究所, 1978), 12~13쪽.

2) 李基白, 위의 글, 14~15쪽

3) 兪元載,〈百濟 熊津城硏究〉(《國史館論叢》 45, 國史編纂委員會, 1993), 65~66쪽.

4) 공산성내 쌍수성 부근의 백제시대 건물터에서 다수의 기와류, 토기류 및 청동경이 출토되어 이곳을 웅진 도읍기의 왕궁지로 추정하고 있다(安承周,〈百濟都城(熊津城)에 대하여〉(《百濟硏究》 19, 1988), 17~20쪽 ; 兪元載,〈熊津都城의 羅城問題〉(《湖西史學》 18·19, 1992), 40~41쪽).

5)《三國史記》권 26, 百濟本紀 4, 동성왕 22년 춘.
공산성의 남문인 진남루와 동문지의 중간부분에서 백제시대 건물지가 발견되었는데, 여기서 와당류와 자기류가 출토되어 임류각터로 추정하고 있다(安承周, 위의 글, 20쪽).

6)《三國史記》권 26, 百濟本紀 4, 동성왕 20년.

시설을 구축함으로써, 이제 웅진은 행정의 중심지로서, 교통의 요지로서, 관방의 요충지로서 미흡하나마 왕도의 기능을 갖추게 되었다. 그러나 일련의 토목공사는 뜻밖의 천도로 쇠미해진 왕권을 진작시키려는 의도에서 추진된 것이었지만, 어려운 재정형편과 잦은 자연재해로 말미암아 무리한 면이 많았다.

이러한 새 왕도의 건설을 위한 노력에도 불구하고 웅진천도 직후의 정치상황은 그리 순탄치만은 않았다. 천도 초기의 백제는 한성의 함락과 한강유역의 상실, 개로왕 직계왕통의 단절 등으로 일대 위기를 맞이한 가운데 권신의 발호와 세력다툼, 이로 인한 왕권의 실추 등으로 이어져 일련의 정정불안이 야기된 것이다.[7] 이러한 와중에서 문주왕(재위: 475~477)은 맏아들 三斤을 태자로 책봉하고, 아우인 昆支를 내신좌평에 임명함으로써[8] 개로왕 직계왕통의 단절로 인해 야기될 수 있는 왕위계승상의 혼란을 미연에 방지하려 하였다.

그러나 문주왕은 당시 정치실권을 장악하고 있었던 병관좌평 解仇의 발호를 제어하지 못하다가 그에 의해 재위 3년만에 살해되고 말았다. 해구는 문주왕 2년에 천도 직후의 불안정한 정치상황을 틈타 병관좌평에 오르면서 왕권을 위협하는 세력으로 대두하였다. 그 동안 취약한 왕권을 보위하는 데 핵심적인 역할을 담당했던 내신좌평 곤지가 이듬해 7월에 사망하게 되자[9] 실권을 장악한 해구는 마침내 정치적 배경을 상실한 문주왕을 시해한 다음 13세에 불과한 삼근왕(재위: 477~479)을 옹립하였다.

해구는 어린 삼근왕으로부터 일체의 군국정사를 위임받아 막강한 권력을 장악하여 국정을 오로지 하였다. 이 때의 좌평 眞男과 덕솔 眞老와 같은 진씨세력이 중심이 되어 해구를 견제하고 나서자 형세가 불리해진 해구는 금강유역에 기반을 둔 신진세력의 하나인 燕氏세력과 손을 잡고 대두성을 거점으로 하여 반란을 일으켰다. 그러나 이 반란은 결국 덕솔 진로 등에 의해 평정되었다.

---

7) 웅진시대의 정치과정을 종합적으로 다룬 연구로는 다음의 글이 참고된다.
盧重國, 《百濟政治史硏究》(一潮閣, 1988), 146~161쪽.
李道學, 〈漢城末 熊津時代 百濟王位繼承과 王權의 性格〉(《韓國史硏究》 50·51, 1985), 12~34쪽.
梁起錫, 《百濟 專制王權 成立過程硏究》(檀國大 博士學位論文, 1990), 129~149쪽.

8) 《三國史記》 권 26, 百濟本紀 4, 문주왕 3년 4월.

9) 昆支의 죽음을 흑룡의 출현기사와 관련시켜 볼 때 解仇가 곤지를 살해했을 가능성이 있는 것으로 보고 있다(李道學, 앞의 글, 13쪽 및 盧重國, 앞의 책, 150쪽).

(2) 웅진시대의 정치적 변화상

무령왕 즉위 이전까지의 웅진시대에 나타난 정치적인 변화 가운데 먼저 개로왕 직계의 왕통이 단절됨으로 인하여 왕위계승상의 일대 혼란이 일어났다는 점을 주목할 수 있다. 고구려가 한성을 침공할 때 개로왕을 비롯하여 왕후와 왕자들이 거의 피살되었던 것으로[10] 여겨지는데, 《新撰姓氏錄》에 개로왕의 후예들이 보이지 않는 것으로 보아 개로왕 직계의 왕통이 단절된 것으로 생각된다. 따라서 왕통이 끊어진 비상시국을 당하여 대통을 이을 만한 인물로는 왕제인 문주와 곤지 정도였다. 곤지는 개로왕 4년(458) 당시의 작호가 行征虜將軍左賢王으로서[11] 작호를 받은 11명 중 서열이 제일 높았을 뿐 아니라 문주보다도 서열이 더 높았다. 그는 고구려의 직접적인 군사적 압력에 대처하기 위해 청병사로 활동하였고, 그 후 전통적인 우호관계를 다지기 위해 왜에 파견된 상태였기 때문에(461)[12] 문주가 왕위를 이을 수 있었던 것으로 생각된다.

이후 동성왕이나 무령왕의 즉위과정에서도 볼 수 있듯이[13] 웅진시대의 왕위계승은 한동안 부계직자의 계승원리에 따라 이루어지기보다는 일정 가계의 범위 안에 있는 왕족들이 유력한 귀족세력들과 정치적으로 제휴하여 왕위에 오르는 경향이 나타난다. 《일본서기》에 이들 왕의 친족관계에 대해 여러 이설을 전하고 있는 것은[14] 이 시기 왕계의 혼란상을 반영하는 것으로 생각된다. 종래 태자가 어려서 정사를 돌볼 수 없는 경우에는 왕위를 계승할 수 없었으나,[15] 이 시기에는 삼근왕과 동성왕의 경우처럼 어린 나이에도 왕위를 계승하는 현상이 나타나고 있다.

그리고 왕비족의 역할과 지위상에 있어서 점차 새로운 변화가 나타나고 있었다. 종래에는 왕족과 왕비족이 [illegible] 서로 제휴하여 왕권을 강화시켜 나

10) 《日本書紀》 권 14, 雄略天皇 20년 所引 《百濟記》.
11) 《宋書》 권 97, 列傳 57, 百濟國.
12) 《日本書紀》 권 14, 雄略天皇 5년 所引 《百濟新撰》.
13) 후술하겠지만 동성왕과 무령왕은 곤지의 아들로서 무령왕이 동성왕의 배다른 형이었다고 한다.
14) 《日本書紀》 雄略天皇 5년조에는 무령왕이 개로왕의 아들로 되어 있고, 武烈天皇 4년조의 《百濟新撰》에는 무령왕이 동성왕의 배다른 형인 것으로 서술하고 있어 웅진시대 왕계기록의 혼란상을 보여주고 있다.
15) 사반왕·계왕·아신왕이 이 경우에 속한다.

갔으며, 한성시대에 진씨와 해씨세력이 왕비족으로 큰 역할을 하였음은 주지의 사실이다. 그러나 개로왕대부터 駙馬都尉 餘禮의 경우처럼[16] 왕족간에 근친혼을 하거나, 또 동성왕이 신라에 청혼하여 이벌찬 比智의 딸과 혼인을 맺는 것 등에서 [17] 점차 왕비족과의 세력연합을 통한 기존의 정국운영 방식을 벗어나려는 시도가 엿보이고 있어서 주목된다.

한편 웅진천도로 인해 귀족세력들의 지위와 위상면에서 변화가 있었다. 한성에 세력기반을 가졌던 귀족세력들이 일단 남천함에 따라 지배세력의 구성에 큰 변화가 나타났다. 웅진시대의 귀족세력은 진씨·해씨·목씨 등과 같은 구귀족세력과 금강유역의 토착 세력기반을 갖고 웅진천도 이후 중앙정계에 진출하였던 백씨·연씨·사씨 등과 같은 신진 귀족세력으로[18] 대별해 볼 수 있다. 웅진시대 초기에는 여전히 구귀족세력들이 우위를 점하고 있으나, 천도로 인해 그 세력기반이 삭감된 상태였기 때문에 한성시대 후기에 나타나는 왕족－왕비족에 의한 권력 독점현상은 더 이상 유지될 수 없었다.

웅진천도 이후 내부정정의 불안으로 인해 왕권의 귀족 통제력이 이완됨에 따라 종전의 공적인 권력체제인 상좌평제나 왕비족과의 세력연합을 통한 정치운영이 붕괴되고, 대신 물리적 지배수단인 병권을 장악한 실세귀족이 병관좌평직을 통해 정치권력을 차지하였다. 이들 실세귀족은 권력기반을 넓히기 위해 재지의 유력한 신진세력들과 정치적으로 제휴하고자 하였다. 웅진시대 초기의 권신 해구와 신진세력인 은솔 燕信간에 이루어진 세력연합이 그 좋은 예라[19] 할 수 있다. 실세구족은 배타적으로 정치권력을 독점해 나아가는데 방해가 되는 세력들을 제거해 나갔고, 심지어 그들의 이해관계와 배치되면 국왕마저 살해하기를 주저하지 않았다. 해구는 유력한 왕족인 내신좌평 곤지와 웅진천도의 주역인 목협만치를 제거하였고,[20] 문주왕마저 살해한 다음 어린 삼근왕을 옹립하여 국정을 농단하였던 것이다. 실세귀족들은 형세가

16) 《魏書》 권 100, 列傳 88, 百濟.

17) 《三國史記》 권 3, 新羅本紀 3, 소지왕 15년 3월.

18) 신진세력들의 경우 백씨는 공주, 사씨는 부여, 연씨는 온양일대에 각기 세력근거를 가졌을 것으로 추정하고 있다(李基白, 앞의 글, 10~18쪽).

19) 《三國史記》 권 26, 百濟本紀 4, 삼근왕 2년 춘.

20) 木協滿致가 解仇와 권력을 다투다가 패퇴하여 일본으로 건너간 시기를 477년경으로 추정하고 있다(山尾幸久, 〈日本書紀のなかの朝鮮〉, 《日本と朝鮮の古代史》,

불리해지면 자신의 세력 근거지를 중심으로 반란을 일으키기도 하였다. 삼근왕 때에 해구가 진씨세력으로부터 견제를 당하자 연합세력인 연신과 함께 대두성에서 반란을 일으킨 사실이 바로 그러한 예에 속한다. 해구의 세력이 몰락한 이후 동성왕대에는 해구의 난을 평정한 진씨세력의 眞老가 한동안 실세귀족의 위치에 있었다.

그러나 동성왕 19년(497)부터는 종래 세력을 누렸던 해씨와 진씨 대신에 신진세력들이 부상하고 있어서 신·구세력간의 어떤 변화의 양상을 엿볼 수 있다. 즉 병관좌평 진로가 죽은 뒤 그 후임에는 신진세력인 달솔 燕突이 기용되었고, 숙위병사의 업무를 관장한 위사좌평 苩加는 「왕의 *左右*」로 지칭될 정도로[21] 실세귀족으로 부상하였다. 이는 동성왕이 신진귀족들을 과감히 등용하여 왕권을 강화하려는 작업과 깊은 관련이 있는 것으로 풀이된다.

신진세력들은 구귀족들의 정치적 역할을 견제하였고, 왕은 신·구세력간의 대립과 조정을 통해 왕권을 보다 강화해 나가려 하였다. 그러나 이 시기에 신진세력이 크게 중용되었다고 하더라도, 백가의 경우 그가 가진 관직이 종래와 같이 병관좌평이 아니고 숙위병사를 담당하는 위사좌평이었다는 점은 이제 왕권을 배경으로 국왕의 측근세력이 정치권력을 장악하게 되었음을 뜻한다. 그러나 백가가 가림성으로 전보될 정도로[22] 이들 신진세력은 왕권의 일정한 통제 아래 있었다. 이와 같이 동성왕대 이후 금강유역에 기반을 가진 신진세력이 크게 중용되었던 점은 구귀족세력을 중심으로 정국을 운영하던 한성시대와는 다른 새로운 양상을 보여주는 것이었다.

그런데 백제왕권의 지배력 행사에는 일정한 한계가 있었다. 백제 세력권에 있던 탐라국과[23] 가야 제국이 한때 반기를 들어 이탈을 꾀한 적이 있었다. 즉 동성왕 원년 가라왕 荷知가 남제로부터 「輔國將軍 本國王」으로 책봉을

三省堂選書 57, 1979, 136쪽). 한편 이 목협만치를 구이신왕대의 木滿致와 같은 인물로 보고 목만치의 존재를 부정하는 견해도 있으나(鈴木靖民, 〈木滿致と蘇我氏〉, 《日本のなかの朝鮮文化》 50, 1981, 66~69쪽), 양자의 활동시기가 서로 다르기 때문에 동명이인으로 보고 있다(盧重國, 앞의 책, 139쪽).

21) 동성왕이 임류각을 짓고 거기서 밤새도록 환락을 같이한 「*左右*」는 백씨세력을 지칭하는 것으로 보고 있다(李基白, 앞의 글, 18쪽).

22) 《三國史記》 권 26, 百濟本紀 4, 동성왕 23년 8월.

23) 《三國史記》 권 26, 百濟本紀 4, 동성왕 20년 8월.

받았는데,[24] 이는 가야 제국이 근초고왕대 이래로 백제와 일정한 부용관계를 유지했던 사실을[25] 감안해 보면 이례적인 일이었다. 천도 이후 백제왕권의 지배력 행사에 한계가 드러난 셈이다. 또한 백제의 해상활동 및 중국과의 교섭도 고구려에 의해 빈번히 차단당하기도 하였다. 문주왕 2년과 동성왕 6년(484)에 중국으로 가던 사행이 고구려의 항로차단으로 인해 중단된 적이 있었다. 이러한 제해권의 상실은 해상무역을 통한 왕정의 물적 기반의 약화를 가져왔고, 왕위계승에 따른 정통성 확보와 백제국가의 존립을 위한 외교활동에 큰 손실을 입게 되었다.

무엇보다도 거듭된 자연재해의 발생과 무리한 토목공사는 농민생활을 피폐하게 만들었다. 웅진시대의 水·旱災 등 자연재해와 토목관계 기사는 거의 동성왕대에 집중되고 있다.[26] 동성왕 13년과 21년에는 극심한 기근으로 대규모의 유민이 발생하여 신라와 고구려로 도망하는 사례가 있었다. 농민의 유리현상은 웅진시대에 들어와서 남천과 정치적 혼란, 전쟁, 역질, 자연재해 등으로 더욱 가속화되었다. 대규모 유민의 발생은 국가의 조세수취나 역역동원에 큰 영향을 줄 정도로 왕정의 인적·물적인 기반을 약화시켰던 것이다. 그리고 동성왕대에는 그 동안 쇠미해진 왕권을 진작시키려는 의도에서 무리한 토목공사가 빈번하게 벌어졌는데, 이 또한 농민의 부담을 가중시키는 요인이 되었다. 자연재해와 농민들의 과중한 역역부담에 대해 별다른 대책을 마련치 못한 상황에서 농민의 유리현상은 더욱 조장되었다. 동성왕 21년에는 극심한 가뭄으로 기근과 도적이 횡행하였으나 왕이 이재민에 대한 진휼책을 거부하는 바람에 한산인 2천여 호가 고구려로 도망하는 일이 있었다. 또한 왕궁 안에 호사스러운 임류각을 지어 그 주위에 못을 파고 기이한 새들을 기르게 하였는데,[27] 왕권을 과시하려는 데 급급한 나머지[28] 과중한 역역의 부담과 재

24) 《南齊書》 권 58, 列傳 39, 東南夷, 加羅國 建元 원년. 가라왕 荷知는 고령의 대가야왕으로 보고 있다(金泰植, 《加耶聯盟史》, 一潮閣, 1993, 106쪽).

25) 千寬宇, 〈復元加耶史(中)〉(《文學과 知性》 29, 1977), 915~918쪽.

26) 동성왕대 수·한재 등 자연재해가 발생한 시기는 4년 10월(대설), 13년 6월(수재), 동 7월(기근), 14년 4월(대풍), 19년 6월(수재), 21년(한재), 동 10월(역질), 23년 5월(한재)이다.

27) 《三國史記》 권 26, 百濟本紀 4, 동성왕 23년 춘.

28) 《三國史記》 권 49, 列傳 9, 倉助利.

정의 낭비를 초래하였던 것이다.

이와 같이 거듭된 자연재해의 발생과 진휼대책의 불비 및 무모한 토목공사의 실시 등으로 대규모의 유민들이 발생하였고, 그 결과 이들이 왕권의 지배력으로부터 이탈하게 되었으며, 나아가 왕정의 인적·물적인 기반을 축소시켜 왕권의 지배력을 약화시켰던 것이다.

(3) 동성왕의 왕권강화책과 신진세력의 등장

가. 동성왕의 즉위와 신진세력의 등장

천도 후 한동안의 정정불안을 극복하고 실추된 왕권을 회복시켜 왕권의 전제화를 모색하기 시작한 것은 바로 동성왕(재위: 479~501) 때의 일이었다. 《삼국사기》의 인물평에서 보듯이 동성왕은 과단성 있게 왕권강화정책을 추진하여 후일 성왕의 중흥정치의 밑바탕을 마련하였다.

천도 직후 왕권의 기반이 취약한 문주왕을 시해한 다음 어린 삼근왕을 옹립하였던 권신 해구세력이 난을 일으켰으나 진씨세력인 덕솔 진로에 의해 진압되었다. 이어 삼근왕 역시 겨우 재위 3년만에 죽고, 그 뒤를 이어 문주왕의 동생 곤지의 아들인 동성왕이 왕위를 이었다. 그는 삼근왕의 사촌이었고, 그 다음 왕인 무령왕의 배다른 동생이었다.[29] 《일본서기》에 의하면 동성왕은 왜에 체류하고 있다가 삼근왕이 죽자 왜군의 도움을 받아 백제로 건너와 어린 나이로 왕위에 올랐다고 한다.[30] 물론 이 기사를 그대로 믿을 수는 없지만, 동성왕의 즉위과정에서 일정한 역할을 한 도래씨족의 전승을 전하는 것으로 볼 수 있다. 실제로 그를 옹립한 핵심세력은 해구의 난을 평정한 덕솔 진로로 대표되는 진씨세력이었음이 분명하다. 동성왕 4년에 해구의 난을 토평한 때 핵심적 역할을 한 덕솔 진로가 兵官佐平兼知內外兵馬事로 임명되어 동성왕 초반에 병권을 장악한 사실이 참고된다. 곤지의 아들인 동성왕이 즉위하게 된 배경은 우선 개로왕과 문주왕의 직계왕통이 끊어진 데서 찾을 수 있다. 즉 고구려군의 갑작스런 침입에 따른 한성함락으로 인해 개로왕의 직계

29) 《日本書紀》 권 16, 武烈天皇 4년 所引 《百濟新撰》.
30) 《日本書紀》 권 14, 雄略天皇 23년 4월.

가 단절되었고,[31] 또 문주왕의 직계왕통도 어린 삼근왕이 일찍 죽음에 따라 거의 단절되었을 것으로 보인다. 그러나 해구가 어린 삼근왕을 옹립하여 군국정사의 일체를 농단했던 사례에 비추어 볼 때 진씨세력 역시 이러한 의도에서 정략적으로 어린 동성왕을 옹립하였을 가능성이 높다.[32] 동성왕은 왜에 오랫동안 체류했던 관계로 국내사정에 어두웠을 뿐 아니라 자신의 세력기반마저 미약했기 때문이다. 따라서 동성왕은 그의 옹립에 관여했던 실세귀족들을 어떠한 방법으로 제어하면서 왕권강화를 이루어 나가는가의 문제는 그에게 부여된 당면과제였다.

동성왕이 추진한 일련의 왕권강화책의 성격을 이해하기 위해서는 먼저 그 당시 지배세력의 구성면을 살펴볼 필요가 있다. 이는 신진세력 연돌이 병관좌평으로 기용되는 동성왕 19년(497)을 기준으로 하여 두 시기로 나누어 볼 수 있다.

전기의 경우 《삼국사기》에 의하면 구귀족세력은 진로 이외에는 별다른 인물들이 나타나지 않고 있다. 그는 해구의 난을 토평하고 동성왕을 옹립한 공으로 병마권을 장악한 실세귀족의 위치에 있었다. 그런데 동성왕 6년부터는 신진세력인 사씨·백씨·연씨가 다양하게 등장하고 있어서 대조를 이루고 있다. 남제에 사행을 떠났던 내법좌평 沙若思(동성왕 6년 7월), 새로이 위사좌평에 임명된 백가(동 8년 2월), 달솔이 된 연돌(동 12년 9월)이 보이고 있다. 그 밖에 동성왕이 남제에 보낸 외교문서에는 동성왕 12년의 경우 7명의 수작 대상자는 왕족 餘氏가 3명, 都漢王 姐瑾, 중국식 성을 가진 외교사절 3명으로 구성되었으며, 동성왕 17년의 경우 沙氏 1, 贊氏 1, 解氏 1, 木氏 1, 중국식 성을 가진 외교사절 4명 모두 8명이 보이고 있다.[33]

이와 같이 전기에는 왕족과 구귀족세력 진씨·해씨·목씨, 그리고 신진세력인 사씨·백씨·연씨 등의 지배세력이 다양한 분포를 이루고 있는 것이 확인된다. 여기서 동성왕 이전에 비해서 백씨 등 새로운 성씨세력들이 현저하게 활동하고 있는 점이 주목된다. 왕족과 구귀족 중심의 정치운영에 이제부터 신

---

31) 《日本書紀》 권 14, 雄略天皇 20년 所引 《百濟記》.
32) 李道學, 앞의 글, 16쪽.
33) 《南齊書》 권 58, 列傳 39, 東南夷, 百濟國.

진세력이 가세하게 된 것이다. 신진세력이 대거 등용된 배경은 동성왕이 실세인 구귀족 중심의 정치체제에서 벗어나 실추된 왕권을 회복하고 정국을 안정시키려 했던 의도에서 비롯된 것으로 풀이된다. 구귀족 중심의 정치체제에서 벗어나기 위해서는 금강유역에 토착적 기반을 갖고 세력 확장을 꾀하던 신진세력에 주목하지 않을 수 없었다. 이러한 신진세력의 등장은 지배층의 폭을 넓혀 왕권의 지배력을 공고히 한다는 점에서 백제사의 새로운 전기를 이루는 데 중요한 의미를 갖는 것이었다. 따라서 동성왕대 전기에는 아직도 웅진시대 초기의 관행인 실세귀족을 중심으로 정국을 운영하였으나, 금강유역의 신진세력들이 점차 중앙정계에 진출하는 데 따라 신·구세력간의 균형 위에서 왕권의 안정기반을 보다 강화하려 했던 시기로 볼 수 있다.

한편 후기에는 신진세력들이 더욱 중용되는 현상이 나타나고 있다. 진로가 죽고난 이후 연돌을 병관좌평에 기용하였는데, 신진세력이 병마권을 담당하는 병관좌평에 임명된 것은 처음 있는 사례로서 주목된다. 숙위병사의 업무를 관장한 위사좌평 백가가 「王의 左右」로 지목될 정도로[34] 성세를 보이고 있다. 그리고 사료상에 구귀족의 활동이 거의 보이지 않는 대신 많은 신진세력이 중앙의 요직에 기용되고 있었다. 여기서 동성왕대 후기의 정국운영 방향을 짐작할 수 있거니와, 이제 신진세력이 병권을 장악한 것을 계기로 정치의 주도권을 장악하였음을 알 수 있다.

그러나 신진세력의 독주는 왕권의 강화와 안정기반을 위협하는 또 하나의 방해물이 되었다. 이에 동성왕은 신진세력의 비대화를 막기 위해 세력개편을 단행하였다. 沙井城을 축조하여 한솔 毗陁를 보내 진수케 하였으며,[35] 가림성을 축조하여 웅진에 세력기반을 가진 위사좌평 백가를 보내[36] 관장하도록 한 것이다. 이러한 동성왕의 견제책은 신진세력으로부터 큰 반발을 사게 되어 결국 왕은 백가세력에 의해 살해당하고 말았다.

이와 같이 동성왕은 신진세력을 과감히 등용하여 새로운 지배세력 확립에 하나의 전기를 마련하였으나, 신진세력을 과도하게 등용함으로써 오히려 신·

34) 李基白, 앞의 글, 18쪽.
35) 《三國史記》 권 26, 百濟本紀 4, 동성왕 20년 7월.
36) 《三國史記》 권 26, 百濟本紀 4, 동성왕 23년 8월.

구세력간의 대립과 조정 역할을 통한 왕권강화라는 시대적 과제를 극복하지 못하였다.

나. 동성왕의 왕권강화책

정치적 혼미 속에서 즉위한 동성왕은 금강유역의 신진세력을 과감히 등용함으로써 실추된 왕권을 회복하고 왕권의 안정기반을 구축하여 천도에 따른 정정불안을 수습하여 나갔다. 이를 위해 그는 대내적으로 지배세력의 개편작업, 신라 왕실과의 통혼, 왕·후·태수제 실시 및 토목공사를 크게 일으켜 실추된 왕권을 진작시키려 하였다. 대외적으로는 기존의 나제동맹을 축으로 신라와 긴밀한 관계를 유지하면서 고구려에 공동으로 대처하였고, 또 남조국가인 南齊와 전통적인 우호관계를 맺어 고구려를 견제하였다.

먼저 웅진이 새 왕도로서의 면모를 갖추기 위해서 궁실과 임류각 및 웅진교를 가설하였고, 牛頭城·沙峴城·耳山城·沙井城 등 왕도 주변의 방어시설을[37] 구축하였다. 이 시기에 크고 작은 토목공사가 빈번히 실시된 것은 그 동안 실추된 왕권을 진작시키려는 의도에서였다. 이러한 관방의 요지에 신진세력들을 전출시켜 진수하도록 하였는데, 이는 적극적인 지방지배를 꾀하는 동시에 왕권 중심으로 중앙 귀족세력들을 재편성하려는 왕권강화의 측면도 갖고 있다. 그리고 지배력이 직접 미치지 못하는 지방의 거점지역에는 이른바 지명·왕·후제를 실시하였다.[38] 이는 그의 지배체제 확립과 고구려와의 전투에서 공을 세운 귀족세력들에게[39] 남제로부터 공인받은 형식을 빌어 작호를 수여한 것이다. 그 분봉지역도 영산강유역을 비롯한 전라도 일대에 걸쳐 있었는데,[40] 후에 무령왕대에 실시되었을 것으로 추정되는 擔魯制 실시와[41] 깊은

37) 웅진시대 웅진성의 방어체제에 대해서는 兪元載, 앞의 글, 77~88쪽 참조.

38) 坂元義種, 〈五世紀の百濟大王とその王·侯〉(《古代東アジアの日本と朝鮮》, 吉川弘文館, 1978), 96~102쪽.
梁起錫, 〈五世紀 百濟의 王·侯·太守制에 대하여〉(《史學硏究》 38, 1984), 65~78쪽.

39) 《南齊書》 백제전의 '魏虜' 기사를 490년 백제와 북위간에 전쟁을 벌인 사실로 이해하였으나, 최근 백제와 싸운 상대를 '匈梨'로 보고 이를 고구려로 인식하여 결국 백제와 고구려 간의 전쟁기사로 보는 견해가 있어 주목된다(兪元載, 〈魏虜의 백제침입기사〉, 《百濟硏究》 23, 1992, 92~94쪽).

40) 末松保和, 《任那興亡史》(大興出版社, 1956), 110~113쪽.

41) 李基白, 〈百濟史上의 武寧王〉(《武寧王陵》, 文化財管理局, 1973), 68~69쪽.

관련을 가진 것으로 이해된다.

한편 동성왕대에는 남제로부터 책봉을 받은 이래 우호관계를 유지하면서 외교적으로 고구려를 견제하였다. 또한 신라와는 공수동맹체제를 갖추어 고구려의 남침에 적극 대항하였다. 나제양국은 비유왕 7년(433 ; 신라 눌지왕 17)에 화친을 맺은 이래 고구려의 남진책에 공동으로 대응해 왔다. 나제간의 우호관계가 더욱 공고화되어 실질적인 군사동맹관계로 발전하게 된 것은 동성왕과 신라의 소지왕(재위: 479~499) 때의 일이다. 이 시기에 고구려가 신라를 침공한 것은 6회인 반면 백제는 1회에 불과하다.[42] 백제는 彌秩夫(홍해)전투(481), 母山城(진천)전투(484), 薩水原(괴산 청천)전투(494)에서 신라를 구원하였고, 반면 稚壤城전투(495)에서는 신라로부터 구원을 받아 고구려군을 물리치기도 하였다. 동성왕 15년(493) 3월에는 왕의 요청으로 신라 눌지왕이 이벌찬 比智의 딸을 보내어 혼인시켰다. 이 결혼동맹은 고구려의 남진을 어느 정도 저지할 수 있게 하였다. 뿐만 아니라 백제 내부에 있어서는 기존의 왕비족세력과 연합하여 정국을 운영하던 체제에서 벗어나 왕권을 강화하려는 조치로 이해된다. 그러나 신라가 지증왕이 즉위하면서(500) 친고구려 노선으로 전환할 징후를 보이자[43] 동성왕 23년 백제는 신라와의 경계선에 있는 전략적 요충인 炭峴에 성책을 설치하여 신라에 대한 경계를 게을리하지 않았다.

끝으로 사비로의 천도를 계획하여 왕권 중심의 정치운영을 모색하기도 하였다. 사비천도는 물론 성왕대에 단행되지만, 이미 동성왕대부터 준비되었을 것으로 보인다.[44] 동성왕 12년(490)과 23년 세 차례에 걸쳐 사비지역에서 사냥을 실시하였는데, 이 때에 사비지역을 천도 후보지로 주목하였을 것이다.[45]

한편 담로제의 실시 시기를 근초고왕대로 소급해서 보는 견해도 있으나(盧重國, 〈漢城時代 百濟의 地方統治體制〉, 《邊太燮博士華甲紀念 史學論叢》, 1985, 145~153쪽), 이곳에 자제종족을 파견하여 지방통치를 강화해 나간 시점은 웅진시대로 보아야 할 것이다.

42) 이 시기에 신라와 고구려간의 전투는 소지왕 3년, 6년, 11년, 16년, 18년, 19년의 6회이고, 반면 백제와 고구려간의 전투는 동성왕 17년 뿐이다.

43) 梁起錫, 〈5~6세기 전반 新羅와 百濟의 관계〉(《新羅文化祭學術發表會 論文集》 15, 신라문화선양회, 1994), 86~88쪽.

44) 盧重國, 〈百濟王室의 南遷과 支配勢力의 變遷〉(《韓國史論》 4, 서울大 國史學科, 1978), 75쪽.
李基白, 앞의 글(1978), 19쪽.

45) 盧重國, 앞의 글, 93~94쪽.

특히 그 말년 무렵에 '水陸之衝'의 요처로[46] 알려진 임천의 가림성을 축조하여 당시 실세귀족이었던 위사좌평 백가를 전보시킨 점도 이를 시사해 준다. 웅진에 세력기반을 가진 백가는 혹시 사비천도로 인해 자신의 정치적 기반을 상실당할 우려가 있기 때문에 이에 반발하여 사비 西原에서 사냥을 하고 있던 동성왕을 살해하였다.[47]

이와 같이 동성왕대에 추진된 일련의 왕권안정과 지배기반의 확대를 위한 시책은 어느 정도 가시적인 성과가 있어서 후대의 무령왕·성왕대로 이어지는 왕권 중심의 정치운영에 바탕이 되었음은 물론이다. 그러나 임류각의 건축 등 대규모 토목공사를 자주 일으켜서 실추된 왕권을 회복하려는 시도는 국력의 소모와 민심의 이탈을 가져왔고, 수재와 가뭄 등의 거듭된 자연재해와 진휼대책의 불비는 농민의 생활을 피폐시켜 왕정의 인적·물적인 기반을 약화시켰던 것이다. 그리고 집권 말기에는 사비천도를 계획하여 왕권의 권력기반을 강화시키는 전기로 삼으려 하였으나 도리어 그의 측근이었던 신진세력 백가에게 살해당하고 말았다. 신·구세력의 대립과 조정 역할을 통한 왕권의 안정이 당면과제임에도 불구하고 신진세력을 중용하여 권력기반을 확대하고자 한 점은 그의 정치적 한계라 할 수 있다.

2) 무령왕의 활동

(1) 무령왕의 출자와 즉위과정

백제 성왕대(재위: 523~554)에 국가체제가 크게 정비되고 국력이 신장될 수 있었던 것은 전대의 동성왕과 무령왕대에 걸쳐 추진된 일련의 왕권 전제화 시책에 힘입은 것으로 볼 수 있다. 이런 면에서 무령왕이 추진한 왕권강화책의 해명은 뒤이어 전개되는 사비시대 초기 성왕대 정치개혁의 성격을 밝혀주는 고리가 될 뿐 아니라 백제의 고대 중앙집권국가를 확립하는 과정을 해명해 준다는 점에서 주목된다.

---

46) 《三國史記》 권 28, 百濟本紀 6, 의자왕 2년 7월.

47) 동성왕이 말년에 6좌평제의 개편과 22부제 실시와 관련된 정치개혁으로 인해 苩加에게 시해된 것으로 보는 견해도 있다(李鍾旭, 〈百濟의 佐平〉, 《震檀學報》 45, 1978, 47쪽).

무령왕(재위: 501~523)은 동성왕과 함께 개로왕의 동생인 곤지의 아들로서, 중흥의 영주인 성왕의 아버지이다. 그의 출생연대는 무령왕릉에서 출토된 지석이나 그의 출생설화를 담고 있는《일본서기》雄略天皇 5년조의 기사를 참고해 볼 때 개로왕 7년(461)인 것으로 밝혀지고 있다.

그런데 무령왕의 왕통계보에 대해서는 여러 기록에 서로 다르게 서술되어 있어서 많은 이설과 혼란이 있다. 이러한 현상은 웅진시대 백제왕계의 대부분에 걸쳐 나타나고 있다. 이는 웅진천도와 같은 어쩔 수 없는 비상시기를 거치면서 왕계 그 자체는 물론 그 관계 기록상의 혼란에서 기인된 것으로 볼 수 있다. 여러 사서에서 나타나고 있는 웅진시대의 백제 왕통계보를 정리하면 다음과 같다.

웅진시대 백제왕위 세계

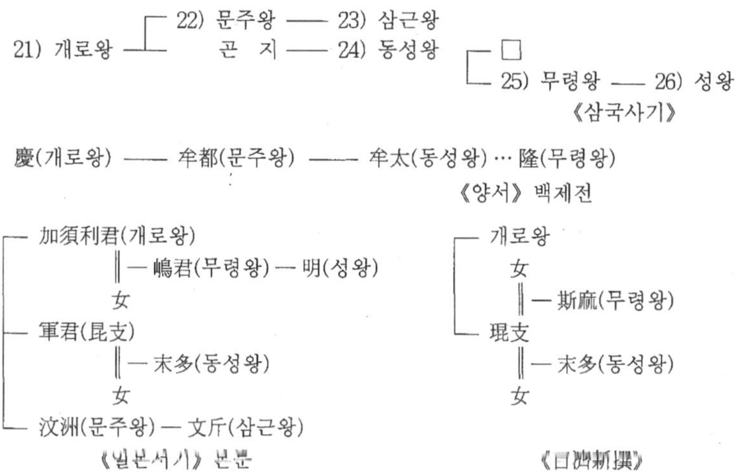

먼저 문주왕은《삼국사기》와 《삼국유사》가 다같이 개로왕의 아들로 명기하고 있다. 그러나 문주왕이 역임했던 상좌평직에 왕제가 취임하는 것이 통례였고,[48] 또한《신찬성씨록》에 개로왕의 후예씨족이 보이지 않는 것으로 보아 한성함락으로 인해 개로왕의 직계가 단절되었을 가능성이 높다. 이로

48) 李基白, 〈百濟王位繼承考〉(《歷史學報》 11, 1959), 27쪽.

보면 양자의 관계는 《삼국사기》보다 오히려 《일본서기》의 기사에 따라[49] 동복의 아우 즉 형제관계로 보는 것이 자연스럽다. 그리고 곤지는 《삼국사기》나 《일본서기》에 모두 개로왕의 동생 또는 문주왕의 동생으로 기록되어 있어서 결국 삼자는 형제관계임을 알 수 있다.

다음 무령왕의 왕통계보에 대해서는 많은 이설이 제기되고 있으나, 〈武寧王陵 誌石〉이 발견됨에 따라 해결의 실마리를 찾게 되었다. 무령왕의 계보는 여러 사서에 의거해 볼 때 주로 세 가지설로 요약할 수 있다.

첫째, 동성왕의 둘째 아들설이다. 이 설은 《삼국사기》나 《삼국유사》와 같은 국내 사서에 서술되어 있는데, 웅진시대 백제의 왕통계보를 거의 부자상속의 입장에서 서술하고 있다. 그러나 이미 밝혔듯이 개로왕과 문주왕은 부자관계가 아니고 형제간이므로 이 서술은 문제가 있음을 알 수 있다. 그리고 이 설을 따를 경우 동성왕과 무령왕 양자간의 연령이 현격하게 차이가 나는 문제가 생기게 된다. 〈무령왕릉 지석〉에 따르면 무령왕은 삼근왕이나 동성왕보다 나이가 더 많으며,[50] 또 왕위에 오를 때는 이미 40세였음이 밝혀지고 있다. 따라서 동성왕과 무령왕은 부자관계로 설정될 수 없기 때문에 이 설은 성립될 수 없다. 《梁書》 백제전에도 웅진시대 백제왕계가 부자상속에 의해서 이루어진 것으로 서술되어 있다. 이는 중국인의 부자상속에 의한 왕위계승관에 따라 이 시기의 백제왕계를 일률적으로 기록한 데에 불과하다.[51] 그러나 무령왕(隆)에 대해서는 즉위 사실만을 전하고 있을 뿐, 그의 왕통계보를 이례적으로 밝히지 않아서 왕위계승 과정상에 어떤 문제가 있었지 않았나 짐작하게 한다.[52]

둘째, 개로왕의 아들설이다. 이는 《일본서기》 雄略天皇 5년조와 武烈天皇 4년조의 割註 기사에 보이는 설이다. 웅략천황 5년조 기사에는 무령왕의 출생담을 기술하고 있는데, 개로왕을 그의 생부로, 곤지를 의부로 설정해 놓고

---

49) 《日本書紀》 권 14, 雄略天皇 21년 3월의 割註.

50) 李道學, 〈漢城末 熊津時代 百濟王系의 檢討〉(《韓國史硏究》 45, 1984), 13~14쪽.

51) 坂元義種, 《百濟史の硏究》(塙書房, 1978), 183쪽.

52) 이를 무령왕 즉위의 정통성 문제와 관련시키는 견해가 있다(坂元義種, 위의 책, 183쪽). 즉 무령왕이 형이면서도 동성왕보다 늦게 즉위했다는 사실이 그의 왕위 즉위에 대한 정통성에 손상을 줄 우려가 있었기 때문이라 하였다.

53) 무령왕 이후 사비시대 왕계는 거의 무령왕의 후손들에 의해 왕위계승이 이루어지고 있다. 즉 무령왕은 사비시대 왕실의 중시조적 위치에 있게 된다. 따라서 직계

있다. 이러한 兄弟共妻說話는 너무 기괴하여 상식적으로 납득할 수 없다. 이 설화는 어떤 정치적 목적을 위해 무령왕을 의도적으로 부각시키려는 배경에서 생성된 것이 아닐까 한다.[53] 즉 무령왕이 실제 곤지의 아들임에도 불구하고 개로왕을 생부로 내세워 개로왕의 혈통을 정통적으로 이어받았다는 것을 내세우려는 의도에서 개로왕의 아들설이 생성된 것으로 볼 수 있다.

셋째, 동성왕의 배다른 형이라는 설이다. 이는 《일본서기》 무열천황 4년조의 본문기사에 인용되어 있는 《百濟新撰》에 서술되어 있는데, 《일본서기》 웅략천황 23년조의 동성왕 즉위기사를 참고하여 그의 출생연령을 산출한 다음 〈무령왕릉 지석〉에 의해 밝혀진 무령왕의 나이와 비교하는 방법으로 《백제신찬》의 설을 따르고 있다.[54] 즉 동성왕이 「幼年」의 나이로 왕위에 올랐다는 점과 그가 곤지의 다섯 아들 중에서 둘째라고 명기한 사실에서 그에게 형이 있었다는 점에 착안하여 결국 무령왕이 동성왕의 형이었음을 밝히고 있다.

이상과 같이 동성왕과 무령왕과의 관계를 해명하기 위하여 세 가지 설을 검토해 본 결과 무령왕의 계보는 결코 부자관계로 성립될 수 없으며, 개로왕의 동생인 곤지의 다섯째 중의 첫째 아들이고 동성왕과는 배다른 형의 관계였음이 보다 설득력있는 것으로 알려지고 있다.

아무튼 무령왕은 동성왕을 살해한 백가의 난을 진압하고 40세의 나이로 왕위에 올랐다. 그는 동성왕의 형이면서도 삼근왕의 뒤를 이어 왕위에 오르지 못했다. 아마 해구의 난을 토평한 진씨세력이 왜에 체류하고 있던 어린 동성왕을 옹립하여 실권을 장악하려는 의도에서 무령왕을 기피하였을 것으로 여겨진다. 그런데 《삼국사기》에는 무령왕의 즉위과정을 다음과 같이 서술하고 있다. 즉 동성왕 23년(501) 11월 백가가 자객을 보내 사비지역에서 사냥중이던 왕을 찌르게 하였고, 왕은 12월에 죽어 결국 무령왕이 즉위하게 되었다. 이듬해 정월 백가는 加林城에 웅거하여 반란을 일으켰으나, 무령왕이 군대를 거느리고 牛頭城에 이르러 한솔 解明을 시켜 이를 토평하게 하였다.

여기서 백가가 왜 난을 일으키게 되었는지에 대해서는 다음과 같이 추측

가 단절된 개로왕과 직결시켜 무령왕의 정통성을 내세우려는 의도에서 이 설화가 생성된 것으로 보는 견해가 있다(李道學, 앞의 글, 1984, 14쪽).

54) 李道學, 위의 글, 14쪽.

해 볼 수 있다. 백가로 대표되는 반왕세력이 동성왕을 시해한 다음 의도한 대로 차기 왕을 옹립하려 하였다. 해구나 진로가 어린 삼근왕을 옹립하여 실권을 장악한 사례가 참고된다. 당시 40세의 연만한 나이의 무령왕은 백가세력에 의해 기피되었을 것으로 보인다. 이에 무령왕과 그의 지지세력이 동성왕의 시해에 대한 책임 추궁을 구실로 백가세력을 견제하고 나서자 형세가 불리해진 백가세력이 난을 일으켰으나[55] 무령왕과 해명에 의해 평정된 것으로 볼 수 있다. 무령왕 즉위 초의 정변은 삼근왕대 해구의 난과 유사한 점이 보인다. 다만 무령왕은 해구에 의해서 옹립된 나약한 삼근왕과는 달리 진두지휘하면서 난을 진압하고 있는 점이 다르다. 이 점은 그의 정치적 입지를 강화하고 정국운영의 주도권을 행사할 수 있는 여건을 만들어 준 셈이 된다.[56]

그리고 이 난은 왕권과 신·구세력간의 역관계를 단적으로 보여주는 사례라 할 수 있다. 난을 일으킨 백가는 유력한 신진세력이었고, 반면 이를 평정한 해명은 남천해 온 구귀족세력이었다. 동성왕은 구귀족세력을 견제하기 위해 대거 기용한 금강유역의 신진세력에 의해 오히려 견제당하다가 시해되고 만 것이다. 이 난의 평정을 계기로 한동안 정국운영에서 소외되어 있던 해씨세력과 같은 구귀족세력이 정치적 입지를 넓혀 나감으로써 비대해진 신진세력을 견제하게 되었다.

(2) 무령왕의 왕권안정을 위한 시책

가. 지배세력의 개편과 중앙집권력 강화

무령왕은 불의의 천도와 이에 따른 정국의 혼란상을 직접 체험하면서 40세의 연만한 나이로 즉위하였다. 특히 동성왕의 무리한 전제권력 강화가 어떠한 결과를 초래하였는가에 대해서 누구보다도 정통하였다. 따라서 무령왕은 동성왕대 신진세력 중심의 정국운영에 대한 반성에서 왕권안정의 실마리를 찾았던 듯하다. 그는 동성왕이 말년에 비대해진 신진세력을 견제하려다가

55) 무령왕이 동성왕의 시해사건에 배후세력으로 역할하였을 것으로 보는 견해도 있다(盧重國, 〈百濟 武寧王代의 集權力 强化와 經濟基盤의 擴大〉, 《百濟文化》 21, 1991, 12~13쪽).

56) 盧重國, 위의 글, 13쪽.

도리어 시해되었던 쓰라린 경험을 거울삼아 세력이 증대된 신진세력의 권한을 일정하게 견제하면서 신·구세력간의 세력균형을 유지하는 가운데 왕권의 안정을 추구해나갔을 것으로 여겨진다.

무령왕은 백가의 난을 평정한 것을 계기로 일단 왕권에 협조하는 일부 구귀족세력을 다시 등용하였을 것으로 보인다. 백가의 난을 평정하는 데 큰 공을 세웠던 구귀족 출신의 한솔 해명이 그 대표적인 사례가 된다. 그런데 구귀족세력은 웅진시대 초기만큼 융성한 위세를 드러내지 못했던 듯하다. 사료에는 해씨세력인 해명과 목씨세력으로 木刕不麻甲背만[57] 보이고 있을 뿐이다. 반면 신진세력은 즉위 초기에는 타격을 받았지만, 좌평 因友와 달솔 沙烏 등이 무령왕 후반기에 보이고 있는 것으로 보아[58] 구귀족과 함께 일정한 세력을 유지했던 것으로 여겨진다. 즉위 초에는 신·구세력보다도 「骨族」으로 지칭되는[59] 왕족이 무령왕의 권력기반을 확립하는 데 큰 역할을 했을 것으로 보인다.[60] 왕족의 중용은 귀족들의 세력신장을 견제하고 친정체제의 기반을 다지기 위한 것으로 볼 수 있다. 즉위 초에 왕족으로 보이는 달솔 優永이[61] 고구려를 공격한 일이 있었고, 또 지방통치를 위해 설치한 담로에[62] 「子弟宗族」으로 지칭되는 왕족들로 임명되었던 점이 참고된다. 동성왕대에는 비대해진 신진세력을 견제하기 위해 백가와 같은 신진세력을 지방의 거점지역에 전보시킨 것과는 달리 무령왕대에는 22개의 담로에 왕족들을 파견하여 지방에 대한 중앙 통제력을 강화하였다. 담로제는 왕의 혈연집단에 의한 지방통치 방식으로서, 중앙의 왕권 확립과 각지에 산재되어 있던 독립적인 재지세력을 중앙의 통치질서 안으로 흡수하기 위해 실시된 것이었다. 이러한 담로제의 실시는 지방에서의 묘제 변화와도 깊은 관련이 있어 보인다. 즉 5세기 후반의 재지수장묘로 알려진 나주 반남면 신촌리 9호분과[63] 중앙의 묘제인 나주 반남면 흥덕리의 석실분을 감

---

57) 《日本書紀》 권 17, 繼體天皇 10년 5월.
58) 《三國史記》 권 26, 百濟本紀 4, 무령왕 23년 2월.
59) 《日本書紀》 권 16, 武烈天皇 7년 4월.
60) 盧重國, 앞의 글(1991), 17~18쪽.
61) 優氏를 왕족인 優台-沸流系로 보고 있다(千寬宇, 〈三韓의 國家形成(下)〉, 《韓國學報》 3, 1976, 137쪽).
62) 《梁書》 권 54, 列傳 48, 百濟.
63) 穴澤咊光·馬目順一, 〈羅州潘南面古墳群〉(《古代學硏究》 70, 1973), 27~29쪽.

안해 볼 때[64] 영산강유역에서의 지배세력의 묘제가 6세기를 전후한 시기에 전통적인 대형의 전용옹관묘에서 중앙의 석실분으로 바뀌고 있는 것이다. 이는 무령왕이 담로제를 실시함으로써 점차 재지세력의 기반을 해체하면서 중앙의 집권력을 강화해 나갔던 것이라고 할 수 있다.

그리고 최고 관등급인 좌평제를 개편하여 확대된 신·구세력을 통제해 나갔다. 《삼국사기》에는 무령왕대부터 직책이 없는 좌평이 나타나고 있다. 그리고 《일본서기》에서는 상좌평·중좌평·하좌평·대좌평 등으로 분화된 좌평의 명칭이 보인다.[65] 이는 이 시기에 좌평제를 포함한 어떤 정치조직의 변화가 있었음을[66] 시사해 준다. 그 구체적인 개편 내용은 알 수 없지만, 동성왕대 이후 적극적으로 중앙정계에 진출하고 있던 신진세력들로 인해 지배층의 폭이 확대되자 국왕을 정점으로 이들을 서열화하고, 또한 정무를 분담하기 위해 기존의 좌평제를 개편한 것으로 보인다. 의자왕이 무려 41명이나 되는 왕자들에 대하여 좌평직과 식읍을 준 사례로 보아[67] 백제 말기에는 좌평이 숫적으로 증가하고 질적으로도 이전 시기와 다른 변화가 있었던 것으로 보인다. 여기서 좌평은 두 가지 의미로 해석된다. 즉 최고 합좌회의인 좌평회의에 참여하는 최고 신분으로서의 좌평신분을 지칭하는 경우와 행정관료로서의 기능을 가진 좌평이다. 후자의 경우 신라의 大等이 일정한 정무를 담당했을 경우 上大等, 典大等, 使大等, 仕大等 등으로 보임되는 것과 같이[68] 위의 좌평신분 중에서 일정한 정무를 담당하였던 것이다. 따라서 무령왕대에 개편된 좌평제는 귀족세력들을 국왕 중심으로 서열화하기 위한 것이었고, 사비시대 좌평제 운영에도 큰 영향을 미쳤던 것이다.

한편 무령왕은 수리시설을 확충하고 유민들을 귀농시키는 정책을 시행함으로써 왕정의 물적인 기반을 강화하여 나갔다. 무령왕 10년(510)에 실시한 제

---

64) 姜仁求, 《三國時代圓丘墓硏究》(영남대출판부, 1984), 51~52쪽.

65) 《日本書紀》에 上·中·下佐平이 欽明天皇 4년 12월(543)에 보이고 있고, 敏達天皇 12년 10월(583)에 「太佐平」의 존재가 나타나고 있다.

66) 동성왕 말년에 좌평제 개편을 포함한 정치개혁이 있었다고 하는 견해가 있다(李鍾旭, 앞의 글 참조).

67) 《三國史記》 권 28, 百濟本紀 6, 의자왕 17년 정월.

68) 李基白, 〈上大等考〉(《新羅政治社會史硏究》, 一潮閣, 1974), 96쪽.
盧鏞弼, 〈新羅眞興王代 大等의 分化와 그 政治的 背景〉(《歷史學報》, 1990), 11쪽.

방의 축조와 정비 및 유민대책이 그것이다. 이는 백제의 경제적 터전이었던 한강유역의 상실 이후, 수리시설의 확충을 통해 금강유역권과 호남평야를 개발함으로써 경제력 기반을 넓히기 위한 조치로 이해된다. 그리고 천도 이후 야기된 정치적 혼란과 거듭된 수·한재와 역질로 인해 민이 유망하거나 도적이 되기도 하였다. 이러한 현상은 동성왕대에 가장 극심하였고, 무령왕대에 이르러서도 계속 이어졌다.[69] 유망민을 줄이기 위한 임시방편으로 진휼책이 마련되었으나, 근본적인 대책이 되지 못하였다. 유민들은 국가 지배력으로부터 벗어나 있었기 때문에 국가의 조세수취나 노동력 자원을 그만큼 약화시키는 요인으로 작용하였다. 이에 대해 무령왕은 귀농정책을 추진하여 유망민들을 강제로 출신지역에 정착시킴으로써 사회적 안정을 꾀하고자 하였다. 백제를 이탈하여 한동안 가야지역에 거주했던 백제인들을 쇄환하여 이들을 귀농시킨 사례가[70] 참고된다. 이러한 유민의 귀농 조처는 곧 농업노동력의 확보와[71] 아울러 조세 및 노동력 수취기반의 확대를 의미한다. 그리고 천도 이후 야기된 사회적 혼란이 이 때에 이르러 거의 안정되어 가고 있음을 의미한다.

나. 대외관계의 변화

무령왕대 백제의 대외관계에서 나타나는 두드러진 변화양상은 고구려에 대해 공세적 입장을 취하고 있다는 점이다. 웅진 천도 후 백제는 내부의 정정불안으로 말미암아 고구려에 대해 한동안 수세적 입장을 견지하였다. 동성왕대에 이르러 기존의 나제동맹관계를 군사동맹과 결혼관계로 발전시켜 나가면서 고구려의 남진에 대해 신라와 공동 대응하였다. 이로써 고구려의 남진을 충북 청천(薩水原)－진천(母山城)－경북 문경(犬牙城)선에서 어느 정도 저지할 수 있었다.[72] 이 시기에는 고구려가 신라를 주된 공격의 목표로 설정하였으므로, 백제의 경우 동성왕 17년(495) 雉壤城이 침공받은 사례를 제외하고는 고구려와는 거의 소강상태를 이루었다.

---

69) 무령왕대의 자연재해는 2년 춘(역질), 6년 춘(역질)과 5월(가뭄·기근), 21년 5월(수재)와 8월(기근), 22년 10월(지진)에 보이고 있다.

70) 《日本書紀》 권 17, 繼體天皇 3년 2월.

71) 盧重國, 앞의 책, 164쪽.

72) 金秉柱, 〈羅濟同盟에 관한 硏究〉(《韓國史硏究》 46, 1984), 44쪽.
鄭雲龍, 〈5세기 高句麗勢力圈의 南韓〉(《史叢》 35, 1989), 15쪽.

그러나 무령왕은 즉위 초의 정변을 수습한 후 곧바로 고구려에 대해 적극적인 공세를 강화하였다. 백제는 남천 이후 고구려에 대해 수세적이었던 입장에서 벗어나 공격적인 자세로 전환하였던 것이다. 무령왕 즉위년에 달솔 優永이 거느린 5천의 백제군이 고구려의 水谷城을 선제 공격하였으며, 이듬해에도 다시 고구려의 변경을 공략하였다. 백제의 이러한 자세 변화는 백가의 난을 평정한 이후 전쟁을 통해 귀족에 대한 통제를 강화하기 위한 조처로 여겨진다.73)

백제의 공세에 대해 고구려는 주된 공격의 목표를 바꿔 백제에 대한 반격에 나섰다. 고구려는 부용세력인 말갈까지 동원하여 백제의 동·북쪽 변경지대인 馬首柵과 高木城·橫岳·加弗城·圓山鄕 및 葦川에 침입하여 백제와 치열한 공방전을 벌였다. 백제는 고구려와의 전투에서 거의 고구려군을 격퇴하였다. 백제가 양에 보낸 국서에서 "누차 고구려를 공파하였고 … 다시 강국이 되었다"라고 주장한 것은74) 바로 이러한 사실을 뒷받침해 주고 있다. 또한 축성이나 설책 등 방어시설을 확충하여75) 고구려의 침입에 대비하기도 하였다. 고구려와 전투에서의 승리는 무령왕 자신의 권위와 지배력을 공고히 하는 수단으로 활용할 수 있었다.

양군이 교전을 벌인 지점은 연천(고목성), 북한산(횡악) 등이었는데, 이는 이때에 이르러 백제가 이전에 상실한 한강유역의 일부 지역을 수복하였음을 말해주는 것이다.76) 그런데 백제와 고구려 양군이 교전할 때 신라의 지원이 없었던 점이 주목된다. 나제동맹에 따라 신라와 백제 양국 중 어느 일방이

---

73) 의자왕이 즉위 초의 정변을 수습한 후 귀족에 대한 통제력을 강화하기 위해 신라를 대대적으로 공격하여 미후성 등 40여 성을 빼앗은 사례가 이에 해당된다.

74) 《梁書》 권 54, 列傳 48, 百濟.

75) 무령왕대에 쌓은 방어시설로 高木城, 長嶺城, 雙峴城 등이 있다.

76) 《三國史記》 무령왕조에 여제 양군이 교전한 지점이 한강유역으로 나타나고 있어서 그 사실 여부를 둘러싸고 논란이 제기되고 있다. 馬首柵(연천부근), 高木城(연천), 橫岳(북한산), 水谷城(신계) 등은 한강유역에 있는 지명들이다. 이를 단지 지명이동설 입장에서 그 실체를 부정하거나(今西龍, 《百濟史硏究》, 國書刊行會, 1934, 126쪽), 또는 실지회복의 염원에서 사비시대의 백제왕실이 한성시대의 지명을 의도적으로 서술한 데에서 생성된 것으로 보는 견해도 있지만(李道學, 앞의 글, 1984, 25쪽), 보다 신중한 검토를 요한다. 한성이 함락당한 후 문주가 원병을 거느리고 한성으로 향할 때 이미 고구려군은 퇴각한 상태였다는 점, 전술적으로 경기병을 동원해 한강유역에서 단기전을 치를 수 있다는 점, 말갈과 관련된 한성의 동북지역으로서 동성왕대부터 한강유역의 재진출이 시도되었다는 점(兪元載,

공격을 받아 불리한 전황이 생길 경우 다른 한쪽이 군사력을 지원하는 것이 동성왕대까지의 관례였다. 기존의 나제동맹관계에 변화가 생긴 것이다. 신라는 지증왕이 즉위한 후 적대적이던 고구려와의 관계를 개선해 나가면서 군사적 충돌이 벌어지는 백제와 고구려와의 대결구도에도 직접 개입을 자제한 채 권력기반을 강화하고 여러 제도를 정비해 가던 시기였기 때문이다.[77]

한편 무령왕은 적극적으로 가야지역에 진출하여 백제의 영향력을 확대하여 갔다. 가야지역은 근초고왕의 남부지역에 대한 정벌 이래 백제와 부용관계를 유지하였으나, 남천 이후 백제의 정정불안으로 백제세력권에서 점차 이탈하는 현상을 보였다. 가야왕 荷知가 남제로부터「輔國將軍 本國王」으로 책봉을 받은 사례가(479)[78] 참고된다. 그러나 고구려에 의해 한강유역을 빼앗긴 백제는 웅진천도 이후 이에 대체할 만한 새로운 농업생산지를 필요로 하게 되었다. 이에 따라 백제는 왕권이 안정된 무령왕대부터 적극적인 남방의 경영에 착수하게 되었다. 이와 관련하여《일본서기》계체천황 6년(512)과 7년(513)의 기사가 참고된다. 무령왕 12년(512)에 백제가 왜로부터 上哆唎·下哆唎·娑陀·牟婁의 4현을 할양받았으며, 이듬해에는 己汶(남원·임실)·帶沙(하동)지역을 사여받은 것으로 기술하고 있다. 이 기사들은 다소 윤색이나 과장된 면은 있으나, 대체적으로 백제가 무령왕대에 남원·임실에서부터 하동에 이르는 섬진강유역 일대를 지배하고 귀속시켰음을 보여주고 있다.[79] 무령왕대의 사실을 전하고 있는《梁職貢圖》의 百濟國使條에는 백제의 부용국으로 "叛波·卓·多羅·斯羅·止迷·麻連·上己文·下枕羅"를 열기하고 있는데,[80] 신라(斯羅) 등을 제외한 가야제국이 백제의 세력권 아래 놓여 있었음을 알려주는 것이다.

〈武寧王代의 對外關係〉,《百濟 武寧王陵》, 公州大 百濟文化硏究所, 1991, 54~55쪽),《梁書》百濟傳에 "고구려를 공파하여…다시 강국이 되었다"고 공언한 점 등을 고려해 볼 때 동성·무령왕대에 한강유역에 재진출을 시도해 일부 영토를 수복하였을 개연성은 높다. 고구려의 한강유역에 대한 지배형태와《三國史記》地理志에 대한 보다 세밀한 검토가 요망된다.

77) 梁起錫, 앞의 책(1994) 참조.

78)《南齊書》권 58, 列傳 39, 東南夷, 加羅國 建元 원년.

79) 延敏洙,〈六世紀前半 加耶諸國을 둘러싼 百濟·新羅의 動向〉(《新羅文化》7, 동국대 신라문화연구소, 1990), 119쪽.

80) 여기에 보이는 소국은 叛波가 고령의 대가야, 卓은 창원, 多羅는 합천, 前羅는 함

다음으로 대중관계는 앞에서 이미 살폈듯이 천도 직후 백제는 고구려의 항로 차단으로 인해 중국과의 교류가 거의 끊어지게 되었다. 문주왕 2년과 동성왕 6년에 그러한 사태가 발생하였다. 동성왕대부터 남제와 활발한 교섭을 전개하였는데, 의례적인 교섭 이외에 책봉이나 관작 청구 등을 주된 목적으로 한 것이었다. 무령왕대에 들어와서는 남제의 뒤를 이은 양과 교류하였다. 무령왕 12년에 양과 처음으로 교류한 이래 동왕 21년 11월에 다시 양에 사신을 보냈는데, 이 때 보낸 국서에서 백제가 천도 후의 어려움을 극복하고 이제 고구려를 누차 공파하여 다시 강국이 되었음을 밝히고 있다.[81] 이에 대해 양은 12월에 무령왕을 '使持節都督百濟諸軍事寧東大將軍'으로 책봉하였는데, 이러한 사실은 〈무령왕릉 지석〉에서도 확인된다. 백제가 중국왕조로부터 책봉을 통해 국제적인 지위를 인정받았을 뿐만 아니라, 대내적으로는 왕권의 권위와 정통성을 유지하기 위한 효과적인 수단이었음을 보여주는 것이다. 이와 같이 무령왕대에 양과의 교섭을 통해 다시 강국이 되었다고 공언한 일이나 영동대장군으로 책봉된 사실은, 백제가 대내적으로 천도 후 정국불안을 극복하여 왕권안정을 되찾았고, 대외적으로 국제적인 고립에서 벗어났음을 천명하는 것으로 이해된다.

〈梁起錫〉

3. 사비천도와 지배체제의 재편

1) 성왕의 사비천도

성왕은 재위 16년(538)에 사비로 천도하였는데, "사비(일명 소부리)로 수도를 옮겼다. 국호를 남부여라고 하였다"는 간략한 기록만이 《三國史記》에 전해지고 있다. 이 기록만으로는 성왕이 사비로 천도했다는 사실 이외에는 알

안, 止迷와 麻連은 불명, 上己文은 임실·남원, 斯羅는 신라, 下枕羅는 제주도에 각각 비정되고 있으나(延敏洙, 위의 글, 113쪽 및 金泰植, 앞의 글 참조), 많은 이견이 있다.

81) 《梁書》 권 54, 列傳 48, 百濟.

수가 없다. 정작 궁금한 것은 성왕이 사비로 천도한 이유와 배경, 그로 말미암은 정치세력간의 변동 등이다. 이에 대한 종래의 견해를 정리해보면 다음과 같다. 첫째, 백제는 동성왕·무령왕대를 거치면서 웅진천도 이후의 불안한 사회상황을 극복하여 어느 정도 국력을 회복할 수 있었다. 이를 보다 확충시키기 위하여 협착한 웅진을 벗어나 사비로 천도하였다는 것이다.[1] 둘째, 웅진시대에 연이어 일어난 왕의 피살과 반란 등의 내분에 종지부를 찍기 위해서였다는 것이다.[2] 대세로 비추어 볼 때 이러한 견해는 전적으로 옳다고 하겠으나 단지 성왕의 사비천도를 본격적으로 다루지 않았을 따름이다.[3]

여기서는 성왕이 사비로 천도하게 된 배경은 무엇이었으며, 개혁정치를 통한 국왕의 권력강화가 어떻게 가능하였는가를 살펴보고자 한다. 이와 함께 웅진천도 이후 정치권력을 장악하고 있었던 귀족세력들이 어떻게 국왕의 세력속에 편제되어질 수 있었는가를 중점적으로 다루게 될 것이다.

주지하다시피 사비천도는 동성왕 때부터 시도되었다고 한다. 동성왕은 여러 차례 사비로 사냥을 나갔다. 그가 여러 차례 전렵지로서 사비를 택했던 것은 그의 사비천도 의지를 반영하고 있었다고 보아야 할 것이다.[4] 이 때의 사비천도는 결국 동성왕이 苩加에 의해서 살해됨으로써 좌절되고 말았다. 사비천도가 일단 좌절된 것은 직접적으로는 동성왕의 피살에서 기인되었지만, 보다 더 깊은 이유는 다른 방향에서 추구되어야 할 것이다. 천도와 같은 국가적으로 중대한 사안이 백가의 개인적인 원한 때문에 국왕을 살해하는 단순한 사건으로 말미암아 중단되었다는 것은 얼핏 이해되지 않기 때문이다.

이를 위해서 웅진시대 귀족세력의 동향을 잠시 살펴보도록 하겠다. 웅진으로 천도한 이후 한강유역에 세력기반을 가지고 있었던 解氏와 眞氏는 웅진 부근의 토착세력이었던 燕氏와 苩氏의 세력에 [illegible] 그 세력을 유지하였다.[5]

---

1) 李丙燾, 《韓國史》 古代篇(震檀學會, 1959), 436쪽.

2) 千寬宇, 〈三韓의 國家形成(下)〉(《韓國學報》 3, 1976), 142쪽.

3) 성왕의 사비천도를 본격적으로 다룬 논고도 있다. 이 글에는 성왕의 사비천도에 관련된 이모저모가 잘 정리되어 있다(梁起錫, 〈百濟 聖王代의 政治改革과 그 性格〉, 《韓國古代史硏究》 4, 1991).

4) 盧重國, 〈百濟王室의 南遷과 支配勢力의 變遷〉(《韓國史論》 4, 서울大 國史學科, 1978), 93~94쪽.

5) 이에 대한 자세한 서술은 金周成, 《百濟泗沘時代政治史硏究》(全南大 博士學位論文, 1990), 34~42쪽 참조.

이들 세력이 각각 대립하면서 동성왕의 사비천도에 반대하는 입장이었다면, 沙氏와 木氏세력은 사비천도에 적극 협력하고 있었던 세력으로 파악된다. 성왕의 사비천도 이후 사씨와 목씨가 좌평을 모두 차지하고 있었던 것은 이를 잘 보여준다. 즉 사씨와 목씨의 세력이 떨쳤던 것은 이들 세력이 사비천도에 적극 협조적이었던 까닭에서 비롯되었다고 하겠다.[6)]

동성왕은 이들 귀족들의 세력균형 위에서 왕권을 유지하고 있었다. 그러나 이러한 세력균형 위에서의 안정 추구는 담력이 세고 무예가 뛰어난 동성왕에게는[7)] 불만스러웠을 것으로 짐작된다. 이에 동성왕은 이들 귀족세력으로부터 벗어나기 위하여 사비천도를 적극 추진하였을 것이다. 따라서 동성왕의 사비천도의 추진은 이들 양대세력으로부터 반발을 초래하였을 것이며, 이들은 동성왕을 포악한 국왕으로 인식하여 제거의 대상으로 여겼던 것이다.[8)]

이러한 가운데 무령왕은 즉위하였다. 무령왕은 왕위에 오르기 전에 대단히 급변하는 사회상황 속에서 성장하였다.[9)] 특히 동성왕대에 20~30대를 보낸 그는 백제의 정치상황에 대해서 누구보다도 정통하였을 것이며, 동성왕의 무리한 전제권력 강화가 어떠한 결과를 초래하였는가를 뼈저리게 느끼고 있었을 것이다. 그의 이러한 체험은 즉위 이후 그의 통치방식에 큰 영향력을 미치게 되었던 것으로 짐작된다. 무령왕은 먼저 사회안정을 추구했다. 제방을 튼튼히 하고 내외의 유식자를 다시 귀농시켰다는 것은 이를 의미한다고 할 것이다. 이러한 사회적 안정은 앞에서 살펴본 웅진시대의 귀족들의 정치세력을 인정한 기반 위에서 출발한 무령왕의 정치적인 역량에서 기인된 것이다.

무령왕이 다져놓은 사회적인 안정 위에서 성왕이 즉위하였다. 성왕은 지혜와 식견이 뛰어나고 일 처리에 결단성이 있었다고 한다. 결단성 있게 일을 처리하는 것은 무령왕 때의 왕권강화처럼 귀족들의 세력균형 위에서는 이루어지기 어려웠다. 성왕의 즉위 이후 국왕과 귀족세력과의 갈등이 재현되고 있었다고 추측된다.

---

6) 이에 대한 상세한 서술은 金周成, 위의 글, 40~42쪽 참조.

7) "동성왕은 …담력이 다른 사람보다 컸으며 활을 잘 쏘아 백발백중이었다"(《三國史記》 권 26, 百濟本紀 4, 동성왕 즉위년).

8) 《百濟新撰》에는 末多가 무도하여 백성에서 포악하게 대하니 국인이 함께 제거한 것으로 되어 있다(《日本書紀》 권 16, 武烈天皇 4년).

9) 李基白, 〈百濟史上의 武寧王〉(《武寧王陵》, 文化財管理局, 1973), 64쪽.

이러한 점을 찾아볼 수 있는 직접적인 사료는 없으나, 성왕의 계율 강조와 예에 대한 관심을 통해서 간접적으로 추리해 볼 수 있을 것이다. 성왕 4년(526) 백제 율종의 시조인 謙益이 인도에서 5부율을 가지고 귀국하였다. 이때에 성왕은 국내의 고승 28인을 초청하여 율부 72권을 번역하도록 하였으며, 曇旭·惠仁 두 사람이 저술한 律疏 36권에 자신이 직접 毘曇新律序를 썼다.[10] 뿐만 아니라 성왕은 양으로부터 講禮博士 陸珝를 초청하였다.[11] 성왕은 불교의 계율과 유학의 예에 대해 각별한 관심을 표명하였는데, 이는 국왕으로부터 벗어나려는 귀족들을 통제하려고 했던 데에서 비롯되었을 것이다. 동성왕대와 마찬가지로 국왕과 대립되었던 귀족세력으로서 해씨와 연씨, 진씨와 백씨를 들 수 있다. 성왕은 이들 귀족세력으로부터 벗어나 강력한 전제권력을 형성하고자 했다. 동성왕이 사씨와 목씨세력과 결탁하여 사비천도를 기도했었던 것처럼, 성왕 역시 이들 귀족세력의 도움을 받아 마침내 사비천도를 단행하였다고 생각된다.

또 성왕은 사비천도와 동시에 국호를 남부여로 변경하였다. 성왕이 사비천도와 함께 국호를 변경할 수 있었던 것은 비단 국내 귀족세력의 제압에서만 비롯되는 것은 아니다. 당시의 대외관계 역시 이를 잘 도와주고 있었다. 어쩌면 사비천도가 동성왕 이후 성왕대에 이르러서야 비로소 가능하였다는 것은 대외관계의 비중이 더 컸기 때문이 아닐까 한다. 웅진으로 천도하게끔 백제를 곤경에 빠뜨렸던 고구려는 안으로는 細群派와 麤群派로 분열되어 심각한 정쟁이 계속되었으며, 밖으로는 신흥하고 있었던 돌궐족의 침입에 대비하여야만 했다.[12] 또 성왕의 가야지역으로의 진출도 성공적으로 진행되었다. 5

---

10) 李能和, 《朝鮮佛敎通史》 上(新文館, 1918), 33~34쪽.

11) 陸珝는 어려서부터 崔靈恩의 三禮義宗을 익혔는데, 梁나라 때에 백제국이 表를 올려 講禮博士를 구하자 詔를 내려 珝로 하여금 가게 했다(《陳書》 권 33, 列傳 27, 儒林 鄭灼). 周一良은 "육후는 吳郡陸氏로 五經博士 가운데 한 사람이 아닌가 싶고, 다만 어느 때에 백제에 왔었는가는 고찰할 수 없다. 육후에 관한 사적에 대하여 자세히 알 수는 없지만 그의 사후의 자취는 살필 수 있다"고 했다(〈百濟와 中國 南朝와의 관계에 대한 몇가지 考察〉, 《百濟史의 比較硏究》, 忠南大 百濟硏究所, 1993, 226쪽). 그러나 일반적으로는 위 사료를 《梁書》 백제전의 中大通 6년(534)과 大同 7년(541) 기사와 《三國史記》 권 26, 百濟本紀 4, 성왕 19년(541)의 기사와 연결시키고 있다. 즉 육후의 백제파견 시기를 성왕대로 파악하고 있다(李基東, 〈百濟國의 政治理念에 대한 一考察〉, 《震檀學報》 69, 1990, 12쪽 및 梁起錫, 앞의 글, 1991, 83쪽 참고).

세기 후반에 형성된 대가야연맹은 백제의 곤경을 틈타 서진하여 한때 소백산맥을 넘어 阿莫山城까지 그 세력이 미치고 있었다.[13] 이에 대해 백제는 6세기 초반에 己汶·帶沙(하동)를 확보하였다. 530년대에는 진주를 넘어 마침내 安羅(함안)에 군사를 주둔시키기에 이르렀다.[14] 성공적인 가야진출은 성왕의 국내에서의 권위를 신장시켰을 것임은 두말할 나위가 없다. 이러한 국내외 정세의 변화는 성왕으로 하여금 그만큼 새로운 마음가짐으로 나름의 개혁정치를 추구하게끔 하였던 것으로 생각된다.

2) 정치체제의 개편

(1) 5방제의 실시

성왕은 사비천도 이후 여러 가지 정치제도의 개혁을 단행하였다. 중앙의 행정관부인 22부사의 정립, 지방통치조직인 5方制의 실시, 16관등제의 확립 등이 그것이다. 먼저 5방제를 살펴보겠다.

웅진시대까지 백제의 지방통치조직은 擔魯制였다. 담로제는 거점지배 방식으로 토착세력의 일반민에 대한 지배권이 대단히 컸었던 지배방식이었다고 한다. 다시 말하자면 담로체제하에서는 토착세력의 권한을 중앙의 통치권 속에 아직 완전히 편제 혹은 흡수하지 못하였던 것이다.[15]

사비천도 이후 백제의 지방통치조직은 담로체제에서 5방조직으로 바뀌게 되었다.[16] 5방은 중앙인 古沙城, 동방인 得安城, 남방인 久知下城,[17] 서방인 刀先城, 북방인 熊津城으로, 각 방에는 方領 1인·方佐 2인이 파견되어 있었다. 각 방은 6·7 내지 10여 개의 郡으로 이루어져 있었다.

---

12) 盧泰敦, 〈高句麗의 漢水流域 喪失의 原因에 대하여〉(《韓國史研究》 13, 1976).

13) 金泰植, 〈後期 加耶聯盟의 成長과 衰退〉(《韓國古代史論》, 1988), 102쪽.

14) 田中俊明, 〈王都로서의 泗沘城에 대한 豫備的考察〉(《百濟研究》 21, 1990), 164쪽.

15) 金周成, 〈百濟 地方統治組織의 變化와 地方社會의 再編〉(《國史館論叢》 35, 1993), 30~41쪽.

16) 노중국은 사비천도 이후 왕정의 물질적 기반을 확립하기 위한 중앙집권 강화와 무령왕대에 새로 편입된 己汶·帶沙지역에 군령·성주의 설치, 백제가 망할 때의 5부-37군-200성에 대한 기록을 검토한 결과 5방조직은 사비천도 이후에 실시되었음을 논증하였다(盧重國, 《百濟政治史研究》, 一潮閣, 1988, 247~250쪽).

17) 《翰苑》에는 卞城으로 되어 있다.

5방조직의 역동적인 면을 파악하기 위해서는 6세기에 들어와 빈번하게 이루어진 병력동원에 주목할 필요가 있다. 6세기 이래 삼국은 치열한 각축전을 벌였다. 이에 병력을 어떻게 신속하게 동원할 것인가가 전쟁의 승패에 중요한 관건이었으므로, 병력동원 방식은 곧 중앙이 어떻게 지방사회를 장악하고 있었는가를 선명히 보여주는 지표라 할 수 있다. 이렇게 볼 때 《삼국사기》 백제본기에 빈번히 나오는 병력동원과 지휘관의 관등 사이에 일정한 규칙성이 있다는 견해는 관심을 끌기에 충분하다.[18] 즉 좌평이 거느린 병력은 대략 3만~4만 명이었는데 비하여, 達率 혹은 將軍·左將이 거느린 병력은 대략 7·8천~1만 명 정도였다. 다시 말하면 각 방의 장관인 달솔 방령은 대략 1만 명의 병력을 거느리고 출동하였으며, 중앙의 좌평은 각 방의 병력을 수합하여 3~4만 명을 거느리고 출동하였다. 이를 보다 구체적으로 추구하기 위하여 방령이 거느리고 전투에 참가했었던 7·8천~1만 명의 병력은 어떻게 동원되었을까를 살펴보자.

이에 각 방에 소속된 군에서 거느리고 있었던 병력이 주목된다. 각 군에는 대략 700·800~1,200명의 병력을 거느리고 있었다고 한다.[19] 그렇다면 각 방에서 동원된 1만여 명의 병력은 각 방에 소속된 6·7~10여 개의 군에서 동원된 병력이었음을 알 수 있다. 이로 보아 방령이 각 군에서 동원된 병력을 거느리고 전투에 출동하였던 사실을 확인할 수 있다. 중앙의 동원명령은 각 방을 통해서 각 군에 하달되지만, 병력동원은 역순으로 이루어지고 있었음을 알 수 있다. 이러한 명령의 하달과 시행은 단지 병력동원면에만 국한된 것이 아니라, 행정적인 면에도 적용되었을 것이다. 왜냐하면 고대사회에서는 지방통치조직과 군사조직이 불가분의 관계를 맺고 있었기 때문이다. 즉 거점을 중심으로 하는 담로제하에서는 지방토착세력이 일반민을 직접 장악하고 있었다면, 5방 조직하에서는 지방토착세력이 일반민에 대한 권한의 상당한 부분을 국가권력이 장악하고 있었다고 하겠다.

이렇게 볼 때 담로제에서 5방제도로의 개편은 단순한 제도의 변경으로 끝나는 것이 아니라 지방사회의 재편에 있었다고 하지 않을 수 없다. 이러한

18) 金周成, 앞의 글(1993), 41~43쪽.
19) 金周成, 위의 글, 41~45쪽.

점은 《翰苑》에 인용된 括地志에 어느 정도 드러난다. 즉 "城 가운데 戶口의 수가 많은 경우는 1,000인이고, 적은 경우는 7~800인이며 城 가운데 많은 경우는 500家"라 하였는데, 戶와 家의 차이점은 무엇이며, 또 전반부의 城과 후반부의 城은 어떻게 다른지, 그리고 호를 구성하는 단위가 人과 家의 둘로 나뉜 이유 등 의문점이 상당히 많다. 그러함에도 불구하고 이 사료는 각 성의 가구수가 일정하였다는 사실을 보여주는 데 부족함이 없다고 하겠다. 그리고 5방제하에서 병력을 동원할 때 각급 지방행정단위 상호간에 큰 차이가 없었던 점도 전정호구에 의한 개편을 반영하고 있다고 생각된다. 예를 들면 군단위에서는 대략 700~800 혹은 1,200명의 병력이 주둔하고 있었으며, 방단위에서는 대략 1만여 명의 병력을 동원할 수 있었던 점으로 미루어 볼 때 그러하다. 이와 같이 방과 방, 군과 군 사이의 병력동원 규모에 차이가 극소화되고 있었던 것은 각급 행정단위의 호구전정의 균질화가 이루어져 가고 있었음을 반영한다고 하겠다.

담로제하에서는 각 담로마다 각각 그 규모에 있어서 대단한 차이가 있었을 것이다. 담로의 전신은 일반적으로 삼한시대의 소국에서 유래된다고 한다. 삼한 소국 중 큰 것은 1만여 가가 넘었으나, 작은 것은 수천 가에 이르렀다는 점으로 미루어 보아 각 담로의 규모는 대단한 차이가 있었다고 하겠다. 따라서 담로제하에서는 전정호구의 균질화를 기대할 수는 없었을 것이다.

(2) 22부사의 설치

22部司에 대한 기록은 중국측 사서인 《北史》·《周書》·《翰苑》 등에 실려 있다. 각 기록들마다 약간의 차이가 있지만 대개는 거의 비슷하다고 할 수 있다. 그 중에서 가장 신빙성이 있는 기록이 《주서》라고 한다.[20]

> 각기 部司가 있어 많은 일을 나누어 맡고 있다. 內官에는 前內部·穀部·肉部·內掠部·外掠部·馬部·刀部·功德部·藥部·木部·法部·後宮部가 있으며, 外官에는 司軍部·司徒部·司空部·司寇部·點口部·客部·外舍部·綢部·日官部·都市部가 있다(《周書》 권 49, 列傳 41, 異域 上, 百濟).

---

20) 李丙燾, 앞의 책, 543~544쪽.
鬼頭淸明, 〈日本律令官制の成立と百濟の官制〉(《日本古代の社會と經濟》 上, 1978).

위의 기록에 의하면 22부사의 명칭만 나열되어 있을 뿐 각 부사의 설치시기·임무·부사의 장과 소속 관리의 수 등에 대해서는 전혀 언급이 없다. 이 사료만 가지고서는 22부사의 자세한 고찰은 불가능하다고 할 수 있다. 그러나 22부사의 설치를 전후한 당시 백제의 사회상황을 고려해 볼 때 22부사의 성격이 어느 정도나마 희미하게 드러날 수 있을 것으로 생각된다.

먼저 22부사의 설치 시기를 알아보면서 문제의 실마리를 풀어가도록 하자. 22부사에 관해 언급한《주서》·《북사》·《한원》등은 7세기 전반기에 편찬된 사서들이다. 이 사서들에는 22부사와 함께 백제의 지방통치조직인 5방제도가 실려 있다. 5방의 하나인 북방성이 웅진성으로 나와 있는 점으로 보아 대략적으로 이 사서들은 사비천도 이후의 백제사회를 설명한다고 여겨지고 있다. 그렇다면 22부사 역시 사비시대에 들어와 성립되었다고 할 수 있을 것이다. 그러나 22부사는 내관 12부·외관 10부라는 대단히 정비된 행정조직체계로 구성되어 있으며, 또한 부사의 숫자가 많았던 점으로 보아 일시에 정비된 것으로는 생각하기 어렵다. 대체로 22부사는 사비천도 이후 성왕대에 완전히 정비되었을 것으로 짐작된다.

그러면 성왕이 22부사를 설치한 목적은 무엇이었을까. 22부사의 長吏는 3년마다 교대되었다.[21] 그렇다면 22부사 소속 관리들이 정치적 세력을 형성하기는 어려웠을 것이며, 더욱이 22부사로 분화되어 있어 개인에게 정치권력이 집중되기도 힘들었을 것이다. 그러므로 22부사의 설치에 따라 상대적으로 국왕의 전제적인 권력은 강화되었다고 할 수 있다.[22] 성왕은 사비천도를 완료하고 16관등제도를 확립, 5부·5방제도를 실시함으로써 왕권을 강화시켜 나갔다. 22부사의 정비 역시 성왕의 왕권강화의 일환으로 이루어졌을 가능성이 크다고 하겠다.

22부사 중 내관과 외관의 임무는 뚜렷이 구분되었다. 내관의 대부분은 궁

武田幸男, 〈六世紀における朝鮮三國の國家體制〉(《東アジアにおける日本古代史講座》 4, 1980).

盧重國, 앞의 책.

兪元載, 〈周書百濟傳硏究〉(《百濟硏究》 19, 1988).

21) 長吏는 3년마다 교대되었다(《北史》 권 94, 列傳, 百濟傳). 한편《隋書》 권 81, 東夷傳, 百濟條에는 "長史는 3년마다 교대되었다"라고 되어 있다.

22) 李鍾旭, 〈百濟의 佐平〉(《震檀學報》 45, 1978), 50쪽.

중의 일상업무를 관장하였으며, 외관은 군사·재정·교육·외교 등 국가의 주요한 행정업무를 관장하였다.[23] 임무상으로 보았을 때 22부사는 행정통치에 매우 긴요한 기구였음은 두말할 나위가 없다. 그러나 이 점은 22부사의 기능에 대한 지극히 막연한 지적일 뿐 구체적인 설명은 되지 못한다.

보다 구체적인 설명을 위해서 22부사의 관리들에는 어떠한 인물이 임명되었을까를 알아보는 것이 도움이 된다. 22부사에 임명된 사람들을 통하여 22부사의 기능을 보다 구체적으로 설명할 수 있다고 믿기 때문이다. 먼저 22부사의 장을 역임하였던 사람들은 누구였을까. 22부사의 장에는 좌평이 임명되지는 않았을 것으로 생각된다. 16관등 중 최고의 관등인 좌평이 3년마다 교대되는 22부사의 장에 임명되었다고는 생각하기 어렵기 때문이다.[24] 여기에서 제2관등인 달솔이 주목된다. 22부사는 중앙관부였다. 중앙관부의 장이라면 지방관과 거의 비슷한 관등을 가지고 있었다고 생각된다. 백제의 5부·5방의 장관은 달솔이 역임하였는데, 달솔의 성원은 30명이었다. 5부·5방의 장관에 임명된 10명의 달솔을 제외한 20여 명의 달솔이 22부사의 장에 임명되었던 것이 아닐까 추측해 볼 수 있다.

그런데 이러한 추측은 다소 무리가 아닌가 한다. 왜냐하면 22부사의 지위가 모두 동등하였다고 보이지는 않기 때문이다. 임무상으로 보았을 때 아무래도 외관이 내관보다는 중요하게 여겨졌을 것이다. 따라서 내관의 장의 관등보다는 외관의 장의 관등이 보다 높았을 것으로 생각된다. 외관의 장에 달솔 관등을 가진 인물이 임명되었다면, 내관의 장에는 그보다 낮은 관등을 가진 인물이 임명되었다고 할 것이다. 아마 내관의 장에는 3품 이하의 率系 관등내에서 임명되었을 것으로 추측된다.

---

23) 다음은 22부사의 임무에 대해 부분적으로 추론한 글들이다.
武田幸男, 앞의 글.
鬼頭淸明, 앞의 글.
盧重國, 〈泗沘時代 百濟 支配體制의 變遷〉(《韓沽劤博士停年紀念史學論叢》, 1981).
梁起錫, 앞의 글, 85쪽.

24) 이 글에서는 《北史》 百濟傳에 보이는 長吏를 22부사의 장과 22부사에 근무하는 관리로 해석하고자 한다(申瀅植, 《百濟史》, 梨大出版部, 1992, 98쪽). 신라에서도 최고관부였다고 할 수 있는 집사부의 장이 원칙적으로 3년마다 새로이 임명되었던 것이다(李基白, 〈新羅 執事部의 成立〉, 《新羅政治社會史硏究》, 一潮閣, 1974, 159쪽).

22부사의 장에 솔계 관등을 가진 인물이 임명되었다면 실무를 담당했던 관리들로는 어떠한 인물들이 임명되었을까. 《周書》의 "각기 部司가 있어 많은 일을 나누어 맡고 있다"라는 구절로 보아, 16관등을 지니고 있었던 사람들 각각은 22부사의 어느 한 부사에 소속되어 실무를 나누어 맡았다고 해석할 수 있을 것이다. 그러므로 22부사에 소속된 관리들은 누구나 관등을 지니고 있었다고 할 수 있다. 한편 솔계 관등을 지닌 사람들은 冠을 銀花로 장식하였으며, 德系 관등 이하를 지닌 사람들은 帶色으로 구분하였다고 한다.[25] 솔계 관등과 덕계 관등은 구분하는 기준 자체가 틀린 셈이다. 이들 사이에 이러한 구분이 필요할 만큼 어떤 차이가 있었을 것이다. 아마도 22부사의 장을 역임한 솔계 관등을 지닌 사람들이 구체적인 실무를 담당하였던 덕계 관등을 지닌 사람들을 지휘하였던 데서 비롯된 것이라고 생각된다. 그리고 덕계 관등을 각각 구분해 놓은 이유는 혹시 그들이 담당하고 있었던 실무행정의 직급을 표시해 주기 위한 것은 아니었을까 추측된다.

22부사에 소속된 관리들의 중요한 기능은 국왕의 통치권 행사를 보좌하는 것이었다고 짐작된다. 국왕의 통치권 행사가 구체적으로 어떻게 이루어졌는가를 살펴본다면 22부사의 기능을 좀더 명확히 밝힐 수 있지 않을까 한다. 여기에서 22부사 중 前內部가 주목된다. 전내부는 그 명칭상으로 보아도 신라의 내성과 같은 국왕근시 임무를 맡았음을 알 수 있다. 이 임무 외에도 전내부에는 왕명출납의 임무가 있었다고 추측된다. 왕명출납의 대상이 되었던 기구는 내관 12부에만 한정되었다고 생각하기는 어렵다. 정작 왕명출납의 중요한 대상은 외관 10부였다고 짐작되기 때문이다. 그렇다면 성왕대에 이르러서는 전내부가 내관 12부뿐만이 아니라 외관 10부까지 장악하였던 것이 아니었을까. 즉 성왕대의 전내부는 분화된 행정업무를 담당하였던 것이 아니고 국왕과 행정을 분장하는 다른 부사와의 중간에 위치하여 위로는 왕명을 받들고 아래로는 여러 관부를 통제하는 지위를 차지하고 있었던 셈이다.[26] 이

25) 《周書》 권 49, 異域傳, 百濟.

26) 鬼頭淸明(앞의 글, 197쪽)은 22부사에서 행정상 정책결정기구를 명확하게 찾아볼 수 없다고 지적하였다. 이는 단순히 전내부가 내관에 속해 있었다는 사실만을 강조해서 신라의 내성과 같은 기구로 파악하였기 때문이다. 또 한편으로 武田幸男(앞의 글, 60~61쪽)은 "22부사 중 좌평이 장관을 역임하는 부사가 생

렇게 생각해 보면 전내부는 국왕의 직속기관으로서의 신라의 내성과 함께 집사부의 기능을 겸임하고 있었다고 할 수 있다. 신라의 집사부는 기밀사무를 맡았으며 국왕의 직속기관으로서의 구실을 가지고 있었다고 한다.[27)]

그렇다면 국왕의 직속기관이었다고 추측되는 전내부에는 어떠한 사람이 그 장에 임명되었을까에 대하여 다음 사료는 시사적이라고 생각된다.

> 奈率 馬武는 성왕의 股肱之臣이다. 왕의 명령을 받아 아래로 전달함이 왕의 마음에 극히 들어 王佐가 되었다(《日本書紀》 권 19, 欽明天皇 11년 2월).

馬武는 국왕의 측근세력이었다고 할 수 있을 것이다. 마무와 같이 국왕의 마음에 들었던 사람이 전내부의 장에 임명되지 않았을까 여겨진다. 그런데 마무의 관등은 나솔이었다. 나솔은 백제의 16관등 중 6관등에 해당한다. 6관등이었던 나솔 마무가 백제의 최고 관부였다고 추측되는 전내부의 장에 임명되었다고 생각하기에는 어색스러운 점이 있다. 그러나 전내부의 장에 6관등이었던 나솔 정도의 낮은 관등에 있었던 사람이 임명되었다는 사실이 전내부의 성격을 단적으로 드러내 보여주는 것이 아닐까 한다. 국왕의 근시기구라고 할 수 있는 전내부의 장을 국왕이 직접 장악할 수 없다면 국왕의 행정통치상 매우 많은 어려움이 있었을 것으로 생각되기 때문이다. 그렇다고 국왕의 근시기구로서의 권위에 손상을 가져올 정도로 전내부의 장을 더 낮은 관등에서 임명할 수는 없었다고 할 것이다. 이러한 점을 고려해 볼 때 전내부의 장에 임명될 수 있었던 관등으로는 대체로 2품 달솔에서부터 6품 나솔이 아니었을까 한다. 그 중에서도 3품인 은솔과 4품인 덕솔이 가장 유력하지 않았을까 추측된다. 신라에서 집사부의 장관인 中侍에 17관등 중 4관등인 波珍飡이 많이 임명되었던 점을[28)] 고려해 볼 때 그러하다. 한편으로 신라의 집사부는 귀족들의 화백회의와 대비될 수 있으며, 중시는 신라 전제왕권의

기면서 22부사 사이에는 상호 종속적인 관계가 생기지 않았을까 생각되지 않을 수 없다"고 하였다. 이 견해 역시 22부사와 좌평의 관계가 시간적으로 변화되고 있었던 점을 무시하는 약점이 있다고 하겠다. 성왕이 22부사를 설치하였다면 충분히 22부사를 장악할 수 있었기 때문에 설치하였을 것이다. 그러면 성왕 당시에 22부사를 어떻게 장악하였을까가 문제의 관건이라고 생각한다. 이렇게 생각해 볼 때에 내관의 전내부는 보다 중요시되어야 할 것으로 생각된다.

27) 李基白, 앞의 글(1974), 151·167쪽.

28) 李基白, 위의 글, 157쪽.

안전판과도 같은 구실을 하였다고 한다.[29] 이것은 백제의 경우에서도 그대로 적용될 수 있을 것이다. 백제의 전내부 역시 좌평 중심의 합의기구와 대조될 수 있으며, 그 장은 전제왕권의 보호막 구실을 하였던 것은 아닐까 한다.

이를 고찰해보기 위해서 전내부의 장을 역임했다고 추측되는 마무에 대해서 더 알아볼 필요가 있다. 마무는 성왕 22년(544)에는 8품 施德이었는데[30] 성왕 28년에는 6품 나솔로 되어 있었다. 그 사이에 승진하였다고 할 수 있을 것이다. 관등이 6년만에 2품 상승한 셈이다. 국왕의 「股肱之臣」으로서 왕좌가 되었던 그의 입장으로 보아서는 관등의 승진이 더딘 셈이라고 할 수 있다. 이것은 아마도 그의 신분에서 연유된 것으로 추측된다. 그는 대성8족과 같은 대단한 가문출신이 아니었기 때문에 비록 왕실의 측근세력이었다고 하지만 관등 승진이 늦어진 것으로 파악된다. 마무와 비슷한 입장에 있었던 사람들은 22부사의 장 특히 전내부의 장을 역임할 수 있었을 것이다. 성왕은 이들을 전내부의 장으로 등용하여 국왕의 전제권력을 귀족세력으로부터 거리를 두고자 하였다고 할 수 있다.

그러면 당시 16관등의 최고 관등이었던 좌평을 역임하였던 사람들은 행정조직 체계내에서 어떤 역할을 담당하였을까 하는 의문이 제기된다. 이와 관련하여 무령왕대 이후 좌평의 명칭 변화를 주목해 볼 만하다. 《삼국사기》 백제본기에는 무령왕 이전에 보이는 좌평이 대부분 6좌평 중 어느 좌평이었는지를 분명히 기록해 주고 있다. 그런데 무령왕 이후에는 좌평이란 명칭만 나올 뿐 구체적으로 어느 좌평이었는지 명시되어 있지 않다. 좌평 관등에 변화가 있었음을 짐작해 볼 수 있다. 이 변화를 22부사의 설치와 관련하여 추구한 견해가 있다.[31] 이 견해에 따르면 6좌평제는 22부사를 중심으로 한 정치

29) 李基白, 위의 글, 167쪽.

30) 백제는 施德 馬武·高分屋·斯那奴次酒 등을 任那에 사신으로 보냈다(《日本書紀》 권 19, 欽明天皇 5년 2월).

31) 李鍾旭(앞의 글, 47쪽)은 22부사의 설치를 동성왕대 말기의 정치제도의 개혁에서 비롯되었다고 파악하였다. 그러나 22부사의 설치는 무령왕대 말에서부터 이루어진 것으로 생각하고 싶다. 구체적으로 무령왕 21년 이후가 아닌가 한다. 무령왕 21년에 梁에 보낸 조서의 "更爲强國"이라는 표현이 주목된다. 고구려군을 여러 차례 격파하였던 자신감때문에 단순히 이 표현을 사용하였던 것은 아니라고 생각한다. 다시 강국이 될 만한 사회제도의 개혁이 뒷받침되었을 것으로 생각되기 때문이다. 이 개혁은 웅진천도 이후의 사회의 혼란을 극복하기

조직으로 개편되었고, 22부사 체제하에서 6좌평체제는 정치적 의의를 잃고 변화되었다고 한다. 6좌평체제가 정치적 의의를 잃어버렸다는 점을 제외한다면, 이 견해는 대체로 옳다고 할 수 있다. 무령왕대 이전 좌평의 중요한 임무는 국정을 여섯 분야로 나눈 행정통치였다고 생각된다. 이 행정통치는 국왕의 단독 결정에 의한 것이 아닌 6좌평들의 합의를 거친 이후에야 가능했을 것이다. 무령왕대 이전의 6좌평에게는 행정통치 권한과 이에 대한 합의 권한이 주어졌다고 할 수 있다.[32]

그러나 좌평이 합의기구로서의 권한까지 22부사에 넘겨주었던 것으로는 생각되지 않는다. 좌평은 합의기구로서의 권한을 여전히 가지고 있었으며, 이를 통하여 국왕을 견제할 수 있었을 것이다. 성왕이 한강유역의 회복을 위한 전투를 시행하려고 했을 때, 원로들이 합의에 의하여 그 전투를 반대했었다. 이 합의에 참여하였던 원로들은 백제사회내에서 상당한 지위에 있었던 사람들로, 아마 최고 관등이었던 좌평들이 그 핵심을 구성하고 있었다고 해도 과언은 아닐 것이다. 성왕이 한강유역에서 전투를 결행하고자 했을 때, 원로들의 반대는 성왕대까지 좌평 중심의 합의기구에 의한 국왕에 대한 견제기능이 여전히 존속하고 있었음을 보여준다. 신라에서 화백회의의 기능이 하대까지 지속되고 있었음을 상기해 볼 때 이는 쉽게 이해될 수 있을 것이다.

그렇다면 성왕대에 좌평을 역임하였던 사람들로서는 좌평 燕謨, 상좌평 沙宅己婁, 중좌평 木劦麻那, 중좌평 麻齒, 하좌평 木尹貴 등을 찾아볼 수 있다. 중좌평 마치의 성씨는 알 수 없지만 나머지는 모두 대성8족이었다. 귀족세력의 대표자라고 할 수 있는 좌평은 대성8족이 역임하였고, 이들은 합의기구를 구성하여 국왕을 견제하였다고 할 수 있다. 이 사실은 마무와 같이 대성8족이 아닌 관료들이 전내부의 장으로서 국왕의 보호막 구실을 해주었다는 사

위한 방향에서 추진되었을 것이다. 웅진천도 이후에 사회혼란은 귀족세력의 여러 차례에 걸친 반란에서 기인된 것이다. 따라서 개혁의 방향은 귀족세력의 기반을 약화시키는 쪽으로 진행되었을 것이고, 이러한 개혁의 하나로 22부사가 설치되었던 것으로 생각된다.

32) 동성왕 이전 22부사가 만들어지기 전에는 《삼국사기》의 고이왕대에 설치되었다고 전해지는 6좌평이 행정권을 장악하였을 것이다. 신라의 화백회의가 만장일치제로 운영된 것처럼 이들도 행정권을 상호간의 협의를 통하여 운용하였던 것으로 생각된다.

실과 대조된다.

그렇다면 사비천도를 전후한 시기, 즉 성왕대에는 국왕이 행정통치에 긴요한 22부사를 직접 장악하였으며, 대성8족으로 구성된 좌평은 합의기구를 통하여 국왕을 견제하였음을 알 수 있다.

〈金周成〉

4. 지배세력의 분열과 왕권의 약화

1) 집권체제의 모순

지금까지 사비로 천도한 이후 성왕대의 권력강화를 위한 제도개편에 대하여 알아보았다. 그러나 관산성전투에서 성왕이 전사하고 3만여 명에 달하는 인명피해를 당하자 성왕이 성공적으로 개편한 제도도 큰 변화를 맞게 되었다. 여기에서는 성왕이 전사한 이후 백제의 정치가 전개되어 가는 과정을 제도적 변화와 관련하여 살펴보도록 하겠다.

관산성에서 패전한 이후 원로들의 패전에 대한 책임 추궁으로 인하여 위덕왕(재위: 554~598)은 즉위할 때부터 심각한 곤경상태에 빠져들었다. 원로들의 정치적 발언권은 강해졌던 반면에 국왕의 정치적 입지는 상당히 좁아지고 있었다. 「남부여」에서 「백제」로의 국호 복고, 시호제의 일시 중단, 혜왕과 법왕의 짧은 재위기간 등은 왕권이 약화된 중요한 반증이라고 하겠다.[1] 이로 인하여 성왕 이래로 왕권을 강화하기 위해 취하였던 일련의 조치들이 변화되지 않을 수 없었을 것이다. 극도로 무력해진 국왕이 행정권을 가진 22部司를 장악할 수 없었을 것이며, 22부사가 행정조직 체계내에서 차지하고 있었던 위치도 변화를 겪었으리라고 본다.

---

1) 이에 대하여 위덕왕 초기에는 원로들의 입김에 의하여 왕권이 위축되었지만, 위덕왕 14년(567) 이후에는 22부사의 강화, 불교이념을 통한 배타적 왕족의식의 고양, 《백제본기》와 같은 역사편찬으로 왕실의 권위를 정당화하려는 이념의 수립, 특히 중국과의 활발한 대외관계를 통한 왕권의 권위 확보 등의 시책을 통하여 왕권기반의 구축작업을 본격적으로 추진해 갔으며, 이러한 사실을 무왕대 이후 왕권기반의 구축을 이루게 한 고리로서 파악하고자 한 견해도 있다(梁起錫, 〈百濟

이 점을 염두에 두고 볼 때 22부사 중 일부 부사의 명칭은 주목할 만하다. 외관의 司軍部[2]·司徒部·司空部·司寇部 등의 명칭은《周禮》에 나타난 관부의 명칭을 모방한 것이다. 이것을 백제에서 周禮的 관제개혁이 실시되었던 편린이라고 생각할 수 있다.[3] 그런데 이 판단에는 문제가 없는 것은 아니다. 시기상으로 약간 어긋나는 점이 있기 때문이다. 西魏에서 주례적 관제개혁을 실시하여「六官의 制」가 공포된 것은 위덕왕 3년(556)이었다. 백제에서 22부사가 완전히 정비된 것은 그 이전인 성왕대라고 하였다. 이렇게 되면 백제에서 서위보다 먼저 주례적 관제개혁을 실시한 셈이 된다. 그러나 시기상으로 모순되는 이 점에 대해서는 달리 해석해야 할 것이다.[4] 성왕대에 정비된 22부사의 명칭 중《주례》에서 명칭을 따온 외관 4부의 경우 원래 명칭은 이와 달랐다고 해야 할 것이다. 그 원래의 명칭은 알 수 없지만, 사군부·사도부·사공부·사구부 등의 명칭은 위덕왕대 주례적 관제개혁이 실시된 이후의 것으로 파악되어야 할 것으로 믿는다. 그 근거로는 다음 세 가지 점을 제시할 수 있다. 첫째로 22부사의 명칭을 전해 주고 있는 사료가 위덕왕 이후의 상황을 보여줄 수도 있기 때문이다.《周書》는 위덕왕 25년(578)의 백제와 북주와의 통교상황을 전하고 있다. 이로 보아 22부사의 명칭은 위덕왕 이후의 것일 수도 있다. 둘째로 사군부·사도부·사공부·사구부는 군사·교육과 의례·재정·사법 등 국가의 주요 업무를 수행하였던 기구라고 할 수 있어, 성왕의 국가행정통치에 빠질 수 없는 기구들이기 때문이다. 이들 기구들이 없었다면 성왕의 행정통치는 사실상 불가능하였을 것이다. 셋째로 22부사의 22라는 숫자는 22담로제에서도 찾아볼 수 있다. 아마도 백제에서는 22라는

威德王代 王權의 存在形態와 性格〉,《百濟硏究》21, 1990).

2)《周禮》에는 사군부의 명칭은 보이지 않는다. 사군부와 비슷한 司馬가 보인다. 사마를 사군부라고 표현한 의도는 알 수 없다. 하지만 사군부의 명칭 역시《周禮》와 무관하지는 않을 것이다.

3) 鬼頭淸明,〈日本の律令官制の成立と百濟の官制〉(《日本古代の社會と經濟》上, 1978), 142쪽.

4) 李基東,〈百濟國의 政治理念에 대한 一考察〉(《震檀學報》69, 1990), 8~14쪽에서는, 백제에서《주례》에 입각한 정치사상을 도입한 시기를 위덕왕대보다 앞당겨 성왕의 사비천도기로 제시하였다. 이 견해에 의하면 540년대에서 550년대 전반기에 걸치는 어느 시기에 백제는 三禮에 정통한 陸珝를 초빙하였으며, 그 때까지 존속한 백제사회의 이중성을 극복하기 위하여 주례적인 정치사상을 도입하였으며 그것은 성왕의 관제정비와 중앙집권화 시책과 무관한 것이 아니었다는 것이다.

숫자가 어떤 의미를 지니고 있었던 것인지도 모르겠다. 이렇게 생각해 볼 때 《周禮》에서 명칭을 따온 외관 4부는 위덕왕대에 명칭이 변경되었으며, 이는 주례적 관제개혁의 소산으로 보아야 할 것이다.[5]

이로 보아 적어도 위덕왕대의 주례적 관제개혁이 실시되기 전까지 외관 4부는 귀족세력의 대표인 좌평에게 장악되었을 것이다. 그 때까지 좌평은 이들 부사의 장으로만 만족하지 않고, 최소한 외관 10부사, 더 나아가서는 22부사를 완전히 장악하였다고 할 수 있을 것이다.[6] 이 때 국왕은 거의 형식적인 존재였기 때문에 귀족세력이 22부사를 완전히 장악했다고 생각한다. 그리고 국왕의 세력이 형식화되었기 때문에 신라의 집사부와 같은 기능을 담당했던 전내부의 기능이 거의 마비된 상태였을 것이다. 결국 각 부사간의 권한을 결집시켜줄 수 있는 前內部의 기능까지도 국왕의 권력과 함께 동시에 약화되었다고 하겠다.[7]

그 후 다시 국왕권이 강화되었다고 하는 무왕대에 이르면 이러한 권력구조상에 또 한 차례의 변화가 있었던 것으로 생각된다. 무왕(재위: 600~641)은 阿莫山城전투에서의 패전을 계기로 차츰 왕권을 강화하기 시작하였다. 그리하여 마침내 재위 말기에 이르러서는 아들 의자를 태자로 임명하여 왕위계승에 대한 귀족들의 간섭을 배제시켰다. 그리고 국왕의 권력강화를 상징적으로 보여주듯이 20여 리 떨어진 곳으로부터 물을 끌어 사비성 남쪽에 못을 만들고 그 안에 方丈仙山을 만들었으며 大王浦에서 잦은 연회를 베풀었다.[8] 이를 통하여 무왕 말기에 이르러 위덕왕대의 귀족 중심의 정치구조가 국왕 중심의 정치구조로 변화되었음을 충분히 짐작할 수 있을 것이다. 무왕의 권력강

5) 사군부·사도부·사공부·사구부가 국가의 주요 업무를 담당하고 있었기 때문에 이들 관부들만이 주례적 관제개혁의 대상이 되었는지도 모르겠다.

6) 귀족세력의 대표인 좌평이 왕실사무를 관장하였던 내관 12부까지 장악하였을지는 의문이다. 그러나 시호의 일시 중단이나 왕위계승문제까지 깊이 개입하였던 귀족세력이라면 그렇게 할 가능성은 충분히 있다고 하겠다. 사료가 부족한 관계로 22부사를 내관과 외관으로 분리하여 고찰하기가 어려운 점이 많다. 이에 22부사를 하나로 묶어 파악하고자 한다.

7) 성왕대 22부사를 장악하였던 전내부는 위덕왕 이후 행정구조의 개편에 따라 어떻게 변화되었을까가 궁금하다. 전내부는 국왕의 권력을 기반으로 그 기능을 발휘할 수 있는 기구였다. 국왕의 권력이 미약해짐으로써 전내부 역시 그 기능이 차츰 축소되어 내관의 한 부사로서의 임무만을 수행하였던 것은 아니었을까 한다.

8) 金周成, 〈百濟武王의 寺刹建立과 權力强化〉(《韓國古代史硏究》 6, 1992).

화는 중앙행정조직 체계상에도 변화를 가져왔다.

> 內官을 설치한 바 內臣佐平은 宣納事를, 內頭佐平은 庫藏事를, 內法佐平은 禮儀事를, 衛士佐平은 宿衛兵事를, 朝廷佐平은 刑獄事를, 兵官佐平은 在外兵馬事를 각각 담당하였다(《舊唐書》 권 199 上, 列傳 149 上, 東夷傳, 百濟).

백제가 공식적으로 당과 외교관계를 맺기 시작한 것은 무왕 22년(621) 이후였다. 따라서 《舊唐書》 百濟傳에는 무왕대 이후의 백제사회를 반영하는 내용이 많이 실려 있는 것으로 보인다.[9] 특히 양국간의 이해관계에 긴밀하게 작용했었던 정치제도에 관련된 기사는 더욱 그러한 것으로 생각된다. 이런 측면에서 보았을 때 위의 사료는 무왕대 이후의 정치제도를 반영하고 있다고 여겨진다.

그런데 위의 사료에는 6좌평의 명칭과 그 직능이 서술되어 있을 뿐 22부사에 대한 언급은 전혀 없다. 이 점은 위의 사료와 같은 내용의 사료가 실려 있는 《新唐書》에서도 마찬가지이다. 이에 의하면 무왕 이후 22부사가 폐지되었다고도 생각해 볼 수 있다. 그러나 22부사로 분화된 행정체계를 경험하였던 백제가 이를 폐지하고 다시 6좌평제로 환원하였다고는 생각되지 않는다. 더구나 무왕 이후 국왕의 전제권력이 강화되었던 점을 고려해 볼 때 이는 도저히 생각하기 어려운 일이다. 차라리 국왕의 권력강화에 따라 22부사와 6좌평간의 세력관계가 변화되면서 22부사의 중요성은 격감되고 6좌평의 중요성이 증대되었다고 생각하는 것이 순리적일 것이다.

또 한편으로 이 사료에서 주목되는 점은 6좌평의 명칭과 그 직능이 서술되어 있다는 점이다. 무령왕대 이후 6좌평의 구체적인 명칭은 찾아볼 수 없었다. 그럼에도 불구하고 무왕대 이후의 정치제도를 반영해 준다고 생각되는 이 사료에서 6좌평의 명칭과 그 직능이 서술되었던 점은 확실히 주목해 볼 만한 가치가 있다고 하겠다. 여기서 6좌평을 내관이라고 표현했던 점을 상기해 볼 필요가 있다. 위 사료의 내관은 외관인 지방통치제도와 대비해서 쓰인 용어이다.[10] 그렇다면 내관인 6좌평제도는 중앙행정기구였음을 알 수 있다. 6좌평

---

9) 《舊唐書》는 945년에 5代시대 後晉의 재상 劉昫 등에 의해서 편찬되었다. 10세기에 편찬된 만큼 《舊唐書》 百濟傳에 실린 내용은 사비시대 후기의 백제사회의 제도와 부흥운동에 관련된 것이 대부분이다.

10) 위 사료에 뒤이어서 지방제도인 5방제도가 서술되어 있는 것으로 보아 그러하다.

제도가 중앙행정 조직체계내로 편제되었다고 할 수 있다. 좌평제에 또 한 차례의 변화가 있었음을 추측해 볼 수 있다.

이렇게 볼 때 6좌평의 임무와 22부사의 임무가 서로 대응되는 점이 주목된다. 즉 그 임무상에서 내신좌평은 전내부, 내두좌평은 사구부, 내법좌평은 사도부, 조정좌평은 사구부, 병관·위사좌평은 사군부와 임무상에서 각각 대응될 수 있다. 최소한 이 관부들의 장에는 6좌평이 임명되었다고 할 수 있을 것이다.11) 무왕은 위덕왕대에 22관부를 장악하였던 좌평에게 구체적인 임무를 부여함으로써 좌평을 국왕의 행정관료로 편제하였다고 할 수 있다.

그러나 이러한 추리에 무리가 없는 것은 아니다. 《삼국사기》 백제본기에는 무왕 이후에도 좌평은 여전히 구체적인 직능이 결여된 채로 표기되어 있기 때문이다. 이에 의하면 무령왕대 이후의 좌평제가 무왕대 이후에도 변화되지 않았다고 할 수 있다. 그러나 성왕·위덕왕대를 거치면서 권력구조의 변동에 따라 중앙행정 조직체계의 변화를 인정한다면 무왕대 이후 국왕의 권력강화에 따른 중앙행정 조직체계의 변화 역시 인정해야 할 것이다. 그렇다면 《삼국사기》 백제본기의 좌평 표기는 어떻게 이해해야 할 것인가 하는 문제가 남는다. 이 문제는 비록 좌평이 국왕의 행정관료로서 성격이 짙은 6좌평으로 전환되었다고는 하지만 좌평으로서 가졌던 중요한 기능인 합의기구로서의 기능은 여전히 남아 있었던 까닭에서 비롯된 것이 아니었을까 하는 추측도 해본다.

그러나 합의기구로서의 좌평의 권한 역시 예전과 같이 않았을 것이다. 의자왕 15년(655) 좌평 成忠이 간언을 하였는데, 그 결과 성충은 옥에 갇혀 죽게 되었다. 이 일이 있었던 2년 후에는 의자왕은 왕서자 41명을 좌평으로 임명하였다. 좌평제에서 지속적으로 지켜져 온 정원제가 철폐되었다고 하겠다. 이는 좌평이 가지고 있었던 합의기구로서의 권한을 완전히 빼앗긴 것으로 해석된다. 이러한 일련의 과정에서 생각해 볼 때 무왕대 이후 합의기구로서 좌평의 권한은 예전과는 달리 크게 축소되었을 것임은 두말할 나위가 없다.

이상의 논의에서 알 수 있듯이 무왕은 위덕왕대의 행정조직체계를 그대로

11) 「최소한」이란 표현을 사용한 까닭은 다음과 같다. 6좌평이 22부사 중 국가의 행정통치기구 중 핵심부라고 할 수 있는 전내부·사군부·사도부·사공부·사구부 등만을 장악한 것인지 그렇지 않으면 22부사를 6개의 그룹으로 편제하여 각 좌평이 그 그룹의 장이 되었는지는 확실치 않기 때문이다.

유지시키면서 왕권을 강화함에 따라 좌평을 6좌평제로 전환시킴과 동시에 그들을 국왕의 행정관료로 편제시켜 22부사를 통치하도록 하였다. 이 행정조직체계는 의자왕대까지 지속되었을 것으로 생각된다.

2) 귀족세력의 분열

위덕왕 이후 혜왕·법왕의 뒤를 이어 약 50여 년 이상 국왕은 정치권력에서 소외되고 있었다. 한편 좌평은 국가의 중대사를 그들간의 합의를 통하여 결정하였으며, 그 결정사항을 22부사를 통하여 직접 시행할 수 있었다. 이렇게 확대된 좌평의 권한을 견제할 수 있었던 세력은 형식적인 존재에 불과했더라도 국왕 이외의 세력은 달리 찾아볼 수가 없다. 따라서 비록 형식적인 존재였던 국왕이라고 하더라도, 대성8족의 끊임없는 견제대상이 되었을 것이다. 혜왕이 70여 세의 나이로 阿佐를 대신하여 왕위를 계승하였다는 사실이나 법왕이 즉위 3년만에 죽음을 맞이하였고 그것도 피살되었을 가능성이 크다는 사실은 이를 잘 말해주는 것이라고 할 수 있다. 그렇다면 비록 대성8족 내부에서는 권력다툼이 있었을지라도 국왕과 대립되는 면에서는 그들간의 이해관계가 일치되었다고 할 수 있을 것이다. 결국 국왕이 권력을 강화하기 위해서는 대성8족과는 결탁하기 어려웠을 것이며, 대성8족 이외의 새로운 세력을 필요로 했을 것이다.

마침내 무왕은 아막산성전투의 혼란을 틈타 권력을 강화하였다. 무왕은 좌평의 관료화를 추진하면서 이를 통하여 22부사를 장악하였으며, 미륵사의 건립을 통하여 귀족세력과의 타협을 모색한 뒤에는 王興寺의 건립을 통하여 권력을 강화하였다. 이러한 무왕의 권력강화가 무왕 개인의 힘만으로 가능하였을까. 아마도 무왕의 권력강화의 이면에는 그것을 뒷받침해 줄 수 있었던 정치세력이 존재하였을 것으로 생각된다. 이 세력이 바로 신진귀족이라고 부를 수 있는 사람들이었을 것이다.[12)]

---

12) 대성8족과 또 대성8족이 아니면서 달솔 관등에 머무르고 만 사람들도 같은 시기에 정치활동을 했었던 사람들이다. 따라서 신진귀족이라고 해서 정계에 새롭게 등장한 세력이라고는 할 수 없다. 이런 의미에서 신진귀족이라는 용어는

그러면 무왕의 권력강화를 뒷받침해 주었던 신진세력으로는 먼저 왕족을 생각해 볼 수 있다. 무왕은 당의 국학에 왕족의 자제를 입학시켜 유교정치사상을 통해 왕권을 강화하려 했었다.[13] 위덕왕 이후 대부분의 왕족은 대성8족의 귀족세력에게 계속적인 견제를 받아 왔던 까닭에 왕실을 중심으로 강인한 결속력을 다졌을 것이다.[14] 의자왕(재위: 641~660)이 재위 17년에 왕서자 41명을 좌평으로 임명하여 대성8족의 세력기반이었던 좌평을 무력화시켜 버렸다는 것은 이를 잘 드러내 주는 사건이라고 할 수 있다.

무왕 때 백제왕족으로서 이름이 전해지는 사람으로 福信이 있다. 복신은 당나라로부터 당 태종의 璽書를 가지고 왔다고 한다. 무왕대에 15차례의[15] 입당사가 파견되지만 입당사의 이름을 알 수 있는 경우는 복신이 유일한 경우인데 그는 왕의 조카였다. 비록 15사례 중 하나의 경우에 불과하지만, 이를 통하여 추측컨대, 입당사 중 많은 사람이 왕족이었을 가능성이 크다고 하겠다.

무왕은 당의 세력을 이용하여 고구려를 견제하려고 했었던 것 같다. 무왕은 당 태종에게 갑옷과 무기를 바치어 당의 고구려정벌을 유도하였던 듯하다.[16] 이렇게 중요한 대당외교에 비중이 컸다는 것은 무왕의 왕권강화 과정에서 왕족의 세력이 적지 않은 힘이 되었던 것을 증명해 준다고 하겠다.

다음으로 대성8족이 아니면서 달솔 관등을 지니고 있었던 사람들을 신진세력으로 추측해 볼 수 있다. 달솔은 중앙에서는 5부의 책임자였으며, 지방에서는 5방의 장관직인 방령을 역임할 수 있다. 제2관등인 달솔까지 올라갈 수 있었던 사람이라면 백제사회내에서 차지할 수 있는 위치도 상당하였을 것으로 생각된다. 이들은 국왕과 결탁하면서 점차로 세력을 성장시켰을 것이다. 이를 階伯과 黑齒常之를 통하여 살펴보자.

적절치 않다고 하겠다. 그러나 여기서는 정치권력의 핵심부에 새롭게 접근했었던 인물들이라는 의미로써 신진귀족의 용어를 사용하도록 하겠다.

13) 盧重國, 〈武王 및 義慈王代의 政治改革〉(《百濟政治史研究》, 一潮閣, 1988), 209쪽.

14) 물론 왕족이라고 해서 모두 친왕세력이라고 할 수는 없을 것이다. 의자왕 2년에 저명한 40여 인과 함께 섬으로 귀양보내어진 제왕자와 그의 자매 등은 아무래도 반왕적인 성격으로 파악되어야 할 것이다. 그러나 무왕대의 정치적인 흐름으로 보아 대부분의 왕족을 친왕세력으로 파악한다 하더라도 큰 잘못은 없을 것이다.

15) 申瀅植, 〈三國의 對外關係〉(《韓國古代史의 新研究》, 一潮閣, 1984), 315쪽.

16) 《三國史記》 권 27, 百濟本紀 5, 무왕 37년·38년 12월·40년 10월.

階伯은 百濟 사람으로, 벼슬이 達率이 되었다(《三國史記》 권 47, 列傳 7, 階伯).
黑齒常之는 百濟 西部人이었다.(…) 百濟의 達率로서 風達郡將을 겸임하였다(《三國史記》 권 44, 列傳 4, 黑齒常之).

계백과 흑치상지는 모두 달솔이었다. 특히 최근에 발견된 〈흑치상지묘지명〉에 의하면 그 가문의 경우 4대가 모두 달솔까지밖에 승진하지 못하였다. 그리고 다음 사료에 의하면 이들이 모두 대성8족은 아니었던 것 같다.

계백은 이름이 升이고 百濟同姓이었다. 관은 달솔이었으며, 의자왕 20년(660)에 싸우다 죽었다(《大東地志》 권 5, 夫餘祠院).

위의 사료를 보면 계백은 성씨였음을 알 수 있다.[17] 조선시대에 편찬된 《大東地志》의 기록이기 때문에 미심한 점이 남기는 하지만 전혀 근거없이 기술되었던 것으로는 생각되지 않는다. 그렇다면 계백과 흑치상지는 신진세력의 대표적인 인물이라 할 수 있다.

그런데 이들은 국왕과도 밀접한 관련이 있었다고 생각된다. 계백이 5천 결사대를 이끌고 황산벌전투에 임했을 때, 그는 이미 백제의 패전을 예견했었다고 생각된다. 그렇기 때문에 그의 처자가 노비로 전락하는 것이 싫어 그들을 모두 죽여버렸던 것이다. 그리고 5천 결사대에게 나라의 은혜에 보답하기 위하여 죽기를 각오하고 싸우도록 독려하였다.[18] 이러한 계백의 충성심은 의자왕과의 관계에서 비롯된 것이라고 하겠다. 평소에 의자왕과 계백 사이에 굳은 유대의식이 형성되어 있었던 것으로 짐작된다.

그리고 흑치상지는 蘇定方에게 항복하였는데, 소정방이 의자왕을 하옥시키는 것을 보고 도망하여 백제부흥운동을 일으켜 200여 성을 회복하였다고 한다.[19] 의자왕과 함께 포로로 잡힌 사람들 중에는 각각 大佐平과 大首領인 沙宅千福과 國辯成이 있었다.[20] 그런데 이들은 도망을 하지 않았다. 흑치상지가 의자왕을 하옥시키는 것을 보고 남달리 두려워하여 도망간 까닭은 의자

17) 百濟同姓의 의미는 잘 알 수 없다. 혹 黑齒氏의 유래가 백제왕성인 扶餘氏에서 유래된 것처럼, 계백씨 역시 백제의 왕성에서 비롯되었던 까닭에 백제동성이라고 표기되었던 것은 아닐까 여겨지기도 한다.
18) 《三國史記》 권 47, 列傳 7, 階伯.
19) 《三國史記》 권 44, 列傳 4, 黑齒常之.
20) 〈唐平百濟碑〉(《朝鮮金石總覽》 上, 朝鮮總督府, 1919), 16쪽.

왕과 그와의 특별한 관계에서 연유된 것은 아니었을까 추측된다. 즉 항복한 의자왕이 하옥당하는 것을 보고 평소 의자왕과 친밀한 관계에 있었던 까닭에 그 화가 자기에게 미칠 수 있을 것이라는 두려움 때문에 죽음을 무릅쓰고 도망하였다고 여겨진다.

그러면 계백과 흑치상지와 같은 신진세력이 국왕과 결탁하려고 했었던 이유는 무엇일까가 궁금해진다. 여기서 주목되는 점은 은솔 이하는 정원이 없었던 반면에 좌평과 달솔만이 정원이 있었던 점이다. 좌평은 5인,[21] 달솔은 30인의 정원규정을 두고 있다. 그렇다면 달솔에서 좌평으로 승진하려면 약 6：1의 치열한 경쟁을 치루어야만 했을 것이다.[22] 좌평이 정원제로 묶여 있는 한 달솔 중에서 좌평으로 승진하지 못했던 사람들이 누적되어 가고 있었다고 하겠다. 이 때에 좌평으로 승진하였던 사람들은 대성8족의 출신들이 대부분이었을 것이다.[23]

그렇다면 대성8족이 아니었던 까닭으로 좌평으로 승진하지 못하였던 달솔 관등을 지닌 사람들은 대성8족에 대하여 상당한 불만을 가지고 있었을 것이다. 그런데 앞장에서 살펴본 것처럼 위덕왕 즉위 이후에는 왕권은 대성8족과 줄곧 정치적으로 대립하고 있었다. 이러한 상황에서 왕권이 결탁할 수 있었던 가장 적합한 세력은 백제사회에서 상당한 권력을 지녔으면서도 대성8족의 세력에 눌려 정치권력의 핵심부에[24] 접근하지 못하였던 달솔 관등을 지닌 대성8족이 아닌 귀족들이었을 것이다.[25]

---

21) 佐平의 정원은 5인 혹은 6인이었다고 한다. 정확히는 알 수 없지만 대략 5~6인 정도였을 것이다(武田幸男, 〈六世紀における朝鮮三國の國家體制〉, 《東アジア世界における日本古代史講座》 4, 學生社, 1980, 60쪽).

22) 이것은 산술적인 계산이지 실제로는 30：1의 경쟁을 치루어야만 했을 것이다. 왜냐하면 佐平은 임기제가 아닌 종신제였다고 생각되기 때문이다. 좌평 중 한 명이 결원이 생기고 나서야 비로소 보충이 이루어질 수 있었을 것이다.

23) 金周成, 〈義慈王代 政治勢力의 動向과 百濟滅亡〉(《百濟硏究》 19, 1988), 271쪽. 李基文, 〈百濟 黑齒常之父子 墓誌銘의 檢討〉(《韓國學報》 64, 1991), 167쪽.

24) 여기서 정치권력의 핵심부라고 표현한 것은 좌평 중심의 귀족회의체인 政事巖會議가 국가의 중대사를 결정하였던 까닭이다.

25) 의자왕의 결탁세력을 이와 달리 파악한 견해가 있다(金壽泰, 〈百濟 義慈王代의 政治活動〉, 《韓國古代史硏究》 5, 1992). 대성8족이 동일한 정치적 입장을 가지고 있었던 것이 아니고 대성8족 가운데서도 왕권강화에 계속적으로 협력할 수 있었던 부류들과 그렇지 못한 부류들을 구분해 보아야 한다는 것이다.

한편 계백과 흑치상지의 충성심은 그들이 지닌 유학사상에서 비롯되었을지도 모른다. 〈흑치상지묘지명〉에 의하면 그는 어려서 《春秋左氏傳》·《史記》·《漢書》 등의 역사서를 읽었다고 한다. 이것은 흑치상지만이 아니라 그와 동류의 귀족, 즉 계백에게도 동일하게 적용될 수 있을 것이다. 역사서를 읽었다는 사실만으로는 그들의 유학사상의 특성을 추출하기에는 무리가 뒤따른다. 하지만 의자왕을 海東曾子라고 불렀던 사람들이 그들이라면,[26] 그들은 충효사상에 특히 관심이 깊었다고 해도 과언은 아닐 것이다.

계백과 흑치상지는 대성8족이 아니면서 달솔 관등을 가지고 있었으며, 국왕과는 친밀한 유대관계를 맺어왔다고 할 수 있다. 국왕의 권력강화를 뒷받침해 주었던 덕분으로 점차 그 세력이 성장하였던 것으로 생각된다. 다음 사료는 이들 세력의 성장을 보여준다는 점에서 참고된다.

> 하물며 밖으로는 直臣을 버리고, 안으로는 妖婦를 믿었다. 그리하여 형벌이 미치는 바는 오직 忠良이었으며, 寵任이 더 해지는 바는 반드시 諂倖이었다(〈唐平百濟碑〉, 《朝鮮金石總覽》 上, 3쪽).

이 비문은 백제가 멸망한 해인 의자왕 20년(660)에 지어진 것이다. 이와 비슷한 내용을 《日本書紀》에서도 찾아볼 수 있다.[27] 君大夫人 妖女가 무도하여, 국권을 마음대로 하였으며 현량을 주살한 까닭에 멸망의 화를 불러들였다는 것이다. 비록 당에 의해서 기록된 비문이기는 하지만, 이 사료는 충분히 믿을 만한 근거가 있다고 생각된다.

이 사료에서는 형벌이 미치는 「忠良」의 무리와 총임이 더해가고 있었던 「諂倖」의 무리를 대구로 사용하고 있다. 백제가 멸망할 당시 서로 대비될 수 있는 「충량」의 무리와 「첨행」의 무리가 있었다고 하겠다. 당은 백제의 침공을 이웃 나라인 신라와 서로 화목하게 지내지 않았던 의자왕의 군사행동에 그 책임을 돌리려고 하였다.[28] 이러한 당의 입장에서 볼 때 「충량」의 무리는 의자왕

이러한 입장에서 의자왕대 초기에 활동하였던 允忠·義直·殷相과 좌평 成忠·興首·任子들을 의자왕과 결탁했었던 세력으로 파악하였다.

26) 의자왕을 해동증자라고 불렀던 사람들이라면 의자왕에게 음황탐락과 음주를 그만두라고 간언하였다는 좌평 성충과 같은 무리는 아니었을 것이다. 의자왕에게 충성을 바쳤던 계백과 흑치상지와 같은 무리들이었을 것은 의심할 나위가 없다.

27) 《日本書紀》 권 26, 齊明天皇 6년.

28) 의자왕 11년에 당 고종이 보낸 글에 의하면 백제가 신라의 침공을 그치지 않

의 군사행동을 견제하려고 했었던 세력을 의미할 것이다. 그렇다면 의자왕의 행동을 견제하다가 형벌이 미쳤던 세력은 의자왕에게 간언을 했다가 옥에 갇혀 죽음을 당했던 좌평 성충으로 대표되는 대성8족의 무리를 충량의 무리로 파악해 볼 수 있을 것이다. 이와는 달리 왕의 총애가 더해 갔었던「첨행」의 무리는 의자왕과 뜻을 같이 했던 세력을 의미할 것이다. 계백과 흑치상지와 같은 신진세력을「첨행」의 무리라고 할 수 있겠다. 따라서 신진세력의 세력이 국왕의 권력강화를 배경으로 마침내 대성8족의 세력과 대립할 수 있을 정도까지 성장하였음을 짐작할 수 있다.

이를 살펴보려고 한다면 의자왕대에 보이는 심상치 않은 정계 동향은 주목되어야 마땅할 것이다. 성충·임자·홍수 모두 좌평이었다. 성충은 의자왕의 음황을 간언하였다가 옥에 갇혀 죽었으며,[29] 임자는 백제의 국사를 전담하였음에도 불구하고 신라의 金庾信과 내통하였다고 한다.[30] 그리고 대좌평이었던 沙宅智積은 건강상의 이유를 들어 奈祇城으로 퇴거하였다.[31] 홍수 역시 죄를 얻어 古馬旀知縣으로부터 유배되었다.[32]

좌평 관등에 있던 인물들이 대략 의자왕 15년을 전후하여 크게 정치적으로 소외되었음을 알 수 있다. 좌평 임자가 김유신과 내통한 해는 의자왕 15년이며, 성충이 간언한 해는 동 16년이다. 대좌평 사택지적이 퇴거한 갑인년은 의자왕 14년으로 추정되고 있다.[33] 좌평 홍수가 유배된 시기는 정확히 알 수 없다. 그러나 좌평 홍수가 여러 해 동안 고마며지현에서 귀양생활을 했었다거나,[34] 나당연합군의 방어책에 대하여 성충의 견해와 비슷하였다는 점으로 미루어 보아 성충의 극간에 연루된 것이 아닌가 한다. 아무튼 좌평 홍수가 유배된 시기는 의자왕 15년을 전후로 해서 이루어진 것으로 추측된다.

이들이 의자왕 15년을 전후하여 크게 정치적으로 위기를 맞았던 것은 아무래도 의자왕과의 정치적 대립관계에서 비롯되었다고 생각된다. 성충이 의자왕에게 간언하다 투옥되었다거나, 임자가 김유신과 내통하였다는 점은 이

는다면 결전을 치룰 것이라고 하였다.

29)《三國史記》권 28, 百濟本紀 6, 의자왕 16년 3월.

30)《三國史記》권 42, 列傳 2, 金庾信 中.

31) 黃壽永 編,〈百濟沙宅智積碑〉(《韓國金石遺文》, 一志社, 1976), 53쪽.

32)《三國遺事》권 1, 紀異 1, 太宗 春秋公.

33) 洪思俊,〈百濟 沙宅智積碑에 대하여〉(《歷史學報》6, 1954), 256쪽.

34)《三國史記》권 28, 百濟本紀 6, 의자왕 20년 6월.

를 잘 반영해 주는 것으로 여겨진다. 그리고 대좌평 사택지적이 정치적인 관계에 연루되어 퇴거하였다고 추정되는 것은 이를 보완해 줄 수 있을 것이다.[35] 뿐만 아니라 홍수가 성충의 간언에 연루되어 귀양보내졌다는 앞의 추측이 옳다면 역시 의자왕과의 정치적 대립관계에서 비롯되었다고 할 수 있을 것이다.[36] 의자왕과 대립하였다는 말은 의자왕과 결탁하였던 계백과 흑치상지로 대표되는 신진세력과 대립하였다는 말로 해석해도 무관할 것이다.

그렇다면 의자왕 15년을 전후로 하여 대성8족을 중심으로 한 좌평층에 심각한 정치적 동요가 일어나게 된 배경이 궁금하다. 유명한 의자왕 2년(642)의 정치변동은 이의 해명에 큰 도움이 된다. 이 때에 의자왕 아우의 아들인 翹岐 및 그의 자매 4인, 그리고 내좌평 岐味 등 고명한 40여 인이 섬으로 귀양보내어졌다. 이 때 귀양간 고명한 40여 인의 신원을 알 수는 없다. 그러나 40여 명 중에는 왕족 및 내좌평 기미와 같은 고위계층이 포함되어 있었던 점으로 보아 이들이 백제의 유력한 귀족출신이었음을 충분히 짐작해 볼 수 있다. 의자왕의 즉위 초기에 취했던 왕권확립을 위한 하나의 조치로서 이 사건을 파악해 볼 때 왕족을 제외한 고명한 40여 인은 아마도 대성8족이 다수를 차지하고 있었을 것으로 생각된다. 이 사건 이후 대성8족은 의자왕에 대하여 상당한 불만을 가졌을 것으로 생각된다.[37] 의자왕 9년에 좌평 正福이 싸움 한 번 변변히 하지 않은 채 김유신에게 내항하였다는 점은[38] 이를 잘 반영해 준다.

의자왕 15년에 이르러 마침내 대성8족의 세력이 결정적으로 약화되었던 사건이 있었다.

> (義慈)王은 고구려·말갈과 함께 신라 30여 성을 쳐부수었다. 신라왕 金春秋가 사신을 당에 보내어 表를 올려 백제와 고구려·말갈이 우리의 북계 30여 성을 점령하였다고 하였다(《三國史記》 권 28, 百濟本紀 6, 의자왕 15년 8월).[39]

---

35) 盧重國, 〈泗沘時代 百濟 支配體制의 變遷〉(《韓沽劤博士停年紀念史學論叢》, 1981), 72쪽.

36) 金壽泰, 앞의 글, 66쪽에서는 좌평 성충과 홍수·임자 역시 의자왕의 권력강화를 도왔던 세력으로 파악하였다.

37) 물론 대성8족 내부에서도 각 성씨끼리 갈등이 있었을 것이다. 그러나 여기에서는 왕권과 대성8족의 대립관계를 중심으로 서술하는 만큼 그 내부의 대립은 고려의 대상이 되지 않았다. 왕권에 대항하는 측면에서의 대성8족은 똑같은 이해관계를 가지고 있었다고 해도 큰 무리가 없을 것으로 생각되기 때문이다.

38) 《三國史記》 권 42, 列傳 2, 金庾信 中.

義慈王 15년에 백제는 고구려·말갈과 함께 신라의 북계 30여 성을 쳐부수었다. 신라의 북계 30여 성의 정확한 위치는 알 수 없다. 그러나 신라의 북계라는 명칭으로 보아 대체적으로 지금의 한강유역 아니면 강원도지역일 것이다. 신라는 북계 30여 성을 빼앗기자 즉시 당에 구원을 요청하였다. 신라가 이같이 기민한 반응을 보였던 점으로 보아 북계 30여 성의 위치는 강원도지역이라기 보다는 한강유역이었을 것으로 생각된다. 그 가운데에서도 신라의 한강유역 통치 중심지인 唐項城을 위협할 수 있는 전략상의 요충지였을 것이다. 의자왕이 신라 북계 30여 성을 쳐부수었다는 것은 왕권확립에 대단히 중요한 계기를 마련하였다고 생각한다. 한강유역을 재탈환하기 위한 관산성전투에서 패한 이후 왕권은 대성8족으로부터 심한 견제를 받아왔다. 이러한 까닭에 왕권을 확립해 가던 무왕과 의자왕은 한강유역에 대하여 깊은 관심을 가지고 있었던 것이다. 실제로 무왕과 의자왕은 각각 한 차례씩 한강유역 정벌을 시도하였다.[40] 무왕과 의자왕이 한강유역을 되찾으려고 했으나 신라가 재빨리 당에 구원을 요청함으로써 두 차례 모두 실패로 끝났다. 그러나 이를 통하여 왕실측의 한강유역에 대한 집요한 집념을 읽어 볼 수 있다.[41]

그것은 다름아닌 신라의 당과의 교통로를 차단함으로써 신라를 고립시킬 수 있었기 때문이다. 뿐만 아니라 관산성전투에서 패한 이후 대성8족으로부터 계속적인 견제를 받아왔던 왕권을 회복시킬 수 있는 명분을 찾을 수 있었기 때문이다. 의자왕은 신라의 북계 30여 성을 차지함으로써 대성8족이 왕권을 견제하려는 명분을 제거하게 되었다고 하겠다.

이로 말미암아 좌평의 정치적 지위도 크게 변화했을 것으로 믿어진다. 다음의 기록을 검토해 봄으로써 그것을 알 수 있다.

---

39) 이 사료는 《三國史記》 百濟本紀의 내용이다. 그런데 같은 책 新羅本紀·高句麗本紀와 《資治通鑑》 권 199, 唐紀 15, 高宗 上에 의하면 같은 해 정월로 되어 있다. 아마 정월이 맞는 듯 싶다.

40) 《三國史記》 권 27, 百濟本紀 5, 무왕 28년 7월 및 권 28, 百濟本紀 6, 의자왕 3년 11월.

41) 무왕 말부터 의자왕대에 걸쳐 백제는 신라의 서쪽 변경을 계속 공격하였다. 그리하여 의자왕 2년에는 한때 미후성 등 40여 성을 공략한 적도 있었다(《三國史記》 권 28, 百濟本紀 6, 의자왕 2년 7월). 그러나 무왕과 의자왕의 최종 목표는 신라의 서쪽 변경이 아니었고 어디까지나 한강유역의 회복이 목표였다고 하겠다.

> 7월 9일 庾信 등이 진군하여 黃山벌에 이르렀다. 백제장군 階伯은 군사를 거느리고 와서 먼저 험한 곳을 차지하여 진영을 셋이나 베풀고 신라군을 기다리고 있었다. …3군이 이를 보고 고함을 지르며 진격하니, 백제의 군사가 대패하여, 계백은 전사하고 좌평 忠常과 常永 등 20여 인은 사로잡혔다(《三國史記》 권 5, 新羅本紀 5, 태종무열왕 7년).

위의 내용은 의자왕 20년 황산벌전투의 상황이다. 달솔 계백이 그 전투의 총지휘자로 되어 있다. 좌평 충상과 상영[42]이 달솔 계백의 참모나 그의 단위부대의 장군으로 참전하였다고 생각된다. 좌평이 달솔의 지휘를 받게 되었음을 알 수 있다. 즉 좌평을 역임하였던 대성8족의 정치적 세력이 달솔을 역임하였던 신진세력의 그것에 비하여 점차 열세한 위치로 전락해 가고 있는 것이라고 하겠다.

이에 의자왕 말기에 이르러 대성8족과 신진세력은 정면충돌을 피할 수 없게 되었다. 의자왕 20년 나당연합군의 침입을 당해 국가의 운명이 풍전등화처럼 급박하고 어려운 상황에서 좌평층과 달솔층이 각각 서로 다른 주장을 펼쳐 일사불란한 지휘체계를 확립하지 못하였다는 것은 대성8족과 신진세력과의 정치적 대립을 잘 보여주는 예라고 하겠다. 이것은 백제 국내의 사회불안을 고조시켰으며, 대외항쟁력을 약화시키는 결과를 초래했다. 결국 백제는 나당연합군의 침입을 맞아 계백의 황산벌전투를 제외하고는 변변한 저항도 하지 못하고 항복하고 말았다.

3) 대외관계의 변화

중국은 오랫동안의 남북조 분열시대를 지나 마침내 수에 의하여 통일되었다(589). 통일제국인 수의 등장은 삼국간의 세력관계에 커다란 변화를 가져왔다. 여기에서는 백제를 중심으로 하여 7세기 대외관계의 변화를 백제 국내의 정치세력의 동향과 연결시켜 추구해 보고자 한다.

---

42) 여기에 보이는 좌평 상영은 의자왕 20년 나당연합군의 침입에 대비한 전략회의에 참여한 달솔 상영과 같은 인물로 생각된다. 그렇다면 대성8족이 아닌 인물로 생각되는 달솔 상영이 좌평으로 승진한 셈이 된다. 의자왕 17년 이후에는 좌평 관등이 대성8족의 전유물이 되지는 않았을 것이다. 이러한 변화와 함께 좌평의 정치적 지위가 낮아졌다는 것도 충분히 있을 법한 일이라고 하겠다.

백제는 우선 수를 이용하여 고구려를 견제하려고 하였다. 백제는 수가 요동을 침입할 때 수를 돕는다고는 하였으나 실제로는 양단책을 쓰고 있었다.[43] 또 한편 백제는 수양제가 고구려의 동정을 살피도록 하였으나 몰래 고구려와 通和하여 간사하게도 중국을 살피고 있었다는 것이다.[44] 이러한 사실들은 백제가 수와 동시에 고구려와도 외교관계를 맺고 있었음을 말해준다고 생각된다. 백제가 수와 고구려에 대하여 등거리외교를 실시하였다고 할 수 있다.

이 때 백제는 수와 고구려와의 분쟁을 틈 타 신라와의 대적에 모든 힘을 기울일 수 있었다. 백제는 무왕 3년(602) 解讐가 참패한 이후 국내정세의 회복을 꾀하는 것이 최대의 과제였다고 할 수 있다. 무왕 3년 이후 무왕 12년까지 백제는 신라를 침입하지 않았다. 도리어 신라가 무왕 6년에 백제의 동쪽 국경선을 침범하였다. 10여 년 동안 백제는 국내외 정세를 관망하면서 내정에 온 힘을 기울이고 있었다고 하겠다. 이 때 백제에서는 6좌평의 관료화 추진, 미륵사의 건립 등을 통하여 대성8족의 세력이 쇠퇴하자 국왕 중심의 체제로 전환하고 있었다.

무왕 19년(618) 중국에서는 수를 이어서 당이 들어서게 되었다. 백제는 또 다시 당을 이용하여 고구려를 견제하려고 하였다.

> 사신을 당에 보내어 明光鎧를 전하고 인하여 고구려가 도로를 막고 上國에 來朝하는 것을 허락하지 않는다고 호소하였다(《三國史記》 권 27, 百濟本紀 5, 무왕 27년).

무왕은 고구려가 길을 막고 있어 조공이 어렵다는 명분으로 간접적으로 당과 고구려와의 전쟁을 유도하였다. 그러나 백제가 당에게 고구려를 평정해 줄 것을 간접적으로 호소하였음에도 불구하고 여전히 고구려와의 외교관계를 단절하고 있지는 않았을 것으로 생각된다.

뚜렷한 근거는 없지만 백제의 무왕이 수의 침략을 성공적으로 물리쳤던 고구려를 멀리 할 이유를 찾아보기도 힘들다. 고구려의 영류왕 역시 강력한 당의 세력에 맞서야 했으며, 왕권을 강화하여 국내 정치세력을 안정시켜야 할 입장이었으므로 비록 양단책이나마 화해를 표방하고 있었던 백제를 멀리해야 할 이유도 없었다.

---

43) 《三國史記》 권 27, 百濟本紀 5, 무왕 13년.
44) 《隋書》 권 81, 列傳 46, 東夷傳, 百濟.

640년대 이후 백제와 고구려는 뚜렷하게 가까워지고 있었다. 의자왕 3년(643) 11월에 고구려와 백제가 공동으로 신라의 당항성을 점령하려고 했던 사실이나, 의자왕 15년에는 백제가 고구려와 함께 신라의 북계 30여 성을 점령하였다는 사실은 이를 잘 말해준다고 하겠다. 무왕 28년(627) 7월 백제가 단독으로 신라의 당항성을 공격하려고 하였다는 사실과 비교하여 볼 때 백제와 고구려의 관계는 의자왕 3년 이후 그 전에 비해서 무척 친밀해졌다는 것을 알 수 있다.

다음 기록을 살펴보면 그 관계가 더욱 친밀해져 가고 있었음을 알 수 있다.

> 전에 신라에서 올린 표에 의하면 왕과 고려가 매번 군대를 일으켜 朝旨를 어기고 함께 신라를 침범하였다고 하였다. 내가 문득 왕과 고려가 協契를 맺은 것이 아닌가 의심하였는데, 지금 왕이 올린 표를 보고 또 康信에게 물어 왕과 고려가 한 무리가 되지 않았음을 알 수 있었으니, 이와 같음은 진실로 내가 바라는 바에 잘 부응하는 바이다. 康信이 또한 말하기를 왕의 뜻이 군대를 파견하여 관군과 함께 흉적을 정벌하고자 한다고 하였다(〈唐太宗與百濟義慈王書〉, 李基白 編《韓國上代古文書資料集成》, 一志社, 1987, 301쪽).

이 기록은 의자왕 4년 백제는 당에 강신을 파견하였는데, 다음해 2월경에 당 태종이 그를 통해 의자왕에게 고구려정벌군을 동원하도록 보낸 교서이다.[45] 이 기록에 의하면 비록 당 태종의 물음에 대하여 강신은 백제와 고구려가 한 무리가 되지 않았다고 하였으나, 의자왕 3년 이후 양국의 동정에 비추어 볼 때 양국 사이에 모종의 協契가 있었던 것은 거의 확실하다고 하겠다.

백제와 고구려의 밀착과 관련하여 의자왕 2년 양국에서 일어났던 사건들에 주목하지 않을 수 없다. 주지하다시피 백제에서는 정월에 왕의 모후 사망 이후 翹岐 및 그의 어머니와 자매 등 여자 4인과 내좌평 기미 등 고명한 사람 40여 명이 섬으로 귀양갔던 사건이 있었다. 고구려에서는 같은 해 10월에 蓋蘇文이 쿠데타를 일으켜 영류왕을 죽이고 보장왕을 즉위시켰다. 같은 해에 일어났던 두 사건이 두 나라를 가깝게 만들었다는 것은 그럴 듯한 추정이라

---

45) 朱甫暾, 〈『文館詞林』에 보이는 韓國古代史 관련 外交文書〉(《慶北史學》 15, 1992), 166~167쪽에서 이 문서의 작성 목적을 "당도 고구려 원정을 앞둔 시점에서 백제와 신라와의 화해를 도모하는 의미에서 회유책의 일환으로 형식적인 청병을 하였을 뿐 실제로는 신라가 원병을 파견하는 동안 그에 대한 공격을 못하도록 유도하는 데에 주된 목적이 깃들어 있는 것 같다"고 하였다.

고 하겠다.[46]

백제가 고구려와 가까워질수록 그만큼 당과의 등거리외교를 유지한다는 것은 어려운 일이었을 것이다. 실제로 백제는 의자왕 11년과 12년에 각각 한 차례씩 입당사를 파견한 것을 제외하고는 의자왕 5년 이후에는 무왕대 이래 매년 보냈던 입당사를 파견하지 않았다. 의자왕 11년의 입당사 파견은 당 태종의 죽음으로 인한 당의 변화된 사정을 알아보기 위한 것이었다. 그 때 파견된 입당사가 가져온 교서에 의하면 백제왕이 만약 말을 듣지 않을 경우 당은 고구려를 거란과 諸蕃으로 하여금 혼란시킨 다음 신라가 요청한 바에 따라 백제와 결단을 하겠노라고 위협하였다.[47] 의자왕은 이듬해 당의 눈치를 살피기 위한 入唐使를 한번 더 파견한 후 당과의 관계를 청산하였다고 할 수 있다. 그리고 이것을 확인이나 해주듯이 당의 위협에 대비하기 위하여 의자왕 13년에는 왜국과의 관계를 강화하였다.[48] 입당사가 파견되지 않았던 때로부터 백제와 당과의 관계는 실질적으로 단절되었다고 하겠다.

의자왕 5년 이후 백제는 당 대신 고구려를 택했다고 하겠다. 이 사실은 백제 멸망과 직접적으로 관련되었던 만큼 비중있게 다루어져야 할 것이다. 여기에서 당 태종이 의심하였던, 고구려와 백제 사이의 協契가 주목된다. 양국 사이에 맺어진 협계의 구체적 내용은 알 수 없지만 그 시대에 행해졌던 양국의 공동작전을 생각해 보면 그 단서를 찾을 수 있지 않을까 한다. 협계에 따라 공동작전이 행해졌을 것으로 생각되기 때문이다. 기록에 의하면 의자왕 3년과 15년 양국은 두 차례에 걸쳐 공동작전을 펼쳤다. 의자왕 3년에는 신라에서 당으로 가는 통로였던 당항성을 공격하려 하였고, 동 15년에는 신라의 북계 30여 성을 점령하였다. 북계 30여 성의 구체적인 지명 고증은 어렵겠지만, 당항성을 중심으로 한 한강유역이었음은 틀림없을 것이다. 두 차례 모두 공격대상이 신라였으며, 당항성 부근의 한강유역이었음은 주목된다.[49] 당항성이 신라의 당과

46) 盧重國, 〈高句麗·百濟·新羅 사이의 力關係 變化에 대한 一考察〉(《東方學志》 28, 1981), 95쪽.
金壽泰, 〈百濟의 滅亡과 唐〉(《百濟研究》 22, 1991), 160쪽.

47) 《三國史記》 권 28, 百濟本紀 6, 의자왕 11년.

48) 왜국과의 통교는 일찍부터 있어 왔다. 의자왕 13년의 통교는 변화하는 동아시아 정세 속에서 우의를 다짐하는 의미를 강조하기 위한 것이 아니었을까 싶다.

49) 물론 두 나라에게 공통적으로 가능한 공격지역으로는 한강유역 밖에 달리 찾을

의 교통로였던 만큼 신라를 고립시키는 데 양국의 일차적 목적이 있었다고 하겠다. 그런데 당항성 부근의 한강유역은 무왕 28년(627) 백제가 공격하려던 곳이었을 것이다. 무왕은 잃었던 땅을 회복하려고 했었다. 백제로서는 한강유역이 중국과의 교통로일 뿐만이 아니라 백제의 발상지였다는 점에서 중요한 의미를 지니고 있는 지역이었다. 한강유역은 고구려에게도 중요한 의미를 지니고 있는 지역이었다. 보장왕 원년(642) 고구려를 방문한 김춘추에게 연개소문이 반환을 요구한 땅이 죽령 서북지역이었다. 죽령의 서북지역이라면 바로 남한강유역이라고 바꾸어 말할 수 있다. 한강유역은 백제나 고구려에 있어서 대단히 중요한 지역이라고 하겠다. 양국이 이 지역을 공동으로 회복하려고 했었던 것은 어쩌면 당연한 일이었을 것이다. 따라서 협계의 중요한 부분의 하나는 한강유역을 공동으로 회복하는 것이었다. 즉 양국이 맺은 협계의 목적은 당항성 부근의 한강유역을 점령하여 신라를 당으로부터 고립시키는 데에 있었다고 하겠다.

그런데 이러한 외교정책은 백제와 고구려 양국에서 공동으로 유리한 정책이었지만, 후자보다는 전자에게 더욱 소망스러운 정책이었다. 양국 사이에 실제로 행해진 군사작전지역이 당항성 부근의 한강유역이었다는 사실로 미루어 볼 때 그러하다. 사비시대 국왕의 권력강화에 최대의 걸림돌이 되었던 것 중의 하나가 한강유역을 회복하지 못한 것이었다. 이렇게 생각해 볼 때 백제가 의자왕대에 들어서서 점차 당과 결별하고 고구려와 친밀해져 가던 상황을 이해할 수 있을 것이다.

그러나 의자왕대 초반 백제나 고구려의 입장에서 한강유역을 쉽게 정복할 수 있었던 것은 아니었다. 한강유역은 당의 입장으로서도 매우 중요한 지역이었다고 하겠다. 당은 북쪽 돌궐과의 투쟁을 마무리짓기까지에는 삼국이 분

수 없다. 그러나 이 사실은 강조되어야 할 것이다. 연개소문이 고구려를 방문한 김춘추에게 죽령 서북지역의 땅을 반환해 줄 것을 요구했었다(642)는 사실이 주목된다. 당시 신라가 죽령 서북의 땅을 반환해 준다는 것은 도저히 실현하기 어려운 일이었다. 그런 일을 신라에게 요구했었다는 것은 고구려가 신라와 동맹을 맺을 의사가 전혀 없었다는 것을 의미한다. 고구려의 입장으로서는 백제가 신라에 비하여 보다 소망스러운 동맹대상으로 믿고 싶었던 것 같다. 大耶城을 함락하여 승세에 있었던 백제가 고구려에게 보다 더 믿음직스러운 대상이었을지도 모른다. 즉 고구려는 백제에게 한강유역이라는 미끼를 던져 줌으로써 백제를 자기편으로 끌어들였다.

열된 상태에서 현상유지하는 정도를 원했었던 것이다.[50] 따라서 신라의 당과의 거의 유일한 통로인 당항성을 고구려와 백제에게 점령당하는 것은 원치 않았다고 할 수 있다. 당의 이러한 의도를 알아차린 고구려와 백제가 당과의 외교관계를 무시한 채 한강유역에 대한 공격을 시도할 수 없었을 것이다. 그 당시 고구려의 경우 당과의 관계개선을 위하여 도교를 받아들이려고 하였으며, 백제는 당과 고구려 가운데 어느 쪽이 유리할까 저울질하고 있었던 상황이었다. 백제와 고구려 양국은 당의 의도를 어느 정도 높여주어야 했었다.

또 한편 백제의 국내사정도 한강유역의 회복을 달가워하지 않는 요인이 잠재되어 있는 듯하다. 무왕대 이후 의자왕대에 이르기까지 여러 차례에 걸쳐 백제는 신라를 침공하였으나, 대부분 신라의 서쪽 변경을 공략하였다.[51] 비록 실행에 옮기지는 못했지만 무왕과 의자왕이 각각 한 번씩 한강유역에 대한 회복을 기도했었던 것은 무왕의 입장에서 그만큼 의미있었던 일이라고 할 수 있다. 즉 한강유역의 회복은 국왕이 권력을 강화하는 데에 중요했었다고 하겠다. 한강유역의 회복은 대성 8족에 대한 국왕의 입장을 강화시켜 줄 수 있었다. 뿐만 아니라 그 회복은 위덕왕 이후 거의 100여 년동안 형성되었던 대성8족 사이의 세력균형이 깨어질 위험성이 내포되기까지 하였다. 이에 대성8족은 한강유역의 회복에 대하여 예민한 거부반응을 보였을 것으로 생각된다.[52]

그러나 권력강화를 의도했었던 목적에서 한강유역 회복을 꾀하였던 국왕

---

50) 《三國史記》 권 27, 百濟本紀 5, 무왕 28년 8월. 이 기사 가운데 당이 백제에 보낸 교서가 전하는데 삼국이 오랜 숙원을 풀고 화목하게 지낼 것을 당부하는 내용이다. 신라를 위해서 군대를 파견해 준다는 것도 아닌 지극히 의례적이고 형식적인 어투이다. 당이 이러한 교서를 작성했던 것은 이유가 있었을 것이다. 이 때 당은 국내정치를 안정시키기 위한 「貞觀의 治」를 진행시켜 가고 있었으며, 북쪽 돌궐과의 투쟁에 더 신경을 쓰던 무렵이었나. 따라서 삼국간의 외교관계는 적당한 선에서 현상유지 정도로 이끌어 가려고 했었다. 이러한 배경에서 교서를 보낸 것으로 이해된다.

51) 물론 백제가 신라 서쪽 변경을 공격한 것은 신라의 한강유역에 대한 필사적인 방어도 중요한 요인이 되었을 것이다. 하지만 그보다는 백제의 내부적인 요인과 당과의 대외관계가 더 크게 작용했을 것으로 생각된다.

52) 성왕대 한강유역의 회복에 적극적이었다고 생각되는 세력으로 진씨를 찾아볼 수 있다. 그런데 한강유역을 잃어버린 지 100여 년 이상이 흘러버린 의자왕대에 이르러서는 진씨도 당시의 세력균형을 깨뜨리고 싶지는 않았을 것으로 생각된다. 의자왕 당시에는 대성8족 전체가 한강유역의 회복을 기피하려고 하는 경향이 굳어져 가고 있었다고 느껴진다.

은 권력강화를 포기하지 않는 한 한강유역에 대한 미련을 버릴 수는 없었다. 등거리외교를 지향하던 백제가 당과 고구려 중 어느 하나를 택해야 한다는 압력을 받으면서 의자왕이 결국 고구려를 택했던 이유를 여기에서 찾아볼 수 있을 것이다. 당과의 관계를 단절한 이후 백제는 한강유역에 대해 더 이상 당의 눈치를 살필 필요가 없어졌다. 의자왕 15년 백제는 마침내 고구려와 함께 신라의 북계 30여 성을 침공하였다. 이제 백제와 당과의 관계는 돌이킬 수 없는 관계로 된 반면에 신라의 당에 대한 군사요청은 끊임없이 이어졌다.[53] 성충이 당과 신라의 연합군대가 쳐들어 올 것을 예견할 수 있었던 것은[54] 이러한 대외관계의 변화에서 가능했을 것이다.

〈金周成〉

---

53) 태종무열왕이 당에 군사를 요청하고 군사를 파병한다는 연락이 없자 매우 근심하고 있었는데 長春과 罷郞이 나타나 곧 당이 군대를 파견할 것이라고 알려주었다고 한다(《三國史記》 권 5, 新羅本紀 5, 태종무열왕 6년 10월). 이 설화 형식의 이야기는 신라가 백제를 무너뜨리기 위하여 당의 군대를 얼마나 열망하고 있었는가를 잘 보여준다고 하겠다. 당태종과 신라 김춘추 사이에 맺어진 백제 공략을 약속한(648) 이후 신라가 당에 파견한 사신의 주요 임무는 당이 군대를 파견하도록 종용하는 것이었다고 여겨진다.

54) 《三國史記》 권 28, 百濟本紀 6, 의자왕 16년.

Ⅲ. 백제의 대외관계

1. 중국왕조와의 관계
2. 백제의 요서영유(설)
3. 왜와의 관계

Ⅲ. 백제의 대외관계

1. 중국왕조와의 관계

1) 대중관계의 시작

《三國史記》百濟本紀에 의하면 백제는 근초고왕 27년(372)에 중국의 晋과 처음으로 대중관계를 맺고 있다. 즉 근초고왕 27년과 28년에 연이어 진에 사신을 보내 조공하고 있다. 이러한 백제의 사신 파견은《晋書》簡文帝紀에서도 확인된다.

> 咸安 2년 춘정월 신축, 百濟·林邑王이 각각 사신을 보내 方物을 바쳤다.
> 咸安 2년 6월, 사신을 보내 百濟王 餘句를 배하여 鎭東將軍領樂浪太守로 하였다(《晋書》권 9, 本紀, 簡文帝).

위의 내용은 백제의 조공과 더불어 그 해 6월에는 근초고왕을 鎭東將軍領樂浪太守에 봉책하였음을 보여준다. 그러므로 백제와 진의 양국 사료에서 모두 공식적인 외교적 행위가 이루어졌음을 확인할 수 있다.

이 때에 이루어진 백제의 조공과 진의 봉책은 당시 동북아시아의 국제질서 속에서 서로의 필요에 의한 쌍방적인 외교행위로 해석된다. 그러나 이러한 백제의 대중관계가 공식적으로 이루어지기 전에도 百濟란 국명이 이미 나타나고 있어 주목된다.

> 句麗·百濟 및 宇文·段部의 사람들은 모두 兵勢에 의하여 옮겨온 것으로 한인들이 의를 사모하여 온 것과 다릅니다. 그래서 모두 돌아갈 생각뿐입니다. 지금 그들의 수가 십만 호나 되어 도성이 비좁게 모여드니 장차 국가에 해가 될까 합니다(《晋書》권 109, 載記 9, 慕容皝).

위와 같이《진서》모용황전에는 백제의 존재가 이미 보이고 있는데, 이 때는 백제가 아직 공식적으로 진과의 외교관계를 맺기 전이었다. 그러므로 이곳의 백제를 만주지역에 실제로 존재하였던 세력으로 이해하고 있기도 하다.[1] 그러나 3세기 말경의 동북아시아의 정세를 기록한 《三國志》에서는 烏丸·鮮卑·夫餘·高句麗·東沃沮·挹婁·濊·韓·辰韓·弁辰·倭人만이 기록되어 있고, 백제에 대해서는 따로 입전되어 있지 않다. 이로 보면 이전부터 만주지역에 실존하였던 세력이라고 하기보다는 특수한 상황에서 등장한 일시적 존재로 해석된다. 아마도 이러한 상황은 한반도에서 백제와 밀접한 관계를 유지하였던 樂浪·帶方이 313년경 요서지방으로 이동하면서 비롯된 사실일 가능성이 높다.[2] 백제가 진과 공식적으로 외교관계를 수립하기 이전에 낙랑·대방의 요서 이동과 慕容氏의 세력 확장과정에서 백제란 국명이 중국 사료에 먼저 기록된 것으로 해석된다.

이처럼 백제가 근초고왕대에 중국과 공식적인 외교관계를 갖게 된 것은 백제국 성장의 결과였다. 백제의 성장과정은 무엇보다도 馬韓과 떼어서 생각할 수 없을 듯하다. 百濟는 마한 54개국 가운데 하나인 伯濟國으로부터 성장하였기 때문이다. 《삼국사기》에 의하면 마한은 백제의 온조왕대에 이미 멸망된 것으로 나타나고 있다.[3] 그러나 이와는 달리 《진서》에는 290년까지 수차에 걸친 마한의 진에 대한 조공기사가 전하여지고 있다.[4] 그러므로 《진서》에 나타나는 마한의 조공을 백제의 조공으로 해석하기도 한다.[5] 그러나 《진서》 마한전에 의하면 마한이 분명히 일관되게 조공하고 있다. 이를 국명을 달리하는 백제가 조공한 것으로 해석할 수는 없을 것 같다. 조공이란 그 특성상 쌍방이 상대를 분명히 인식하는 데서 이루어지는 것이므로 이 때 조공한 것은 《진서》의 기록대로 마한이었을 것이다. 그렇다면 《진서》에 나타나는 마한은 어떠한 존재일까. 이는 《삼국사기》 백제본기에 온조왕대 백제에 의해 멸망되었다는 마한과는 다른 대상으로 이해된다. 《삼국사기》 백제본기의 마한은 초기 백제와 인접하였던 차령·금강 이북의 目支國을 중심으로 한 세력으로서 마한 54개국의 일부로 파악된다.[6] 그리고 《진서》에 290년까

1) 李道學, 〈百濟集權國家形成過程研究〉(漢陽大 博士學位論文, 1991), 48~51쪽.
2) 兪元載, 〈晋書의 馬韓과 百濟〉(《韓國上古史學報》 17, 韓國上古史學會, 1994).
3) 《三國史記》 권 23, 百濟本紀 1, 始祖溫祚王 27년.
4) 《晋書》 권 97, 列傳 67, 馬韓.
5) 李基東, 〈馬韓領域에서의 百濟의 成長〉(《馬韓·百濟文化》 10, 圓光大 馬韓·百濟文化研究所, 1987), 62쪽.

지 나타나는 마한은 초기의 백제에 멸망되지 않고 있던 나머지 마한세력으로서 이들의 역사활동에 대한 기록이 바로 《진서》의 마한으로 판단된다.[7] 그러므로 《삼국사기》 백제본기의 마한과 《진서》 마한전의 마한을 동일시해서는 안될 것이다.[8] 실로 마한은 54개국으로 이루어졌던 정치구성체임을 이곳에서 다시 상기해야 할 것이며, 이들이 일시에 멸망될 수 있을 만큼 응집력이 있던 하나의 세력이 아니었음도 주목해야 할 것이다. 그러므로 《진서》에서 이러한 마한의 역사활동이 사라지고 백제가 근초고왕 때 진과 공식적인 관계를 갖게 된 것은 이 시기에 이르러 마한의 잔여세력을 백제가 어느 정도 극복하였던 것으로 해석할 수 있다. 마한의 잔여세력이 상존하고 있을 때는 이들에 의한 대중관계가 아직 계속되었으나, 백제가 근초고왕대에 이르러 이들 세력을 정치적으로 복속시킴으로써 명실상부한 백제국으로 발전하면서 백제라는 국명을 가지고 마한에 대신하여 대외적으로 진과 외교관계를 수립하였던 것이다. 실로 근초고왕 26년에는 고구려의 평양성까지 진군하여 고구려의 고국원왕을 전사시켰으며, 동 21년과 23년에는 이미 신라에 사신을 파견하여 관계를 견고히 하고 있었다. 그 후 근초고왕 27년에 이르러서는 진과 통교함으로써 동북아시아사의 일익을 담당하기 시작하였던 것이다.

2) 대중관계의 전개

(1) 한성시대

백제가 한강유역의 한성을 중심으로 고대국가로 발전하는 데는 동북쪽에 위치했던 말갈,[9] 북쪽의 낙랑·대방, 그리고 남쪽의 마한세력을 어떻게 극복하느냐 하는 것이 최대의 현안문제였다. 이들 세력을 극복하고 한반도 서남부의 대표적 세력으로 대두하여 중국의 진과 공식적으로 외교관계를 맺기 시작한 것은 근초고왕대부터였다. 그 후 백제와 중국 사이에는 조공·봉책·견사·청구

---

6) 兪元載, 앞의 글.
盧重國, 〈目支國에 대한 一考察〉(《百濟論叢》 2, 百濟文化開發硏究院, 1990), 72~74쪽.
7) 兪元載, 위의 글.
8) 兪元載, 위의 글.
9) 兪元載, 〈三國史記 僞靺鞨考〉(《史學硏究》 29, 韓國史學會, 1979).

및 허락·전쟁·회맹 등의 관계가 지속되었다. 중국은 그들 나름대로 중국을 중심으로 하는 동북아시아의 지배질서를 구현하기 위한 하나의 방편으로서 백제와의 관계를 계속 유지했던 것이다. 이러한 백제와 중국의 관계는 서로의 필요에 의하여 이루어진 상호관계로서 동북아시아의 정세변화에 따라 각 시기

〈표 1〉 한성시대의 대중관계

번호	연 도	내 용	삼 국 사 기	중 국 사 서	
				기 년	서 명
1	372	조공(진)	근초고왕 27년	함안 2년	晋 書
2	372	봉책(진)		함안 2년	晋 書
3	373	조공(진)	근초고왕 28년		
4	379	조공(진)	근구수왕 5년		
5	384	조공(진)	침류왕 원년	태원 9년	晋 書
6	386	봉책(진)		태원 11년	晋 書
7	406	조공(진)	전지왕 2년		
8	416	봉책(진)	전지왕 12년	의희 12년	宋 書
9	420	봉책(송)		영초 1년	宋 書
10	424	조공(송)		경평 2년	宋 書
11	425	견사(송)		원가 2년	宋 書
12	429	조공(송)	비유왕 3년	원가 6년	宋 書
13	430	조공(송)	비유왕 4년	원가 7년	宋 書
14	430	봉책(송)	비유왕 4년	원가 7년	宋 書
15	440	조공(송)	비유왕 14년	원가 17년	宋 書
16	443	조공(송)		원가 20년	宋 書
17	450	조공(송)		원가 27년	宋 書
18	450	기타청구(송)		원가 27년	宋 書
19	450	허가(송)		원가 27년	宋 書
20	457	관작청구(송)		대명 1년	宋 書
21	457	봉책(송)		대명 1년	宋 書
22	458	관작청구(송)		대명 2년	宋 書
23	458	봉책(송)		대명 2년	宋 書
24	463	조공(송)		대명 7년	册府元龜
25	467	조공(송)		태시 3년	宋 書
26	471	조공(송)		태시 7년	宋 書
27	472	기타청구(위)	개로왕 18년	연흥 2년	魏 書
28	?	견사(위)	개로왕 ?년	연흥 ?년	魏 書
29	475	견사(위)		연흥 5년	魏 書

마다 다른 변화상을 보인다. 이 변화상은 당시의 국제정세를 이해하는 데 도움이 될 것이다. 대중관계가 시작된 근초고왕 27년부터 고구려의 남침에 의하여 백제가 도읍을 웅진으로 천도했던 시기까지의 대중관계를 정리하면 앞의 〈표 1〉과 같다.

처음으로 대중관계를 갖게 된 진과는 모두 8회에 이르는 교류가 있었다. 이 시기에 이루어진 대중관계의 내용은 조공과 봉책으로 일관되고 있다. 처음으로 근초고왕이 진에 조공하고 간문제가 근초고왕을「鎭東將軍領樂浪太守」에 봉책한 이래, 이러한 조공과 봉책의 외교관계는 이후에도 계속되었다. 처음으로 근초고왕에게 주어진 봉책명은「진동장군영낙랑태수」였다. 이를 통하여 당시 진이 조공을 시작한 백제에 대해 어떻게 인식했는지 살펴볼 수 있다. 즉 진은 백제에 대하여 이전의 왕조로부터 전통적인 관념인 낙랑의 범주 속에서 인식하였으며, 동시대적인 관념인 백제로 독립하여 인식하고 있지 않았던 것이다.[10] 그러나 그 뒤 餘暉와 餘映에 대한 봉책에서는 그 실체를 인정하고 있었다.[11] 이처럼 이 시기에 이루어지는 조공과 봉책은 당시 중국의 남북조시대와 한반도의 삼국정립기에 서로의 필요에 의해서 이루어진 외교적 행위였던 것이다.

중국에서 진을 대신하여 송이 서게 되니 백제의 대중관계 또한 송과 이루어지게 되었고, 송은 진이 하던 대로 백제와의 관계를 지속시켰다. 즉 백제의 전지왕을「鎭東將軍」에서「鎭東大將軍」으로 봉책하여 진대의 외교관계를 계승하였다. 그 후 계속된 조공과 봉책의 관례적인 관계에서 백제의 비유왕은 송에 易林·式占·腰弩 등을 요청하였으며 송 태조는 이에 응했던 것이다.[12] 이는 조공과 봉책의 형식적인 관계보다는 오히려 백제가 바라는 강렬한 문화적 욕구로 말미암은 것이라 하겠으며, 당시 백제의 적극적인 대중관계의 일면을 짐작하게 한다.

그리고 이와 함께 주목되는 것은 개로왕 이전의 봉책관계란 백제의 왕에게 국한된 형태였으나, 개로왕대에 이르게 되면 송에 사신을 보내어 신하들에게까지 관작을 요청하고 있다. 즉 餘紀 등 11인에 대한 관작 청구가 그것이다.[13]

---

10) 兪元載, 〈中國正史의 百濟觀〉(《韓國古代史硏究》 6, 1992), 183~191쪽.
11) 兪元載, 위의 글, 183~186쪽.
12) 《宋書》 권 97, 列傳 57, 百濟國傳, 元嘉 27년.
13) 《宋書》 권 97, 列傳 57, 百濟國傳, 大明 2년.

이들 11인은 모두 왕의 측근들로 보이는데[14] 봉책관계를 신하들에 이르기까지 요청하였다는 것은 바로 심화된 대중관계의 일면이라고 할 수 있다. 종래 백제의 대중관계는 진·송 등 남조와의 교류에 국한되었다. 그러나 개로왕대에 이르러 이러한 외교노선을 수정하여 북조인 魏와의 접촉을 적극적으로 시도하게 되었다. 이처럼 백제가 남조 일변도의 외교노선을 수정하여 북조인 북위와도 교류하려고 하였던 것은 고구려와의 관계에서 연유한다. 이 때 고구려는 장수왕대로서 그의 남하에 따른 위기감이 고조되던 시기였다. 백제는 이러한 고구려의 남하를 저지하려고 북위와 연결하고자 하였던 것이다. 마침내 개로왕 18년(472) 冠軍將軍駙馬都尉弗斯侯長史 餘禮와 龍驤將軍帶方太守司馬 張茂 등을 북위에 보내어 고구려의 잘못을 열거하고 군대를 청하였으나[15] 북위에서는 이에 응하지 않았다. 그 결과 백제와 북위와의 관계는 단절되고, 고구려와 백제의 관계를 더욱 악화시켰다. 결국 고구려의 장수왕이 백제의 도읍 한성을 공격하여 함락시키고 개로왕을 죽임으로써 백제의 한성시대는 끝나고 말았던 것이다(475).

(2) 웅진시대

백제는 장수왕의 남침에 의해 한성이 함락되고 개로왕이 죽음을 당하자 문주왕 원년(475) 웅진으로 천도를 단행하였다. 한성은 약 5세기간에 걸쳐 정치·경제·문화의 중심인 도읍지였다. 그러나 고구려의 침입에 의한 갑작스러운 천도에 따라 한성지방에 두었던 모든 기반을 잃게 되었다. 이처럼 문주가 웅진으로 천도하게 된 이유 가운데는 고구려의 세력을 저지할 수 있는 군사적 요충지였다는 점이 가장 중요한 이유였을 것이다. 그러나 이에 못지않게 대중관계 및 대왜관계상 필요한 금강 중심의 수로 확보라는 점도 중요한 이유 가운데 하나였을 것이다.[16] 따라서 웅진천도 이후의 대중관계에서도 상당한 변화가 예상되었다.

웅진천도 후 다시 사비로 천도하기까지의 대중관계를 정리하면 다음의 〈표 2〉와 같다.

---

14) 梁起錫, 《百濟專制王權成立過程硏究》(檀國大 博士學位論文, 1990), 123~124쪽.
15) 《魏書》 권 100, 列傳 88, 百濟, 延興 2년.
16) 兪元載, 〈百濟熊津城硏究〉(《國史館論叢》 45, 1993), 85~89쪽.

〈표 2〉 웅진시대의 대중관계

번호	연 도	내 용	삼 국 사 기	중 국 사 서	
				기 년	서 명
1	476	조공(송)	문주왕 2년		
2	480	조공(남제)		건원 2년	南 史
3	480	봉책(남제)		건원 2년	南 史
4	484	기타청구(남제)	동성왕 6년		
5	484	허가(남제)	동성왕 6년		
6	484	조공(남제)	동성왕 6년		
7	486	조공(남제)	동성왕 8년		
8	488	전쟁(위)	동성왕 10년		
9	490	전쟁(위)		영명 8년	南齊書
10	490	관작청구(남제)		영명 8년	南齊書
11	490	봉책(남제)		영명 8년	南齊書
12	490	봉책(남제)		영명 8년	南齊書
13	495	관작청구(남제)		건무 2년	南齊書
14	495	봉책(남제)		건무 2년	南齊書
15	502	봉책(양)		천감 1년	梁 書
16	512	조공(양)	무령왕 12년	천감 11년	梁 書
17	521	조공(양)	무령왕 21년	보통 2년	梁 書
18	521	봉책(양)	무령왕 21년	보통 2년	梁 書
19	522	조공(양)		보통 3년	冊府元龜
20	524	봉책(양)	성왕 2년	보통 5년	梁 書
21	534	조공(양)	성왕 12년	중대통 6년	梁 書

문주왕 2년(476) 웅진으로 천도한 백제는 국제적인 연계를 위하여 다시 송에 사신을 파견하였다. 하지만 고구려가 이들의 해로를 막은 까닭에 도달하지 못하고 돌아왔다.[17] 이와 같이 웅진시대 초기에는 고구려가 제해권을 장악하였기 때문에 중국으로 가는 해로가 막혀버리자 중국에는 도달하지도 못하고 돌아온 경우가 동성왕대에도 있었다.[18] 웅진천도 이후 백제의 대중관계는 고구려의 해상권 제압으로 매우 위축되었던 것으로 보인다. 이러한 이유에서인지 《삼국사기》와 중국사서에 전하는 웅진시기의 대중관계에 관한 기록은 많은 차이가 있다. 상당부분의 대중관계 내용 가운데 중국사서에 기록

17) 《三國史記》 권 26, 百濟本紀 4, 문주왕 2년 3월.
18) 《三國史記》 권 26, 百濟本紀 4, 동성왕 6년 7월.

된 내용들이 《삼국사기》에 빠져 있으며, 《삼국사기》의 기록들이 중국사서에 누락되어 있는 것이다. 이러한 현상은 다른 시기에도 보이지만 웅진도읍기에 두드러진다. 그것이 어떠한 이유에서 비롯된 것인지는 분명하지 않다. 그러나 이 시기에 백제가 웅진천도 후 내정의 불안과 국제적 고립으로 내외적으로 가장 어려웠다는 점과, 고구려에 의하여 제해권까지 위협을 받고 있어 대중관계의 항로가 완전히 확보되지 못한 상태였다는 사실을 통해서 상황의 일단을 이해하여야 할 것이다.

그럼에도 불구하고 동성왕대에는 남제와의 교류가 활발히 이루어졌다. 즉 고구려의 계속되는 방해에도 불구하고 백제는 남제로부터 봉책을 받고 있었으며, 조공과 청구 등을 계속하였던 것이다. 고구려에 의한 대중항로의 차단에서 비롯되었던 어려움이 어느 정도 극복되었음을 알 수 있다. 그러나 이 시기의 대중관계는 주로 백제에서는 남제가 조공하거나 청구하는 형태였고, 남제에서는 백제가 청구한 관작 등에 대하여 봉책하는 형태였다. 당시 웅진천도 이후 어려웠던 상황에서 백제가 대중관계를 추진한 목적을 짐작할 수 있다.

한편 이 기간 동안에 주목되는 사실은 갑작스럽게 백제와 위가 전쟁하였다는 것이다. 즉 《삼국사기》 동성왕 10년(488)조에 위가 백제를 침입하였다가 백제에게 패했다는 것이다.[19] 이 내용은 《송서》에서 비롯되어 중국 정사의 남조계통 사서에만 전하고 있는 백제의 요서영유설에 관한 방증자료로서 자주 인용되는 것이기도 하다.[20] 《삼국사기》의 이러한 내용은 《남제서》에 기재된 「魏虜」와의 전쟁기록과 같은 것이다.[21] 그러나 이들 사이에는 기년상 2년의 차이가 있다. 그러나 이들은 같은 내용임이 분명하다. 그런데 이러한 위나라 군사의 백제침략에 관한 기록은 침략 당사국으로서 위의 정사인 《魏書》에는 전쟁을 일으킨 당사국의 역사서임에도 전혀 남아 있지 않아 주목된다. 다만 《資治通鑑》에 같은 내용이 기재되어 있는데 이곳에는 齊 永明 6년(488)의 사실로 기록되어[22] 《삼국사기》와 같은 기년으로 되어 있다. 기년뿐만 아니라 내용 또한 "魏遣兵擊百濟, 爲百濟所敗"로 되어 있어 《삼국사기》의

19) 《三國史記》 권 26, 百濟本紀 4, 동성왕 10년.
20) 김세익, 〈료서지방에 있었던 백제군에 대하여〉(《력사과학》 1967-3), 17쪽.
21) 《南齊書》 권 58, 列傳 39, 百濟國.
22) 《資治通鑑》 권 137, 齊紀 2, 武帝 永明 6년.

내용과 문구의 구성에 있어서도 상관관계가 있음을 알 수 있다. 그러므로 《삼국사기》 동성왕 10년에 보이는 위와의 전쟁기록은 《삼국사기》 편찬 이전의 백제자료로부터 전해진 내용은 아닌 듯하며, 《자치통감》의 내용이 《삼국사기》를 편찬할 때 동성왕기에 편입된 것 같다.[23] 이러한 추측을 더욱 굳게 만드는 것은 《삼국사기》 동성왕대의 기록이 기술의 형식은 모두 사건의 발생년도·계절·월 등을 예외없이 기록하고 있는데 비해 오직 위와의 전쟁기록이 있는 동성왕 10년기에만 계절이나 발생월일을 기록하고 있지 않기 때문이다. 이는 아마도 계절이나 월의 내용이 없는 《자치통감》의 내용을 《삼국사기》의 기년에 편입시키는 과정에서 나타난 현상일 것으로 판단된다.[24] 그리고 이러한 기록들이 전하는 「魏虜」와의 전쟁기록은 위와의 전쟁이 아니었으며, 바로 고구려와의 전쟁으로 해석된다. 고구려와의 전쟁을 이처럼 위와의 전쟁으로 기록하게 된 것은 남북조시대의 특수상황에서 비롯된 《남제서》 찬자의 역사인식에 의한 것이었다.[25] 《남제서》의 이러한 내용은 기년이 모호하게 기록된 관계로 《자치통감》에서는 제 영명 6년에 기록되었고, 또 이를 그대로 《삼국사기》에서 취했던 것이다. 동성왕은 천도 이후 계속되었던 고구려의 위협에서 벗어나 고구려를 무찌르고, 이 때 전공을 세운 사람에 대해 남제에 관작을 청구하여 허락받았던 것인데, 이러한 내용을 바로 《남제서》가 전하고 있다.[26] 그러므로 웅진시대 특히 동성왕대까지의 대중관계를 보다 잘 이해하기 위해서는 중국사서와 《삼국사기》 기록에 보이는 차이뿐만 아니라, 이 시기는 중국의 남북조시대로서 남조와 북조가 첨예하게 대립하던 특수한 정세였으므로 이러한 중국의 시대적 상황에서 초래된 역사인식과 함께 사료의 철저한 분석과 비판이 선행되어야 함을 알 수 있다.

그러나 이러한 백제의 대중관계에 대한 기록의 혼란이 무령왕대에 이르면 보이지 않는다. 무령왕대의 대중관계 기록은 중국사서나 《삼국사기》에 모두 같이 기록되어 있다. 백제는 무령왕 12년(512)에 사신을 양에 보내었다. 동 21년에는 다시 양에 조공하고 표문을 보내어 고구려를 여러 차례 격파했으

23) 兪元載, 〈中國正史 百濟傳硏究〉(《韓國上古史學報》 4, 1990), 271쪽.
24) 兪元載, 〈魏虜의 百濟侵入記事〉(《百濟硏究》 23, 1992), 94쪽.
25) 兪元載, 위의 글, 83~94쪽.
26) 兪元載, 위의 글, 94쪽.

며 비로소 우호를 통하여 다시 강국이 되었다고 하였다.[27] 이 때 백제는 고구려로부터 받았던 어려움이 극복되었음을 양에 알렸고, 그러자 양 고조는 무령왕을 봉책하였던 것이다.

> 行都督百濟諸軍事 鎭東大將軍 百濟王 餘隆은 바다 밖에서 변방을 지키며 멀리서 직공의 예를 닦아 그 충성심이 환히 드러났다. 짐이 이를 가상히 여긴다. 마땅히 전례에 따라 영예로운 관직을 내리노니 使持節 都督百濟諸軍事 寧東大將軍 百濟王의 관직을 허락한다(《梁書》 권 54, 列傳 48, 諸夷 東夷列傳 百濟).

양에서도 백제가 '다시 강국이 되었음'을 인정하고 무령왕에게 寧東大將軍의 봉책을 행하였던 것이다. 무령왕대의 이러한 대중외교에 관한 자료들은 백제가 고구려에 의하여 한강유역을 잃고 웅진천도를 단행한 후에 불안한 정국을 수습하고 국제적 고립으로부터 벗어났음을 알려주는 것이라 할 수 있다. 특히 중국과의 관계에 국한한다 하더라도, 웅진천도 후 고구려가 제해권을 장악한 데 따른 대중관계의 어려움을 극복하고, 제해권을 재확보함으로써 정상적인 대중관계의 회복을 의미하는 것이었다. 그리고 중국 사서의 내용과 《삼국사기》의 내용이 그 이전과 달리 서로 일치한다는 것은 정상적인 대중관계가 이루어지고 있었음을 시사해 주는 것이라 하겠다. 무령왕의 이러한 업적에 의해 백제는 고구려가 차지하는 대중관계에서의 국제적 지위에 대항하여 대등한 국가로서의 지위를 인정받을 수 있었다.

그의 뒤를 이은 성왕은 즉위한 이듬해 양으로부터 봉책을 받고, 성왕 6년(528)에는 조공을 하였다. 그 후 성왕 16년에 이르러 백제는 마침내 고구려의 위협에서 벗어났고, 지형적으로 협소하여 도성으로서 적당하지 못하던 웅진에서 다시 사비로 천도를 단행케 되었다. 그러므로 고구려의 침략에 의해 이루어진 웅진천도 후 63년간의 웅진시대가 끝나게 되었다.

(3) 사비시대

성왕 16년(538) 봄, 백제는 도읍을 웅진에서 사비로 옮기고 국호를 南扶餘로 고쳤다. 《삼국사기》에는 웅진에서 사비로 천도하기 전의 준비계획 등에 대하여 실제적인 내용들이 전하지 않고 있다.[28] 그렇지만 현존하는 사비도성

27) 《三國史記》 권 26, 百濟本紀 4, 무령왕 21년.

의 나성·궁궐지·도로 등의 정연한 도성 유적을 통해서 천도 이전에도 상당한 준비가 있었던 것임을 알 수 있다. 웅진은 고구려세력을 피할 수 있는 군사적 요충지로서는 훌륭한 도읍지였으나, 협소하고 궁벽져 재도약하려는 백제의 도읍지로서는 적합치 못하였다. 그러므로 상당기간의 준비를 거쳐 사비로 천도하였던 듯하다. 백제의 사비천도는 국호를 남부여라 개칭할 정도로 의욕에 찬 천도였다. 그러므로 사비시대의 대중관계 또한 이에 짝하여 상당히 역동적으로 전개되었다. 그 내용을 정리하면 다음의 〈표 3〉과 같다.

〈표 3〉 사비시대의 대중관계

번호	연 도	내 용	삼 국 사 기	중 국 사 서	
				기 년	서 명
1	541	조공(양)	성왕 19년	대동 7년	梁 書
2	541	기타청구(양)	성왕 19년	대동 7년	梁 書
3	541	허가(양)	성왕 19년	대동 7년	梁 書
4	549	조공(양)	성왕 27년	대청 3년	梁 書
5	562	봉책(진)		천가 3년	陳 書
6	567	조공(진)	위덕왕 14년	광대 1년	陳 書
7	567	조공(북제)		천통 3년	北齊書
8	570	봉책(북제)	위덕왕 17년	무평 1년	北齊書
9	571	봉책(북제)	위덕왕 18년	무평 2년	北齊書
10	572	조공(북제)	위덕왕 19년	무평 3년	北齊書
11	577	조공(진)	위덕왕 24년	태건 9년	陳 書
12	577	조공(주)	위덕왕 24년	건덕 6년	周 書
13	578	조공(주)	위덕왕 25년	선정 1년	周 書
14	581	조공(수)	위덕왕 28년	개황 1년	隋 書
15	581	봉책(수)	위덕왕 28년	개황 1년	隋 書
16	582	조공(수)	위덕왕 29년	개황 2년	隋 書
17	584	조공(진)	위덕왕 31년	지덕 2년	陳 書
18	586	조공(진)	위덕왕 33년	지덕 4년	陳 書
19	589	조공(수)	위덕왕 36년	개황 9년	隋 書
20	589	견사(수)	위덕왕 36년	개황 9년	隋 書
21	598	조공(수)	위덕왕 45년	개황 18년	隋 書
22	598	기타청구(수)	위덕왕 45년	개황 18년	隋 書
23	598	불허(수)	위덕왕 45년	개황 18년	隋 書

28) 盧重國, 《百濟政治史硏究》(一潮閣, 1988), 166쪽에서 동성왕의 사비지역 사냥을 백제의 사비천도와 연계시켜 해석하고 있다.

24	607	조공(수)	무왕 8년	대업 3년	隋 書
25	607	조공(수)	무왕 8년	대업 3년	隋 書
26	607	기타청구(수)	무왕 8년	대업 3년	隋 書
27	607	허가(수)	무왕 8년	대업 3년	隋 書
28	608	조공(수)	무왕 9년	대업 4년	隋 書
29	611	조공(수)	무왕 12년	대업 7년	隋 書
30	611	기타청구(수)	무왕 12년	대업 7년	隋 書
31	611	견사(수)	무왕 12년	대업 7년	隋 書
32	612	견사(수)	무왕 13년	대업 8년	隋 書
33	614	조공(수)		대업 10년	隋 書
34	621	조공(당)	무왕 22년	무덕 4년	舊唐書
35	624	조공(당)	무왕 25년	무덕 7년	舊唐書
36	624	봉책(당)	무왕 25년	무덕 7년	舊唐書
37	624	조공(당)		무덕 7년	冊府元龜
38	624	조공(당)	무왕 25년		
39	624	조공(당)		무덕 7년	冊府元龜
40	625	조공(당)	무왕 26년		
41	626	조공(당)	무왕 27년		
42	626	견사(당)	무왕 27년	무덕 9년	舊唐書
43	626	조공(당)	무왕 27년	무덕 9년	舊唐書
44	627	조공(당)	무왕 28년	정관 1년	舊唐書
45	627	견사(당)	무왕 28년	정관 1년	舊唐書
46	627	견사(당)	무왕 28년	정관 1년	舊唐書
47	629	조공(당)	무왕 30년		
48	631	조공(당)	무왕 32년		
49	632	조공(당)	무왕 33년		
50	635	조공(당)		정관 9년	冊府元龜
51	636	조공(당)	무왕 37년		
52	637	조공(당)	무왕 38년	정관 11년	舊唐書
53	637	견사(당)	무왕 38년	정관 11년	舊唐書
54	638	조공(당)		정관 12년	舊唐書
55	639	조공(당)	무왕 40년		
56	640	관작청구(당)	무왕 41년		
57	641	견사(당)	무왕 42년	정관 15년	舊唐書
58	641	봉책(당)	의자왕 1년	정관 15년	舊唐書
59	641	봉책(당)	의자왕 1년	정관 15년	舊唐書
60	641	조공(당)	의자왕 1년		
61	642	조공(당)	의자왕 2년		
62	643	조공(당)	의자왕 3년		
63	644	조공(당)	의자왕 4년		

64	644	견사(당)	의자왕 4년	정관 18년	舊唐書
65	644	견사(당)	의자왕 4년		
66	645	조공(당)		정관 19년	冊府元龜
67	651	조공(당)	의자왕 11년	영휘 2년	舊唐書
68	651	견사(당)	의자왕 11년	영휘 2년	舊唐書
69	652	조공(당)	의자왕 12년		

백제는 사비천도 후 성왕 19년(541) 양에 조공하고, 毛詩博士·涅槃等經義·工匠·畵師 등을 요청하니 양에서 이에 응해 주었다.[29] 이는 천도 후 성왕이 가졌던 문화중흥의 의도를 보여주는 것이다. 성왕의 뒤를 이은 위덕왕대에 이르면 기존의 백제의 대중관계에 커다란 변화가 일어나게 된다. 백제는 종래 남조와 일관하게 유지하던 대중관계에서 벗어나 북조와도 그 관계를 모색하였던 것이다. 위덕왕 14년(567)에는 남조인 陳에 조공하였다. 그리고 같은 해 다시 북조인 北齊에도 조공하였다. 그 뒤 17년에는 북제에서 위덕왕을 '使持節侍中車騎大將軍帶方郡公百濟王'[30]에 봉책하였으며, 다시 이어 18년에는 '使持節都督東青州諸軍事東青州刺史'[31]에 봉책하였다. 뿐만 아니라 19년에는 북제에 또 조공하였다. 이처럼 위덕왕 17·18·19년에 연이어 계속되는 북조와의 교류는 그전까지의 남조 일변도의 대중관계 노선과 다른 것이었다. 그러면서도 위덕왕 24년 진에 다시 조공하기도 하여 남조·북조와 모두 외교관계를 맺었다. 이후에도 남조인 진과, 북조인 周에 대한 외교관계를 모색하고 있어 이러한 대중관계가 계속되고 있는 것을 알 수 있다.

이처럼 위덕왕대에 이르러 대중관계에서 커다란 변화가 있었던 것은 한반도내의 삼국관계의 변화에서 비롯되었다. 위덕왕의 선왕인 성왕이 狗川에서 신라의 신흥왕에 의해 죽음을 당함으로써 이제까지 유지되던 고구려의 남진에 대항하기 위한 나제동맹은 일시에 결렬되고, 동맹관계였던 신라세력이 적대국가로 바뀌어 버렸다. 이러한 삼국간의 정세변화는 곧바로 대중관계에 변화를 초래하였던 것이다. 나제동맹이 깨지자 신라와 함께 고구려의 남진을 견제하지 못하였기 때문에 이를 견제하기 위한 하나의 방편으로 북조와 관

29) 《三國史記》 권 26, 百濟本紀 4, 성왕 19년.
30) 《三國史記》 권 27, 百濟本紀 5, 위덕왕 17년.
31) 《三國史記》 권 27, 百濟本紀 5, 위덕왕 18년.

계를 맺게 된 것이다. 위덕왕대에 이루어진 빈도 높은 사신파견은 이 시기의 급박하였던 백제의 형편을 이해할 수 있게 한다. 중국에서 남북조시대를 마감하고 수가 통일왕조를 세우게 되자, 백제는 수와 긴밀한 관계를 맺었다. 위덕왕 28년 수에 사신을 보내 조공하니 수의 高祖는 '上開府儀同三司帶方郡公'에 봉책함으로써 그 관계가 시작되었다. 그런데 주목되는 것은 수가 남북조를 통일하고 나서 백제는 '帶方郡公', 고구려는 '遼東郡公', 신라는 '樂浪郡公' 등에 봉책함으로써 형식적이나마 그들 나름대로의 지배질서를 확립하려고 한 점이었다. 이러한 질서관념은 당에 이르기까지 계속되는데, 남북조시대와 비교하면 상당한 관념적 변화가 있었다고 하겠다.[32] 반면 고구려와의 불화가 계속되던 백제로서는 진을 평정한 수와 보다 적극적으로 관계를 모색하지 않을 수 없었다. 그 후 위덕왕 45년(598)에 백제는 관례적인 대중관계에서 벗어나 長史 王辯那를 수에 보내 조공하고 고구려에 대한 협공을 제의하였다.[33] 그러한 제의가 받아들여지지 않았음에도 불구하고 무왕대에도 고구려 협공에 대한 상호협조에 대한 교섭은 계속되었다. 무왕 12년(611) 수에 사신을 보내고 수의 양제가 고구려를 정벌하려 함에 행군날짜를 물으니까 수는 尙書起部郎 席律을 보내서 왕과 상의하도록 하였다.[34] 이것은 수가 고구려세력을 의식하여 백제와의 긴밀한 관계를 가졌던 것을 말해주며, 또한 백제로서는 고구려세력을 견제하기 위해 수와의 긴밀한 관계가 요구되었던 사정을 말해주는 것이기도 하다. 그러나 실제적인 협공은 이루어지지 못했다.

그 후 중국에서는 수가 멸망하고 당이 서게 되었다. 그러자 무왕 22년 사신을 당에 파견하면서 果下馬를 보냄으로써 당과의 외교를 시작하였다. 무왕 25년에는 당 고조가 무왕을 '帶方郡王百濟王'에 봉책하였으며[35] 백제에서는 다시 사신을 파견하였다. 당도 수와 마찬가지로 백제를 「帶方郡王」에 봉하고 있어, 수대 이래의 그들을 중심으로 하는 질서관념을 알 수 있게 해준다. 그 후 무왕 27년에는 당에 明光鎧를 바치고, 고구려와의 불화를 토로하자 당에서는 화친을 종용하였다. 무왕 28년에는 백제가 신라에게 빼앗겼던 영토를

32) 兪元載, 앞의 글(1992a), 186~190쪽.
33) 《三國史記》 권 27, 百濟本紀 5, 위덕왕 45년 9월.
34) 《三國史記》 권 27, 百濟本紀 5, 무왕 12년 2월.
35) 《三國史記》 권 27, 百濟本紀 5, 무왕 25년 정월.

다시 찾으려고 하자, 신라가 급히 이러한 사실을 당에 알리게 되었고 백제의 시도는 실행되지 못하였다.36) 이처럼 당을 중심으로 한 고구려·백제·신라의 끝없는 외교전쟁이 계속되었기 때문에 당으로서 중재자적 입장에서 삼국의 관계를 조정하고자 하였다. 하지만 삼국관계는 점점 악화되었고, 이후에도 이러한 대당관계는 계속되어 무왕 41년에는 자제를 당의 國學에 입학하기를 청하였다.37) 신라와 당과의 관계가 밀착되어 있었지만 백제와 당과의 관계 또한 긴밀하게 유지되고 있었음을 알 수 있다. 그 후 무왕이 죽자 당에서는 애도와 함께 '光祿大夫'를 추증하였다. 뒤를 이어서 의자왕이 즉위하니까 당 태종은 祠部郎中 鄭文表를 보내 의자왕을 '柱國帶方郡王百濟王'에 봉책하였다.38) 그러자 의자왕은 그 해 8월에 사은사를 보내었다. 그 후 백제는 신라의 40여 성을 공격하였는데, 이 때 대야성의 성주 品釋과 그의 처를 잡아 죽이는 사건이 일어났다. 이로 인하여 백제와 신라와의 관계는 더욱 악화되었다.

의자왕 3년(643)에는 고구려와 화친을 도모하게 되었다. 의자왕은 고구려와 화친하였을 뿐만 아니라, 공모하여 신라 대당외교의 전초기지인 당항성을 공격하였다.39) 신라가 황급히 당에 군대를 청하였으므로 백제는 공격을 멈추었다. 이와 같이 이 시기에 이르면 다시 국제정세는 변화하여, 백제와 고구려는 화친의 상대였고 신라는 당과 밀착된 관계였음을 보여준다. 이는 의자왕 5년에 당 태종이 고구려를 정벌하려고 신라에서 병사를 징발하였으므로 이 틈을 노려서 신라의 7성을 습취했던40) 사실로서도 당시의 정세를 헤아릴 수 있다. 당으로서는 이와 같은 국제정세를 타개해보려고, 의자왕 11년 당 고종이 종주국의 자세에서 백제에게 극단적으로 신라와의 화친을 종용하였으나 실효를 거두지 못하고 말았다. 백제는 이러한 권유를 받아들이지 않았을 뿐만 아니라 고구려와 합세하여 의자왕 15년에 신라의 30여 성을 또 다시 쳐부수었다.41) 이는 당과의 관계가 사실상 끝났음을 의미한다. 신라의 김춘추는 당에 사신을 보내

---

36) 《三國史記》 권 27, 百濟本紀 5, 무왕 28년 7월.
37) 《三國史記》 권 27, 百濟本紀 5, 무왕 41년 2월.
38) 《三國史記》 권 28, 百濟本紀 6, 의자왕 원년.
39) 《三國史記》 권 28, 百濟本紀 6, 의자왕 3년 11월.
40) 《三國史記》 권 28, 百濟本紀 6, 의자왕 5년 5월.
41) 《三國史記》 권 28, 百濟本紀 6, 의자왕 15년 8월.
金周成, 《百濟泗沘時代政治史硏究》(全南大 博士學位論文, 1990), 158~159쪽.

어 이러한 사실을 알리고 군대를 청하였다. 그 결과 당은 의자왕 20년에 신라와 함께 백제를 공격함으로써 공식적인 백제의 대당외교는 끝나게 되었다.

사비시대에 이루어진 빈도 높은 중국과의 교류에서 보듯이, 백제는 당시의 어려운 국제정세 속에서도 대중외교를 매우 역동적으로 이끌었다.

(4) 멸망 이후

의자왕 20년(660)에 백제는 나당연합군에 의해서 멸망하였다. 그 후의 관계를 정리하면 다음의 〈표 4〉와 같다.

〈표 4〉 의자왕대 이후의 대중관계

번호	연 도	내 용	삼 국 사 기	중 국 사 서	
				기 년	서 명
1	660	전쟁(당)	의자왕 20년	현경 5년	舊唐書
2	660	전쟁(당)	의자왕 20년	현경 5년	舊唐書
3	660	봉책(당)	의자왕 20년	현경 5년	舊唐書
4	661	전쟁(당)	의자왕	용삭 1년	舊唐書
5	662	전쟁(당)	의자왕	용삭 2년	舊唐書
6	663	전쟁(당)	의자왕	용삭 3년	舊唐書
7	664	봉책(당)	의자왕	인덕 1년	舊唐書
8	665	회맹(당)	의자왕	인덕 2년	舊唐書
9	677	봉책(당)	의자왕	의봉 2년	舊唐書
10	(682)	봉책(당)	의자왕	(영순)1년	舊唐書

이 때에는 백제를 멸망시키기 위한 전쟁과 백제의 부흥운동 과정에서 벌어지는 전쟁이 주류를 이룬다. 당은 백제를 멸망시킨 이후에도 일방적으로 봉책의 외교적 행위를 계속하였으며 더구나 회맹이라는 강압적 외교가 이루어지고 있었다. 이는 당에서 가지고 있던 백제국에 대한 중화주의적 관념의 실체를 알 수 있게 하는 내용들이다.

3) 대중관계의 성격

백제가 근초고왕대부터 중국과 외교관계를 맺기 시작하여, 의자왕대 나당연합군에 의하여 멸망되기까지, 그리고 멸망 이후 당에 의해 일방적으로 전개되었던 이들 교류의 내용은 다음의 〈표 5〉와 같다.

〈표 5〉 백제의 대중관계

조 공	봉 책	견 사	청구 및 허락	전 쟁	회 맹	계
65회	25회	14회	17회	7회	1회	129회

백제가 중국과의 관계에서 조공과 봉책이 차지하는 비중은 약 70%이었다. 그러므로 백제의 대중관계에서 나타나는 가장 뚜렷한 성격은 조공과 봉책으로 이루어진 관계였다고 할 수 있다. 이곳에서의 조공과 봉책은 백제와 중국의 관계가 시작된 이래 끝날 때까지 일관되고 있다. 조공의 성격에 대하여는 일찍부터 연구되기 시작했다. 조공의 근본 의의를 선진문화의 수입에서 찾는 견해도 있고,[42] 문화적인 관계보다 정치적 관계에 주목하여 종주국과 종속국과의 관계로 파악하는 견해도 있다.[43] 뿐만 아니라 국가의 발전과정에서 내부의 물리적 힘의 균형을 유지하기 위한 방편외교로 해석하기도 한다.[44] 하지만 백제의 대중관계에서 보이는 조공의 성격은 조공 자체로서만이 아니라 봉책과 함께 해석되어야만 할 것 같다. 그리고 남북조시대와 수·당시대로 그 성격도 나누어 파악하여야 할 것이다. 남북조시대에 이루어진 백제에서의 조공과, 중국에서 행한 봉책은 남북조시대라는 중국의 특수한 시대성과, 삼국의 정립이라는 한반도내의 시대성에서 파악하여야 하기 때문이다. 다시 말하면 조공은 백제가 고대국가로 발전한 이후 한반도내의 고구려·신라와의 역학관계를 중국과 연결함으로써 유지하려 했던 외교적 행위였다. 그리고 남조에서 백제에 행한 봉책 또한 남북조의 대혼란을 맞이하여 봉책이라는 외교적 행위를 통해 북조에 대한 연합세력을 형성하려는 의도에서 이루어진 외교적 행위이기도 한 것이다. 중국인들은 삼국을 바라볼 때 한반도에 위치했던 낙랑·대방의 인식속에서 탈피하지 못하였다. 그렇지만 남북조시대의 백제와 중국과의 관계는 동북아시아의 혼란기에 서로의 필요에 의해서 이루어진 상호적 외교형태로 파악할 수 있다.

---

42) 金庠基, 〈古代의 貿易形態와 羅末의 海上發展에 대하여〉(《東方文化交流史論攷》, 乙酉文化社, 1948), 4~7쪽.

43) 全海宗, 〈韓中朝貢關係考〉(《東洋史硏究》 1, 1966), 10~27쪽.

44) 徐榮洙, 〈三國과 南北朝交涉의 性格〉(《東洋學》 11, 1981), 149~178쪽.

그러나 중국대륙에 남북조시대가 끝나고 수·당시대에 이르면 성격을 달리하게 된다. 수·당은 남북조를 통일하여 나름대로의 지배질서를 확립하고, 고구려를 요동군공, 백제를 대방군공, 신라를 낙랑군공의 전통적이고 도식적인 그들 중심의 질서에 편입시켰다. 따라서 백제와의 관계를 '帶方藩國'으로 인식하였던 것이다.[45] 그러므로 수당시대에는 그 이전의 상호적 외교관계가 아닌 종속적인 관계로 인식케 되었고, 이러한 바탕 아래 한반도 안에서 야기되는 삼국항쟁의 조정자로서의 관계를 유지하기 위한 조공과 봉책이 이루어졌던 것이다. 백제의 대중관계는 시기에 따라 성격을 달리 하였지만 조공과 봉책으로 일관된 외교관계였던 것이다. 이러한 기본적 관계 위에서 부수적으로 시대변화에 따른 기타의 목적들이 더하여진 관계였다고 할 것이다.

〈兪元載〉

2. 백제의 요서영유(설)

백제와 중국과의 관계에서 빼놓을 수 없는 또 하나의 중요한 문제가 있다. 즉 백제가 한때 중국의 요서지방을 영유했었다는 「백제의 요서영유설」이다. 《宋書》 百濟國傳에서 비롯되어 《梁書》·《南史》 등의 중국측 사서에 기록된 백제의 요서영유에 대한 내용은 일찍이 주목되어 왔다. 조선조의 실학자들로부터 일본·중국학자들까지 관심의 대상이 되었으며 근래에도 이에 대한 관심은 이어지고 있다. 이들 연구는 주로 남북조시대 중국의 정세와 백제의 세력정도를 파악하여, 백제의 요서영유에 대한 사실의 긍정·부정에 주안점이 두어졌다. 그러므로 자연히 중국측의 문헌에 나타나는 요서영유 기사의 신빙성 문제에 대해 초점이 맞추어졌고 논자의 관점에 따라 자의적인 해석이 이루어졌던 것도 부인할 수 없는 사실이다.

백제의 요서영유에 대한 내용은 오직 중국의 남조계 사서에만 전하여지고 있는 특수한 기사이다. 그러므로 이 기사의 올바른 해석을 위하여는 우선 남

---

45) 兪元載, 앞의 글(1992a), 199~202쪽.

북조시대 중국인들이 백제·고구려에 대해 어떻게 인식하고 있었던가 하는 점을 이해하여야만 한다. 그것은 당시의 동북아시아사상 중요한 사건임에도 불구하고 그 내용이 당사국인 북조계 사서에는 나타나지 않고 남조계의 사서에만 기록되어 있다는 것은 당시 남조와 북조에서의 이에 대한 인식이 서로 달랐음을 알 수 있게 한다. 더구나 백제의 사료에조차 기록되어 있지 않아서 어떠한 역사적 사건에 대한 인식의 차이에서 비롯된 문제로 판단되기 때문이다. 또한 그것이 기록된 남조계 사서인《송서》·《양서》·《남사》에 대한 철저한 분석이 이루어져야 한다. 그리고 남북조시대의 중국을 중심으로 한 고구려·백제·낙랑·대방 등의 동북아시아 정세를 포괄적으로 살펴봄으로써 백제가 요서를 영유했었다고 하는 기사가 남조계 사서에만 기록된 까닭을 규명해야 할 것이다.

1) 요서영유설에 대한 여러 견해

요서영유설에 대한 견해를 종합하면 백제의 요서영유 사실에 대한 긍정설·부정설, 그리고 백제가 아닌 馬韓·夫餘·樂浪 등 다른 세력이 주체였다는 견해들로 압축된다.

우선 백제의 요서영유를 긍정하는 견해를 제시한 사람은 실학자인 申景濬[1]으로부터 비롯한다. 그 후 林壽圖·丁謙 등의 중국인과 申采浩 등에게 이어져 근자에 이르렀다.[2] 특히 신채호는 백제가 근구수왕대에 요서지방을 영유하였다 하고, 그 위치를 遼西·山東·江蘇·浙江 등에 해당하는 지역으로 추정하였다. 또한 중국의 북조계 사서에서 이러한 사실을 찾아볼 수 없는 것은 북조

1) 申景濬, 〈輿地考〉(《東國文獻備考》, 1770).
2) 林壽圖, 〈啓東錄〉 권 1(《中華文史叢書》 30, 1879).
丁 謙, 《梁書夷貊傳 地理考證》(浙江圖書館叢書, 1915).
申采浩, 《改訂版 申采浩全集》(1972).
鄭寅普, 《朝鮮史硏究》(서울신문사출판국, 1947).
金庠基, 〈百濟의 遼西經略에 대하여〉(《白山學報》 3, 1967).
方善柱, 〈百濟의 華北進出과 그 背景〉(《白山學報》 11, 1971).
金哲埈, 〈百濟社會와 그 文化〉(《韓國古代社會硏究》, 知識産業社, 1975).
李玟洙, 〈百濟 遼西經略에 대한 考察〉(《韓社大論文集》 1, 1980).
井上秀雄, 《古代朝鮮》(日本放送出版協會, 1972).

의 사관들이 수치스럽게 여겼기 때문에 누락시킨 것이라고 하였다. 한편 이와는 달리 백제가 고구려의 요동진출에 대항하기 위하여 근초고왕 말기에 요서지방을 점령했다는 견해도 있다.[3] 그리고 중국의 사민정책과 관련하여 《南齊書》에 나타나는 지명들을 검토함으로써 화북지방에 진출하였던 것으로 보는 입장도 있다.[4] 요서영유설에 대해 긍정적인 사람들은 대체로 중국측의 자료를 그대로 수용하고 있으며, 여러 견해들 가운데 다수를 차지하고 있다. 그러나 이들도 백제가 요서를 영유하게 된 시기·위치 등에 대해서는 서로 의견을 달리하고 있다.

요서영유를 부정하는 입장은 실학자인 韓鎭書를 비롯하여 일본인 연구자들 사이에서 찾아볼 수 있다.[5] 이들은 주로 중국측 사료에서 백제가 요서지방을 영유했다는 「晋末」에는 慕容氏가 요서지방을 점유하고 있었으며, 당시 중국과 백제의 지리적 관계를 볼 때 부당하다는 견해를 밝히고 있다.

이들에 대하여 《梁職貢圖》의 기록으로 미루어 요서영유의 주체는 낙랑[6]이라고 하기도 한다. 그 밖에 부여[7] 또는 마한[8]과 관련된 세력으로 파악하는 입장도 있다. 그리고 《양직공도》의 기록으로 보아 백제가 중국의 요서지방을 영유하였다고 하는 것은 아직 정설로 하기엔 미흡하다고 보기도 한다.[9] 주로 사료의 분석을 통한 중국의 사민책에 유의하여 앞으로 연구되어져야 할 것이라는 견해도 있다.[10]

결국 《송서》에서 비롯되어 남조계 사서에 기록되어 있는 백제의 요서영유설은 아직도 백제의 대중관계에서 해결해야 할 중요한 과제 가운데 하나인

---

3) 金庠基, 위의 글.
4) 方善柱, 앞의 글.
5) 韓鎭書, 《海東繹史》 續編 권 8(1823).
那珂通世, 〈朝鮮古史考〉(《那珂通世遺書》, 故那珂通世博士功績記念會, 1919).
池內宏, 《日本上代史の一硏究》(近藤書店, 1947).
和田博德, 〈百濟の遼西領有說について〉(《史學》 25-1, 1951).
6) 李弘稙, 〈梁職貢圖論考〉(《韓國古代史의 硏究》, 新丘文化社, 1971).
7) 金廷鶴, 《百濟と倭國》(大興出版社, 1981).
8) 徐榮洙, 〈古代韓·中關係硏究試論〉(《檀國大學院學術論叢》 5, 1981).
李明揆, 〈百濟의 對外關係에 관한 一試論〉(《史學硏究》 37, 1983).
9) 李基白·李基東, 《韓國史講座》 古代篇(一潮閣, 1982).
10) 金煐二, 〈百濟の遼西經營について〉(《東洋文化學術年譜》 1, 追手文學院大學 文學部 東洋文化學科, 1986).

것이다.

2) 요서영유 기사의 분석

백제의 요서영유에 관한 기록은 사실 자체를 기록하고 있는 것과, 직접적으로 사실을 기록하지 않았지만 이와 관련된 기록들이 있다.

사실 자체의 기록은《송서》백제국전을 처음으로《建康實錄》에 의하여 보완된[11]《남제서》백제국전,《양직공도》,[12]《양서》백제전,《남사》백제전,《通

책 명	찬 자	편찬년도	내 용
宋 書	沈 約	488년	백제국은 본래 고려와 함께 요동의 동 1,000여 리에 있었다. 그 후 고려가 요동을 차지하니 백제는 遼西를 차지했다. 백제가 통치한 곳을 晋平郡 晋平縣이라 한다.
南齊書 建康實錄	蕭子顯	537년 이전	백제는 弁辰의 나라로 晋代에 일어나 蕃爵을 받았다. 스스로 百濟郡을 고려 동북에 두었다.
梁職貢圖	蕭 繹	526~539년	백제는 옛부터 내려오는 東夷의 馬韓에 속한다. 晋말에 駒驪가 요동을 차지하니 樂浪 역시 요서 晋平縣을 차지하였다.
梁 書	姚思廉	629~639년	그 나라는 본래 句麗와 함께 요동의 동쪽에 있었다. 晋代에 句麗가 이미 요동을 차지하니 백제 역시 遼西·晋平의 두 군의 땅을 차지하고 스스로 百濟郡을 다스렸다.
南 史	李延壽	627~649년	그 나라는 본래 句麗와 함께 요동의 동쪽 1,000여 리에 있었다. 晋代에 句麗가 이미 요동을 차지하니 백제 역시 遼西·晋平의 두 군 땅을 차지하여 스스로 百濟郡을 두었다.
通 典	杜 佑	801년	처음 百家로써 바다를 건넜다 하여 백제라 한다. 晋代에 句麗가 이미 요동을 차지하니, 백제 역시 遼西·晋平의 두 군을 차지했다(지금의 柳城·北平 사이)

11) 田中俊明,〈南齊書東夷傳の缺葉について〉(《村上四男博士和歌山大學退官記念朝鮮史論文集》, 1982), 212~220쪽.

12) 李弘稙, 앞의 글, 385~427쪽.

典》 등에 전하는데 이들의 내용을 살펴보면 앞의 표와 같다.

요서영유에 대하여 처음으로 기록하고 있는 《송서》는 梁의 沈約이 南齊 永明 6년(488)에 편찬한 사서이다. 《송서》 백제전은 모두 451자로 구성되었는데 이 가운데 백제의 대중관계 기사가 403자로서 상당부분을 차지하고 있으며, 요서영유 기사가 26자, 그리고 원류기사가 16자, 왕계기사가 6자이다.[13] 그 중에서 원류기사에는 백제의 출자나 시조에 대한 기록은 없으며, 단지 위치에 대하여 고구려를 중심으로 단편적으로 기록하고 있다. 《송서》 백제전에는 백제의 문화관계 기사가 수록되지 못했다. 이러한 사실은 《송서》가 편찬된 시기에는 백제에 대한 인지도가 상당히 낮았음을 드러낸다. 그러므로 《송서》에 기록된 내용은 주로 백제의 대중외교자료에 의존하여 편찬된 것임을 알 수 있다. 《송서》 백제전에 실린 백제의 요서영유에 대한 기록 또한 《송서》가 편찬된 5세기 후반경 백제와 중국의 외교관계에서 비롯된 사실의 반영일 가능성이 높다. 《송서》의 내용은 모두 당대의 외교기록인데 요서영유 기록만이 전대의 역사적 사실을 기록한 사건기록으로서, 이렇게 전시대의 사실을 기록해야 했던 당시의 시대적 필연성이 있었던 것으로 판단된다. 《송서》에서 주목되는 내용은 고구려가 요동을 점령하자 고구려와 상대되는 백제는 요서지방을 영유하여 이곳을 晋平郡 晋平縣이라 하였다는 대목이다.

다음은 《건강실록》에 의하여 보완된 《남제서》의 내용이다. 《남제서》는 蕭子顯에 의하여 梁 大同 3년(537) 이전에 편찬되었다. 《남제서》 백제전은 전반부분의 일부가 결실되어 있다. 근래 《남제서》에 대한 연구 결과에 의하면[14] 《건강실록》의 내용 중에서 "스스로 百濟郡을 고려 동북에 두었다"는 내용이 이에 해당하는 부분으로 알려졌다. 《남제서》 백제전의 내용도 《송서》와 같이 대중관계가 대부분이며 백제의 문화상태에 대하여는 전혀 기록이 없다. 이 또한 《송서》와 내용·구성상의 변화를 발견할 수 없는 것이다. 하지만 《송서》에는 보이지 않는 "백제군을 고려 동북에 두었다"는 내용이 새로이 나타나고, 《송서》의 「진평군 진평현」이 「백제군」으로 바뀌어 있는 점이 주목된다. 그러므로 《남제서》의 내용은 《송서》를 답습하면서도 당대의 변화된

13) 兪元載, 〈周書 百濟傳 硏究〉(《百濟硏究》 19, 1988), 260~261쪽.
14) 田中俊明, 앞의 글, 219~220쪽.

인식의 일면을 기록한 것으로 생각된다.

되풀이되지만 요서영유설의 전거가 되어 있는《송서》와《남제서》의 기록들은 단지 백제의 대중외교자료에 의존하여 편찬되었던 것이므로, 요서영유 기록의 해석은 당연히 그들 사서의 편찬을 전후한 시기에 백제와 중국과의 외교관계를 면밀히 검토하여야 할 것이다. 그것은《송서》·《남제서》의 내용 중에서 오직 요서영유에 관한 부분만이 전시대의 상황을 기록한 것으로, 이처럼 초시제적으로 기록하여야만 했던 것은 편찬을 전후한 시기의 외교적 상황의 반영일 가능성이 높기 때문이다.

《양직공도》에는 백제의 使臣圖와 함께 백제에 대한 기록이 전하는데, 그 편찬연대가 대략 普通 7년(526)~大同 5년(539)으로 알려져 있다.[15] 그 내용은 백제의 원류, 요서영유, 대중관계, 문화관계의 기사를 담았다. 특히 백제의 원류기사 중에서 출자를 마한으로부터 구한 것이나, 22담로제와 의복에 대한 것은 중요한 자료로서 평가된다.[16] 그런데 비교적 정확한 찬자의 인식에도 불구하고《양직공도》에서는 백제의 사신도와 함께 백제가 아닌 낙랑이 요서지역을 영유했었다고 기록하고 있다. 이는《양직공도》의 사료로서의 성격상 실로 시사하는 바가 크다. 그 당시 낙랑과 백제와의 관계를 남조의 입장에서 이해하여야 하는 중요한 단서인 것이다. 뿐만 아니라 요서영유의 시기를「晋末」로 지적한 점은 요서영유 시기에 대한 결정적 자료로서 평가된다.

《양서》는 남북조시대에 편찬되지 못하고 당대에 편찬되었다.《양서》에는 백제의 원류, 요서영유, 대중관계, 제도, 언어 등에 관하여 전하고 있다.[17] 하지만 그 내용은 대부분이 이전 사서들의 내용을 그대로 옮긴 부분이 많으며, 東夷에 文身이나 扶桑國들의 내용 등을 포함시키고 있다. 이것으로 보아서 백제문화에 대한 내용은 다양하지만, 대중관계에 관한 기사를 제외하고 동시대적이라고 하기는 어렵다.[18] 요서영유에 대한 기록 또한 대체적으로《송서》를 옮겨 적고《남제서》의 내용을 첨부한 것으로 보인다. 그런데 치소인 百濟

15) 李弘稙, 앞의 글, 386~396쪽.
16) 李弘稙, 위의 글, 396~425쪽.
17) 兪元載,〈中國正史 百濟傳 硏究〉(《韓國上古史學報》4, 1990), 165~167쪽.
18) 高柄翊,〈中國正史의 外國列傳〉(《東亞交涉史硏究》, 서울大 出版部, 1983), 27~29쪽.

郡을 요서·진평의 땅에 두었던 것으로 표현하고 있다.

《남사》도 당대에 편찬된 사서이다. 백제의 위치에 대하여는 《송서》를, 요서영유에 대하여는 《양서》를 그대로 옮기고 있다.[19] 《통전》에 의하면 요서·진평의 위치를 "今柳城北平之間"으로 기록하고 있어[20] 위치 추적에 참고된다.

이상에서 살펴보았듯이 백제의 요서영유에 관한 직접사료는 《송서》·《남제서》·《양직공도》·《남사》 등 제삼자적인 남조계 사서에만 전하여지고 있다. 다시 말하면 요서영유의 사실은 당사국인 백제와 북조의 사료에는 전혀 기록되지 않고 있다.

다음은 요서영유와 간접적으로 관련된 사료들에 대해 살펴보겠다. 백제가 요서를 영유했다는 시기를 전후한 당시의 시대적 상황을 이해하기 위해, 한반도에서 백제와 관련된 馬韓·樂浪·帶方·靺鞨[21] 등을 분석의 대상으로 삼아야 할 것이다. 《삼국사기》에 나타난 이들의 활동과 중국측의 사료에 등장하는 요서영유에 관한 간접사료를 연대순으로 정리하면 다음과 같다.

번호	책 명	연 대	내 용
1	三國史記	온조왕 4년(B.C. 15)	사신을 보내 낙랑과 修好
2	三國史記	온조왕 8년(B.C. 11)	馬首城과 瓶山柵을 쌓아 낙랑과 失和
3	三國史記	온조왕 10년(B.C. 9)	神鹿을 마한에 보냄
4	三國史記	온조왕 11년(B.C. 8)	낙랑이 瓶山柵을 습격, 禿山·狗川柵을 세워 낙랑의 길을 막음
5	三國史記	온조왕 13년(B.C. 6)	사신을 마한에 보내 천도를 알림
6	三國史記	온조왕 17년(B.C. 2)	낙랑이 침입하여 慰禮城을 불태움
7	三國史記	온조왕 18년(B.C. 1)	靺鞨長 素牟를 마한에 바침. 낙랑의 牛頭山城을 습격하려 함
8	三國史記	온조왕 24년(6)	熊川柵을 쌓아 마한왕과 분쟁, 결국 파괴함
9	三國史記	온조왕 26년(8)	마한을 습격하였는데 오직 圓山·錦峴 2성이 항전함
10	三國史記	온조왕 27년(9)	2성이 항복하여 마한을 드디어 멸함
11	三國史記	온조왕 34년(15)	마한의 옛장수인 周勤이 牛谷城에서 반란, 진압

19) 兪元載, 앞의 글(1990), 170~171쪽.

20) 《通典》 권 185, 百濟.

21) 靺鞨과의 관계는 東濊와의 관계로서 兪元載, 〈三國史記僞靺鞨考〉(《史學硏究》 29, 1979)에서 자세히 논하고 있어 생략한다. 신라·고구려·왜의 내용 또한 생략한다.

12	三國史記	온조왕 43년(25)	남옥저의 仇頗解 등이 귀순하니 漢山의 서쪽에 안치
13	後漢書	建光 1년(121)	고구려·마한·예맥이 玄菟城을 포위하자 부여왕이 격파함
14	後漢書	延光 1년(122)	부여왕이 玄菟를 구하기 위해 고구려·마한·예맥을 파함
15	三國史記	고이왕 13년(246)	幽州刺史인 毋丘儉과 樂浪太守인 劉茂, 帶方太守인 王遵이 고구려를 치려 하자 左將眞忠으로 낙랑의 변경주민을 습취, 그 주민을 돌려보냄
16	三國史記	책계왕 1년(286)	고구려가 대방을 치자 대방이 구원을 청해 군대를 내어 구원함. 蛇城을 쌓아 고구려에 대비함
17	三國史記	책계왕 13년(298)	漢과 貊人의 침입을 막다 왕이 죽음
18	三國史記	분서왕 7년(304)	낙랑의 西縣을 습취, 낙랑태수가 보낸 자객에 왕이 죽음
19	晋書	永和 1년(345)	句麗·百濟·宇文·段部人들을 서쪽 변경으로 옮겨 감독케 할 것을 요구함
20	資治通鑑	永和 2년(346)	부여가 鹿山에 있을 때 백제의 침략을 받아 서쪽으로 옮김
21	三國史記	동성왕 10년(488)	魏가 침입하였으나 패함
22	南齊書	永明 8년(490)	魏虜가 기병 수십만으로 침입하였으나 牟大에게 패함
23	三國史記	崔致遠傳	고려·백제의 전성기에 강병 100만으로 남으로 吳越, 북으로 幽燕 齊魯을 침

위의 내용을 시기적으로 분류해보면《삼국사기》에 의한 온조왕대의 낙랑·마한과의 관계 및《후한서》의 마한, 그리고 3~4세기에 이르는《삼국사기》의 백제의 낙랑·대방과의 관계, 마지막으로 중국측 사료에 의한 기록들로 구분된다. 이 가운데서 19·20·21·22 등이 백제의 요서영유에 관한 간접사료로서 자주 인용되기도 한다.

여기서 주목되는 것은《삼국사기》에 전하는 백제와 낙랑·대방과의 관계와 중국사서에 나타나는 간접사료 내용의 연계성이다. 즉 낙랑과 대방이 요서지방으로 옮긴(313) 이후에는 중국측 사료에서 이해하기 어려운 백제관계 내용들이 연속되어 나타나고 있다는 점이다. 그러므로 중국측 사서에서 이 시기에 나타나는 백제의 존재에 대하여 실로 시사하는 바 크다. 중국측 사서에서는 백제의 요서영유 시기를 「晋末」로 규정하고 있으므로, 이들 간접사료에 나타나는 내용의 연계성으로서부터 진대 백제와 관련된 낙랑·대방의 활동은 주목되어져야 할 대상이다. 이들은 백제와 고구려의 고대국가 발전에 커다란 영향력을 미쳤던 세력이었다. 요서지방으로 이동하기 전에는 중국의 지배에서 벗어나 토착인에 의해서 지배된[22] 세력이었다. 이러한 낙랑과 대방의 역사활동은 그들의 요서이동으로 인해 《삼국사기》에서 사라지게 되었다. 그런데 백제국의 지정학적 위치를 한반도 서남부에 비정하는 일반적인 관점에 비추어 보았을 때, 중국측 사서에서는 실로 이해하기 어려운 백제관계 기록들이 요서지방과 관련하여 연계적으로 등장하고 있다는 것이다. 바로 이 점이 요서영유의 실체를 파악하는 데는 중요한 단서가 된다고 하겠다.

3) 남북조의 백제·고구려관

남북조시대 남조 및 북조에서 당시 한반도의 백제와 고구려에 대하여 어떻게, 또는 어느 정도 인식하고 있었던가 하는 것에 대한 이해는 남북조시대 이루어졌다고 하는 요서영유의 이해에 앞서 이루어져야만 하는 우선의 과제이다. 그 일단은 남북조에서 백제나 고구려의 왕들에게 행한 봉책관계에서 살필 수 있다.[23]

진에서는 백제의 근초고왕을 '鎭東將軍領樂浪太守'에 봉책하였으며,[24] 송에서는 고구려의 장수왕을 '使持節都督營州諸軍事征東將軍高句麗王樂浪公'에 봉책했다.[25] 고구려나 백제의 왕들에게 준 봉책명을 의례적인 것으로 해석할 수도 있겠으나[26] 오히려 이러한 의례적인 봉책명이야말로 당시 남북조에서의 백제·고구려에 대한 관념을 이해하는 데 귀중한 자료라 하겠다.[27] 진과 송

---

22) 三上次男, 《古代東アジア史研究》(吉川弘文館, 1977).
23) 남북조에서 백제나 고구려의 왕들에게 봉책했던 봉책명은 바로 그들의 백제·고구려에 대한 관념의 표식인 것이다.
24) 《晋書》 권 9, 帝紀 9, 簡文帝 咸安 2년 6월.
25) 《宋書》 권 97, 列傳 57, 東夷, 高句麗, 晋安帝 義熙 9년.
26) 坂元義種, 〈五世紀の百濟大王とその王侯〉(《古代の朝鮮》, 學生社, 1974).
江畑 武, 〈四~六世紀の朝鮮三國と日本〉(《古代の日本と朝鮮》, 學生社, 1974).
27) 高柄翊, 앞의 책.

에서 백제나 고구려의 국왕들에게 모두 낙랑과 결부된 봉책명을 주었다는 것은 당시 한반도에 위치하고 있던 백제나 고구려의 실체에 대한 인식이 뚜렷하게 형성되지 못한 상태였음을 짐작케 한다. 더욱이 남제에서는 백제의 高達을 龍驤將軍帶方太守로, 慕遺를 龍驤將軍樂浪太守로 봉책하는[28] 한편 고구려왕에게도 高句麗王樂浪公을 봉책하였다.[29] 이처럼 남제에서도 백제·고구려를 전통적인 낙랑·대방의 관념 속에서 혼동하고 있기는 마찬가지였고 뒤를 이은 梁 나라도 역시 같았다. 그러므로 남조의 진·송·제·양에서는 전통적인 낙랑과 대방에 대한 관념 때문에 백제·고구려에 대한 독자적인 관념이 형성되지 못했던 것이다. 결국 남조에서는 동시대적인 백제보다 전통적인 낙랑·대방의 관념 속에서 이해하였던 것이다.

남조에서의 백제·고구려에 대한 이해와는 달리 북조에서는 보다 동시대적인 관념이 형성되어 있었다. 또한 그것은 봉책관계에서 설명된다. 북조의 봉책에서 주목되는 것은 燕代에는 남조와 같이 고구려의 국왕에게 아직도 '樂浪公'이나 '遼東帶方二國王'을 봉책하였지만, 그 뒤의 북조국가들은 고구려왕에게 모두 '遼東郡開國公高句麗王'·'遼東郡公高句麗王'·'遼東郡開國公遼東王' 등을 봉책하여 낙랑·대방과 관련된 봉책명이 사라진다는 점이다.[30] 여기에서 다시 상기할 것은 남조에서도 晋末 백제왕에게 '樂浪太守'를 봉책하였던 점이다. 그러므로 진말, 연대에 진은 백제왕에게 '樂浪太守'를 봉책하였고, 연은 고구려왕에게 '樂浪公'·'遼東帶方二國王'을 봉책하였던 것이다. 이는 이미 요서지방으로 이동한 낙랑·대방이었음에도 불구하고 아직도 전통적인 관념을 고집하였음을 알 수 있다. 이러한 관념이 남조에서는 계속되나, 북조에서는 魏代부터 고구려왕에게는 낙랑·대방과 관계없는 보다 동시대적인 인식에 입각한 봉책만이 이루어졌던 것이다. 그러나 백제에게는 계속하여 '帶方郡公'을 봉책하였는데,[31] 이것은 당시 백제와 대방을 연관시켜서 이해하여야 할 중요한 자료인 것이다.

---

28) 《南齊書》 권 58, 列傳 39, 百濟國.
29) 《南齊書》 권 58, 列傳 39, 高麗國.
30) 兪元載, 〈中國正史의 百濟觀〉(《韓國古代史硏究》 6, 1992), 191~195쪽.
31) 《三國史記》 권 27, 百濟本紀 5, 위덕왕 17년.
《北齊書》 권 8, 帝紀 8, 後主 武平 원년 2월.

남조에서는 계속하여 전통적인 낙랑과 대방에 대한 관념의 틀을 깨뜨리지 못함으로써 당시의 백제나 고구려에 대한 동시대적인 관념이 형성되지 못했다. 그러나 북조에서는 연대에 한하여 낙랑·대방의 관념에서 벗어나지 못했으나, 위대부터 北齊·北周代에는 백제에 대방군공, 고구려에 요동군공을 봉책하는 보다 동시대적 관념이 형성되었다. 북조에서는 이처럼 백제·고구려에 대한 관념이 동시대적이면서 분명하였는데도 불구하고 백제의 요서영유 사실에 대하여 기록하지 않았고, 낙랑·대방의 전통적인 관념에서 벗어나지 못했던 남조계의 사서에만 기록되었던 것이다. 이러한 요서영유 기록에 나타나는 특색과 함께 특히 진말·연대에는 남조나 북조에서 모두 백제나 고구려에 대해 전통적인 낙랑·대방의 관념에서 벗어나지 못했던 사실은 서로 연관하여 주목되어야 할 것이다.

이러한 남조와 북조의 백제·고구려에 대한 인식의 차이는 지리적 위치에 대한 기록에서도 나타난다. 남조계의 사서에서는 고구려나 백제국의 위치를 기록함에 구체적이지 못하며 더구나 당시 한반도에 있지도 않던 대방이 거리를 표시하는 기준이 되고 있다.[32] 그러나 북조계의 사서에서는 남조계 사서보다 구체적인 거리나 동시대적인 지명·국명에 의하여 위치를 기록하고 있다.[33]

이처럼 고구려나 백제에 대하여 구체적이며 정확하게 기록한 북조계의 사서에서는 백제의 요서영유에 대하여 기록하지 않았다. 그리고 백제의 위치조차 구체적으로 기록하지 못했으며, 전통적인 낙랑·대방의 관념에 의해 동시대의 백제에 대해 제대로 인식하지 못했던 남조계의 사서에서만 요서영유 사실이 기록되어 있다는 것은 암시하는 바 크다. 이들을 통해 요서영유설은 남조에서 야기된 것으로서, 중국의 남북조와 한반도의 시대적 상황에 따른 관념상의 차이로부터 비롯된 것이 아닌가 짐작된다.

---

32) 兪元載, 앞의 글(1992), 191~195쪽.

33) 兪元載, 위의 글, 191~199쪽.

4) 낙랑·대방의 요서이동과 《송서》·《남제서》

(1) 낙랑군과 대방군

한의 무제 때 설치된 漢四郡 가운데 낙랑과, 그 후의 대방은 삼국의 발전기에 적지 않은 영향력을 미쳤다. 《삼국사기》를 통해 그들의 역사활동을 살펴보면 백제와의 관계가 중심이었다. 그 내용은 백제가 온조왕 때부터 영역을 확대해 나가며 이루어지는 활동과, 그 후 고이왕·책계왕·분서왕대에 이루어지는 활동으로 나누어진다. 온조왕대의 기록은 주로 백제가 성장하는 과정에서 나타나는 낙랑과의 관계로서, 도읍지가 그들에 의하여 불타버리는 사태에까지 이르고 있다.[34] 이를 보면 낙랑은 초기 백제에 있어서 극복되어야 할 최대의 현안문제였던 것이다. 그 후 고이왕대 이후인 3~4세기에서 주목되는 것은 백제와 대방과의 관계이다. 책계왕대에 고구려가 대방을 침략하자 대방은 백제에 군대를 청하였고, 백제에서는 대방「舅甥之國」이라 하여 그 요청을 들어주었다. 낙랑에 비교할 때 대방은 백제와 이 시기에 상당히 밀착된 관계였던 것을 알 수 있다. 이후에도 백제왕이 시해당하는 등 낙랑과는 계속 적대관계에 있었으나, 대방과는 적대관계가 나타나지 않는다. 백제와 대방은 밀접한 관계를 유지하였던 것이다.

중국의 後漢 교체기에는 낙랑군에서 王調가 태수 劉憲을 살해하고 난을 일으켰다. 광무 6년(30) 한에서 파견된 낙랑태수 王遵에 의하여 난이 평정되고, 낙랑은 다시 후한의 지배하에 들게 되었다. 이 때 후한은 낙랑의 동부 7현을 포기하고 그 곳에 토착인으로 현후를 임명하였다. 특히 환제·영제대에는 이 지역에서 한·예가 강성하였으므로 낙랑주민이 한의 영역으로 유입되기도 하였다. 그러므로 낙랑 屯有縣 이남의 땅은 황무지화되었고 마침내 요동의 公孫氏가 대방군을 설치하게 되도록 이르렀다. 그로 말미암아 이 지역은 공손씨의 지배를 받게 되었으며, 이들이 魏에 멸망한 다음에는 위의 幽州刺史에게, 西晋이 위를 대신하면서는 서진의 유주자사에게 속하였다. 이러한 과정에서 낙랑은 대방군을 분리한 이후 11현에서 대동강 이북의 5현은 없어

---

34) 《三國史記》 권 22, 百濟本紀 1, 시조 온조왕 17년 춘.

지고 이남의 6현만이 남게 되었다.

《후한서》에 의하면 유주의 속군으로 낙랑이 기재되어 있다. 그리고 낙랑의 속현 중에 대방이 포함되어 있다. 그러나 《진서》 지리지에 의하면 평주에 속하게 되는데 대방군이 낙랑군과 함께 독립된 군으로 되어 있다.[35] 이 때의 대방은 《후한서》에 낙랑의 속현으로 되어 있던 列口·昭明·長岑·提奚·帶方·含資·海冥 등을 관할하였다. 이른바 남부도위 소관의 7현을 관할하고 그 치소를 대방현에 두었던 것이니, 오늘날의 황해도 봉산군에 있는 속칭 唐土城이 치소가 되는 곳이었다.[36] 《진서》 지리지에서 당시의 군세를 살펴보면 낙랑보다 대방의 군세가 더 컸던 것으로 보인다.[37] 이러한 대방군은 《위서》 지리지에서는 다시 영주에 속하는 낙랑군의 속현으로 개편되었음을 보여준다.

이와 같이 낙랑·대방은 진대에 한반도에서 활동했던 세력이었으며 더욱이 대방은 요동군 다음가는 군세였다. 이들은 4세기에 이르면 이미 중국의 예속상태에 놓여 있지 않고 토착호족들에 의하여 지배되었다.[38] 이러한 세력집단이 바로 요서지방에 웅거하고 있던 모용씨에게로 귀속되어지는 것이다. 이는 실로 당시의 중국인들에게는 중요한 세력의 변화로 인식되었을 것이다. 특히 동진으로서는 모용씨세력과 대치하던 시기이므로 충격적인 사건이었음이 틀림없다. 이들이 이동하였던 요서는 요동과 마주하는 지역이다. 이들이 나뉘어지는 곳은 요하이다. 요하는 남만주를 동서로 가르고 발해만으로 유입된다. 요서군은 한대 이전에 이 지역의 서쪽에 설치되었는데 때에 따라 변동이 심했던 지역이다. 요서군의 중심지는 大凌河 하류지역이었을 것으로 추정된다. 후한대에는 烏丸의 침입에 의하여 지역이 축소되기도 하였고, 요동속국이라는 특수한 행정구역이 설치되기도 하였다. 후한 말기에는 鮮卑에 의하여 부활되었으나 다시 개편되었다가 晋末까지는 진에 속했었다. 그 후 이곳은 선비족이 건립한 前燕·北燕·北魏 등의 중심지로 되었다. 백제가 요서를 영유했던 시기가 진나라 말기로 규정될 때 이 시기의 요서지방은 선비족들

---

35) 《後漢書》 권 33, 郡國志 23.
　《晋書》 권 14, 志 4, 地理 上.
36) 李丙燾, 〈眞番郡考〉(《韓國古代史硏究》, 博英社, 1976).
37) 《晋書》 권 14, 志 4, 地理 上, 平州.
38) 三上次男, 《古代東北アジア史硏究》(吉川弘文館, 1966).

에 의하여 점령된 역사활동의 중심 마당이었다.[39]

(2) 낙랑 · 대방의 요서이동과 《송서》 · 《남제서》

《삼국사기》 고구려본기에 의하면, 고구려가 미천왕 14년(313) 10월에 낙랑군을 침입하여 남녀 2천여 명을 노획했으며, 이듬해 7월에는 대방군을 침입했다. 미천왕대의 낙랑 · 대방에 대한 침략기사를 마지막으로 《삼국사기》에서 이들의 역사활동은 사라진다. 그러므로 이후의 낙랑 · 대방에서의 행적을 추적하기 위해서는 중국측의 사료를 살필 수밖에 없다. 《자치통감》에 의하면 낙랑군이 이 당시 요서지방에 웅거하고 있던 모용씨에게로 귀속되어 있었음을 알 수 있다.[40] 하지만 거기에는 대방의 귀속은 나타나지 않으므로 이동에 따른 자세한 내용도 알 수 없다. 《위서》에서는 북위 때에 낙랑과 대방이 함께 유주로 이동하였음을 알 수 있다.[41] 이 때의 이동이 어느 곳으로부터의 이동인지 자세히 알 수는 없다. 그런데 유주로 옮겨진 낙랑 · 대방의 위치는 요서의 龍城 부근의 어느 곳으로 추정되며, 용성은 바로 수나라 때의 柳城을 가리킨다.[42] 한편 《진서》 지리지에 의하면 平州의 속군 가운데에는 창려군 · 요동군 · 낙랑군 · 현도군 · 대방군이 속해 있었다. 그런데 《위서》 지형지에 의하면 낙랑군이 南榮州 및 營州條에 모두 나타나 있다.[43] 이처럼 같은 책에 낙랑이 2개소에 기록되어 있다는 것은 당시 낙랑의 위치가 때에 따라 이동하였던 사실을 알게 한다. 하지만 이 중에서 남영주는 북위의 孝明帝 延昌연간에 영주가 거란에 점령당하자 永熙(효무제) 2년(533)에 현재의 保定府 근처로 옮긴 이후의 명칭이다. 그러므로 영주조에 기록된 낙랑의 위치에 대한 고찰이 곧 낙랑의 추이를 추적하는 데 보다 접근할 수 있는 방법이다.[44] 영주조의 기록에 의하면 다시 대방이 낙랑에 속하게 되었으며 낙랑군의 치소를 連城이라고 하였다. 그리고 이곳의 속현으로서 영락이 있었는데 이곳은 錦州에 해당된다.[45] 그

---

39) 傅樂成, 《中國通史》 上(1974).
岡崎文夫, 《魏晋南北朝通史》(1943).
40) 《資治通鑑》 권 88, 晋愍帝 建興 원년.
41) 《魏書》 권 4 下, 本紀, 太武帝 延和 원년.
42) 《資治通鑑》 권 96, 晋成帝 咸康 4년.
43) 《魏書》 권 106, 志 5, 地形 2 上.
44) 孔錫龜, 〈高句麗의 遼東進出史硏究〉(忠南大 碩士學位論文, 1983), 21~23쪽.
45) 《遼史》 권 39, 志 9, 地理 3, 中京道, 錦州.

러므로 효명제 正光 말년경 낙랑군의 위치는 대체적으로 금주 부근이었던 것으로 보인다. 이처럼 낙랑은 용성·금주 부근에 위치하고 있었다. 이는 낙랑군의 위치가 시기에 따라서 이동하고 있는 것으로, 보다 더 자세한 추이를 구명하기 위해서는 중국인들의 사민책이 함께 검토되어야 할 것이다.

대방에 대해서는 더욱 영세한 자료 때문에 자세히 알 수 없다. 대방에 대하여는 진민제 건흥 원년(313)의 기록에도 나타나지 않는다. 그러므로 낙랑과 함께 요서지방으로 이동하였는지 또는 그 후 이동하였는지도 잘 알 수 없다. 하지만《삼국사기》에 의하면 미천왕 15년에 고구려가 대방을 남침하였다는 것으로 보아서 낙랑이 이동한 이후에 이동한 것 같다.《자치통감》에는 대방태수 王誕을 左長史에 임명한 내용이 있다.[46] 이는 慕容皝이 慕容廆의 뒤를 이으며 관작을 주는 기록으로써 이미 모용외 때 대방이 이동하였던 사실을 알 수 있다. 그리고 고국양왕 2년(385)에 後燕王 慕容垂가 고구려의 요동 침공에 대항하여 대방왕 佐로 하여금 용성을 지키게 한 것으로 보아[47] 대방의 위치 비정에 시사하는 바 크다. 곧 낙랑과 인접된 지역에 위치하였던 것 같다.

한반도에서 고대국가가 발전하던 시기에 커다란 영향력을 과시했던 낙랑·대방은 4세기에 이르면 이미 중국의 예속을 벗어나 토착세력의 지배하에 있었으나 고구려·백제의 성장에 따라 요서지방으로 이동하게 된 것이다. 이들이 모용씨에게 귀속되는 시기는 진과 모용씨가 대치하던 시기였으니 진으로서는 커다란 세력의 변화로 인식될 수밖에 없었을 것이다. 이렇게 낙랑·대방이 모용씨에게로 귀속된 사건은 당시 동북아시아에서 주목하여야 할 정세변동이었다. 그런데 사료상에는 낙랑·대방의 요서이동이란 역사적 사건과, 백제의 요서영유란 국제적인 세력 변화가 진대에 함께 이루어진 것으로 나타나고 있는 것이다. 이러한 역사적 사실들에 대하여 북조계의 사서에서는 낙랑·대방의 요서이동에 관련된 것들만 기록하였고, 백제의 요서영유 사실에 대하여는 전혀 기록하지 않았던 것이다. 반면에 남조계의 사서에서는 반대로 요서영유에 대해서만 기록하고 있는 것이다. 그러므로 백제의 요서영유 기사는 남조측에서 비롯된 것이며, 아울러 이 시기에 발생했던 역사적 사실에 대

46)《資治通鑑》권 95, 晋成帝 咸和 7년 6월.

47)《三國史記》권 18, 高句麗本紀 6, 고국양왕 2년 6월.

한 북조와 인식의 차이에서 비롯된 것임을 알 수 있다. 이러한 해석은 남북조시대 남조의 백제관과, 문제의 발단이 된《송서》·《남제서》편찬 전후의 백제와 남조와의 외교관계를 통하여 뒷받침된다. 남조에서는 전시대부터의 전통적인 관념에 의하여 동시대적인 백제보다도 낙랑과 대방이 그들의 인식 속에 강하게 자리잡고 있었던 것이다. 비록 의례적이었다고 하더라도 백제왕의 봉책명을 여전히 낙랑·대방과 연계시켜 주었던 것이다. 이러한 시대적 상황을 전제로 백제의 요서영유 사실이 처음으로 기록된《송서》·《남제서》가 편찬되는 시기를 전후하여 이루어진 남조와 백제와의 관계는 주목된다.

《송서》·《남제서》의 내용은 송이나 남제의 외교자료에 의한 사실만을 기록한 사서이기[48] 때문에 요서영유 기사도 당시의 외교적 사실의 반영이다. 《송서》의 편찬은 양나라의 심약이 남제 때인 영명 6년(488)에 완성하였다. 그러므로《송서》가 편찬된 5세기 후반경의 백제와 남조의 외교관계 사료가 검토되어야 할 것이다. 또한 당시 남조에서 백제에 대해 어떤 관념을 가졌던가 하는 것이 참고되어야 할 것이다.《송서》에 보이는 백제의 요서영유에 대한 기사는 다른 내용과 달리 송대에 국한된 것이 아니라 전시대에 이루어진 사실의 기록이다. 이는《송서》의 편찬 시기에 이루어진 외교관계에 의하여 전시대에 이루어졌던 역사적 사실을 기록한 것으로 해석할 수 있기 때문이다.《남제서》의 내용 또한《송서》와 성격을 함께 한다.《남제서》의 내용도 모두 남제 때의 사실에 관한 기록인데 오직 요서영유의 사실만은 전시대의 내용이다. 이 또한 외교적 상황에 의해 전시대의 사실을 기록했다고 해석된다. 이 때의 외교적 상황들로 주목되는 것은 바로《남제서》백제전의 내용이다.

《남제서》백제전의 전반 부분은 결실되어 있지만, 나머지 부분은 백제가 제에 대하여 관작을 청구하는 내용과 이를 허락하는 글이다. 결실된 앞부분에 백제의 요서영유에 관한 내용이 있었던 것이다.[49] 그런데 그 뒤를 이어 기록된 상표문은《송서》가 편찬된 직후에 백제에서 남제로 보낸 것이었다. 이에 의하면 백제는 동성왕 12년(490)에 '建威將軍廣陽太守'인 高達을 '龍驤將軍帶方太守'로 봉해줄 것을 청하였으며, 동성왕 17년(495)의 상표문에서는 慕

48) 兪元載, 앞의 글(1990), 161~162쪽.
49) 田中俊明, 앞의 글, 213~220쪽.

遺를 '樂浪太守'로 봉책하도록 청하여 허락받았다.[50] 동성왕이 직접 남제에 청구한 관작이 '대방태수'·'낙랑태수'란 점이 주목된다. 왜냐하면 이에 앞선 개로왕 18년(472)에도 백제에서 북위에 보낸 사신 가운데 帶方太守 張茂가 있었으므로[51] 이 시기에 나타나는 백제의 대중관계에서의 특수한 상황으로 이해되기 때문이다.

이에 앞선 4세기 후반에는 남북조에서 모두 낙랑·대방이 동시대적인 백제보다 강하게 인식되어지고 있었음을 보았다. 그런데 이러한 인식이 변하지 않고 백제와 남조의 외교문서상에 다시 반영되고 있는 것이다. 결국 4세기 후반의 관념이 이어져 5세기 후반에 이르면 백제에서 중국에 보내는 외교문서에 공공연하게 대방태수를 일컫고 관작을 청하였으며, 또한 낙랑태수의 관작을 청하여 이를 허락받았던 것이다. 이와 같은 백제의 태도는 4세기 중엽부터 대립관계에 있던 고구려세력에 대항하기 위한 전략인 듯하다. 이러한 백제의 대중관계는 문주왕 원년(475) 고구려의 공격으로 말미암아 한성이 함락당하자 심화된 것 같다. 백제에서는 5세기 후반부터 즉《송서》가 편찬되는 전후에 중국으로 보내는 외교문서에서 공공연히 '대방태수'·'낙랑태수'의 관작을 청하여 허락받았으며, '대방태수'를 사신으로 보내었다. 이는 백제가 고구려의 요동진출에 대항하기 위한 것으로, 낙랑과 대방에 대한 백제의 영유권 주장으로 이해된다. 이러한 시대적 상황이 남북조의 첨예한 대치상황에서《송서》의 편찬에 반영되었을 가능성이 높다. 다시 말하면《송서》의 찬자인 심약은 이러한 시대적 상황에서 전대에 이루어진 낙랑·대방의 요서이동을 백제와 관련된 사실로 기록하였던 것 같다. 그러므로 다른 내용과 달리 전대의 사실이더라도 초시제적으로 오직 요서영유의 사실만은 기록하게 된 것 같다.《송서》가 편찬되기 이전인 개로왕 때에 이미 백제의 이러한 주장이 외교문서상에 나타나고 있기 때문이다.

《남제서》의 내용 또한《송서》의 답습으로만 볼 수는 없지만 같은 시대적 상황에서 편찬된 것으로 이해된다.《남제서》의 "스스로 백제군을 두었다"는 내용도 낙랑·대방군을 지칭하는 듯하다.《남제서》에 나타난 백제에서의 '낙

50)《南齊書》권 58, 列傳 39, 百濟國.
51)《魏書》권 100, 列傳 88, 百濟.

랑태수'·'대방태수'의 관작청구에 따른 허락은 이러한 시대적 상황의 전개를 보여주고 있기 때문이다. 그러므로 남북조의 대치상태에서 이러한 시대적 상황을 반영하기 위하여 《송서》·《남제서》에서는 당대의 외교적 사실에 국한된 내용들만 기록하였으나, 오직 요서영유 기사만은 전대의 사실에 관한 내용으로 기록할 수밖에 없었던 것이다.

그리고 간접적으로 요서영유를 방증하는 자료로 간주되던 《남제서》의 백제와 魏虜와의 전쟁기사 및 《삼국사기》 동성왕의 북위와의 전쟁기사는 잘못 해석된 것으로서 실제는 고구려와의 전쟁기사가 아니었는가 추측된다.[52] 그러므로 이를 통해 《남제서》 찬자의 역사인식상의 문제가 또다시 지적되는 것이다. 당시 고구려와 북위는 밀착된 세력으로 고구려의 세력을 무찌른 백제에서는 이 결과를 북위와 적대관계에 있던 남제에 보고하고, 전쟁의 공로자들에 대한 봉책을 요구한 것이었다. 바로 이 봉책요구를 위한 상표문이 《남제서》 백제전의 동성왕 상표문이며, 이를 통해 낙랑·대방에 대한 영유권을 주장하게 되고 허락받은 것으로 해석된다. 이런 상황에서 《남제서》의 찬자 역시 《송서》처럼 《남제서》 편찬 이전에 이루어진 낙랑·대방의 요서지방으로의 이동을 백제와 관련되게 기록함으로써 《남제서》의 당대적 서술의 성격과 달리 전대의 초시제적 내용을 기록하게 되었던 것으로 해석된다.

이러한 사실들을 더욱 뒷받침하는 것이 역시 남북조시대에 편찬된 《양직공도》의 기록이다. 《양직공도》에는 낙랑이 요서영유의 주체로 되어있다. 백제국의 사신도에 낙랑기사가 수록되어 있는 것은 양대에도 백제·낙랑에 대한 관념상의 혼란이 있었으며 시대적 상황에서 동일시하였던 까닭에서 비롯된 듯하다. 이는 남조에서 낙랑과 백제와의 관념상의 관계를 짐작케 하는 중요한 단서이다. 더욱이 《통전》에 의하면 백제가 요서지방을 영유한 후 두었던 치소가 柳城과 北平의 사이에 있었다고 하는 것이다.[53] 이 유성은 바로 낙랑이 요서로 이동한 후 위치하였던 지역이었다.

그 밖의 요서영유에 대한 기록인 《양서》는 당대의 편찬사서로서, 《송서》·《남제서》를 답습하였고, 《남사》는 《양서》를 옮겨 적은 것이었다.

52) 兪元載, 〈魏虜의 百濟侵入記事〉(《百濟硏究》 23, 1992), 81~94쪽.
53) 《通典》 권 185, 邊方 1, 百濟.

백제의 요서영유에 대한 내용이 남조계 사서에 국한된 것은 남조에서 전통적인 낙랑·대방의 관념에 의하여 백제관이 분명하지 못한 상태에서 기록되었기 때문이다. 5세기 후반 고구려·북위와 적대관계에 있던 남조는 백제국으로부터 고구려에 대항하기 위한 낙랑·대방의 영유권 주장을 북조에 대항하기 위해 이를 인정함으로써 비롯되었다. 이러한 백제의 낙랑·대방에 대한 영유권 주장은 5세기 후반 고구려에 의한 백제의 한강유역 상실로 심화되었다.

이 시기에 바로 백제 요서영유의 기록이 처음으로 발단되는《송서》가 편찬되는데, 이 때 이러한 백제와 남조와의 외교적 관계가 반영된 것이 요서영유에 대한 기사이었다. 그러므로《송서》의 내용 가운데서 전대에 이루어진 낙랑·대방의 요서이동과 관련한 백제의 요서영유 기록만이 초시제적 사실로 기록될 수밖에 없었던 것이다.《남제서》도 같은 남북조시대에 편찬된 사서로서《송서》와 같은 인식에서 비롯되었고,《양서》·《통전》등 당대 편찬사서는 모두《송서》·《남제서》를 답습함으로써 요서영유에 대한 기사는 오직 남조계의 사서에만 기록하게 된 것으로 생각된다. 그러므로 백제나 고구려관이 보다 동시대적이었고, 보다 구체적으로 지정학적 위치를 인식하고 있었으며, 더구나 요서지방과 밀접한 관련이 있는 당사국들에 관한 기록인 북조계 사서에서는 백제의 요서영유에 대하여는 전혀 기록될 수 없었다. 단지 낙랑·대방의 이동에 따른 역사활동만이 기록되었던 것이다. 뿐만 아니라 요서영유의 당사국인 백제의 기록에도 요서영유에 관하여 전혀 전하지 않고 있는 것이다.

〈兪元載〉

3. 왜와의 관계

1) 대왜관계의 시작

백제와 왜와의 관계를 규명하기 위한 기본사료로는《삼국사기》와《日本書紀》가 있다. 하지만《삼국사기》와《일본서기》의 기록은 내용과 분량에 있어서 서로 상당한 차이가 있다.《삼국사기》에는 백제본기에 10여 개의 짤막한 기사가 실려 있을 뿐이며, 그것도 주로 4세기 말에서부터 5세기 전반기에 걸쳐서 집중되고 있기 때문에 이를 통한 백제의 대왜관계를 구명하기에는 어려움이 있다.

반면에 《일본서기》에는 백제관계 기사가 80여 개조나 이르고 있어 《삼국사기》보다 자료를 많이 전하고 있다. 그러나 《일본서기》에 전하고 있는 백제관계 기사에는 여러 가지 문제점들이 내포되어 있으며 일본학계에서도 시인하고 있는 실정이다. 《일본서기》는 고대 천황제국가 건설을 기념하여 8세기 초 일본의 지배층이 천황가의 유구성과 존엄성을, 나아가서는 일본열도 지배의 정당성을 천명할 목적으로 편찬한 고도의 정치성을 띠고 있는 역사서이다.[1] 그 결과 국내관계 기록이나 대외관계 기록에서 많은 역사적 사실들에 대한 개작과 왜곡이 가해질 수밖에 없었던 것이다. 《일본서기》에서 백제와의 관계를 기록하고 있는 내용들의 근거가 된 《百濟記》·《百濟新撰》·《百濟本記》라는 이른바 백제3서는 백제가 망한 뒤 일본으로 망명하여 일본조정에서 일하던 백제사람들이 가지고 건너간 본국의 역사기록을 당시 사정에 의해 개서하고 수식하여 일본당국에 제출했던 것으로 짐작되고 있다.[2] 이들에 의해 제출된 내용들은 일본인들의 손을 거쳐 다시 윤색되어 《일본서기》에 인용되었던 것이다.

이러한 과정을 통해 이루어진 《일본서기》의 백제관계 기록으로부터 백제와 왜와의 관계를 밝히기 위해서는 철두철미한 사료비판이 선행되어야만 한다. 그러므로 양적으로 풍부하지 못한 《삼국사기》의 내용과 양적으로는 풍부하나 내용상에 많은 문제점이 내포되어 있는 《일본서기》의 내용을 사료비판을 통해 어떻게 조화롭게 해석하느냐 하는 점이 백제와 왜와의 관계를 밝히는데 가장 큰 어려운 문제이다. 그러나 아직은 이들 자료에 대한 연구가 일치된 해석에 이르지 못하고 있음이 사실이다.

《삼국사기》에 의하면 백제가 아신왕 6년(397)에 왜국과 우호를 맺고 태자 전지를 볼모로 한 것이[3] 왜국과의 관계에 대한 최초의 기록이다. 이는 전지왕 원년(405)에 기록된 전지왕의 등극과정에 의해서도 확인되고 있다.[4] 즉 《삼국

1) 李基東, 〈百濟의 勃興과 對倭國關係의 成立〉(《古代韓日文化交流硏究》, 韓國精神文化硏究院, 1990), 250쪽.
2) 李基東, 위의 글, 251쪽.
3) 《三國史記》 권 25, 百濟本紀 3, 아신왕 6년 5월.
4) 《三國史記》 권 25, 百濟本紀 3, 전지왕 원년.

사기》는 4세기 말에 이르러 처음으로 왜국과 관계를 맺은 것으로 기록하고 있다. 하지만《삼국사기》의 기록처럼 아신왕대에 백제와 왜가 처음으로 접촉하였던 것으로는 생각되지 않는다. 이 때의 사실은 백제가 고구려 장수왕의 남침에 대응하기 위하여 왜국과의 관계를 한층 강화하기 위한 조처로 해석되고 있을 뿐이다. 그런데《일본서기》에는 神功皇后 섭정 46년(246 ; 고이왕 13 ; 병인)부터 백제와 왜국의 접촉기사가 실려 있다. 그리고 신공황후 52년에는 백제에서 왜로 七枝刀와 七子鏡을 보내고 있어 외교적 교섭이 이루어지고 있었음을 알 수 있다. 이를 일본학계에서 통설화되어 있는 바에 따라 간지 2운(갑) 120년을 내려 조정하면 백제의 근초고왕대에 해당하게 된다. 이곳에 실려있는 기사는 그 내용의 줄거리를 볼 때 일관성이 있는 것으로서 일찍이 주목되어 온 바 있다. 따라서 신공기의 백제관계 기사를 일부 수정하여 취하면 당시의 백제사를 어느 정도 복원할 수 있다는 것이 일반적인 해석이다.[5)] 《일본서기》의 상고기년이《삼국사기》의 것보다 120년 빠른 것으로 되어 있기 때문에 이를 내려 조정하면 적어도《일본서기》신공기가 백제의 근초고왕대에 해당하는 것은 의심할 여지가 없는 것이다. 뿐만 아니라 신공기의 백제관계 기사의 내용은 근초고왕이 전남지방에 출정하여 이 지역을 경략하는 기록으로 이해되고 있다.[6)] 그러므로 백제는《삼국사기》의 기록처럼 아신왕대에 이르러 왜국과 처음으로 접촉하기 시작한 것은 아니며, 이전인 근초고왕 때부터 백제와 왜의 접촉이 이루어지고 있었음을 알 수 있다.

백제사에서 근초고왕대는 대외관계에서 주목되는 시기이다. 백제는 근초고왕 21년(366) 3월에 신라에 사신을 보냈으며, 23년에도 또 보내어 진한의 통일세력으로 급성장한 신라와 적극적으로 교류하였다. 뿐만 아니라 근초고왕은 태자인 근구수에게 고구려의 雉壤을 공격하도록 하고 그 후에는 평양성을 공격하여 고국원왕을 전사시키기도 하였다. 더구나 근초고왕 27년에는 중국의 晋에 공식적으로 사신을 파견하여 대중관계를 시작하는 등 백제가 동

---

5) 李丙燾, 〈近肖古王拓境考〉(《百濟硏究》1 ;《韓國古代史硏究》, 博英社, 1976, 514쪽).
千寬宇, 〈復元加耶史〉(《文學과知性》9-1, 1978), 915~918쪽.

6) 李丙燾, 위의 글.
千寬宇, 위의 글.

북아시아의 강국으로 부각되던 시기였다. 이러한 근초고왕대의 신라·고구려·진과의 관계에 짝하여 대왜관계 또한 이루어졌을 것으로 판단된다.

2) 대왜관계의 전개

《삼국사기》에는 백제가 왜와 처음으로 접촉한 것을 아신왕대로 기록하고 있다. 그러나 《일본서기》에 의하면 이미 근초고왕 때부터 정치적 관계를 맺었던 것으로 보인다. 이것은 백제에서 七支刀 1구와 七子鏡 1면을 보냈던 사실에서 알 수 있다.[7] 이 칠지도에 대해서는 현재 일본의 奈良縣 天理市의 石上神宮에 소장된 칠지도를 그 당시의 유물로 생각하는 견해가 유력하다. 그런데 《일본서기》 신공황후 52년은 서기 252년에 해당된다. 《일본서기》의 상대기사 연대는 간지 120년씩을 내려서 이해하여야 되는 것이 통설이므로 위의 기사에 대한 실제의 연대는 372년이 된다. 이는 바로 근초고왕 27년이다. 근초고왕 27년은 백제가 중국의 晋과 처음으로 외교관계를 맺은 때이기도 하다. 그리고 칠지도의 앞뒷면에는 61자의 金象嵌 명문이 있어 주목되어 왔다. 이 명문에 대한 해석에는 많은 논란이 있다.[8] 그런데 만약 거기에 새겨진 명문의 연호를 백제의 泰和 4년(372)으로 해석할 수 있다면[9] 앞에서의 연대 추정은 대체적으로 수긍이 가는 것이다. 그러므로 근초고왕 때부터 왜와

---

7) 《日本書紀》 권 9, 神功皇后 52년 9월 정묘 초하루 병자.

8) 栗原朋信, 〈七支刀銘文についての一解釋〉(《日本歷史》 216, 1966).
金錫亨, 《古代韓日關係史》(勁草書房, 1969).
神保公子, 〈七支刀の解釋をめぐって〉(《史學雜誌》 84-11, 1975), 35~56쪽.
李丙燾, 〈百濟七支刀考〉(《震檀學報》 38, 1974).
李進熙, 〈七支刀研究の百年〉(《廣開土王碑と七支刀》, 學生社, 1980), 37~66쪽.
山尾幸久, 〈石上神宮七支刀銘の百濟王と倭王〉(《古代の日朝關係》, 塙書房, 1989).

9) 李丙燾는 百濟의 연호일 것으로 그리고 원년을 369년으로 해석하고 있다(위의 글, 1974). 그리고 金錫亨은 泰和를 백제의 연호로 해석하였고 그 연대는 5세기의 어느 해로 추정하였다(위의 책). 한편 근래에는 5세기 후반에 비정하는 견해들이 있기도 한다.
森浩一(〈鐵劍文字は古墳文化のどこに位置するか〉, 《鐵劍文字は語る》, 1979)은 5세기 중엽 이후 6세기 전반에 걸쳐 일본고분에서 출토되는 칼을 주목하여 369년설에 대한 재검토를 주장하였다. 그리고 村上英之助(〈考古學からみた七支刀製作の年代〉, 《考古學研究》 25-3, 1978)는 新羅古墳 출토유물과 비교해 548년으로 추정하기도 한다.
한편 李基東(앞의 글)은 5세기 후반설을 지지하고 있다.

접촉하여 외교적 관계를 맺고 있었음을 알 수 있다. 백제에서 근초고왕 27년은 중국의 동진과도 공식적으로 최초의 대중관계를 수립하던 시기이다. 백제가 이처럼 대외적으로 외교관계를 추진하게 되었던 것은 내적인 발전의 결과였다. 마한의 잔여세력을 병합하고 북으로는 고구려의 평양성을 공격하여 크게 이겼으며 고국원왕을 전사시키기에까지 이르게 되었다. 이러한 근초고왕의 위업은 백제가 중국과 왜에 정식으로 통교할 수 있도록 하는 원동력이었다.

《삼국사기》 백제본기의 초기 기사에는 왜와의 관계가 나타나지 않지만, 신라본기에 의하면 신라는 건국 이래 5세기 말에 이르기까지 상당히 많은 왜구의 피해를 당하였음을 알 수 있다. 왜구의 침입은 심지어 국도를 위협하였으며 金城이 포위된 것도 수차에 이르렀다. 그러나 왜구관계의 기사는 지증왕대 이후에는 찾아볼 수 없다. 이처럼 신라는 왜와 접촉이 잦았던 반면에 백제가 왜와 접촉한 기록은 보이지 않는다. 신라를 자주 쳐들어 온 왜구의 소행이 거국적으로 조직화된 군사활동이라고 보기는 어렵다. 그들은 해적들이었거나 지방단위의 소규모 병력이었던 것으로 추측된다. 백제 초기의 왜와의 접촉기록이 보이지 않는 것은, 아마도 이러한 성격의 왜와 인접하고 도읍이 바다에 가까운 신라와 달리, 백제가 내륙지역인 한강유역에 위치하고 있었으므로 왜와는 접촉이 이루어질 수 없었기 때문이 아닌가 한다. 해적과 같은 왜구가 주로 해변에 위치한 신라의 도읍지 경주 부근에 소규모로 산발적으로 침입했던 것이다. 그러나 《삼국사기》에 나타나는 이러한 왜구들의 활동을 통해서 그 당시 왜로 표현되는 군사력을 과소평가해서는 안될 듯하다.

《일본서기》에서는 신공황후 섭정 46년부터 백제 관련기록과 신라정벌에 관한 내용들이 실려 있다.[10] 백제 관련기록은 백제가 전남지역을 경영하는 역사로서 이해할 수 있는 내용임을 이미 앞에서 살펴보았다. 그런데 신라정벌 기사도 잘 검토해 보면 그 전쟁을 수행하였던 인물들은 백제인이었다. 즉 백제인 木(羅)斤資라는 장군인데, 그는 백제가 웅진으로 천도할 때 문주왕을 옹호하였던 木滿致의 부친으로 알려진 사람이다. 목(라)근자는 그 후 왜군이 대가야를 침입하였을 때 왜군을 격퇴함으로써 대가야에 대한 백제의 지배권을

10) 百濟 관련기사는 《日本書紀》 권 9, 神功皇后 46년 · 47년 · 50년 · 51년 · 52년에, 신라 관련기사는 神功皇后 49년 · 62년에 있다.

확립하는 데 큰 공을 세운 바 있다. 이 때 왜군의 대가야 공격에 대해서는 그것을 어느 정도 신빙할 수 있는 것으로 해석하기도 한다. 그러나 이른바 「신공황후의 신라정벌」에 대해서는 일반적으로 잘못된 것이라고 보고 있다.

백제가 아신왕 6년(397)에 왜와 관계를 맺고, 아신왕 11년에는 사신을 왜국에 보내 大珠를 구했으며,[11] 다음해는 백제에 온 왜국사신을 백제왕이 후하게 대접하였다.[12] 백제가 이처럼 왜에 적극적인 외교관계를 펼치게 된 것은 고구려의 남침 때문이었다. 이 때 고구려는 영토를 널리 확장한 광개토대왕 때로서, 그 위업을 기리는 비가 남아 있어 쉽게 치적을 알 수 있다. 광개토대왕릉비의 내용 가운데서도 가장 주목되는 것은 백제와의 전쟁기록이다. 영락 6년(396, 아신왕 5)에 광개토왕 스스로가 거느린 고구려군이 한강을 건너 백제의 국도를 핍박하였으며, 백제왕은 이에 항복하여 복속을 맹세하지 않을 수 없었다.[13] 아신왕이 태자인 전지를 왜에 보내어 관계를 긴밀히 하려고 하였던 것은 이러한 불리한 상황에서 취해진 외교정책의 일환이었다.[14] 아신왕 8년(399)에 이르러 백제가 서약을 위반하고 왜국과 통교하므로 광개토왕은 이에 보복하려 했다. 마침 고구려는 왜적의 침범에 대한 신라의 구원 요청이 있었으므로 행동을 개시하여 신라·가야에 이르는 넓은 지역에서 큰 전과를 올렸다(400).[15] 한편 신라의 실성왕은 이러한 전쟁 이후의 사태를 수습하는 방편으로 왜국과 통교하기로 하고 내물왕의 아들인 未斯欣을 볼모로 왜에 보내었다.[16] 〈광개토왕릉비문〉에 대한 해석에는 많은 논란들이 있지만 이 무렵 왜의 군사력이 남한지역에 어떤 영향을 끼칠 정도였던 것만은 인정하지 않을 수 없다. 그런데 이 시기의 왜는 북구주지방을 중심으로 하여 형성되었던 세력으로 이해되고 있다.[17]

---

11) 《三國史記》 권 25, 百濟本紀 3, 아신왕 11년 5월.
12) 《三國史記》 권 25, 百濟本紀 3, 아신왕 12년 정월.
13) 盧泰敦, 〈廣開土王陵碑〉(《譯註 韓國古代金石文》 I, 1992), 18쪽.
14) 李基東, 앞의 글, 252쪽.
15) 盧泰敦, 앞의 글, 18~19쪽.
16) 《三國史記》 권 3, 新羅本紀 3, 실성니사금 원년 3월.
17) 千寬宇, 〈韓國史의 潮流〉(《新東亞》 1973-1).
水野祐, 《日本古代の國家形成》(1967), 157~158쪽.
金錫亨, 앞의 책, 345~346쪽.
井上秀雄, 《任那日本府と倭》(東出版株式會社, 1973), 336~337쪽.

백제에서 아신왕이 죽자 조정에서는 내란이 일어났다. 왕의 가운데 아우인 訓解가 섭정을 하게 되니 왕위를 노린 막내아우 碟禮가 훈해를 죽이고 왕이 되었다. 한편 태자로서 왜에 가 있던 전지는 이 때에 왜인 100명의 호위를 받고 解忠의 도움으로 설례를 타도하여 왕위에 오르게 되었다.[18] 전지왕이 즉위한 이후에도 백제와 왜의 우호적 관계는 계속되었다. 전지왕대에는 왜국에서 夜明珠를 보내왔고,[19] 백제에서는 白綿 10필을 보내는 등[20] 왜국과의 우호관계가 더욱 견고하였다. 한편 신라의 경우, 눌지왕 2년(418)에 왜에서 머무르던 왕자 미사흔이 귀국하게 되었다. 고구려는 장수왕 15년(427) 드디어 도읍을 평양으로 옮기게 되었는데 이로 말미암아 백제·신라 그리고 왜에 이르기까지 모두 긴장상태로 접어들게 되었다. 특히 5세기 중엽 이후로 고구려와 백제 사이에는 전쟁상태가 오래 지속되었던 것 같다. 이러한 사실은 백제의 개로왕 18년(472) 고구려의 남진을 억제하기 위하여 북위에 보낸 국서에서 그 동안의 경위를 "원한을 맺고 禍가 이어짐이 30여 년"이라고 한 것에서도 잘 나타나 있다.[21] 백제와 신라는 고구려의 남진을 저지하기 위하여 나제동맹까지 체결하였으나 성공하지 못하였다. 문주왕 원년(475) 백제의 도읍 한성이 함락됨으로써 어쩔 수 없이 국도를 웅진으로 옮기고 말았다. 천도 후의 어려움을 어느 정도 극복하고 부흥을 위해 힘썼던 무령왕에 대해《일본서기》에는 일본에서 탄생한 것으로 전하는 설화 같은 기사가 기록되어 있기도 하다.[22]

백제사에서 6세기 전반기는 가야지방에 대한 영유문제를 중심으로 신라 및 왜와의 사이에서 복잡한 관계를 갖던 시기이다. 이 시기의 미묘한 관계는《삼국사기》보다《일본서기》에 그 내용들이 비교적 상세하게 전한다. 그런데 이 시기에 왜가 가야지방에 대해 발언권을 가질 수 있었던 것은 木滿致와의 관계에서 비롯된 듯하다. 목만치는 과거에 가야지방에서 세력을 형성하여 결국 백제의 강력한 세력으로 진출하게 된 인물이었다. 그가 왜에 건너가 왜의 중요한 인물로 등용됨으로써 가능했다고 생각된다. 목만치의 이주에 이

李基東, 앞의 글, 274~281쪽.
崔在錫,《百濟의 大和倭와 日本化過程》(一志社, 1990).

18)《三國史記》권 25, 百濟本紀 3, 전지왕 원년.
19)《三國史記》권 25, 百濟本紀 3, 전지왕 5년.
20)《三國史記》권 25, 百濟本紀 3, 전지왕 14년 夏.
21)《三國史記》권 25, 百濟本紀 3, 개로왕 18년.
22)《日本書紀》권 14, 雄略天皇 5년 4월.

어 5세기 말경에는 대가야의 대족들이 왜에 건너가 河內지방에 정착하여 상당한 집단세력을 형성하였다. 그러나 이러한 결과가 6세기 중반경에 이르면 낙동강 동쪽 연안의 가야지방이 신라의 세력하에 들게 되고 진흥왕 23년(562)에는 대가야가 정복됨으로써 가야지역은 완전히 신라의 통치하에 놓이게 되었다. 백제는 이 시기에 이르러 남천 후의 어려움을 어느 정도 극복하고 명실상부하게 「다시 강국이 된」 시대였다.[23] 그 결과 고구려와의 관계에서 수세에만 처해 있던 백제가 다시 대등한 관계로까지 세력을 회복할 수 있었다. 천도 후의 무질서했던 국가기구와 제도는 이 기간 동안에 안정되었다. 이러한 개혁은 특히 사비천도 이후로 크게 진전되었다. 왕을 중심으로 한 귀족들의 관료적 조직화가 완료되었으며 왕권국가 중심의 체제가 완비되었던 것이다.[24]

6세기 전반 백제사의 또 하나의 특색은 왜와의 외교적 관계를 들 수 있다. 이러한 관계는 백제로부터 五經博士 등의 전문지식인을 왜국으로 파견하는 과정에서 이루어졌다. 이 시기에 왜에 파견되었던 박사들 중에는 오경박사 이외에 易博士·醫博士·曆博士 등이 포함되어 있었다. 백제가 이와 같이 왜에 많은 박사를 파견한 것은 왜의 요청에 기인한 바 크다. 높은 학술과 전문지식을 가진 이들은 왜국의 국가제도 정비와 사회의 문명화를 위하여 절대적으로 필요한 요소들이었다. 왜국의 문화적 욕구에 따라 백제가 준 대가로서 백제는 왜에 군사적 지원을 바랐던 흔적이 《일본서기》에 나타나고 있다. 특히 신라의 대가야 공세가 적극화된 법흥왕 17년(530) 이후로 이러한 백제의 태도는 더욱 구체화되었다. 신라는 진흥왕 12년에 백제와 공동작전으로 고구려를 공격하였으며 동 14년에는 백제가 병합하려는 한강 하류지역을 쳐서 차지해 버렸다. 이는 명백히 동맹국 백제에 대한 배신이었다. 이 배신에 보복하기 위해 성왕은 신라의 狗川에까지 쳐들어 갔으나 불행하게도 신라군에 의해 죽임을 당하였다. 진흥왕의 백제에 대한 배신행위는 급격한 국제정세의 변화를 불러오게 되었다. 결국 이 시기 이후에 신라는 고구려·백제와의 적대적 관계를 피할 수 없었다. 신라는 이러한 국제적인 고립상태에서 벗어나기 위해 왜에 사신을 자주 파견하여 관계개선에 노력하였다. 한편 백제로서는 신라와 동맹

23) 《梁書》 권 54, 列傳 48, 百濟, 普通 2년.
24) 盧重國, 《百濟政治史硏究》(一潮閣, 1988), 214~292쪽.

자적인 관계에서 마침내 적대국의 관계로 돌변하게 되자 기존의 외교노선을 달리하게 되었다. 즉 백제의 대중관계는 대체적으로 남조의 관계로 한정되었던 것이나 이 시기에 이르러서는 북조의 북제나 북주와도 관계를 개선하고자 하였다. 이러한 위덕왕대 외교노선의 급선회는 당시의 시대적 상황이 상당히 급박하였음을 알게 한다. 급박한 상황에서 백제는 왜와의 관계를 추진하였을 것이나 그러한 사실들이 《삼국사기》에는 남아 있지 않다.

한편 한반도에서 이러한 정세 변동이 초래된 시기에 이어 중국에서는 수가 남북조를 통일하였다(589). 그 후 수가 고구려에 압력을 가하게 되는 정세 변동 속에서 백제는 수와도 관계를 긴밀히 유지하고 또한 고구려와도 화합을 모색하였다. 이 시기에 왜에서는 推古天皇이 즉위하고 모든 권한은 聖德太子가 장악하게 되었다. 성덕태자는 집권 초기에 백제와 긴밀한 관계를 유지하였으나, 그 후 왜의 독자성을 강조하기에 이른다. 그러므로 독자적으로 수와의 접촉을 시도하고 있을 뿐 아니라 백제에 대해서는 이전보다 거리를 두는 외교를 펴나갔다. 이러한 왜의 태도 변화는 백제를 자극하였다. 《일본서기》 추고기 및 《隋書》 倭國傳에 의하면, 백제는 수에서 왜국으로 귀국하던 왜의 사신을 사로잡아 그가 가지고 있던 수의 국서를 빼앗는 사건을 일으켰다.[25] 이는 바로 백제가 왜의 독자적인 외교정책에 대해 불만을 표시한 것이었다. 왜의 수나라 접근과 백제의 외교문서 탈취로 인한 양국 사이의 긴장된 관계는 무왕 후기로 접어들면서 점차 회복되어 갔다. 즉 당이 신라와 접근한 데 자극되어 백제는 왜와의 화친을 모색하게 되었던 것이다. 백제가 왜에 접근을 시도하는 방편으로서 나온 것이 豊璋의 파견이었다. 풍장은 《일본서기》 舒明紀에 나오고 또한 齊明紀에도 나오는데 이들은 이름은 같으나 다른 사람으로서 전자는 무왕의 아들이고, 후자는 의자왕의 아들이라 할 수 있다.[26] 풍장을 왜에 파견할 때 백제에서는 태자의 책봉을 둘러싸고 원자인 의자를 지지하는 세력과 왕자 풍장을 지지하는 세력으로 나뉘어 갈등이 있었다. 그리고 왜에서는 舒明이 즉위하는 과정에서 실권을 장악한 蘇我氏세력이 서명의 즉위를 반대한 친백제세력

25) 《隋書》 권 81, 列傳 46, 東夷, 倭國.
《日本書紀》 권 22, 推古天皇 15년.

26) 盧重國, 〈7世紀 百濟와 倭와의 關係〉(《國史館論叢》 52, 1994), 165쪽.

인 境部臣세력을 제거해 버렸다. 경부신세력이 제거당한 사건은 왜국내에 있던 친백제세력으로서는 적지 않은 타격임이 분명했다. 이러한 복잡한 백제와 왜국내의 문제를 해결하기 위한 하나의 방편으로 풍장을 왜국에 파견하게 된 것이다. 그러므로 백제내에서는 지배세력들간의 갈등도 어느 정도 조정되었으며 왜의 조정내에 다시 친백제세력을 재건할 수 있었다.[27] 그 결과 백제와 왜는 무왕 말경에 이르기까지는 우호관계가 유지되었다.

그러나 백제에서 의자왕이 즉위하면서 백제와 왜와의 관계는 새로운 변화를 겪게 되었다. 의자왕은 즉위 후 무왕 말기부터 시작된 지배세력내의 문제를 해결하기 위하여 친위정변을 일으켜 왕권을 강화하려고 하였다.[28] 이러한 과정에서 의자왕의 조카 翹岐를 비롯하여 좌평 岐味 등 수십 명의 귀족들을 대거 추방하였다. 이들은 바로 무왕이 말기에 이르러 환락에 빠지자 왕의 측근세력으로 의자의 즉위를 반대했던 무리들로 생각된다. 그런데 백제에서 추방되었던 교기는 당시 왜의 실권자였던 蘇我蝦夷大臣이 맞아들였을 뿐만 아니라 우대받는 상황이 되었다. 이러한 과정에는 아마도 왜에 머무르면서 의자왕의 반대세력 추방을 거부했던 백제인들의 영향도 컸을 것으로 생각된다. 왜가 교기에 대하여 취한 태도는 백제로서는 바람직하지 못한 것이었음이 틀림없다. 이러한 관계를 개선하기 위해 의자왕은 대좌평 沙宅智積을 왜에 파견하였다. 그러나 백제가 아무리 적극적이었다 하더라도 왜가 응하지 않으므로 실패하고 말았다. 그 결과 귀국한 사택지적은 책임을 지고 정계에서 물러나야 했다. 그리고 백제에서는 왜와의 공식적인 교역관계를 줄이는 등 긴장관계로 접어들게 되었던 것이다. 그런데 이후 왜에서는 지배세력이 바뀌어 이제까지 실권을 장악하였던 소아씨세력이 中大兄과 中臣鎌足을 중심으로 한 세력에 의해 제거되어 孝德이 즉위하고 大化改新을 단행하였다(646). 효덕천황대에 실권을 장악했던 중대형의 백제에 대한 정책에는 한동안 아무런 변화가 없었다. 그러나 이 때에 동아시아 정세는 신라와 당이 서로 밀접한 관계를 이루게 되자 백제나 왜에서도 서로의 관계를 다시 정립할 필요를 느끼게 되었다. 그래서 의자왕은 왕자 夫餘豊를 왜에 파견하였다. 《삼국사기》 백제본기 의자왕 13년(653)조에 왜국과

27) 盧重國, 위의 글, 162~167쪽.
28) 盧重國, 위의 글, 168~176쪽.

통호하였다[29]고 하는데, 이것은 비유왕 2년(428)에 왜국에서 사신이 왔다는 기사가 있은 후 220여 년이 지나서 나타나는 백제의 왜국과의 관계기사이다.

결국 의자왕은 이제까지 소원했던 왜와의 관계를 청산하고 우호적인 관계로 발전시켜 나갔다. 당시 한반도에서 야기되고 있던 신라와 당의 연합세력에 대항하여 백제·왜·고구려의 또 하나의 연합관계가 이루어지게 된 것이다. 이러한 국제적인 긴장관계에도 불구하고 의자왕은 말기에 정사에 뜻이 없었다. 마침내 백제는 의자왕 20년(660) 신라와 당의 연합군에 의해 멸망하고 말았다. 백제의 멸망기에도 왜의 백제에 대한 우호적 관계는 변함이 없었다. 이러한 사실은 백제가 나당연합군에 의해 멸망될 때 왜에서는 대군을 파견하여 백제군을 지원하고자 한 것에서 알 수 있다.[30]

백제와 왜의 관계는 부흥운동기에도 계속 유지되었다. 백제가 멸망하자 각처에서는 백제의 부흥을 위해서 일어섰다. 豆尸原岳에서 일어난 좌평 正武의 부흥군, 任存城을 근거로 한 은솔 福信과 승려 道琛의 부흥군, 久麻怒利城을 중심한 달솔 餘自進의 부흥군 등이 있었다. 그러나 이들 중에서 역시 임존성을 근거지로 했던 黑齒常之·沙吒相如의 부흥군이 가장 대표적이었던 것으로 생각된다. 부흥군 가운데서 가장 핵심을 이루었던 임존성을 근거로 한 복신·도침군은 좌평 貴智를 왜국에 파견하여 군사원조를 구하는 동시에 부여풍을 귀환시켜 줄 것을 요청하였다.[31] 백제의 멸망이라는 급격한 상황 변동에서 백제부흥군으로부터의 군사원조 요청은 왜국내에서 혼란의 대상이었다. 그러나 결국에는 많은 반대에도 불구하고 구원하기로 결정하였다. 이러한 결정에는 당시 정치적 실권자였던 중대형세력이 국내의 정치적 불안을 극복하고 나아가서는 한반도의 정세 변화가 앞으로 왜에 끼칠 위협에 대응하기 위한 것이었다고 할 수 있다. 그리고 여기에는 백제의 부흥군을 지원하려고 왜국에 있던 백제인 특히 백제왕자 夫餘勇의 활약이 컸었다. 백제의 부흥군이 그들 자체의 분열에 의해 무너져 버리자 백제와 왜국의 공식적인 관계는 끝을 맺었다. 그러나 그 후로도 백제인들의 일본으로의 진출은 계속되었다.

---

29) 《三國史記》 권 28, 百濟本紀 6, 의자왕 13년 8월.
30) 《日本書紀》 권 27, 天智天皇 원년 8월.
31) 《日本書紀》 권 26, 齊明天皇 6년조에 의하면 福信이 왕자 夫餘豊의 귀환을 위해 사신을 처음 보낸 것은 660년 10월이었고, 661년 4월에 다시 요청하였다.

3) 대왜관계의 성격

백제는 근초고왕대부터 왜와 접촉을 시작하였다. 그 후 백제가 나당연합군에 의해 멸망될 때까지, 더 나아가서 부흥운동기까지 그 관계는 지속되었다. 이 기간에 이루어진 백제의 대왜관계의 성격은 정치적·문화적인 측면에서 파악하여야 된다.

우선 정치적인 측면에서는 이들의 외교관계 자료에 등장하는「結好」「通好」「質[볼모]」등의 단어에서 대체적으로 성격을 파악할 수 있다. 그러나 이들의 관계에서 나타나는「볼모」의 해석에는 주의를 요한다. 대개 人質이란 약소국에서 강국에 대해 볼모로서 파견되는 것으로 이해되고 있다. 이 개념은 특히 중국의 고대 戰國時代에 유행했었다. 그러나《삼국사기》에서는 전국시대의「볼모」의 개념과 다른 성격인 외교적인 것도 일률적으로 인질이라고 하는 경우가 많다.[32] 특히 전지의 경우는 인질외교가 아니라 당시 백제가 고구려와 신라를 견제하기 위한 목적에서 백제가 주도적으로 취한 군사외교였다.[33] 뿐만 아니라 부여풍을 인질로 왜국에 파견한 일이 있는데 이 또한 백제가 자주적으로 왜국의 대외정책을 백제의 사정에 맞추어 진행시키기 위해 파견한 의도적이었던 것으로 인식하는 것이 통설이다.[34] 그러므로 백제와 왜의 정치적 관계는 시기에 따라 약간 소원한 때도 있었지만, 계속적으로 우호적인 관계에는 변함이 없었다.

문화적인 측면에서는 백제인들의 문화전수 활동으로 일본 고대문화의 뿌리를 이루게 했다는 점이 주목된다. 일찍이 백제인들은 왜에 건너가게 되었고 이들은 학문과 불교, 그리고 각종 기술 등을 전수함으로써 왜의 지적인 욕구를 충족시켜 주었다. 왜가 고대국가를 이룩하는 데 백제로부터 받아들인 문화적 요소들은 반드시 없어서는 안되는 것이었다. 왜는 고대국가 건설 이후에도 문화적 욕구를 주로 백제인들로부터 채워나갔다. 백제가 멸망한 이후에는 백제의 옛왕족과 귀족이 대거 일본에 건너가 거주케 됨으로써 문화적 전

32) 申采浩,〈讀史新論〉(《改訂版 丹齋申采浩全集》上, 1972), 497~498쪽.
33) 李基白,《韓國古代史論》(探求堂, 1975), 74쪽.
34) 山尾幸久,《日本國家の形成》(岩波新書, 1977), 137쪽.

수관계는 끊이지 않고 이루어졌다.

결론적으로 백제와 왜의 관계는 기본적인 우호관계를 바탕으로 한 문화전수자적인 성격으로 파악할 수 있다.

〈兪元載〉

Ⅳ. 백제의 정치·경제와 사회

1. 중앙통치조직
2. 지방·군사제도
3. 경제구조
4. 사회구조

Ⅳ. 백제의 정치·경제와 사회

1. 중앙통치조직

백제의 중앙통치조직의 핵심은 관등제와 관부·관직제 및 귀족회의체라 할 수 있다. 이 3자는 서로 긴밀한 연관성을 가지면서 국가운영의 기본틀로서 작용하였다. 중앙귀족화된 수장세력들은 관등을 가짐으로써 지배체제내에서의 자기 위상을 확보하였고, 관직을 통하여 국정에 직접 참여하게 되었다. 그리고 이들은 귀족회의체를 구성하여 국가의 중요한 문제들을 논의하고 결정하였다.

이러한 중앙통치조직은 백제가 한성에서 웅진으로, 웅진에서 다시 사비로 천도하는 상황 속에서 여러 차례 변화하였다. 이제 백제의 중앙통치조직의 내용과 그 변모과정을 세 부분으로 나누어 정리해 보기로 한다.

1) 관등제

백제가 소국 및 소국연맹단계에 있을 때는 아직 정치수준이 古拙하여 관등과 관직은 분화되지 않은 상태였다. 따라서 이 시기의 지배조직은 관등과 관직을 구분하기 어렵기 때문에 포괄적으로 官制라고 표현할 수 있다. 소국단계에서는 각 소국의 수장들은 사로국이나 왜국의 경우에서 미루어 볼 때 단순하면서도 규모가 작은 지배조직을 가지고 있었다고 할 수 있다. 그러나 지배조직의 명칭은 자료가 없어 알 수 없다.

소국연맹단계가 되면서 중앙관제가 생기는데 그러한 관제로는 右輔와 左輔를 들 수 있다.[1] 이 직에는 왕족을 비롯하여 연맹을 구성한 유력한 세력

1) 右輔의 직에는 온조왕 2년(B.C. 17)에 族父 乙音이 처음 임명되었고, 左輔는 다루왕 10년(37)에 우보였던 屹于가 임명된 것이 그 처음이다.

자가 임명되었는데, 대체로 전임자가 사명한 후 후임자가 그 뒤를 잇는 것이 관례였다. 이들의 직능은 연맹장으로부터 군사관계의 업무를 위임받아 관장하는 것이었다. 따라서 이 시기에는 연맹을 구성한 수장들의 독자성이 상당한 정도로 유지되고 있었다고 할 수 있다.

그러나 고이왕대에 들어와서 백제는 중앙집권화를 적극적으로 추진하게 되었고, 그 과정에서 소국의 수장들은 자신들의 족적 기반을 해체당하면서 점차 중앙귀족으로 전환되었다. 이렇게 중앙귀족화된 세력들은 왕도의 일정한 지역에 편제되었는데 이렇게 편제된 귀족들의 정치적 거주처가 바로 部이다. 이 시기에 성립된 부는 모두 5개였다. 5부의 명칭은 처음에는 백제 고유의 토착적 용어로 표기되었겠지만, 후에는 동·서·남·북부와 중부라고 하는 방위를 나타내는 명칭으로 바뀌었다.[2] 따라서 이 시기 백제의 정치체제는 5부체제라고 할 수 있다.

5부체제의 성립으로 중앙의 권력이 강화되면서 지배조직도 확대되었다. 그러한 지배조직의 확대과정에서 관등이 만들어지게 되었다. 관등은 중앙귀족세력들을 서열화하여 그들 상호간의 상하존비를 구별지어 주는 제도적 장치였다. 이 시기에 만들어진 관등제는 佐平과 率系 관등, 德系 관등 등 상위의 관등과 佐軍·振武·剋虞 등 하위의 관등으로 이루어졌다. 고이왕은 이러한 관등을 귀족세력들에게 수여함으로써 이들을 왕권하에 편제해 넣었던 것이다.

그러나 5부체제단계에서 왕권이 비록 전시대에 비해 강화된 것은 사실이지만 그렇다고 하여 왕권이 중앙귀족세력들을 완전히 장악한 것은 아니었다. 즉 이 시기의 중앙귀족들은 족적 기반이 약화되기는 하였지만 어느 정도 독자적인 세력기반을 유지하고 있었던 것이다. 이는 부의 대표세력들이 독자적으로 部兵을 운영하고,[3] 비록 축소되었다고는 하나 소국단계의 지배조직을 독자적으로 유지하고 있었다는 데서 추론해 볼 수 있다.[4] 따라서 이 시기의 지배조직은 이원적인 형태를 아직까지는 벗어나지 못하였다고 할 수 있다.

---

2) 五部체제에 대해서는 盧泰敦, 〈三國時代의 部에 관한 硏究〉(《韓國史論》 2, 서울大 國史學科, 1975) 참조.

3) 독자적으로 부병을 운용한 예로는 초고왕 49년(214)에 북부의 眞果가 군사 1,000명을 거느리고 말갈을 공격한 것을 들 수 있다.

4) 부체제단계에서 部의 유력세력들이 독자적인 세력기반을 가졌다는 것은 부여의 경우 大加는 수천 가를, 小加는 수백 가를 주관하였다던가, 고구려의 경우 여러

고이왕대를 거쳐 근초고왕대에 오면서 백제는 중앙집권적 국가체제를 완비하였다. 중앙집권체제의 완비로 부의 유력자들이 이전에 지녔던 독자적인 세력기반은 해체되고 독자적인 군사운용권과 지배조직도 국왕 중심의 지배체계내로 흡수되었다. 이 과정에서 관등제도 일원적으로 정비되었다.

이 시기에 정비된 관등제는 5부체제단계에서의 관등을 토대로 하여 그것을 분화·격상시키는 데서 이루어졌다. 솔계 관등이 達率에서 奈率에 이르기까지 5개의 관등으로 분화되고, 덕계 관등이 將德에서 對德까지 5개로 분화된 것이 그것이다. 근초고왕대에 정비된 관등의 구체적인 내용은 분명히 하기 어려우나 훗날 사비시대에 와서 완비된 16관등 가운데 文督과 武督을 제외한 나머지 다른 관등은 이 시기에 설치된 것으로 볼 수 있을 것 같다.[5]

이후 백제는 개로왕대에 와서 고구려군의 공격을 받아 왕도가 함락되고 왕이 전사하는 위기상황을 맞게 되었다. 이러한 상황을 극복하기 위해 문주왕은 웅진으로 천도하였으나 정치정세는 더욱 불안정해졌다. 병관좌평 解仇가 문주왕을 살해하고 삼근왕을 세웠다가 반란을 일으킨 사건과 동성왕대에 위사좌평 苩加가 왕을 살해하고 반란을 일으킨 사건은 이시기의 불안한 정치정세를 단적으로 보여준다.[6] 웅진천도 이후의 이러한 정치적 불안정은 무령왕대에 와서 극복되었고 그 토대 위에서 성왕은 사비천도를 단행하여 중흥을 도모하였다.

사비로의 천도를 계기로 성왕은 중앙 및 지방통치조직을 비롯하여 국가체제 전반을 새로이 정비하였다. 이 과정에서 정비된 관등제가 16관등제이다. 이 16관등제는 한성시대의 14관등제에 문독과 무독을 새로이 설치함으로써 성립된 것으로 보인다. 이 16관등제의 명칭은 다음의 〈표 1〉과 같다.

〈표 1〉 16관등 명칭

	1	2	3	4	5	6	7	8	9	10	11	12	13	14	15	16
명 칭	佐平	達率	恩率	德率	扞率	奈率	將德	施德	固德	季德	對德	文督	武督	佐軍	振武	剋虞

대가들이 使者·皂衣·仙人이라고 하는 독자적인 지배조직을 가졌다는 데서 방증이 되리라고 본다(《三國志》 권 30, 魏書 30, 烏丸鮮卑東夷傳 30, 夫餘·高句麗 참조).

5) 盧重國, 《百濟政治史硏究》(一潮閣, 1988), 219쪽.

6) 《三國史記》 권 26, 百濟本紀 4, 문주왕 4년·삼근왕 2년·동성왕 23년 참조.

성왕대에 완비된 이 16관등제는 백제 말기에 오면서 대좌평과 같은 특진의 관등도 생기는 등[7] 변화를 보였고, 또 의자왕이 왕의 서자 41명을 좌평으로 임명한 것 등에서 보듯이 어느 정도 문란해진 듯하다. 이로써 16관등제는 점차 파행적으로 운영되어 갔다.

이상에서 서술한 것이 백제 관등제의 성립배경과 그 변화과정의 대략이다. 이제 사비시대에 와서 완성된 16관등제를 중심으로 백제 관등제의 내용을 종합적으로 정리해 보기로 한다.

16관등제에서 가장 중심이 된 것은 좌평이었다. 좌평은 1품으로서 최고의 관등이었고 동시에 귀족회의체의 의장으로서의 기능을 가지고 있었다. 좌평의 정원은 처음에는 1명이었으나 전지왕대에 와서 상좌평이 설치되면서 분화되기 시작하여 상·중·하좌평 등이[8] 만들어지게 되었고 정원도 5명으로 되었다. 이를 5좌평제라고 할 수 있겠다.

한성시대에 이루어진 이 5좌평제는 웅진도읍기를 거쳐 사비천도 후에도 유지되었다. 그러나 성왕이 신라와의 管山城전투에서 대패하여 전사한 후 위덕왕대에 들어와서 왕권은 크게 약화되고 유력귀족들이 실권을 장악하게 되었다. 실권귀족들은 좌평체제를 강화하였는데 그 결과 좌평의 정원은 6명으로 확대되었고 그 명칭도 종래의 상·중·하 좌평에서 고유업무를 나타내는 명칭으로 바뀌었다. 이를 6좌평제라 할 수 있는데, 이 6좌평 중에서 內臣佐平은 수석좌평의 기능을 하였다. 6좌평의 명칭과 고유기능은 다음 〈표 2〉와 같다.

〈표 2〉 6좌평의 명칭과 직능

출전 / 명칭	《구당서》 백제전	《삼국사기》 고이왕조
內臣佐平	掌宣納事	掌宣納事
內頭佐平	掌庫藏事	掌庫藏事
內法佐平	掌禮儀事	掌禮儀事
衛士佐平	掌宿衛兵事	掌宿衛事
朝廷佐平	掌刑獄事	掌刑獄事
兵官佐平	掌在外兵	掌外兵馬事

7) 대좌평은 定林寺址五層石塔에 새겨진 〈大唐平百濟國碑銘〉에 보인다.
8) 상·중·하좌평에 대한 기사는 《日本書紀》 권 19, 欽明天皇 5년 12월에 나온다.

다음 2품 달솔에서 6품 나솔까지는 率을 어미로 갖는 솔계 관등이다. 이중 달솔은 大率이라고도 하였으며 정원은 30명이었다.[9] 달솔의 정원이 30명으로 정해져 있다는 것은 지배계급내에서 이러한 관등을 소지한 귀족들의 정치적 비중이 그만큼 크다는 사실을 의미한다고 할 수 있다.

제7품 장덕에서 제11품 대덕까지는 德을 어미로 갖는 덕계 관등이다. 제12품 문독과 제13품 무독은 督을 어미로 갖는 독계 관등이다. 이 관등은 우리나라 관등상 문무를 구분하는 최초의 예가 된다. 제14품 좌군에서 제16품 극우의 관등은 武系 관등으로서 武的인 성격을 지니는 관등으로 생각된다.

16관등제는 服色에 의해 다시 구분지어졌다. 1품 좌평에서 6품 나솔까지의 복색은 紫服이었다. 7품 장덕에서 11품 대덕까지의 관등의 복색은 緋服이었다. 13품 문독에서 16품 극우까지의 복색은 靑服이었다.

한편 冠飾에 있어서는 왕은 금제였던 데 비해 좌평에서 나솔까지는 관을 銀花로 장식하였다. 무령왕릉에서 출토된 금제관식은 왕의 관식이 금제인 것을 입증해 주며,[10] 익산 笠店里고분에서 출토된 은제관식은 이 고분의 피장자가 좌평 또는 솔계 관등을 소지한 자였음을 짐작하게 한다.[11] 그러나 덕계 관등 이하 관료들이 쓰는 冠帽의 장식에 대해서는 기록이 없어 알 수 없다.

16관등제는 띠의 색에 의해서도 구분되었다. 띠의 색은 7품 이하부터 보이고 있는데 장덕은 자주빛 띠, 시덕은 검은 띠, 주덕은 붉은 띠, 계덕은 푸른 띠이며, 대덕과 문독은 다같이 누런 띠이고, 무독과 좌군·진무·극우는 흰 띠였다.[12] 이처럼 관등에 따라 띠의 색이 상세하게 구분된 것은 백제 관등제의 특색이다.

관등제와 복색제는 신분제와도 밀접한 관련을 갖는다. 신분제사회에서 어떤 개인이 관등을 가졌다는 것은 지배신분층에 속하였음을 의미한다. 그러나 이 지배신분층도 家門의 格에 따라 구별되었다. 백제에서의 지배계층은 관등제와 복색제에 의해 크게 세 신분층으로 구분해 볼 수 있다.

첫째는 1품 좌평에서 6품 나솔까지의 관등을 소지할 수 있는 신분층이다.

9) 《周書》 권 49, 列傳 41, 異域 上, 百濟.
10) 文化財管理局, 《武寧王陵》(1973).
11) 李南奭, 〈百濟의 冠制와 冠飾〉(《百濟文化》 20, 公州大 百濟文化研究所, 1990).
12) 《周書》 권 49, 列傳 41, 異域 上, 百濟.

이들은 관의 장식이 동일하고 또 복색도 똑같이 紫服이어서 제1지배신분층이라고 할 수 있다. 왕족을 비롯한 대성8족은 바로 제1의 지배신분층을 구성한 중심세력들이라고 할 수 있다. 다음 緋服을 입고 자주빛 띠에서 누런 띠까지의 띠를 두르는 장덕 이하 대덕까지의 관등은 제2지배신분층이 가지는 관등이라고 할 수가 있다. 다음 푸른색의 관복을 입고 누런 띠와 흰 띠를 두르는 문독 이하 극우에 이르는 관등의 소지자들은 제3지배신분층이라고 할 수가 있다.

이렇게 셋으로 이루어진 지배신분층 아래에는 일반 평민신분층이 있었고, 최하위에는 노비를 포함한 천민신분층이 있었다. 개로왕시대의 編戶小民이었던 都彌는 바로 평민신분층임을 보여주는 것이고 그가 거느리고 있는 婢子(노비)는 천민신분층을 보여주는 예가 되겠다.13)

2) 행정조직

백제가 중앙집권적 국가체제를 갖추게 되면서 영역이 확대되고 民에 대한 지배력도 강화되었다. 그에 따라 중앙의 유력귀족들이 가졌던 독자적인 지배조직은 해체되어 왕권 아래 일원화되었고 국가운영에 필요한 업무도 크게 확대되고 매우 복잡하게 되었다. 이처럼 확대되고 복잡해진 업무들을 효율적으로 처리하기 위해 각 업무를 분담하는 여러 관부들이 만들어졌고 각 관부 내에는 업무를 담당하는 관직조직이 정비되었다.

한성 및 웅진도읍기의 행정조직에 대해서는 자료가 없어 구체적인 내용은 알 수 없으나 사비시대의 중앙관서는《周書》백제전에 의해 그 대략을 파악할 수 있다.14) 사비시대의 중앙관서는 部와 司로 나뉘어 있었고, 이들이 각각 국사를 나누어 맡았다. 이 가운데 부는 중앙의 핵심적인 관청이며, 사는 부보다 격이 떨어지는 것으로서 부의 통제를 받은 屬司的 성격의 관청으로 생각된다.15)

중앙관청으로서의 부는 22부가 있었으며 이 22부는 내관 12부와 외관 10부로 구성되었다. 내관은 궁중과 왕실의 사무를 관장하는 관청이며, 외관은 일반 서정을 관장하는 관서였다. 그런데 이 22부제에서 내관의 수가 외관보

---

13)《三國史記》권 48, 列傳 8, 都彌.
14)《周書》권 49, 列傳 41, 異域 上, 百濟.
15) 盧重國, 앞의 책, 227~228쪽.

다 많다고 하는 사실은 왕실업무의 방대함을 보여줌과 동시에 왕실 중심의 정치운영과 관련되는 것으로 생각된다.

내관 12부 중 前內部는 명칭으로 미루어 볼 때 왕실관계의 업무를 총괄하고 국왕근시와 왕명출납의 직무를 관장한 부서로 보인다.[16] 穀部와 肉部는 각각 御供에 관계되는 곡물과 육식관계를 전담한 부서로 보인다. 內椋部와 外椋部는 경의 뜻이 고구려의 경우 창고를 의미하므로[17] 왕실의 창고업무를 담당한 부서로 보인다. 馬部는 왕실 소용의 御馬를 관장하는 관부이며, 刀部는 刀劍 등 무기의 제작과 관리를 담당한 부서로 보인다. 功德部는 불교사원을 관할하는 관청으로서 특히 왕실의 안녕을 기원하기 위해 건축한 사원이나 왕성 내에 설치한 內帝釋院 등의 사원을 관할하였을 것으로 보인다. 藥部는 약의 제조와 치료를 담당하는 기관으로서 御醫의 기능을 가진 것으로 생각된다. 木部는 왕실에 소요되는 모든 토목공사를 담당한 기관일 것이고, 法部는 의례·왕의 의장관계 및 율령과 관련되는 업무를 관장하는 부서로 생각된다. 後宮部는 왕의 후궁과 관계되는 여러 업무를 관장하였을 것으로 보인다.

외관 10부 중 司軍部는《周禮》나《書經》에 보이는 司馬와 같은 것으로서 내외 병마관계를 관장한 부서로 생각된다. 司徒部는 교육과 의례관계의 업무를 관장한 부서로 보인다. 司空部는 토목·재정관계의 업무를 관장한 기구로, 司寇部는 형벌업무를 담당한 부서로 보인다. 點口部는 호구파악 및 노동력 징발업무를 관장한 것으로 보이며, 客部는 외교관계 및 사신접대의 업무를, 外舍部는 관료의 인사와 관련된 업무를 담당한 부서로 보인다. 綢部는 직물의 제조와 직물수공업자 관계의 업무를 관장한 부서이고, 日官部는 천문기상과 점술관계의 업무를, 都市部는 상업과 교역 그리고 시장업무를 장악한 부서로 생각된다.[18] 이 22부의 직능을 표로 정리하면 다음의 〈표 3〉과 같다.

외관 10부 중에서 사군부를 비롯하여 사도부·사공부·사구부는 관장업무로 미루어 볼 때 외관 10부 중 가장 핵심이 되는 부서이다. 그 명칭은 중국

---

16) 前內部의 이러한 기능은 신라의 內省과 비슷하다고 할 수 있다. 이에 대해서는 武田幸男, 〈六世紀における朝鮮三國の國家體制〉(《東アジア世界における日本古代史講座》 4, 學生社, 1980), 59쪽 참조.

17) 《三國志》 권 30, 魏書 30, 烏丸鮮卑東夷傳 30, 高句麗.

18) 22부의 직능에 대해서는 梁起錫, 《百濟專制王權成立過程硏究》(檀國大 博士學位論文, 1990), 157~161쪽 참조.

표 3〉 22부의 명칭과 직능

內官(12)		外官(10)	
前內部	國王近侍(?)	司軍部	兵馬軍事
穀　部	穀物조달	司徒部	學問敎育
肉　部	肉類조달	司空部	土木建築
內椋部	內倉재정	司寇部	刑罰司法
外椋部	外倉재정	點口部	戶口파악
馬　部	御馬관리	客　部	外交관계
刀　部	刀劒관리	外舍部	人事관계
功德部	佛敎寺院관리	綢　部	織物징수(?)
藥　部	藥物醫療	日官部	天文占術
木　部	木工건조	都市部	市場交易
法　部	禮儀업무		
後宮部	後宮업무		

의 《주례》의 관명과 동일하므로 중국제도에서 차용해 온 것이라 할 수 있다. 백제가 이처럼 《주례》의 관명을 차용한 것은 당시 중국의 北周가 周禮主義에 입각하여 왕권 중심의 관제를 정비하려고 한 것에서 영향을 받은 것으로 생각된다.[19]

官府의 정비는 각 관부의 업무를 수행하기 위한 관직의 설치와 정비를 가져왔다. 그러나 각 관부에 설치된 관직의 명칭과 체계가 어떠한 것인지, 또한 관직과 관등과의 관계가 어떠한 것인지는 자료가 부족하여 거의 알 수 없다. 다만 관직과 관등과의 관계에 대해서 신라나 고구려의 경우 1관직에 복수의 관등이 대응되는 1관직-복수관등체계라는 사실에서[20] 미루어 볼 때 백제의 경우도 어떤 관직에 나아갈 수 있는 관등이 복수였을 가능성이 크다고 생각된다. 이제 백제의 관직에 대해 얼마 되지 않은 자료를 종합·정리해 보면 다음과 같다.

먼저 長史는 22부의 장의 명칭으로, 자료에 따라 長史·長吏·宰官長 등으로 표기되고 있다. 이 관직은 원칙적으로 3년마다 교대하는 것으로 그 임기

19) 李基東, 〈百濟國의 政治理念에 대한 一考察-特히 '周禮'主義的 정치이념과 관련하여-〉(《震檀學報》 69, 1990), 2~14쪽.

20) 李基東, 〈新羅中代의 官僚制와 骨品制〉(《新羅骨品制社會와 花郎徒》, 韓國硏究院, 1980), 131~143쪽.

가 정해져 있었다. 부의 장으로서의 장사의 직을 맡은 자들은 좌평이나 달솔의 관등을 소지한 귀족들이었을 것으로 추측된다. 그 중 고유의 직무를 가지고 있는 6좌평은 22부 중 전내부나 사군부·사도부 등과 같은 중요한 부의 장을 맡았을 것이고, 달솔의 관등을 가진 자들은 다른 부의 장을 맡았을 것으로 보인다.

左將은 병마권을 관장하는 관직으로서 고이왕 7년(240)에 처음 설치되었다.[21] 좌장은 고이왕이 종래 유력귀족이 가졌던 독자적인 군사권을 해체하여 왕권 아래로 일원화하면서 이를 효율적으로 통제하기 위해 설치한 것이다. 후일 군사권이 군정권과 근령권으로 나뉘었을 때 좌장은 왕명을 받아 군령권을 행사하였다.

博士는 전문교육을 담당하는 관직이다. 박사에 대한 최초의 기록은 근초고왕대에 박사 高興이 《書記》를 편찬하였다고 한 경우이다. 이 박사들은 유교경전을 교육하는 자와 전문기술을 가진 자로 나누어졌다. 유교경전의 교육을 담당할 경우 五經博士·易박사·毛詩박사 등으로 불리웠고,[22] 전문기술직을 담당할 경우는 기술의 종류에 따라 瓦박사·曆박사·鑪盤박사 등으로[23] 불리웠다.

王·侯가 문헌상 처음 보이는 것은 개로왕대의 左賢王·右賢王부터이다. 그러나 일본의 石上神宮에 보존되어 있는 七支刀에 侯王이 보이고 그 제작연대가 근초고왕대로 비정되고 있어, 王·侯制의 실시 시기는 근초고왕대까지 소급하여 볼 수 있다. 왕·후의 존재는 백제왕이 왕중의 왕, 즉 대왕으로 격상된 것을 보여준다.[24] 왕·후의 명칭 중 좌현왕·우현황은 흉노에서 사용된 직명인데,[25] 이러한 흉노식 직명이 백제에서 사용된 것은 백제왕실의 북방적 성격을 시사해 주는 것이 아닌가 한다.

이 王·侯號는 개로왕대까지는 주로 왕족에게 주어졌으나 웅진천도 이후

---

21) 左將이라는 명칭에서 미루어 볼 때 右將의 존재 가능성도 있지만 구체적인 사례는 보이지 않는다.

22) 《三國史記》 권 26, 百濟本紀 4, 성왕 19년.
《日本書紀》 권 19, 欽明天皇 14년.

23) 《日本書紀》 권 21, 崇峻天皇 원년.

24) 坂元義種, 《古代東アジアの日本と朝鮮》(塙書房, 1978), 96~102쪽.

25) 坂元義種, 위의 책 참조.

에는 왕족 이외에 다수의 異姓귀족들도 왕·후의 칭호를 부여받고 있다. 이는 웅진천도 이후 신진세력들이 대거 중앙귀족으로 등장하여 정치운영의 중추적 역할을 한 결과로 생각된다.

이러한 왕·후호에는 좌현왕·우현왕 외에 面中王·阿錯王·弗斯侯·弗中侯 등과 같이 지명과 연관된 이름도 있다. 지명과 연관된 왕·후를 담로의 장으로 보는 견해도 있으나[26] 이는 일종의 爵制로서 이해하여야 할 것이다.

長史·參軍·司馬는, 중국의 경우 왕의 幕府에서 막료로서의 기능을 하였다.[27] 백제의 경우도 이 관직들은 중국의 예에서 미루어 볼 때 왕의 幕下에서 외교관계나 군사관계의 업무 등에서 참모의 역할을 하였던 것으로 보인다. 이 중 장사의 직을 가진 자들은 빈번히 중국에 대한 외교사절로 활동하고 있다.[28]

駙馬는 왕의 사위를 말하는데 駙馬都尉는 왕의 사위를 예우하기 위해 만든 관직이다. 개로왕대에 북위에 파견된 사신의 한 사람인 餘禮가 부마도위로 나타나는 것이 유일한 예가 된다.

臺使는《宋書》백제전에 비유왕이 송에 보낸 사신의 하나로 나온다. 중국에서의 臺는 朝廷禁省을 말하고 이 대에서 파견한 사자를 대사라 하였다.[29] 중국에서의 용법을 원용한다면 대사는 백제 조정의 사신이라고 할 것이다.

3) 왕도조직

백제의 왕도는 시기에 따라 몇 차례 변화하였다. 시조 온조가 처음 도읍한 곳은 河北慰禮城이었는데 오늘날 중랑천 일대에 비정되고 있다.[30] 그 후 백제는 낙랑과 말갈의 공격을 효과적으로 방어하기 위해 하남위례성으로 옮겼다. 하남위례성의 위치는 夢村土城에 비정하는 것이 일반적이다.[31] 백제가 하북

26) 金英心,〈5~6세기 百濟의 地方統治體制〉(《韓國史論》22, 서울大 國史學科, 1990), 83~88쪽.
27) 金翰奎,〈南北朝時代의 中國的 世界秩序와 古代 韓國의 幕府制〉(《韓國古代의 國家와 社會》, 一潮閣, 1985), 140~150쪽.
28) 신라의 경우 長史 또는 司馬는 주의 장관인 軍主의 막료로 나온다(《三國史記》권 40, 雜志 9, 職官 下, 外官 참조).
29) 臺使에 대해서는《南齊書》권 40, 列傳 21, 武17王 竟陵文宣王 子良傳 참조.
30) 崔夢龍,〈漢城時代 百濟의 都邑地와 領域〉(《震檀學報》60, 1985), 216~218쪽.
31) 崔夢龍, 위의 글.

위례성에서 하남위례성으로 도읍을 옮긴 시기에 대해 온조왕대로 보는 설, 비류왕대로 보는 설 등이 있으나 필자는 초고왕대로 보고자 한다.[32]

하남위례성으로 도읍을 옮긴 이후 백제는 왕도조직을 점차 갖추게 되었다. 이렇게 갖추어진 왕도가 바로 漢城이다. 왕도 한성내에 왕성이 있었는데 이 왕성은 북성과 남성으로 구분되었다.[33] 북성은 풍납동토성에 비정되고 남성은 몽촌토성에 비정된다.

왕도내의 왕성에는 왕궁이 있었고, 또 별궁도 있었다.[34] 그리고 동명을 모신 東明廟와 천지에 제사지내는 南壇이 있었다. 풍납동토성내에서 발굴된 東晉에서 만들어진 靑銅鐎斗는[35] 이러한 제의에 사용된 제기이다. 이외에 政廳으로서 南堂과 여러 관부가 있었고, 왕과 귀족들이 활쏘기 연습을 하는 射臺도 있었다. 왕궁을 비롯한 이러한 건물들은 기와집이었다. 이는 풍납동토성에서 기와가 출토된 것에서 확인된다. 그러나 한성의 내부구조는 몽촌토성의 발굴에서도 왕궁터가 확인되지 않아[36] 분명히 하기는 어렵다.

웅진도읍기의 왕성인 웅진성은 오늘날의 公山城이다. 이 공산성내에서는 근래 왕궁지로 추정되는 건물지가 확인되었다.[37] 《삼국사기》에는 동성왕 22년(500)에 臨流閣이 축조되었다고 하였는데 발굴 결과 이 임류각은 6칸×5칸의 건물이었음이 밝혀졌다. 이외에 왕도내에는 大通寺 등 사찰도 조영되었고, 熊津市의 존재에서[38] 보듯이 상설시장도 조성되어 있었다. 그리고 금강에 연하여 蓮池도 만들어졌다.

사비시대의 왕도는 오늘날 부여이다. 백제가 웅진에서 사비로 천도한 것은 성왕 16년(538)인데, 이 천도는 성왕에 의해 계획적으로 이루어진 것이었다. 계획적인 천도였기 때문에 사비도성은 왕성·관아의 축조, 시가지의 정비 등 수도로서의 면모를 보다 잘 갖출 수 있었던 것으로 보인다.

---

32) 하남위례성으로 도읍을 옮긴 시기에 대한 여러 견해는 盧重國, 앞의 책, 55~59쪽 참조.

33) 《三國史記》 권 25, 百濟本紀 3, 개로왕 21년.

34) 《三國史記》 권 25, 百濟本紀 3, 아신왕 즉위년.

35) 金元龍, 《風納里土城包含層調査報告》(서울大 考古人類學科, 1967) 참조.

36) 夢村土城發掘調査團, 《夢村土城發掘調査報告書》(서울大 考古學科, 1985) 참조.

37) 安承周·李南奭, 《公山城百濟推定王宮址發掘調査報告書》(公州大 百濟文化研究所, 1987) 참조.

38) 《三國史記》 권 26, 百濟本紀 4, 삼근왕 2년.

사비시대의 도성은 扶蘇山城과 연결되는 나성으로 둘러싸여 있다. 왕궁은 부소산성 밑의 옛 박물관 자리에 있었던 것으로 추정되고 있다.[39] 이 나성 안의 시가지는 5부로 조직되었다. 5부는 수도의 행정조직인데 그 명칭은 상부·전부·중부·하부·후부였다.[40] 이 5부는 각각 5巷으로 나뉘어졌다. 이 5부-5항제의 실시는 사비도성의 시가조직이 坊里制로 이루어진 것을 말해 주는데, 이는 옛 부여박물관 앞쪽에서 백제 당시의 직선도로가 발견된 것에서 입증된다.

이 도성내에는 1만 가구가 거주하였는데[41] 이들은 크게 士와 庶로 나뉘어졌다. 사는 관인을 배출하는 지배신분층을 말하며 서는 일반민을 지칭하는 것이다. 사료에 나오는 인물 가운데 부명과 관등명을 가진 인물들은 사 출신이라 할 수 있다. 도성내에는 사가 거주하는 지역과 일반민이 거주하는 지역이 구분되었을 것으로 본다.

이 5부에는 각각 500명의 군대가 주둔하고 있었고, 달솔의 관등을 가진 자가 그 장에 임명되어 군대를 통솔하였다. 따라서 이 부는 수도를 방어하고 경찰업무를 관장하는 일종의 군사구역적 성격도 지니고 있었다고 할 수 있다.

4) 귀족회의체

백제가 중앙집권적 국가체제를 갖추었다고 하더라도 정치운영에 있어서는 귀족들의 회의체에 의한 합좌제적 성격은 강하게 유지되고 있었다. 백제의 귀족회의체는 佐平會議體이다. 이 좌평회의체의 토대는 5부체제 단계에서 좌평을 의장으로 하고 솔계 관등을 가진 귀족들로 구성된 諸率회의체였다. 제솔회의체의 성립 시기는 좌평이 설치된 고이왕대라고 할 수 있다.

그 후 근초고왕대에 중앙집권적 국가체제가 갖추어지고 왕권이 확립되자 귀족회의체의 위상과 역할도 변화하게 되었다. 그것은 전통적 성격을 다분히 지닌 率이 왕에 대한 臣屬的 성격이 보다 강한 신하로 轉化된 것에서 짐작

39) 成周鐸, 〈百濟泗沘都城硏究〉(《百濟硏究》 13, 忠南大 百濟硏究所, 1982) 참조.
40) 《周書》 권 49, 列傳 41, 異域 上, 百濟.
41) 위와 같음.

할 수 있다.[42] 따라서 이 시기의 회의체는 諸臣회의체라고 할 수 있겠다.

제솔회의체가 제신회의체로 전환되면서 그 정치적 비중은 낮아지게 되었고 반면에 중요한 국사는 최고위 귀족들인 대신들이 모여서 논의하고 결정하게 되었던 것 같다. 대신의 존재는 〈광개토왕릉비문〉에 백제왕이 광개토왕에게 대신과 장사를 인질로 보낸 것에서 확인할 수 있다.[43] 이 대신들의 회의체를 바로 대신회의체라 할 수 있다.

그 후 전지왕대에 와서 상좌평이 설치되면서[44] 좌평은 상·중 하좌평으로 분화되었고[45] 이 가운데 상좌평이 수석좌평의 기능을 수행하였다. 좌평이 이렇게 분화되면서 대신회의체 구성원은 좌평으로 이루어지게 되었다. 좌평회의체 구성원의 수는 분명하지 않으나 사비천도 때까지는 5명이었던 것 같다. 따라서 이 시기의 회의체는 상좌평을 의장으로 하는 5좌평회의체라고 할 수 있다.

그런데 백제는 한성시대 말기에서 웅진도읍기의 초기를 거치면서 정치가 매우 불안정하고 왕권도 미약하였다. 병관좌평 解仇가 문주왕을 죽이고 군국정사를 전단하다가 반란을 일으킨 것이 그 예가 된다.[46] 웅진도읍기의 이러한 정치적 혼란은 동성왕-무령왕대를 거치면서 점차 극복되었고, 그 토대 위에서 성왕은 사비천도를 단행하였다. 사비천도를 계기로 성왕은 16관등제와 22부제 등 관제를 정비하고 왕권을 강화하여 나갔다. 성왕에 의해 추진된 이러한 관제정비와 왕권강화책은 정치운영상에도 영향을 주어, 종래의 5좌평회의체는 정치일선에서 밀려나게 되고 그 대신 왕명을 봉행하는 22부를 중심으로 정치가 운영되었다.

그러나 성왕이 한강하류지역의 영유를 둘러싸고 신라를 공격하던 중 관산성전투에서 대패하여 왕과 다수의 측근세력들이 전사한 후,[47] 위덕왕대에는 국가운영의 실권은 신라와의 전쟁을 반대하였던 귀족들이 잡게 되었다. 이

42) 이는 신라의 경우 귀족회의의 구성원인 大等이 신하의 의미를 가지는 것과 비슷하다고 할 수 있다.
43) 〈광개토왕릉비문〉의 영락 6년조 기사 참조.
44) 《三國史記》 권 25, 百濟本紀 3, 전지왕 4년.
45) 《日本書紀》 권 19, 欽明天皇 5년 12월.
46) 《三國史記》 권 26, 百濟本紀 4, 삼근왕 2년.
47) 《三國史記》 권 4, 新羅本紀 4, 진흥왕 15년.

시기에 실권귀족은 大姓8族으로[48] 불리우는 대귀족가문 출신들이었다. 이로써 왕권은 크게 제약되었다. 혜왕과 법왕의 단명과 마를 캐던 서동이 왕이 된 것도 이러한 상황에서 나온 실권귀족들의 정략적 소산이라 할 것이다.

이 실권귀족들은 좌평의 정원을 5명에서 6명으로 확대하고 중국의 6典조직을 모방하여 각각의 직무를 규정하였다. 6좌평의 분장업무를 보면 왕명의 출납을 관장하는 것에서부터 재정·왕궁숙위·의례관계·군사권·형벌권 등에 이르기까지 국가운영상 가장 중요한 것이었다. 이 6좌평회의체에서의 의장은 내신좌평이 맡았다.

이처럼 실권귀족들에 의해 제약되었던 왕권은 무왕과 의자왕대를 거치면서 점차 강화되었다. 무왕이 익산으로의 천도를 계획한 후 거대한 미륵사를 건립하면서 轉輪聖王을 자처한 것이라던가[49] 의자왕이 즉위 초에 친위정변을 일으켜 실권을 지닌 귀족들을 추방한 것은 바로 왕권강화를 위한 조처들이라 할 수 있다.

그러나 의자왕은 재위 16년 이후 방탕한 생활에 빠지게 되면서 좌평 성충을 투옥하고 또 왕의 서자 41명을 좌평에 임명하는 등 좌평직을 남발하였고,[50] 대좌평과 같은 非常位도 만들었다. 이로 말미암아 6좌평회의체의 지위도 유명무실하게 되었다.

최고귀족회의체로서의 좌평회의체는 중요한 국사를 논의·결정하였다. 예를 들면 귀족회의의 의장을 선출한다던가[51] 왕위의 계승문제 또는 전쟁의 선포와 같은 사항들은 좌평회의체에서 이루어졌을 것이다. 이는 화백회의로 알려진 신라의 大等會議體(대신회의체)가 중요한 국사를 논의 결정한 것과 비슷하다고 할 것이다.

백제에서 국가운영과 관련한 직무를 집행하고 논의할 때 정청은 南堂이었다. 남당은 원래 원시집회소에서 유래한 것이지만 국가체제가 정비되면서 정청으로서의 기능을 가지게 되었다.[52] 고이왕이 정장을 하고 "남당에 앉아서 정사

---

48) 대성8족은 사씨·연씨·협씨·해씨·진씨·국씨·목씨·백씨를 말한다(《隋書》 권 81, 列傳 46, 東夷, 百濟).
49) 金煐泰, 〈彌勒寺創建緣起說話考〉(《馬韓·百濟文化》 1, 1975).
50) 《三國史記》 권 28, 百濟本紀 6, 의자왕 17년.
51) 《三國遺事》 권 2, 紀異 2, 南扶餘 前百濟.
52) 李丙燾, 《韓國古代史硏究》(博英社, 1976), 623~629쪽.

를 살폈다"고 한 것은[53] 남당이 바로 정청이었음을 알게 한다.

그러나 귀족회의체에서 중대한 국사를 논의할 때는 특별히 신성한 장소에서 하였다. 이러한 모습을 보여주는 것이 "국가에서 재상을 선출할 때 뽑아야 할 사람의 이름을 3, 4명 적어 상자에 봉해 바위 위에 두었다가 얼마 후 꺼내 보아 印跡이 있는 자를 재상으로 삼았다"고 하는 政事巖 고사이다.[54] 이 고사는 재상의 선출 등과 같은 중대한 국사를 虎巖寺에 있는 정사암에서 논의하였다는 것과 이곳이 바로 신성한 곳이었음을 보여준다.

한성시대의 신성한 장소가 어디였는지는 분명하지 않으나 이와 관련하여 負兒岳이 주목된다. 부아악은 오늘날 서울의 삼각산으로, 온조집단이 남하하여 왕도를 정할 때 올라가 사방을 둘러본 곳이다. 그런데 이 부아악=삼각산을 김정호는《大東地志》에서 横岳으로 파악한 바 있다.[55]

《三國史記》에 의하면 횡악은 왕들이 전렵을 행한 장소로, 여름에 크게 가물자 왕이 친히 기우제를 지낸 곳으로 나온다. 고대사회에서 전렵은 단순한 사냥이 아니라 군사훈련의 의미도 지니고 있었으며, 동시에 사냥을 통해 얻은 희생물로 산천에 제사를 지내는 의미도 지니고 있었다. 또 농업이 중요한 경제기반이었던 당시 사회에서 풍요를 기원하기 위해 기우제를 지내는 곳도 특별한 장소라 할 수 있다. 그러므로 전렵이 행해지고 기우제가 행해진 부아악=횡악은 바로 신성지역이라고 할 수 있다.

웅진도읍기에 와서 귀족회의체가 열린 신성한 장소가 어디인지는 분명하지 않다. 그러나 동성왕대에 전렵지로서 빈번히 나오는 熊津北原이나 泗沘原(泗沘東原 또는 泗沘西原) 등은 아마도 이 시기의 신성한 장소였을 것이다. 사비시대의 경우는 앞에서 언급한 호암사 외에 日山·浮山·吳山 등의 3산이 주목된다.[56] 3산은 신라의 경우 大祀가 행해지는 곳이었다.[57] 따라서 백제의 3산도 신성한 장소로서의 기능을 지녔던 것으로 보인다.

이처럼 백제가 한성시대에서 사비시대에 이르기까지 중요한 국사를 신성

53)《三國史記》권 24, 百濟本紀 2, 고이왕 28년.
54)《三國遺事》권 2, 紀異 2, 南扶餘 前百濟.
55) 金正浩,《大東地志》, 漢城府 山水.
56)《三國遺事》권 2, 紀異 2, 南扶餘 前百濟.
57)《三國史記》권 32, 雜志 1, 祭祀.

한 장소에서 논의하고 결정한 것은 그 결정에 신성성을 부여하여 구속력을 가지도록 하기 위해서였을 것이다.

〈盧重國〉

2. 지방·군사제도

1) 지방조직

(1) 담로제

백제가 소국연맹단계의 수준에 있을 때 지방통치는 재지수장층들의 자치적 기능에 맡겼다. 5부체제단계에 와서 재지수장층들은 점차 중앙귀족화되어 部에 편제되었지만 지방에 대한 통치는 이들을 통한 간접적인 지배가 행해지고 있었던 것으로 보인다.

그러나 왕권이 강화되고 중앙집권적 국가체제를 갖추어 감에 따라 지방에 대한 통제도 이전의 간접적인 지배에서 벗어나 중앙에서 관리를 파견하여 지방을 직접 지배하는 형태로 전환되어 갔다. 이러한 지방통치 방식의 전환에 따라 지방지배조직을 정비하고 지방관을 파견하게 되었다.

백제가 지방지배조직을 정비하여 지방관을 파견하게 된 시기는 근초고왕대로 생각된다. 이와 관련하여 주목되는 것은《日本書紀》仁德天皇 41년조에 "처음으로 國郡疆埸을 나누어 향토의 소출을 모두 기록하게 하였다"라 한 기사이다. 따라서 이 기사에 의하면 이 기사의 연대는 백제 근초고왕 8년(353)에 해당된다.[1] 그러므로 근초고왕은 처음으로 영역을 나누어 정하고 각 지방의 생산물을 파악하여 수취하는 체제를 마련한 것으로 파악할 수가 있다. 이렇게 영역을 나눔으로써 지방통치조직이 만들어지게 되었고 여기에 지방관이 파견되었던 것이다.

이렇게 마련된 지방통치조직이 檐魯制이다. 담로의 성격에 대해서는《梁

---

1)《日本書紀》의 기년은 120년을 인하하여야《三國史記》의 기년과 일치한다(李丙燾,《韓國古代史硏究》, 博英社, 1976). 이러한 紀年觀에 입각하여 인덕 41년을 개로왕 19년(473)으로 보려는 견해도 있다.

書》 백제전에 "읍을 일러 檐魯라 하는데 중국의 군현과 같은 말이다. 그 나라에는 22개의 담로가 있는데 모두 자제와 종족을 분거하게 하였다"라는 기사가[2] 주목된다. 이 기사에 의하면 담로는 중국의 군현과 같은 기능을 갖는 지방통치조직이라고 할 수 있겠다.[3]

이 담로제가 만들어진 시기에 대해 웅진도읍기로 보는 견해도 있지만[4] 웅진도읍기의 제도가 한성시대의 것을 그대로 답습하고 있기 때문에 이 담로제는 한성시대에 이미 성립되어 있었다고 할 것이다. 그 시기는 바로 근초고왕이 처음으로 영역을 분정하여 지방관을 파견한 때로 보는 것이 가장 타당할 것이다.

담로제는 백제가 중앙집권적 지배체제를 성립시켜 감에 따라 연맹단계의 읍락-소국체제를 재편하면서 이루어진 것이었다. 그러므로 집권력의 강화와 담로제의 실시는 읍락과 소국을 지배하였던 수장층들의 존재 양태에도 변화를 초래하여 그들의 일부는 중앙의 귀족으로 전환되어 간 반면에 나머지는 재지세력으로 남게 되어 지방관의 보좌적 역할을 담당하는 존재로 전환되어 갔다.

그러나 이 재지세력들은 비록 지방의 지배자로서의 지위는 제어당하였다고 하더라도 그 기반이 완전히 해체된 것이 아니어서 어느 정도 영향력이 온존하고 있었다. 근초고왕대에 전라도지역이 백제의 영역으로 편입되었으면서도 그 지역의 전통적인 분묘양식인 甕棺墓가 후기까지 성행하였다고 하는 것은[5] 그러한 모습을 보여주는 것이다.

지방통치조직으로서 담로의 수는 일정한 것이 아니라 영역의 신축에 따라 차이가 있었다. 백제의 영역이 북으로는 황해도지역까지, 남으로는 전라도지역까지 크게 확대되었을 때에는 50여 개 이상이었을 것으로 추정된다. 그 후 백제가 한강유역을 상실하고 웅진으로 천도한 이후 영역이 축소되면서 담로의 수는 《양서》 백제전에 보이듯이 22개로 되었다. 따라서 22담로는 웅진도읍기의 담로의 수를 보여주는 것이라 할 것이다.

---

2) 《梁書》 권 54, 列傳 48, 諸夷, 百濟.
3) 한성시기 백제의 지방통치조직에 대해 전기에는 部-城-村制이고, 후기에는 部-城-村制와 거점성 중심의 지배조직인 담로제가 並行된 것으로 보는 견해도 있다(李道學, 〈漢城後期의 百濟王權과 支配體制의 整備〉, 《百濟論叢》 2, 1990, 22~30쪽).
4) 李基白, 〈百濟史上의 武寧王〉(《武寧王陵》, 文化財管理局, 1973).
5) 安承周, 〈百濟 甕棺墓에 대한 硏究〉(《百濟文化》 15, 1983).
成洛俊, 〈榮山江流域의 甕棺墓硏究〉(《百濟文化》 15, 1983).

담로에 파견된 지방관의 명칭은 분명하지 않으나 城主라고 하지 않았을까 한다.[6] 한편《南齊書》백제전에는 太守가 보이는데 이 태수들은 城陽·淸河·廣陽·廣陵太守 등에서 보듯이 요서지역에 있는 중국의 지명과 관련되어 나온다. 따라서 太守制는 아마도 백제가 요서지역으로 진출한 것과 일정한 관련이 있는 것인지도 모르겠다.[7]

이 담로에 파견된 지방관은 대개 왕족출신이거나 유력한 귀족가문의 출신이었다.《양서》에 보이는 자제와 종족은 바로 왕족을 말하며, 동성왕대에 衛士佐平 백가가 加林城의 성주로서 파견된 것은 이성귀족 출신이 담로에 파견된 것을 보여준다. 이와 같이 담로에 파견된 자들의 관등은 率系 관등이나 좌평의 관등이었다.

(2) 방·군-성(현)제

한성시대부터 마련되어 웅진도읍기까지 실시되었던 담로제는 성왕이 사비로 천도하면서 새로이 정비되었다. 이 시기에 정비된 지방통치조직이 바로 方·郡-城(縣)체제이다. 이것은 성왕이 중앙의 지배조직을 새로이 정비함과 동시에 지방통치조직도 정비하는 과정에서 마련된 것이었다.

방·군-성체제에서 가장 중심이 되는 것은 5부이었다. 5방은 전국을 크게 5구역으로 나눈 것으로서 동방·서방·남방·북방·중방을 말한다. 이 5방은 사비시대 말기에 와서는 5部로도 표기되었다. 방의 중심지 즉 治所는 方城이라 하였으며, 장관은 方領이라 하였는데 달솔의 관등을 가진 자가 임명되었다. 방령 밑에는 方佐가 배속되어 임무를 보좌하였다.[8] 이 5방에 있는 방성의 명칭과 위치를 정리하면 다음의 〈표 1〉과 같다.

그런데 5방성의 위치에서 볼 때 중방성의 古沙城이 수도보다 남쪽인 古阜

---

6) 이 담로의 장을《南齊書》백제전에 보이는 왕·후로 보는 견해도 있다(金英心, 〈5~6세기 百濟의 地方統治體制〉,《韓國史論》22, 서울大 國史學科, 1990, 80~88쪽). 그러나 왕후는 일종의 爵制로 보는 것이 타당할 것이기 때문에 이를 지방통치를 담당한 지방관으로 보기는 어려울 것 같다.

7) 백제의 요서지역 진출설에 대한 연구사적 정리는 다음과 같다.
俞元載, 〈百濟略有遼西記事의 분석〉(《百濟硏究》20. 1989).
姜鍾薰, 〈백제 대륙진출설의 제문제〉(《韓國古代史論叢》4, 1992).

8) 5방의 명칭과 구조에 대해서는《周書》권 49, 列傳 41, 異域 上, 百濟 참조.

〈표 1〉 5방의 방성 명칭과 위치

5 方	方城	왕도를 기준한 방위 및 거리	方城의 넓이	병력	方城의 추정지
中 方	古沙城	남 260리	方 150보	1,200명	古阜
東 方	得安城	동남 100리	〃 1리	700~1,000명	恩津
南 方	久知下城	남 360리	〃 130보	〃	求禮(?)
西 方	刀先城	서 350리	〃 200보	〃	?
北 方	熊津城	동북 60리	〃 1리반	〃	公州

에 위치하고 있다. 이는 5방의 편제가 수도를 중심으로 설정된 것이 아니라 고부지역을 국토의 중심으로 하여 사방을 편성한 것 같다. 이같은 중방의 위치 설정은 아마 수도 사비가 북쪽에 치우쳐 있었던 것을 보완하기 위한 것이 아닐까 한다.

郡은 방과 기본 성격상에서는 동등하나 군사적 측면에서는 방령의 관할을 받은 것으로 생각된다. 군의 수는 37군이었으며 각 군에는 기본적으로 5~6개의 작은 성이 소속되어 있었던 것 같다. 군의 장은 郡將이라 하기도 하고 郡令이라고도 하였는데 한 군에 파견된 군장은 3명이었다.[9] 이러한 군장의 복수제는 군사와 행정업무를 분담하기 위해서 나온 조처로 생각된다. 이 군장에 임명될 수 있는 관등은 덕솔이었다.

방과 군의 통할을 받는 하위의 지방지배조직이 城이었는데 이 성은 현으로도 표기되었다. 이 현(성)은 종래 담로를 구성하는 기본단위였던 성(촌) 중 지역규모나 인구 또는 물산면에서 독립적인 지방조직이 될 만한 곳을 분리하여 만든 것이다. 이 성(현)에 파견된 지방관의 명칭은 城主 또는 道使라고 하였다. 이 점은 《翰苑》에 "郡下의 현에는 道使를 두었는데 또한 성주라고도 이름하였다"고 한 것과[10] 《일본서기》 흠명천황조에 군령 · 성주라는 기사가[11] 보이는 데서 알 수가 있다.

이러한 지방통치조직은 군사조직과 긴밀한 관계를 지니고 있다. 각 방성에는 1,000명 내지 700명의 군사가 배치되었고 방성의 장관인 방령이 이를 통솔하였다. 따라서 방은 일종의 군관구적 성격을 지닌 것이라고 할 수 있다.

9) 《周書》 권 49, 列傳 41, 異域 上, 百濟.
10) 《翰苑》 蕃夷部, 百濟.
11) 《日本書紀》 권 19, 欽明天皇 5년.

한편 군의 경우도 장관의 명칭을 「郡將」이라고 한 것이라든지 백제의 멸망 후 風達郡將인 黑齒常之가 부흥군을 일으킨 것에서[12] 볼 때 군장도 군지휘관으로서의 기능을 가지고 있었다고 할 수 있다.

방과 군과의 관계를 보면 방은 최고의 지방통치조직으로서 각 방은 10여개의 군을 포괄하였다. 그러나 방이 군을 모든 면에서 직접 관장한 것이 아니라 군사적인 측면에서 군을 관장한 것 같다. 따라서 군은 방의 통제를 받았지만 그 밖에 행정적 사항은 방과 대등한 관계로서 중앙과 직접적인 명령을 주고 받은 관계를 가진 것이 아닐까 한다. 방이 군사적·행정적으로 직접적인 관계를 가졌던 것은 방의 직할지와 그에 부속되는 성(현)이었다고 할 수 있다.

방·군―성(현)제는 종래의 담로제와는 다른 성격을 지녔다. 첫째는 방이라고 하는 광역의 행정구역을 설정하였다는 것이다. 5방은 전국을 다섯 구역으로 크게 나눈 것이고 이 방이 일정한 범위내에서 중앙의 명령을 받아 하위의 조직에 전달하고 통솔하는 역할을 하였다. 이는 지방통치조직이 종래에 비해 일보 진전된 것을 보여주는 것이다.

둘째는 성(현)이라고 하는 하위의 지방조직을 정비하여 지방관을 파견함으로써 지방관의 수가 크게 확대되었다는 점이다. 현의 수는 많았을 때는 200 내지 250개 정도였다.[13] 이처럼 현의 수가 많다는 것은 곧 재지세력들의 전통적 세력기반이 그만큼 약화되고 축소된 것을 뜻하는 것이기도 하다. 그에 따라 지방에 대한 통제력이 강화되어 재지세력들은 재편제되어 간 것으로 생각된다.

셋째는 지방조직의 편제에서 田丁戶口의 다과라고 하는 보다 객관적인 기준을 마련하였다는 점이다.[14] 종래 담로체제에서는 삼한시기의 소국을 기본 단위로 하였다. 그러나 이 시기에 와서 방·군―성을 편제할 때, 특히 200 내지 250개라고 하는 많은 수의 현을 만들 때의 전정과 호구의 다과를 기준

12) 《三國史記》 권 44, 列傳 4, 黑齒常之.

13) 멸망 당시 백제의 현(성)의 수에 대해 《舊唐書》 권 220, 東夷列傳 145, 백제조에는 200으로 나오고 定林寺址五層石塔에 새겨진 〈大唐平百濟國碑銘〉(《朝鮮金石總覽》 上, 朝鮮總督府, 1919)에는 250으로 나온다.

14) 《新增東國輿地勝覽》 권 7, 京畿道 驪州 古跡 登神莊條에 의하면 신라는 통일 이후 전정호구를 기준으로 하여 군현제를 편제하였다고 하는데, 이는 백제의 경우를 짐작하는데 방증하는 하나의 예가 될 것이다.

으로 하여 군현을 편제하였던 것으로 보인다. 이것은 지방통치조직의 편제상에서 객관적인 기준이 마련된 것을 보여주는 것이라 하겠다.

(3) 촌락사회의 편제

백제가 처음 지방통치조직을 편제하였을 때 그 토대가 된 것은 소국들이었다. 백제는 이 소국들을 통합하여 그 수장들을 지배체제내에 편입한 후 담로를 설치하고 지방관을 파견하였다. 이 소국들은 각각 중심지로서의 國邑과 그에 부수되는 邑落으로 이루어져 있었는데 소국이 담로제로 재편되면서 이 국읍과 읍락들은 城이나 村으로 재편제되었다.

이러한 사실을 짐작하게 하는 것이 〈광개토왕비문〉에 보이는 58성 700촌이다. 이 58성 700촌은 광개토왕이 백제를 공격하여 격파한 성과 촌의 숫자인데 이 때의 성은 이전의 국읍을 재편제한 것으로서「지역단위로서의 성」이라고 할 수 있다. 그리고 이 성은 58성 대 700촌의 비례에서 볼 때 대략 10여 개의 촌으로 이루어졌음을 알 수 있다. 이렇게 볼 때 지방통치조직의 기본단위는 촌이었다고 할 수 있겠다.[15]

그런데 백제는 앞에서 언급한 바와 같이 사비시대에 와서 전정호구라고 하는 보다 객관적인 기준 위에서 방·군-성(현)제를 만들었다. 그 과정에서 종래의 지역단위로서의 성이나 촌 중에서 전정과 호구가 현이 될 만한 곳을 가리어 지방통치조직으로 재편제하였던 것이다. 《삼국사기》 지리지 백제군현조에 보이는 군현명에 성을 의미하는 知·己·支 등이 붙는 명칭과 촌을 의미하는 夫里·村 등이 붙는 군현의 명칭은 이러한 데서 연유한 것으로 생각된다.[16]

백제가 전정호구라는 객관적인 기준 위에서 지방통치조직을 재편제한 것은 각 지역의 토지와 호구에 대한 파악이 이루어져 있었음이 전제되어야 한다. 백제가 호구를 파악하여 호적을 만들었다고 하는 것은 두 가지 기사에서 확인할 수 있다. 하나는 《삼국사기》에 "호구를 호적에 올리고 촌락들을 다스렸다"고 한 것이고[17] 다른 하나는 《일본서기》 繼體天皇조의 "백제가 가야지

15) 李宇泰, 〈新羅의 村과 村主〉(《韓國史論》 7, 서울大 國史學科, 1983).

16) 知·己·支나 夫里·村의 의미에 대해서는 千寬宇, 〈三韓의 國家形成(上)〉(《韓國學報》 2, 一志社, 1976) 참조.

17) 《三國史記》 권 28, 百濟本紀 6, 의자왕 20년. 《삼국사기》에 보이는 이 기사는

역으로 도망한 백성들을 括出하여 貫(호적)에 올렸다"라고 한 기사이다.[18]

이처럼 백제가 전국적으로 호구를 파악한 것은 국가운영의 기본토대가 되는 물적 자원과 인적 자원을 확보하기 위해서였다. 근초고왕대에 담로제를 실시하면서 "향토에서 나는 생산물들을 모두 기록하라"고 한 것은[19] 바로 그러한 사실을 보여준다.

백제는 이렇게 파악된 호구를 토대로 노동력 징발과 貢物의 수취를 용이하게 하기 위해 編戶制를 실시하였다. 편호는 국가가 수취를 위해 인위적으로 만든 行政戶이다. 都彌傳에 보이는 "編戶小民"이라는 기사[20]와 정림사지 5층 석탑에 새겨진 "編戶를 각각 균등히 하였다"란 기록은[21] 백제의 편호사실을 확인해 주는 자료이다. 백제의 호구관계 사료를 보면 《삼국사기》에는 멸망 당시의 호구가 76만호로 나오나,[22] 〈唐平百濟國碑銘〉에는 호는 24만, 인구는 620만으로,[23] 한편 《삼국유사》에는 백제 전성기의 호수를 15만 2천 3백호로[24] 기록되어 있다. 이렇게 호수에 차이가 나는 것은 전자가 자연호를, 후자는 편호를 나타내는 것이 아닐까 한다.

이 시기의 백제가 호구와 토지를 파악할 때 각 호를 단위로 하였는지 아니면 촌락을 기본단위로 하였는지는 분명히 하기 어렵다. 신라의 경우 비록 통일 이후의 것이지만 村落帳籍에 의하면 촌락을 단위로 하여 호구와 우마·전답을 파악하고 있다.[25] 이 시기의 백제도 아마 촌락을 단위로 하여 호구와 전답을 파악하지 않았을까 한다.

이처럼 전국적인 규모로 호구와 전정을 파악하는 작업은 각 지방관의 책임하

백제를 멸망시킨 당군이 취한 조처이다. 그런데 당시 당나라 군대는 백제부흥군의 공격으로 어려운 형편에 처해 있었을 뿐만 아니라 직접적인 지배지역도 공주 일대를 크게 벗어나지 않았다. 때문에 이 기사의 호구파악은 백제 당시의 것을 토대로 하여 만든 것이라고 할 수 있다. 이 문제에 대해서는 盧明鎬, 〈羅末麗初 親族組織의 변동〉(《又仁金龍德博士停年紀念 史學論叢》, 1988), 61~62쪽 참조.

18) 《日本書紀》 권 17, 繼體天皇 3년.
19) 《日本書紀》 권 11, 仁德天皇 41년.
20) 《三國史記》 권 48, 列傳 8, 都彌.
21) 〈大唐平百濟國碑銘〉(앞의 책).
22) 《三國史記》 권 28, 百濟本紀 6, 의자왕 20년.
23) 주 21)과 같음.
24) 《三國遺事》 권 1, 紀異 1, 卞韓 百濟.
25) 旗田巍, 〈新羅の村落〉(《朝鮮中世社會史の硏究》, 法政大出版局, 1972).
金基興, 《삼국 및 통일신라 세제연구》(역사비평사, 1991), 112~150쪽.

에 이루어졌을 것이다. 그리고 호구와 관련하여 각 지방관들이 올리는 보고서를 접수하고 이를 총괄하는 부서로는 외관 10부 중의 하나인 點口部로 생각된다.

이처럼 전정과 호구의 파악을 토대로 하여 지방통치와 수취가 이루어지게 됨에 따라 재지세력들의 독립성도 점차 약화되었다. 이에 따라 재지세력들은 방령이나 군장 또는 도사(성주)의 아래 方司 · 郡司 · 城(縣)司에 참여하여, 지방관이 조세수취나 노동력 징발 등의 공적 업무를 수행하는 데 실무적인 역할을 하였다. 재지세력들이 촌락사회에서 지방관을 보좌한 사례로는 풍달군장 흑치상지를 좌우에서 보좌한 10명의 酋長의 존재를[26] 들 수가 있겠다.

2) 군사제도

(1) 군사제도의 정비

백제가 자리잡은 한강유역은 지리적 환경에서 볼 때 동북지방과 서북지방의 문화가 접촉하는 중심지이고, 인구이동의 통로이기도 하였다. 그리고 북으로는 중국 군현과 고구려세력, 동으로는 말갈로 표현되는 동예세력, 남으로는 신라세력들에 둘러싸인 형국이어서 군사적 충돌이 빈번하였다.

백제 초기에는 한강상류를 타고 내려오는 약탈경제적인 말갈세력과 한반도내에서의 통일적인 구심력이 생기는 것을 방해하려는 중국 군현세력과의 대결이 빈번하였다. 그 후 중국 군현세력이 한반도에서 축출되고 고구려와 접경하게 되면서 고구려와의 싸움도 매우 잦아졌다. 그리고 신라가 진한지역을 통합하여 그 세력을 신장시킴에 따라 삼국 사이에는 서로의 이해관계에 따라 대립과 화호가 교차되었다.

삼국간의 관계는 기본적으로 한반도를 둘러싼 동아시아 상황의 변화와 각국의 정세 변화에 따라 연합과 대결의 양상을 되풀이하였다. 그렇지만 웅진도읍기까지는 고구려의 강력한 힘에 대항하기 위해 백제는 신라와 군사동맹을 맺고 고구려와 남진에 대처하는 양상을 보였다.

백제와 신라와의 군사동맹은 웅진천도 이후에도 계속되었다. 그 토대 위에서 성왕은 신라 · 가야군과 연합하여 고구려를 쳐서 빼앗긴 한강하류지역을

26) 《三國史記》 권 44, 列傳 4, 黑齒常之.

일시 회복하였다. 그러나 한강상류지역을 차지한 신라가 백제를 배반하여 백제가 점령한 한강하류지역마저 차지하자 이에 분개한 성왕은 신라를 공격하였다. 그러나 관산성전투에서 백제는 왕을 비롯한 3만에 가까운 군사가 전사하는 대패배를 당하였다.[27] 이로써 오랫동안 지속되어 온 백제와 신라 사이에 맺어진 동맹은 깨지고, 이후 삼국간의 관계는 이합과 집산이 되풀이되었다.

삼국간의 전쟁은 삼국의 국가체제가 중앙집권화되고 영역이 광대해지면서 규모도 커지게 되었다. 이에 따라 삼국의 군사제도도 보다 조직화되고 전쟁을 수행하는 방식도 변화하였다. 백제가 소국단계에 있을 때는 군사활동이나 조직이 아직 소규모적이고 비체계적이었다. 그리고 초기에는 왕이 직접 군대를 이끌고 전쟁에 나가는 경우가 많았으나 점차 왕권이 안정되고 강화되면서 장수를 보내어 전쟁을 수행하게 하는 형태로 바뀌게 되었다.

소국연맹단계에 오면 연맹 전체와 관련한 군사관계의 업무는 좌보나 우보가 담당하였다.[28] 그러나 이 단계에서는 아직까지 군사권과 일반행정권이 구분되지 않아 좌보와 우보가 군사업무와 일반정사를 총괄하는 형태였다. 또 연맹을 구성한 각 소국의 수장들은 소국과 관련되는 사항에 대해서는 군사권을 일정하게 유지하여 중앙의 통제력은 그만큼 제약되었다.

그러나 고이왕대에 와서 5부체제가 갖추어져 왕권이 보다 강화되면서 소국연맹단계에서 유지되고 있던 거수들의 자치력은 점차 해체되어져 갔다. 그 과정에서 나온 것이 좌평의 설치와 좌장의 설치이다. 좌평은 종래의 좌보와 우보를 통합하여 만든 것으로서 정사를 총괄하도록 한 것이고, 좌장은 군사업무를 총괄하기 위해 만든 것이다. 좌평과 좌장의 설치로 일반 정사는 좌평이 관장하고 군사관계 업무는 좌장이 관장하게 되면서 정사와 군사권은 점차 분화되어 갔다. 특히 좌장의 설치는 소국 거수들의 군사권을 약화시켜 왕권이 일원적으로 군사권을 장악할 수 있도록 하였다.

그런데 군사업무는 크게 군정권가 군령권으로 구성된다. 군령권은 출동부대를 지휘하는 권한으로서, 왕명을 받은 자가 출정에 임하여 행사하였다. 이 군령권에는 왕의 재가없이 상벌을 행할 수 있는 便宜從事權이 부여되고 있

27) 《三國史記》 권 4, 新羅本紀 4, 진흥왕 15년.
28) 《三國史記》 권 23, 百濟本紀 1, 시조 온조왕 2년.

었고, 軍禮에 규정된 斧鉞이 수여되었다. 한편 군정권은 군사동원과 군량조달 · 축성 · 군사훈련 업무의 보조 등을 그 내용으로 하였다.[29]

처음 좌장이 설치되었을 때는 군사업무는 분화되지 않았다. 그 후 병관좌평이 설치되면서 군정업무와 군령업무가 점차 분리되어 행사되었다. 군령권은 주로 좌장이 행사하였으나 때로는 왕명을 받은 고위귀족도 행사하였고, 군정업무는 병관좌평이 관장한 것 같다. 좌장이 군령업무를 관장하였다는 것은 좌장이 병마사를 위임받았다는 데서[30] 알 수 있다. 그리고 병관좌평이 군정업무를 관장하였다는 것은 병관좌평 解丘가 축성의 감독자로[31] 활동한 데서 확인할 수 있다.

(2) 군사권의 행사와 위임

군사권 행사의 구체적인 모습은 군대를 동원하여 전쟁을 수행하는 과정에서 드러난다. 군대를 동원하여 전쟁에 나가는 방법은 크게 親帥와 遣兵(出師 · 出兵)으로 나눌 수 있다.[32]

친솔은 왕이 직접 전쟁에 나가 군사를 지휘하는 것이다. 친솔의 사례는 웅진으로 천도하기까지 12차례의 사례가 나온다. 이 가운데 고이왕 이전까지의 상황을 보면 온조대에 6차례, 구수왕대에 1차례가 나와 모두 7차례가 되어 전체의 약 2/3가 된다. 이는 소국연맹단계에서 군사권이 미분화된 상태의 일면을 보여주는 것으로 생각된다.

견병은 왕이 장군에게 명령을 내려 군사를 지휘하게 하는 것이다. 이 견병의 경우를 보면 웅진천도 이전까지 모두 44건의 사례가 나오는데, 이 가운데 온조왕 때는 2차례에 불과하다. 이처럼 대외전쟁을 수행하는 모습이 친솔에서 견병으로 바뀐 것은 왕의 군사권 장악과도 일정한 연관성이 있는 것으로 보인다.

이 군사권의 실질적인 행사는 왕명을 받아 군부대를 거느리고 가는 장수

29) 군정권과 군령권에 대해서는 李文基, 《新羅 中古期 軍事組織硏究》(慶北大 博士學位論文, 1991), 233~253쪽.

30) 고이왕대의 좌장 眞忠과 眞勿이 병마사를 위임받고, 아신왕대의 眞武가 병마사를 위임받은 것이 그 예가 될 것이다(《三國史記》 권 24, 百濟本紀 2, 고이왕 7년 · 14년 및 권 25, 百濟本紀 3, 아신왕 2년 참조).

31) 《三國史記》 권 25, 百濟本紀 3, 전지왕 13년.

32) 李文基, 앞의 책, 236~245쪽 참조.

들에 의해 행해진다. 군부대를 거느리고 출동하는 지휘관들은 좌평이나 좌장과 같은 관직명으로 나오는 경우, 달솔 등 관등으로 표기되는 경우, 장군의 명칭으로 표기되는 경우 등이 있다.

이들은 대개 군지휘관이기 때문에 전장에서는 일반적으로 장군으로 불리웠다. 이 장군의 칭호는 왕명을 받아 부대를 거느리고 출정하려고 할 때 지니는 것이다. 그러나 장군의 구체적인 명칭은《삼국사기》에는 아무런 언급이 없다.[33] 다만《南齊書》백제전에 보이는 冠軍장군·征虜장군·龍驤장군·寧朔장군·建衛장군 등의 칭호는 중국의 晋이나 宋의 장군 칭호를 사용한 爵制的 성격이 강한 것으로 볼 수 있다.

군사권이 왕에게 집중되고 일원화되면서 군사권을 행사하는 것도 정치적 상황에 따라 그 양태를 달리하게 되었다. 여기에는 왕이 직접 군사권을 행사하지 않고 신하에게 위임하는 경우가 있었다. 이를 정리하면 委政事·委兵馬事·委軍國政事로 나누어 볼 수 있다.

위정사는 근구수왕이 왕의 장인인 眞高道를 내신좌평으로 삼으면서 정사를 위임한 것이 유일한 예인데[34] 민정과 군정을 구분하여 민정을 맡긴 것을 의미한다. 근구수왕은 태자시절에 군지휘관으로서 중요한 역할을 하였으며 즉위 후에도 친히 군대를 거느리고 고구려에 대한 공격을 단행하기도 하는 등 대비책을 강구하였다. 그는 군사활동을 효율적으로 수행하기 위해 일반국정은 내신좌평 진고도에게 위임한 것으로 보인다.

위병마사는, 일반정사는 왕이 처리하고 대외전투를 중심으로 한 군사관계는 신하에게 맡기는 것이다. 이와 비슷한 용어로는 兼知(內外)兵馬事가 있는데 兼知는 다른 관직을 가지고 있으면서 군사관계의 업무를 겸임하여 주관한 것으로 보인다. 따라서 위병마사는 겸지병마사보다 특정인이 군사권 운용에 관여하는 정도가 강한 것이라고 할 수 있겠다. 군사권을 위임한 예로서는 고이왕이 眞忠을 좌장으로 삼은 후 內外兵馬事를 위임한 것이 처음이다.[35] 이후 군사권을 위임받은 자의 직은 대개가 좌장이었다.[36] 따라서 고이왕 이

33) 신라의 경우는 대장군·상장군·하장군 등의 구분이 있었다(《三國史記》권 40, 雜志 9, 職官 下, 武官).

34)《三國史記》권 24, 百濟本紀 2, 근구수왕 2년.

35)《三國史記》권 24, 百濟本紀 2, 고이왕 7년.

36) 아신왕대에 左將 眞武가 군사권을 위임받은 것이 그 예가 된다(《三國史記》

후의 군사권은 좌장을 중심으로 운용되었다고 할 수 있다.

위군국정사는 군사권과 민정권을 모두 위임한 것을 말한다. 이 위군국정사의 경우는 두 사례가 있다. 하나는 전지왕이 즉위 후 상좌평을 설치하면서 군국정사를 맡긴 것이고, 다른 하나는 삼근왕이 즉위하여 병관좌평 解仇에게 군국정사를 맡긴 것이다.

전지왕의 즉위를 둘러싸고 지배세력 사이에는 갈등과 대립이 있었다. 이 과정에서 진지왕을 옹립하는 데 중추적인 역할을 한 왕족의 일부와 해씨세력은 자기들 권력기반을 확대하기 위해 최고의 좌평으로서 상좌평을 설치하였다. 이러한 상황에서 전지왕은 상좌평 餘信에게 군국정사를 위임하였던 것이다.[37] 이는 전지왕의 정치적 입지가 매우 미약하였음을 반영하는 것이라 하겠다.

개로왕이 고구려군에 잡혀 죽고 왕도 漢城이 함락되자 문주왕은 웅진으로 천도하여 나라의 명맥을 이었다. 웅진천도 후 해구는 문주왕 2년(476)에 병관좌평에 임명되었다. 그는 뜻밖의 천도로 말미암아 정치적 혼란이 심한 당시의 상황에서 병관좌평이라는 지위를 이용하여 권세를 마음대로 하였다. 나아가 그는 문주왕을 살해하고 어린 삼근왕을 옹립한 후 군국정사 일체를 위임받았다.[38] 이렇게 볼 때 모든 군국정사를 특정 개인에게 맡긴다는 것은 일상적인 것이 아니라, 특정 개인이 실권을 장악하게 되어 왕권이 매우 미약하게 되었을 때의 상황에서 가능한 것이었다고 할 수 있겠다.

(3) 군사조직과 병력의 충원

백제의 군사조직은 중앙군사조직과 지방군사조직으로 나누어 볼 수 있다. 중앙의 군사조직으로 먼저 들 수 있는 것은 수도 5部에 배치된 부대들이다. 이 5부의 부대에는 각각 500명의 군사가 배치되어 달솔의 관등을 가진 자가 지휘하였다.[39] 따라서 이 왕도 5부는 군관구로서의 성격도 지녔다고 할 수 있다.

이 왕도 5부에 배치된 부대들은 수도의 방위와 경찰의 임무를 담당한 것으로 생각된다. 왕도의 부대들에 대한 훈련의 한 방법으로서 왕은 수시로 閱

권 25, 百濟本紀 3, 아신왕 2년).

37) 《三國史記》 권 25, 百濟本紀 3, 전지왕 4년.

38) 《三國史記》 권 26, 百濟本紀 4, 문주왕 4년 및 삼근왕 즉위년.

39) 《周書》 권 49, 列傳 41, 異域 上, 百濟.

兵을 하였다. 한성시대의 열병은 漢水의 서쪽 또는 남쪽으로 행해지기도 하고, 石川에서 행하여지기도 하였다. 또 왕은 도성내에 射臺를 만들어 스스로 활쏘기를 하거나 도성사람들을 모아 활쏘는 것을 익히도록 하였고,[40] 때때로 군사들의 활쏘는 것을 관람하기도 하였다.[41]

이러한 군사훈련은 田獵행사를 통해서도 이루어졌다. 전렵은 단순한 사냥이 아니라 천지에 제시지내는 제의적 성격도 지니면서 군사를 조련하는 의미도 포함하고 있었다.[42] 한성시대의 전렵지로는 橫岳·漢山·西海大島 등이 있었고, 웅진천도 후에는 熊津北·牛鳴谷·泗沘原 등이었다.

지방에 주둔한 군사조직으로는 5방의 方城에 배치된 부대를 들 수 있다. 《翰苑》 백제조에 의하면 5방의 방성은 석축으로 이루어져 있고, 여기에는 700~1,200명의 군사가 배치되어 있었다. 이 군대를 지휘하는 자는 방의 장관인 方領이었다. 그리고 이 방령은 달솔의 관등을 지닌 자가 맡았다.[43] 방성 외에 군의 치소인 郡城에도 군부대가 배치되었을 것이지만 구체적인 내용은 알 수 없다.

이러한 부대들의 군사작전과 방어작전은 거점성을 중심으로 이루어졌다. 거점성은 5방의 중심지인 방성이나 군의 중심지인 군성 및 그밖의 현에 해당하는 성들이다. 이러한 거점성들의 군사들은 여기에 파견된 지방관이 관할하였다. 방의 장관인 방령, 군의 장관인 郡將(郡令), 현의 장관인 도사(성주)는 바로 군지휘관이었던 것이다. 이는 곧 군사조직과 지방통치조직이 하나의 체계로 이루어진 것을 의미한다.

중앙과 지방에 배치된 군부대 가운데 핵심적인 부대에 배속된 군사들은 상비병이었을 가능성이 크다. 그러나 대다수 부대의 군사들은 일반민을 동원하여 충원하였던 것 같다. 丁의 연령층에 해당되는 일반민은 모두 군역의무가 부과되었는데, 이들의 복무기간은 3년이 원칙이었던 것 같다.[44]

군사들은 평상시에는 지정된 부대에서 복무하였지만 유사시에는 전국적으

---

40) 《三國史記》 권 24, 百濟本紀 2, 비류왕 7년 및 권 25, 百濟本紀 3, 아신왕 7년.
41) 《三國史記》 권 24, 百濟本紀 2, 고이왕 9년.
42) 《三國史記》 권 45, 列傳 5, 溫達.
43) 《翰苑》 蕃夷部, 百濟.
44) 이러한 사실은 백제시대의 노래인 禪雲山歌(《高麗史》 권 71, 志 25, 樂 2, 百濟俗樂)에 의해서 확인할 수 있다.

로 모병되어 부대를 편성한 후 출동한 것 같다. 아신왕이 고구려를 치기 위해 크게 병마를 징발하였다던가,[45] 근초고왕이 3만의 군대를 동원하여 고구려의 평양성을 공격하였다고 한 것은[46] 이러한 군사동원을 짐작하게 한다.

이렇게 동원된 군사들의 군사편제는 기본적으로 육군과 수군이었다. 육군은 다시 기병과 보병으로 나누어진다. 그리고 실제 전투에서는 보병부대와 기병부대가 합동으로 작전을 하기도 하였다. 수군의 경우, 구체적으로는 백제멸망기에 나당군에 대항하기 위한 백제부흥군과 왜군의 연합작전에서 그 면모를 짐작할 수 있다. 각 부대들은 그 부대를 상징하는 깃발들을 사용하였다. 근초고왕이 한수 남쪽에서 열병을 할 때 모든 기치에 황색을 사용한 것이[47] 그 예가 된다. 그러나 각 부대의 구체적인 깃발의 색은 알 수 없다.

군사의 무장은 보병과 기병이라는 兵種에 따라 달랐다. 보병의 주무기는 궁시 · 도검 · 창 · 도끼 등이었는데, 이는 무덤에서 출토되는 무기류에서 짐작할 수 있다. 그리고 "백제의 풍속에서는 騎射를 중히 여긴다"고 한 기록에서[48] 미루어 볼 때 기병도 중요시 되었음을 알 수 있다. 이들은 말을 타고 갑옷으로 무장을 하였다. 이러한 말들은 주로 내륙의 목장이나 섬지방에서 사육되었는데[49] 이 가운데 국가의 馬場에서 사육된 말은 國馬로서[50] 왕실이나 유력한 귀족들이 이용하였을 것이다.

3) 성곽시설

백제의 성곽은 크게 도성과 지방의 주요한 성으로 나누어 볼 수 있다. 도성은 왕의 거처인 왕성과 이 왕성을 둘러싸고 있는 나성으로 이루어졌으며, 정치 · 경제 · 문화 · 행정의 중심지로서의 기능을 가졌다. 지방의 성은 각 지역의 방어를 위해 축조한 것으로서 방어성의 의미를 지닌다. 먼저 도성에 대

45) 《三國史記》 권 25, 百濟本紀 3, 아신왕 8년.
46) 《三國史記》 권 24, 百濟本紀 2, 근초고왕 26년.
47) 《三國史記》 권 24, 百濟本紀 2, 근초고왕 24년.
48) 《周書》 권 49, 列傳 41, 異域 上, 百濟.
49) 신라의 경우 《周書》 新羅傳에 '섬에서 목축을 한다'는 기사가 나오는데, 《翰苑》 百濟條에도 '섬에도 성읍이 있어 사람이 산다'고 되어 있다. 이러한 사실을 연관시키면 백제에서도 섬은 목축장으로 이용되었을 가능성이 크다고 하겠다.
50) 국마의 존재는 《三國史記》 권 24, 百濟本紀 2, 근구수왕 즉위년조에서 알 수 있다.

해 정리를 해보기로 한다.

한성도읍기의 왕도인 한성은 북으로는 한강을 끼고 남으로는 비옥한 평야가 펼쳐 있으며, 동쪽으로는 산으로 둘러싸여 있는 천험의 요새였다. 이 한성은 남성과 북성으로 이루어졌다.[51] 남성은 오늘날의 몽촌토성에 비정되고 북성은 풍납동토성에 비정된다.

풍납동토성은 대체로 남북으로 긴 장방형으로서 북벽이 약 300m, 동벽이 100m, 남벽이 200m, 유실되고 남은 서북벽이 250m쯤 된다. 서벽은 1925년의 을축년 대홍수 때 유실되고 말았다. 발굴 결과 이 풍납동토성내에서는 동진에서 만들어진 종묘제기인 청동제초두 등이 출토되었고 목조기와집의 존재도 확인되었다.[52]

몽촌토성은 길이가 2,285m이고 면적은 외성을 합칠 경우 9,300평이 된다. 토성의 형태는 자연구릉으로 방벽을 삼고 板築法으로 벽을 쌓았다. 외성에는 목책을 설치하였고 방호시설로서 해자를 둘렀으며 지대가 높은 곳에는 망루를 설치하였다. 이 성안에서는 발굴 결과 서진시대의 도자편 등이 출토되었으나 왕궁터 등은 확인되지 않았다.[53]

웅진도읍기의 왕성인 熊津城은 오늘날의 공산성이다. 현재 공산성은 토성과 석성으로 구분되는데 총길이는 2,660m이다. 공산성 발굴결과에 의하면 토성은 약 750m가 남아 있는데 백제시대에 축조된 것이고, 석성은 약 1,900m인데 조선 초기에 개축한 것이라고 한다. 이 공산성 안에는 동성왕 22년(500)에 축조한 것으로 되어 있는 臨流閣址가 있는데 남아 있는 초석의 배열에 의해 6칸×5칸의 건물이었음을 알 수 있다. 이외에 금강에 연하여 蓮池가 만들어졌고 근래에는 왕궁지로 추정되는 건물지가 확인되었다.[54] 이 왕성을 둘러싼 왕도의 범위는 분명하지 않으며 나성은 만들어지지 않았다고 한다.[55]

---

51) 이 점은 고구려 장수왕이 보낸 군대가 개로왕을 공격할 때 북성을 먼저 공격한 후 다시 남성을 공격한 것에서 알 수 있다(《三國史記》 권 25, 百濟本紀 3, 개로왕 21년).

52) 金元龍, 《風納里土城包含層調査報告》(서울大 考古人類學科, 1967) 참조.

53) 서울大學校博物館, 《夢村土城》(1987) 참조.

54) 安承周·李南奭, 《公山城百濟推定王宮址發掘調査報告書》(公州大 百濟文化研究所, 1987).
成周鐸, 〈百濟熊津都城研究〉(《百濟研究》 11, 1980) 참조.

55) 兪元載, 〈熊津都城의 羅城問題〉(《湖西史學》 19·20, 1992)

사비시대의 왕도는 왕성과 이 왕성을 둘러싼 나성으로 이루어져 있다. 사비도성 안에는 扶蘇山城이 있다. 발굴 결과에 의하면 부소산성은 두개의 테뫼형(山頂式)산성과 하나의 包谷形산성으로 이루어진 복합식산성이었다. 전체의 길이는 2,200m이고 성내의 넓이는 약 7만 평이다. 성내에서 望樓址가 발굴되었는데 이는 웅진지방에서 강을 따라 내려올 지도 모를 적을 감시하기 위한 시설로 보인다.[56]

이 부소산성을 외곽으로 둘러싸고 나성이 축조되었다. 나성에 대한 연구성과에 의하면 이것은 사비성의 동문지에서 동쪽 방향으로 뻗어 있는 능선을 따라서 靑山城까지 연결되었고 이 청산성 남쪽에는 월망지가 있었다. 청산성의 북문지에서 나성은 남향하여 石木里－東門址－筆書峰－군들고개의 능선을 따라 남으로 玉盃池에 연결되어 있다. 이 나성의 전면에는 宮南池가 있는데, 그 수원은 靑馬山城으로부터 흘러 들어와 일단 궁남지에서 모이도록 한 뒤 백마강으로 유출하게 되어 있다. 서쪽 나성은 사비성 서문지의 외부지점에서 현 유스호스텔－宮北里－舊校里－留水池－東南里－軍守里－城末里까지이다.[57]

나성의 둘레는 약 8㎞이고 나성내의 면적은 343만 4천 평에 달한다. 이 성내는 5부 5항으로 편제되었고, 왕이 거처하는 궁궐, 태자가 거처하는 태자궁, 시조를 모신 始祖廟,[58] 천지에 제사를 드리는 祭壇, 귀족들이 정사를 논의하는 정청으로서의 南堂, 22부의 관청, 궁남지를 비롯한 각종 인공 못가 方丈仙山을 모방한 섬들이 만들어지고 또 화원 등이 만들어졌다. 그리고 경치가 좋은 곳에는 望海亭을 비롯한 각종 누대가 설치되고 있었고 定林寺址나 軍守里寺址의 존재에서 보듯이 많은 사찰들이 건립되었다. 또 도시부의 존재에서 미루어 볼 때 시장도 설치되어 있었다.

지방의 성들은 행정적 거점을 중심으로 하여 축조되었다. 백제는 교통·군사상의 요지에 성을 쌓고 행정구역으로서 기능하도록 하였다. 《舊唐書》 백제전에 의하면 멸망 당시의 백제는 5부 37군 200성으로 이루어졌다고 한다. 이러한 성들의 대다수는 방어와 관련하여 산 위에 축조되었기 때문에 산성이

---

56) 成周鐸, 〈百濟泗沘都城硏究〉(《百濟硏究》 13, 1982), 29쪽.

57) 成周鐸, 위의 글, 30~33쪽 참조.

58) 《周書》 백제전에는 시조 仇台廟로 나온다.

중심으로 이룬다고 할 수 있다.

지방의 성 가운데 그 축조 규모를 대략 알 수 있는 것은 5方城이다. 5방성은 중방 古沙城·동방 得安城, 남방 久知下城, 서방 刀先城, 북방 熊津城을 말한다. 이 방성들은 험한 산을 이용하여 축조되었는데 석축으로 된 것도 있다. 고사성은 방 150보, 득안성은 방 1리, 구지하성은 방 130보, 도선성은 방 200보, 웅진성은 방 1리 반의 규모이다. 이 방성에는 군대가 주둔하였는데 그 수는 1,000~700명 정도였다고 한다. 방성 아래에는 그 통제를 받는 郡城이나 縣城(여러 소성)들이 있으나 규모나 시설은 알 수 없다.59)

도성 외의 성으로 한성시대에는 彌鄒城과 關彌城 정도를 들 수 있다. 이 두 성은 〈광개토왕비문〉에 광개토왕이 백제를 공격하여 취한 58성 중에 나온다. 미추성은 미추홀로서 오늘의 인천지방에 해당된다. 그런데 김정호의 《대동지지》에 의하면 인천의 文鶴山上에는 비류성터가 있는데, 성문과 扇板과 沸流井이 지금도 남아 있다고 한다.60) 이 비류성은 미추홀을 방어하는 산성이라고 할 수 있다. 한편 관미성은 백제 북쪽 변경지대의 요새로서 사면이 깎아지른 듯이 가파르고 사면이 바다로 둘러싸인 요해처였다.61)

이외에 문헌에 보이는 지방의 성으로는 가림성·주류성·임존성 등이 유명하다. 가림성은 동성왕대에 축조된 성으로서 위사좌평 苩加로 하여금 진수하게 하였던 성이다.62) 주류성은 백제가 멸망한 후 福信·道琛 등이 부흥군을 일으켰을 때 그 중심지로서의 기능을 하였는데 오늘날 한산의 乾芝山城에 비정된다.63) 임존성은 黑齒常之 등이 부흥군을 일으킨 중심지였는데 오늘날 大興의 鳳首山城에 비정된다. 이 산성은 현재에도 남아 있는데 둘레가 2,450m에 달하는 거대한 석축산성이었다고 한다.64)

이러한 중요한 성들은 중심성을 보호하기 위해 부대적으로 小城이나 柵을

59) 《翰苑》 蕃夷部, 百濟.
60) 安鼎福, 《東史綱目》 1.
61) 《三國史記》 권 18, 高句麗本紀 6, 광개토왕 즉위년.
62) 《三國史記》 권 26, 百濟本紀 4, 동성왕 23년.
63) 沈正輔, 〈百濟復興軍의 主要據點에 관한 硏究〉(《百濟硏究》 14, 1983), 174~177쪽.
64) 沈正輔, 위의 글, 160~162쪽.
65) 尹武炳·成周鐸, 〈百濟山城의 新類型〉(《百濟硏究》 8, 1977), 1~3쪽.

축조하기도 하였다. 구수왕 4년(217)에 沙道城 곁에 2책을 설치한 것이라든지, 실제 큰 산성 옆에 子城이 축조되어 있는 것이 그 예가 된다.

산성은 축조하는 방식에 따라 크게 세 가지가 있다. 그것은 테뫼식산성, 포곡식산성, 복합식산성이다. 테뫼식산성은 산 정상부를 둘러싼 것이고, 포곡식산성은 산의 계곡을 자연능선에 따라 둘러싼 것이다. 그리고 복합식산성은 테뫼식과 포곡식을 포괄한 것이다.[65]

성을 축조할 때의 재료로는 土築도 있고 石築도 있는데 土石混築도 있다. 대개는 산의 지세를 이용하여 축조된 것이다. 이 산성내에는 적의 공격을 파수하기 위한 망루가 있고, 장기전에 대비하여 군창과 무기고 등이 시설되었다. 그리고 몇 개의 우물이 있어 식수로 공급되었다.

〈盧重國〉

3. 경제구조

1) 토지제도

(1) 지배층의 토지지배 유형과 성격

백제의 토지제도는 관련 사료가 절대적으로 부족하여 그 실체를 파악하기 어려운 실정이지만,[1] 《三國史記》 백제본기에는 田租[2]의 사여와 식읍의 지급에 관한 내용들이 단편적으로 전하고 있다. 이들 기록은 대체로 말갈·고구려·신라와의 전투에서 세운 공로로 노획한 포로나 말과 함께 곡물이 지급되는 경우가 많으며, 흰 사슴과 같은 상서로운 짐승을 바친 충성의 대가나 또는 왕을 옹립한 공로로 일정한 양의 곡물이 지급되었던 사례들을 보여준

1) 백제의 토지제도에 관해서는 다음과 같은 연구가 있다.
白南雲, 《朝鮮社會經濟史》(改造社, 1933 ; 윤한택 옮김, 이성과 현실, 1989), 223~226쪽.
박시형, 《조선토지제도사(상)》(과학백과사전출판사, 1960 ; 신서원, 1994, 119~126쪽).
姜晋哲, 〈三國時代의 土地制度〉(《韓國文化史大系》 Ⅳ, 高麗大 民族文化硏究所, 1979), 1187~1194쪽.

2) 박시형은 賜田을 토지 자체를 분급하는 土田의 사여와 토지로부터의 조세 수취권을 분급한 田租의 사여 두 가지로 구분하였다(박시형, 위의 책, 50쪽).

다. 이들 자료를 일별할 때, 백제의 토지제도는 고구려나 신라에서와 같이 국가가 토지 자체를 지급하는 賜田의 형태는 보이지 않고, 수취된 조세미의 일부나 전쟁포로와 말 등을 어떤 특별한 공로가 있을 때마다 지급하는 것을 특징으로 한다. 그러한 사례로서 다음의 기사가 참고된다.

전지왕 2년 가을 9월, 解忠을 達率로 삼고 漢城租 1천 석을 주었다(《三國史記》 권 25, 百濟本紀 3).

위의 기사에서 해충은 전지왕을 옹립하는 데 매우 중요한 역할을 하였고 그 공로로 한성조를 지급받았다. 따라서 이는 전공이나 瑞物 진상 등과는 비견할 수 없을 정도로 그 비중이 크기 때문에 다른 곡물로 지급할 경우와 구별할 필요가 있다. 특히 신라의 경우 歲租가 녹봉의 성격으로[3] 이해되고 있는 점을 감안해 보면 해충은 출신지인 한성의 일정지역에 대한 직접적인 수취권을 수여받은 것이 아니라 한성의 국가창고에 보관된 조세 수납미[4] 중에서 1,000석을 해마다 일정기간 동안 지급받은 것으로 이해된다. 이는 왕을 옹립한 대가로 토지로부터 조세 수납된 특정지역의 전조에 대한 권리를 분급해 준 것이며, 후대 녹봉제의 연원이라 할 수도 있을 듯하다.

이와 같이 백제는 국가에 대한 특별한 공로가 있을 경우에 한하여 특정지역의 전조에 대한 권리를 분급하였는데, 후대 귀족관료들에게 분급한 수조권적 토지지배의 연원이 되는 셈이다. 그 분급 내용은 농민들로부터 수취한 일정한 양의 조세미를 유공자에게 녹봉의 형식으로, 또는 일회적인 포상으로 급여하였음을 알 수 있다. 이 때에는 때때로 관등의 승급, 재화의 분급, 포로의 분배 등이 수반되기도 하였다.

다음 백제의 식읍지급 사례로는 의자왕이 왕서자 41인에게 좌평 신분과 식

---

3) 신라의 세조는 토지 자체를 지급한 것이 아니라 특정 군현의 조에 대한 권리를 수여한 것으로 보아 백제의 한성조와 같은 성격의 것으로 보고 있다(安秉佑, 〈6~7세기의 토지제도〉, 《韓國古代史論叢》 4, 1992, 287~289쪽).

4) 竹旨郎의 고사에 나오는 能節租(《三國遺事》 권 2, 紀異 2, 孝昭王 竹旨郎)는 富山城租의 일부를 이루는 세곡이었던 점에 비추어 볼 때 세조로 분급되던 漢城租도 각 지역의 토지에서 징수한 세곡미를 수합하여 한성의 창고에 보관된 곡물을 뜻하며, 그 용도는 國用과 供上 등의 재원으로 사용되었다. 이 租는 국가에서 징수하고 국가에서 해당자에게 분급하였다(李景植, 〈古代·中世의 食邑制의 構造와 展開〉, 《孫寶基博士停年紀念 韓國史學論叢》, 1988, 158쪽).

읍을 지급한 것이[5] 유일하다. 이는 의자왕이 왕족 중용정책의 일환으로 취한 것으로 이해된다. 백제의 식읍에 관한 구체적인 내용이나 성격은 알 수 없지만, 대체로 고구려나 신라의 예와 거의 비슷하였을 것으로 추측된다. 식읍은 뛰어난 훈공이 있는 왕족이나 척신·고위관료 등 특별한 자들에게 수여한 일종의 경제적 특혜라고 할 수 있는데, 중국 주대의 봉건제도 아래서 왕족과 공신에게 분봉하던 봉토에 기원을 둔 것으로, 우리 나라의 경우 삼국이 모두 채용하였다.

백제의 경우 식읍의 내용이나 성격이 분명히 드러나지 않으나, 신라의 경우 비교적 잘 나타나 있어 참고된다. 즉 신라의 경우 삼국통일의 공으로 김유신에게 식읍 5백 호를,[6] 김인문에게는 두 차례에 걸쳐 3백 호와 5백 호를 수여하였는데, 뒤의 5백 호는 故大角干 朴紐의 식읍이었다.[7] 원성왕 즉위와 관련하여 왕위계승에서 패퇴했던 金周元의 경우는 《新增東國輿地勝覽》 강릉도호부조에 따르면 명주 관하의 翼嶺縣(양양)·三陟郡·斤乙於郡(평해)·蔚珍郡 등 여러 군현에 걸쳐 식읍을 받은 것으로 되어 있다. 이와 같이 식읍의 규모는 封戶의 수로 정해졌으며, 일정지역 내에서 일부 토지에 설정되었는데, 김주원의 경우처럼 여러 군현에 걸쳐 있는 경우도 있었다. 식읍의 지배형태는 국가에서 지정한 지역의 봉호를 대상으로 租·調·力役의 부세를 직접 수취하는 형태였다.[8] 그리고 김인문이 박유의 식읍을 이어받고 있는 것처럼 세습은 원칙상 허용되지 않았다. 그러나 식읍은 중신귀족들의 대토지 사유화의 한 수단으로 활용되기도 하였다. 신라 말 聖住山門의 터가 되었던 충남 보령 성주산 일대가 金昕 등 김인문의 가계에 의해 계속 점유되어 온 사례에서[9] 식읍이 경우에 따라서는 세습되어 식읍주들의 사적인 경제기반을 구축할 여지가 많았을 것으로 보인다. 이와 같이 식읍은 중신귀족들에 의한 대토지 사유화의 한 수단이 되었음은 물론 식읍지배를 통해 우리나라 토지제도사상 수조권 분급의 한 연원을 이루었다는 점에서[10] 그 의미를 찾을 수 있다.

---

5) 《三國史記》 권 28, 百濟本紀 6, 의자왕 17년 정월.
6) 《三國史記》 권 43, 列傳 3, 金庾信 下.
7) 《三國史記》 권 44, 列傳 4, 金仁問.
8) 李景植, 앞의 글, 140쪽.
9) 崔柄憲, 〈新羅下代 禪宗 九山派의 成立〉(《韓國史硏究》 7, 1972), 106쪽.
10) 金容燮, 〈前近代의 土地制度〉(《韓國學入門》, 學術院, 1983), 394쪽.

다음으로 지배층이 지배한 토지의 유형 가운데에는 국가나 왕실의 보유지가 있었다. 백제는 주변의 여러 나라와 전쟁을 치르는 과정에서 새로 차지한 영토는 우선적으로 국가나 국왕의 직할지로 귀속시켰다. 《삼국사기》 백제본기에 보이는 백제의 전렵지인 西海大島(강화도), 橫岳(북한산),[11] 狗原(경기도 양주 풍양)[12] 등은 모두 국왕의 직속지였을 것으로 생각된다. 그 밖에 왕릉·궁궐·제단 등 지배층의 주요 시설물과 변경 요지의 군대에 부속되어 있는 토지도 광대하였을 것이다. 국가나 국왕의 소유가 뚜렷이 구별되지 않았던 당시에 국왕 자신도 왕토사상의 관념에 따라 전국에 걸쳐 많은 토지를 소유했을 것이며 이러한 국가나 왕실의 보유지는 주로 고구려 광개토왕릉비 수묘역의 예에서 보듯이 일반 농민들과 노비노동에 의해 경작되었다. 그리고 왕실 보유지를 효율적으로 관리하기 위한 국왕 직할의 행정부서를 설치하여 운영하였는데, 성왕대에 설치한 22부사 가운데 穀部가 바로 이 업무를 담당했을 것으로 짐작되고 있다.[13] 이 곡부는 궁내부에 속한 관서 중에서 서열이 전내부 다음으로 중요한 위치를 차지하였는데, 御供에 관계되는 곡물의 조달과 전국에 흩어져 있는 御料地의 경작·관리 등을 맡았을 것이다.

한편 백제는 정복활동이 진전됨에 따라 사민과 개척을 활발히 하였다. 의자왕대에는 대야성을 빼앗고 그 주민 1천여 명을 서쪽지방으로 사민시킨 사례도 있었다.[14] 백제가 웅진과 사비로 천도하였을 때에도 많은 사민이 행해졌을 것이다.[15] 이렇게 새로 개간된 토지에는 신라가 소경을 설치할 때의 사례에서 보듯이 귀족과 호민을 비롯하여 많은 주민들이 함께 출신지역을 떠나 강제로 이주되었다. 특히 귀족들은 미개발지역에 이주하여 새로운 토지를 개간하고 소유함으로써 식읍이나 사전 등과 함께 대토지를 소유하게 되는 계기가 되었음은 물론이다.

---

11) 金正浩, 《大東地志》 권 1, 漢城府.
12) 酒井改藏, 〈三國史記の地名考〉(《朝鮮學報》 54, 1970), 46쪽.
13) 白南雲, 앞의 책, 224쪽.
14) 《三國史記》 권 28, 百濟本紀 6, 의자왕 2년 8월.
15) 백제가 웅진으로 천도하였을 때 한성의 민호도 대규모로 사민되었는데, 해씨는 아산 일대에, 진씨는 직산의 위례성(지금의 蛇山城) 일대에 각각 사민된 것으로 보는 견해도 있다(李基白, 〈熊津時代 百濟의 貴族勢力〉, 《百濟研究》 9, 1978, 10~18쪽).

그 밖에 백제는 침류왕대 이후 불교가 국가의 공인과 보호 아래서 "승려와 사탑이 대단히 많았다"[16]고 할 정도로 크게 번창하였다. 이에 따라 사원은 왕실과 귀족의 적극적인 후원에 힘입어 많은 토지와 재화를 소유하게 되면서 대토지 소유자로 등장하였다. 성왕 때에 설치한 국왕 직속의 내관 12부서 가운데 왕실의 佛事업무를 관장하는 功德部에서는 왕실의 원찰에 노비와 함께 많은 토지를 바치는 일도 담당했을 것이다.

이와 같이 백제는 전승, 서물진상, 왕의 옹립 등과 같은 어떤 특별한 공로가 있을 경우, 그 유공자에게 조세미의 부분적인 분급권을 수여하였다. 또한 식읍을 비롯하여 국가나 왕실의 토지보유 및 새로운 토지의 개간 등으로 지배층의 대토지 소유화가 진행되었고, 아울러 사원도 왕실과 귀족들의 기진과 기탁 등에 의해 많은 토지를 소유하고 있었다.

(2) 농민의 토지소유

삼국은 국왕을 중심으로 통치조직을 정비하고 철제로 된 농업토목 용구의 사용에 따라 농업생산력이 발전하면서 사적 소유가 진전되고, 경작지에 대한 공동체적 소유가 소멸되어 점차 개별적인 토지사유가 가능하게 되었다. 즉 〈영일냉수리신라비〉에 보이는 節居利의 소유권 문제[17]나 溫達이 平岡公主가 가져온 패물을 팔아 토지와 집, 소와 말, 그리고 생활필수품을 마련한 사례[18]는 신라와 고구려에서 사적 소유가 상당히 진전되었음을 보여주는 것이라고 할 수 있다. 백제의 경우에도 《周書》 백제전의 "도둑질하는 자에게 장물의 두 배를 징수케 한다"는 율령과 관련된 조항에서 국가가 재화에 대한 사유권을 보장하였음을 알 수 있다. 또한 국가가 농민들의 오랜 관행인 토지의 개간·매매·상속 등에 대해 관여하지 못하였던 것으로 보이는데, 이는 농민의 토지소유를 사실상 인정하고 있는 셈이 된다. 이러한 데는 국가가 국유지든 사유지든 소유권 여부와는 관계없이 경작지를 기준으로 농민의 조세미를 수취하여 대부분의 국가재정원을 확보하고자 하였기 때문으로 여겨진다.

16) 《周書》 권 49, 列傳 41, 異域 上, 百濟.
17) 韓國古代史硏究會, 《韓國古代史硏究》 3-迎日冷水里新羅碑特輯號-(知識産業社, 1990) 참조.
18) 《三國史記》 권 45, 列傳 5, 溫達.

그런데 성왕 때에 설치한 22부사 중에서 토지업무를 담당한 부서는 보이지 않고, 특별한 공로가 있는 귀족과 장군들에게 포상의 일환으로 전조권이나 일정한 지역의 부세 수취권에 한정된 식읍과 사전 등을 수여하였음을 볼 수 있다. 이는 경작자인 농민들에게 어떤 일정한 원칙을 가지고 토지를 지급하지는 않았던 것으로 추측케 한다. 그러나 변경에의 사민이나 농토에서 떠난 游食농민을 본적지에 귀농시키는[19] 일과 같은 특별한 경우에는 토지가 없는 농민들에게 안정된 생산기반을 확보하도록 하기 위해 일정한 양의 토지를 분급하였을 것으로 추측된다.

한편 백제의 농업생산력의 발전은 농업경영의 양상을 크게 변화시켰다.[20] 특히 소를 사용한 경작으로 토질이 개선되고 노동력이 절감된 결과로 농업경영의 방식도 종래의 많은 노동력이 소요되는 집체적인 방식에서 벗어나 점차 소농 중심의 농업경영 추세를 보이게 되었다.[21] 개별 농가가 농업경영 단위로 성장함으로써 개별 농가에 의한 토지소유가 촉진되었으며, 농민층의 다양한 계층분화도 가져오게 되었다. 5세기 후반 編戶小民으로 존재했던 도미가 노비를 소유하고 있었던 사례에서[22] 백제 자영 소농민층의 성장을[23] 엿볼 수 있다. 그러므로 자영 소농민들에 의해서 경작되는 토지가 상당한 부분을 차지하고 있었을 것이다.

백제의 농민층 가운데에는 '가난하여 자립해 살 수 없는 자'[24]로 표현된 빈한한 無田農民들도 있었다. 그 밖에 군대복무의 여가를 이용하여 품을 팔았다는 신라 眞定의 예를[25] 통해 傭作농민의 존재도 상정할 수 있다. 이러한 농

---

19) 《三國史記》 권 26, 百濟本紀 4, 무령왕 10년 정월.

20) 본장 3절 1항 참조.

21) 전덕재, 〈4~6세기 농업생산력의 발달과 사회변동〉(《역사와 현실》 4, 역사비평사, 1990), 27~28·33쪽.
安秉佑, 앞의 글, 278쪽.
그러나 4~5세기 무렵에 철제농기구는 소수의 지배층을 중심으로 집중 소유되고 있어 농민들은 토지소유주의 것을 공동으로 사용하였을 것으로 보아 소농 중심의 농업경영을 인정하지 않는 견해도 있다(李賢惠, 〈三國時代의 農業技術과 社會發展〉, 《韓國上古史學報》 8, 1991, 69~77쪽).

22) 《三國史記》 권 48, 列傳 8, 都彌.

23) 梁起錫, 〈三國史記 都彌列傳 小考〉(《李元淳敎授華甲紀念 史學論叢》, 1986), 15쪽.

24) 《三國史記》 권 23, 百濟本紀 1, 다루왕 11년 10월.

25) 《三國遺事》 권 5, 孝善 9, 眞定師孝善雙美.

민층의 사회분화는 자연재해나 귀족층에 의한 과도한 수탈과 토지의 집적화 현상에 따라 부단히 진행되었다. 따라서 국가는 귀족들의 사적 지배권을 억제하고 국부를 창출하는 담당자인 농민들을 국가의 공민으로 편제하기 위해 농민 안정책을 적극 펴나가게 되었다. 자연재해 등으로 생산기반을 잃은 농민들이 유망하거나 또는 노비로 전락하는 것을 막기 위해서 국가는 고구려 고국천왕 때의 사례와 같이 귀족층의 사유지 확대를 억제하거나,[26] 또는 농민 안정책과 통제책의 일환으로 유이민의 귀농, 적절한 조세감면과 구휼정책을 펴 나갔을 것으로 짐작된다.

이와 같이 백제는 통치체제를 정비해 나가면서 정복전쟁을 통해 획득한 토지와 전리품을 훈공있는 귀족층에게 식읍과 특정지역의 전조 수취물에 대한 권리를 사여함으로써 토지를 비롯한 재산의 사유화를 촉진시켰다. 또한 지배층의 사적 통제와 수탈로부터 생산자인 농민들과 그 사유재산을 보호하기 위해 권농정책과 담세능력을 감안한 수취제도를 아울러 정비하여 지배층의 대토지 소유화 현상과 함께 소유권적 토지지배의 단서를 열었다.

2) 조세제도

(1) 세제의 내용

백제의 세제는 그 구체적인 내용은 잘 알 수 없지만 국초부터 租·調·力役制가 존재했던 것으로 생각된다. 즉 농산물을 수취하는 租와 가내 수공업의 생산물이나 각 지방의 특산물을 수취하는 調, 그리고 노동력을 징발하는 역역제를 국초부터 시행하였던 것으로 보인다.

가. 조와 조

백제의 세제 중에서 租와 調는 서로 결합된 형태로 나오는 경우가 많다. 즉 고이왕 15년(248) 백성들이 굶주리게 되자 1년의 조와 조를 면제한 사례[27]에서 볼 때 전세미 수취인 租는 공물수취인 調와 함께 부담된 것으로 볼 수 있다.

먼저 租의 수취대상은 주로 농민층이었다. 백제 초기의 권농기사와 진휼기

26) 《三國史記》 권 16, 高句麗本紀 4, 고국천왕 12년 9월.
27) 《三國史記》 권 24, 百濟本紀 2, 고이왕 15년.

사 가운데 국가의 보호대상이었던「部民」또는 집단예민은 바로 농업생산을 담당하고 있는 일반 백성을 지칭하는 것으로 여겨지기 때문이다. 이「부민」은 공동체 단계의 유제에 따라 연맹단계에서도 각 소국의 수장층과 호민층의 지배를 받는 한편 국가에 대해서도 部를 통해 중층적으로 지배를 받는 존재였다. 아마도「부민」은 단위 정치체별로 파악되어, 인두수에 따라 조와 조 및 역역이 매겨졌던 것으로 추정된다. 이 시기의「부민」은 下戶의 존재로 상정될 수 있는데, 이들은 족장적 전통을 갖고 있는 大加·豪民 등에 의해 쌀과 양식, 생선과 소금 등을 가혹하게 수취당하였다. 그러나 통치체제가 갖추어지고 농업생산력이 발전하게 되는 4세기 후반 이후 민의 사회경제적 지위는 변화되어 갔다. 민은 율령에 의해 지배받는 국가의 공민으로 편입되면서 종래의 임의적이고 가혹했던 소국 수장층들의 사적 수탈로부터 보호받는 존재로 변모하였다. 민 가운데에는 토지 사유화와 농업생산력의 진전에 따라 婢子를 거느린 도미와 같은 편호소민도 나타나게 되었다. 그리고 소농 중심의 농업경영 방식으로 전환됨에 따라 개별가호가 부세를 부과하는 기초단위로 자리잡게 되었다.

租의 품목은 주로 보리·콩 등 밭작물이었던 것으로 보인다. 1세기 초 다루왕 때의 東部의 屹于가 말갈과 싸운 공로로 말 10필과 租 5백 석을 상으로 받았는데,[28] 이 때는 稻田이 아직 국가적인 차원에서 개발되지 않았고,[29] 또 건국 초기부터 밭작물인 보리와 콩에 관한 기사가 많이 나오고 있는 데서[30] 이를 짐작할 수 있다. 그러나 고이왕 때에 南澤에서 도전을 개발하였다는 것이나[31] 제방의 축조와 정비에[32] 따라 조의 품목은 콩·보리에서 점차 쌀로 바뀌어져 갔던 것으로 보인다. 즉 쌀은 수리관개시설이 확보된 조건에서 안정적인 생산을 기할 수 있고, 또 다른 작물에 비해 장기간 보관할 수 있는 이점이 있어서[33] 창고의 저장물이나 군량미의 대상물이 되었다. 6세기 무렵 백

---

28) 《三國史記》 권 23, 百濟本紀 1, 다루왕 3년 10월.

29) 《三國史記》에는 백제의 稻田개발을 다루왕 6년(33) 2월로 기록하고 있다.

30) 《三國史記》 百濟本紀에 따르면, 보리농사에 관한 기사는 온조왕 28년 4월, 기루왕 14년 3월, 고이왕 13년, 동성왕 23년 3월로 모두 4회가 보이고, 콩에 관한 것은 기루왕 23년 8월로 1회만 보이고 있다.

31) 《三國史記》 권 24, 百濟本紀 2, 고이왕 9년 2월.

32) 《三國史記》 권 24, 百濟本紀 2, 구수왕 9년 2월 및 권 2, 新羅本紀 2, 흘해이사금 21년의 碧骨池 축조사실을 백제의 것으로 이해하고 있다.

33) 벼의 저장기간은 9년이고, 쌀은 3~5년, 기장은 3년 정도라고 한다(Francesca

시책이[40] 추진되면서 세제도 체계적으로 개편되었다. 이는 수취기반을 확대하여 왕정의 물질적 기반을 공고히 하면서 국왕 중심의 정치운영을 위해 취해진 조치로 이해된다. 성왕대에 설치한 22부 중에서 내관의 穀部와 內·外椋部 및 외관의 點口部와 綢部의 존재가 바로 수취체제의 개편과 밀접한 관련을 가진 것이었다. 곡부 이외의 내·외경부는 어공물이나 祭具 및 국가 재용에 관한 의료나 식물을 저장·보관하는 업무를 맡았던 것으로 보인다. 정치조직의 개편에서 특히 재정기구의 분화현상이 두드러지게 나타나고 있어서 국가발전에 따른 재정수입과 지출의 업무가 점차 중요한 비중을 차지하게 되었음을 알 수 있다. 이러한 재정기구의 설치는 신라의 調府·倉部 설치에 비견될 만한 것이며 백제는 이로부터 전국적인 규모의 세제를 확립한 것으로 이해된다. 이 재정기구의 책임자는 長史·長吏 또는 將長·宰官長으로 불리웠는데, 임기는 3년이었다.[41]

이와 같이 백제의 租와 調는 종래 중층적으로 편제되어 있던 단위 정치체를 단위로 하여 인두수를 수취기준으로 부과된 복속 의례적인 성격을 띠는 것이었다. 그러나 4세기 후반 근초고왕대와 6세기 성왕대를 거쳐 지방 통치조직이 정비되면서 지방관에 의해 수취되는 전국적인 규모의 세제를 확립하게 되었다. 세제와 관련된 재정기구의 설치·운영, 임기 3년인 세무담당관리의 임명, 인정의 항례적 파악 등의 조치가 취해지면서 개별 가호가 수취의 기본단위로 자리잡게 되었고, 戶租 수취에는 풍흉에 따른 호등제를 채용함으로써 과세의 형평성을 기하고자 하였다.

나. 역 역

力役은 국가나 지방관청에 동원되어 무상으로 노역하는 요역과 군역으로 크게 구분할 수 있는데 租와 調에 못지않은 힘든 부담이었다. 《삼국사기》 백제본기에는 성곽·궁실·제단·사대·고분·다리·제언의 축조 등에 역역을 동원한 기사를 보여준다.[42] 대규모의 역사는 권력집중의 한 수단으로 전제군

---

40) 梁起錫, 〈百濟 聖王代의 政治改革과 그 性格〉(《韓國古代史硏究》 4, 1991), 75~103쪽.

41) 《隋書》 권 81, 列傳 46, 東夷, 百濟.
《翰苑》 蕃夷部, 百濟.

42) 《三國史記》 百濟本紀에 보이는 역역동원 사례는 총 69건으로서, 그 가운데 設

주에 의해 이용되기 마련이듯이,[43] 이들 각종 역사는 왕권강화 시책과 밀접히 관련된 것이었다.

역역은 대부분 많은 노동력을 동원할 수 있는 부 단위나 또는 국가 규모의 중앙역역 형태로 행해지기도 하였다. 초기의 역역 징발대상은 주로 하호로 표현되는 일반민이었다. 책계왕 원년(286)의 위례성 수리공사를 위해 丁夫를 동원한 사례와 전지왕 13년(417)에 沙口城을 쌓을 때 15세 이상의 동부와 북부인들을 동원한 예를[44] 볼 때 원칙적으로 15세 이상의 정남을 부 단위로 징발하였던 것으로 보인다. 정남의 연령 상한은 통일신라시대의 촌락문서로써 미루어 볼 때 60세였을 것으로 추정된다. 이들 정남에 대한 역역의 동원은, 규모에 따라 구소국의 읍락이나 부 단위로 일정지역의 정남 대상자를 모두 징발하여 일정한 공역기간도 없이 행해졌을 것으로 추측되고 있다.[45] 따라서 국가로서는 人戶에 대한 역역지배를 위하여 정례적으로 연령급별 호구파악이 필요하였을 것이고, 근초고왕 때에 반포되었을 것으로 보이는 율령에는[46] 아마도 호구령과 부역령이 포함되었을 것으로 추측된다. 역역의 동원은 주로 2월과 7월의 농한기를 이용하였는데, 이는 농업을 중시하는 국가의 정책을 반영하는 것으로써, "농사의 시기를 잃지 않도록 불요불급한 일을 중지하라"[47]는 조치는 바로 그러한 국가의 의지를 보여준다.

柵이나 축성이 45건을 차지하고 있어서 당시에 정복전쟁이 치열하게 전개된 사실을 반영하고 있다. 다음으로 큰 비중을 차지하고 있는 것이 궁실조영인데, 그 부속건물로 동명묘·시조묘·대단·사대·임류각 등을 짓고 이에 따른 조경에도 막대한 인력을 투입하기도 하였다(《三國史記》 권 27, 百濟本紀 5, 무왕 35년 3월). 그 밖에 도시와 관련된 시설, 농업생산력 증진과 관련있는 제방축조와 정비 등이 간헐적으로 추진되었다. 이러한 치수와 대토목공사에는 많은 인력이 동원되었는데, 김제의 벽골제 축조공사에는 연인원 32만여 명이 동원되었고(尹武炳, 〈金堤 碧骨堤 發掘報告〉, 《百濟硏究》 7, 1976, 77쪽), 나주 반남면 신촌리 9호분과 같은 대형 옹관묘의 봉토를 축조하는 데에는 100여 명의 인원을 24일 동안 동원해야 가능한 것으로 추산하고 있다(成洛俊, 〈榮山江流域의 甕棺墓硏究〉, 《百濟文化》 15, 1983, 48쪽).

43) "君者百姓之所瞻望也 宮室不壯麗 無以示威重"(《三國史記》 권 49, 列傳 9, 倉助利). Karl A. Wittfogel, *Oriental Despotism,* Yale University Press, 1957, pp.30~41.

44) 《三國史記》 권 25, 百濟本紀 3, 전지왕 13년 7월.

45) 김기흥, 앞의 책, 91쪽.

46) 盧重國, 앞의 책, 267쪽.

47) 《三國史記》 권 23, 百濟本紀 1, 시조 온조왕 38년 3월.

한편 국초의 군역 대상자는 諸加·豪民層을 포함한 지배층이었다. 그들은 집집마다 병기를 소지하고 있었으며, 전시에는 전사집단으로 출정하였다. 국초부터 진씨세력이 좌장을 통해 병권을 장악했던 사실은[48] 그러한 사실을 반영하는 것으로 볼 수 있다. 이 때에 생산자였던 하호들은 이들 지배층에게 식량과 물자를 조달해 주는 역할만을 하였다. 이는 하호들이 군역에서 제외된 계층으로서 역역부담만을 맡았던 사실을 반영하며, 역역에 있어서 당시에는 군역이 아직 분화되지 않았음을 보여준다.[49]

그러나 6세기 무렵에 이르러 역역과 군역의 징발기준이 바뀌었을 듯하다. 즉 무령왕 23년(523)의 雙峴城 축조 사례에서[50] 역역동원이 종래의 부 또는 구소국의 읍락 단위에서 주·군의 행정구역 단위로 바뀌었음을 알 수 있다. 그리고 신라의 사례이긴 하지만 소지마립간 8년(486) 三年山城과 屈山城의 축조에 一善 변경지역의 丁夫 3천 명을 동원한 사례에서,[51] 이제 소요 노동력과 공사기간을 예측하여 역역을 동원한 사실을 짐작할 수 있다. 그러므로 이때에 이르러서는 해당지역의 정남을 무차별 동원하는 것보다 일정한 비율로 호당 정남의 수를 징발하여 역역부과의 형평성과 합리성을 고려하거나 또는 호세의 호등제를 적용하는 방식과 같이 일정한 인원을 징발하는 원칙을 강구해 나갔을 것이 상정된다.[52] 군역의 경우도 사료가 없어 그 실체를 정확히 밝힐 수는 없으나, 4세기 후반 이후 고구려·신라와의 전쟁이 지속되고 격하되면서 수만 명의 병력을 동원하게 되었고, 또한 일반민들의 사회경제적 지위가 향상되어 가는 추세로 말미암아, 일반 백성들도 점차 군역에 징발되었던 것이다. 신라 중고기에 일반 지방민을 州兵으로 동원한 사례나,[53] 건장한 사람을 선발하여 군대에 편성하였다는 《隋書》 新羅傳의 기사 등으로 미루어 보아, 백제의 경우도 크게 다르지 않았으리라 생각된다.

한편 6세기 중반 성왕대에 빈번한 역역징발 업무를 효율적으로 관리하기

---

48) 金翰奎, 〈南北朝時代의 中國的 世界秩序와 古代韓國의 幕府制〉(《韓國古代의 國家와 社會》, 歷史學會, 1985), 163쪽.
49) 김기홍, 앞의 책, 81쪽.
50) 《三國史記》 권 26, 百濟本紀 4, 무령왕 23년 2월.
51) 《三國史記》 권 3, 新羅本紀 3, 소지마립간 8년 정월.
52) 김기홍, 앞의 책, 92~95쪽.
53) 李文基, 〈新羅 軍事組織 硏究의 成果와 課題〉(《歷史敎育論集》 12, 1988), 166쪽.

위한 관청이 설치·운영되었다. 22부사 가운데 외관 소속의 司空部가 바로 그것인데, 이의 설치는 중앙정부 차원에서 역역행정의 체계가 확립되었음을 의미한다. 역역은 禪雲山歌에서도 볼 수 있듯이[54] 너무 빈번하고 장기적인 데다가 농번기에도 동원되는 경우가 있어서 농민들의 생계에 큰 피해를 주었다. 무왕대에는 여름철에 궁실을 중수하는 역사를 일으켰다가 한재로 인해 공역을 중단하기도 하였고,[55] 개로왕 때처럼 농민들에게 부역을 과중하게 부과함으로써 웅진천도라는 정치적 난국을 당하기도 하였다.

3) 산 업

(1) 농업생산력의 발전

가. 백제 초기의 수전개발과 농업생산력의 진전

백제는 기후가 온난하고 지리적으로 한강·금강·영산강과 같은 큰 하천이 흐르고 있어서 선사시대부터 농경에 적합한 지역으로 알려져 왔다.[56] 벼농사는 위도나 기온·강수량 등의 자연조건에 제약을 받기 때문에 청동기시대에는 한강·금강·영산강 유역에 위치한 낮은 구릉지대를 중심으로 밀집하여 형성된 수혈주거지 주위의 경작지에서 쌀을 비롯하여 보리·수수·조·콩 등의 곡물을 소규모로 경작하였던 것으로 보인다. 초기 농경유적지로서 잘 알려진 경기도 여주 欣岩里 주거지, 양평 楊根里와 仰德里 유적지를 비롯하여 충남 부여 松菊里 주거지, 전북 부안의 所山里·盤谷里, 전남 나주 佳興里, 해남 郡谷里 등의 유적지에서 탄화미나 콩·팥 등의 곡물이 출토된 바 있다. 이 무렵의 생산도구나 생활용구는 도끼류, 반월형 석도 등의 석제

---

54) 《高麗史》 권 71, 志 25, 樂 2, 三國俗樂 禪雲山.

55) 《三國史記》 권 27, 百濟本紀 5, 무왕 31년 2월.

56) 백제의 농업발달에 관해서는 다음과 같은 연구가 있다.
梁起錫, 앞의 글(1986).
金光彦, 〈新羅時代의 農器具〉(《民族과 文化》 1, 正音社, 1988).
李賢惠, 〈三韓社會의 農業生産과 鐵製 農器具〉(《歷史學報》 126, 1990).
———, 〈韓國 古代社會의 國家와 農民〉(《韓國史 市民講座》 6, 一潮閣, 1990).
———, 〈三國時代의 農業技術과 社會發展〉(《韓國上古史學報》 8, 1991).
전덕재, 앞의 글.
郭鍾喆, 〈한국과 일본의 고대 농업기술〉(《韓國古代史論叢》 4, 1992).
安秉佑, 앞의 글.

품을 사용하였으나 목제나 골각기와 같은 농기구도 여전히 사용했을 것으로 추정되기 때문에 농업생산력은 매우 낮았을 것이다.

그러나 기원 전후부터 남한지역에 철기문화가 적극적으로 보급되어 농업생산에서 철제 농기구의 사용이 점차 활발해지고, 또 그 종류도 늘어나는 추세를 보인다. 주조와 단조의 방법으로 제작된 도끼류, 수확구인 刀子와 낫, 논밭갈이 기구인 따비·쇠괭이·쇠삽날 등 철제 농기구가 제작·사용됨으로써 농경지 개간과 경작규모의 확대가 가능해지고 농업생산력이 크게 증대하게 되었다.[57] 경기도 양평 大心里에서는 철제 칼 1점, 괭이형 철제 도끼 4점과 함께 호미편 1점이 출토되었으며,[58] 가평 梨谷里에서도 보습틀이 출토되어[59] 우경의 실시문제와 관련시킬 수 있는 중요한 자료로 평가되고 있다. 충북 중원 荷川里 주거지에서는 쇠괭이와 U자형 쇠삽날 등 철제의 농공 토목구가 출토되었다.[60] 쇠괭이는 무쇠를 소재로 만들어진 주조품으로 질기지 못하여 다소 부스러지는 단점이 있으나, 기원전 1세기 무렵에는 상당량이 제작되어 보급되면서 나무괭이를 대치하게 된 듯하다. 그리고 중원 하천리의 쇠삽날은 크기가 가로폭 23.7cm, 길이 19.2cm나 되며 목재 농기구인 가래나 따비 등의 날끝을 U자형 철판으로 보강한 갈이기구이다. 이러한 철제 갈이기구를 사용함으로써 황무지를 개간하여 경지면적을 넓히고, 작업능률을 향상시켜 농업생산력을 보다 높일 수 있게 되었다. 그리고 생산력의 증대로 잉여산물이 증가하여 지역간의 교역이 활발해지고, 사유재산에 대한 개념이 뚜렷해지면서 토지의 철제 생산수단의 소유 여부에 따른 경제적인 격차가 벌어졌다. 아울러 정치·사회적인 측면에서 생산도구의 제작과 보급을 통해 정치권력이 점차 강화되는 현상도 나타났다. 철제 농기구는 원료산지가 한정되어 있고 기술수준에 따라 질적·양적 제한이 크기 때문에 이들 철기 생산도구의 제작과 보급과정은 지배집단이 장악하고 있었을 것으로 짐작된다. 이러

57) 李賢惠, 앞의 글(1990 a), 63~64쪽.

58) 金元龍 外, 〈楊平大心里 遺蹟發掘報告〉(《八堂·昭陽댐水沒地區遺蹟發掘綜合調査報告》, 文化財管理局, 1974), 224~225쪽.

59) 崔茂藏, 〈加平郡 梨谷里鐵器時代住居址 發掘報告書〉(《人文科學論叢》 12, 建國大 人文科學硏究所, 1979) 참조.

60) 尹容鎭, 〈中原荷川里F地區 遺蹟發掘調査報告〉(《忠州댐水沒地區文化遺蹟 發掘綜合報告書》 考古·古墳分野 2, 忠北大博物館, 1984), 397~407쪽.

한 배경 아래서 한반도 중남부 지역에서는 수많은 읍락들이 지역별로 통합되어 백제국을 포함한 70여 개의 크고 작은 단위 정치체가 등장하게 되었다.

위와 같은 철기문화의 배경을 가진 백제는 부여·고구려계의 유이민으로서 한강 하류의 서울 일대에 정착하여 국초부터 국가적 관심에서 농업을 크게 장려하였다.[61] 백제는 천도의 입지조건으로서 국방상의 요인 이외에 토지의 비옥도를 중시하였으며, 또한 적극적으로 권농정책을 시행함으로써 영농조건을 개선하고 나아가 농업생산력을 향상시키고자 하였다.

《삼국사기》 백제본기의 초기 기록에는 보리·콩·팥 등의 곡물명이 많이 보이고 있다. 이로 미루어 보아 백제 초기의 농경은 벼농사보다도 밭농사를 중심으로 이루어졌던 것이 아닌가 한다. 그 후 밭농사가 농경의 중심을 이루는 가운데 점차 수전이 새로이 개발되고,[62] 이에 따른 제방의 수리가 행해졌다.[63]

특히 《삼국사기》에 따르면 백제는 1세기 무렵부터 「澤」에 稻田을 개발하였음을 알 수 있다. 여기서의 「도전」이란 水田을 가리키는 것이겠지만, 「택」은 자연적으로 물이 고여 있는 소택지로서 배수불량으로 인하여 지하수위가 높고 유기물의 분해가 불량한 자연 저습지를 뜻한다. 이는 당시 수전농업기술과 수리관개기술의 한계를 보여주는 것이라 하겠다. 아마도 소택지 주변의 수전 경영은 주로 소·지류의 하천물이나 배후 습지의 지하수를 간단한 導水시설을 통해 급수하는 방법을 취했을 것이다.[64]

그러면 백제가 밭농사 중심의 농업경영에서 수전개발을 촉진시킨 이유는 무엇일까. 먼저 농업생산성을 향상시키기 위한 것이라고 할 수 있다. 즉 논농사는 일반적으로 밭농사에 비해 2배쯤 생산력이 높은 것으로[65] 알려지고 있다. 다음으로 식량을 안정적으로 확보하려는 측면도 있었을 것이다. 백제는 건국 초기부터 가뭄과 홍수 등의 자연재해로 인하여 생산기반은 물론 생산자인 농민들의 생활기반마저 위협받았다. 이로 인하여 도적이 일어나거나,

---

61) 《三國史記》 권 23, 百濟本紀 1, 시조 온조왕 13년 5월·14년 2월·38년 3월.

62) 《三國史記》 권 23, 百濟本紀 1, 다루왕 6년 2월·기루왕 40년 4월 및 권 24, 百濟本紀 2, 고이왕 9년 2월조 참조.

63) 《三國史記》 권 24, 百濟本紀 2, 구수왕 9년 2월.

64) 李賢惠, 앞의 글(1991), 51~52쪽.
郭鍾喆, 앞의 글, 79~90쪽.

65) 姜晋哲, 〈公田·私田의 差率收租의 問題〉(《高麗土地制度史硏究》, 高麗大出版部, 1980), 394~395쪽.

농민들이 고구려 등으로 유망하는 사례도 발생하였다.[66] 더구나 주된 경제기반이라 할 수 있는 보리나 콩의 밭농사를 해치는 일도 빈번히 일어났다.[67] 그런데 논농사는 밭농사와는 달리 수리관개시설이 갖춰지는 조건이 전제될 때 가뭄 등의 자연재해를 어느 정도 극복할 수 있고, 또 농사의 재배조건에서 헤아려 볼 때 벼품종의 개량 및 벼의 생육에 필요한 질소·인산·칼리 등 자연비료를 물을 통해 얻을 수 있으며 물로 잡초를 제거하는 데 유리한 측면이 있다.[68] 그리고 벼가 밭작물보다 오래도록 저장이 가능하다는 이점이 있다.[69] 따라서 식량을 다량 생산한다는 의미 이외에 이를 안정적으로 확보한다는 측면에서 백제 초기에는 국가적 차원에서 수전개발이 적극 추진되었던 것이라 할 수 있다. 이러한 수전의 개발과 수리관개시설의 축조와 정비를 위해 철제 괭이와 가래날 등을 사용하게 됨으로써 노동력을 절감하고 경지면적을 확대시켜 농업생산력을 증대시켜 나가게 되었다.

나. 4~5세기 농업생산력의 발달

철제 농토목구의 광범위한 보급은 농업생산 전반에 걸쳐 커다란 변화를 가져왔다. 철제 농토목구의 사용량이 4~6세기에 이르면 이전 시기에 비해 급격히 증가하는 추세를 보인다. 옛 백제영역이었던 경기·강원·충청·전라도 지역에서 4~6세기에 제작된 보습·따비·쇠스랑·낫·살포·자귀·괭이형 도끼·살포형 도끼·일반 도끼류 등의 철제 농토목구가 보고된 바 있다.[70] 가장 많이 나오는 철제 농토목구로는 괭이형 도끼와 낫이며, 앞 시기에 보이지 않던 쇠스랑도 나타나고 있어 주목된다. 철제 낫은 전국적으로 많은 양이 출토되고 있지만, 괭이형 도끼나 살포날·쇠스랑 등은 남한지역에서 집중적으로 나오고 있다. 이와 같이 4세기 이후 철제 농토목구는 백제 초기

66) 《三國史記》 권 23, 百濟本紀 1, 시조 온조왕 33년·37년.

67) 보리농사 피해(온조왕 28년 4월, 기루왕 14년 3월, 고이왕 14년 여름)와 콩농사 피해(기루왕 23년 8월)에 관한 기사가 《三國史記》 百濟本紀 초기의 기록에 여러 차례 보인다.

68) 이은웅, 《水稻作》(향문사, 1983), 200~201쪽.

69) 벼와 조는 보리에 비해 저장기간이 길어 군량미나 수세대상이 되었다(李賢惠, 앞의 글, 1991, 56쪽). 저장기간에 대해서는 앞의 주 33) 참조.

70) 金光彦, 앞의 글, 46쪽에 제시한 1921~1986년 전반기까지 발굴·보고된 총 123개의 4~6세기 철제 농기구의 분류·정리 도표 참조.

에 비해 양적으로 많아지고 종류도 다양해지며, 또 철기의 제작기술에서도 용도에 맞게 주조와 단조의 방법을 적절히 사용함으로써 철기의 수명을 보장하는 기술이 응용되기도 하였다.[71)]

괭이형 도끼 또는 주조 철부는 종래의 목제 괭이를 철제로 전환시켜 폭이 좁은 형태로 발전시킨 경작용 농구로서 주로 경상도지방에서 집중적으로 출토되고 있다.[72)] 이는 흙덩이를 부수어 고르거나 파종할 도랑을 만들고 제초작업을 할 때에 사용되는 것으로서, 밭농사에 있어서 작업효율을 높이고 노동력을 절감하는 데 중요한 기능을 발휘하였다. 백제지역에서는 원삼국기의 유적인 양평 대심리 A지역에서 출토된 바 있으며, 4세기 이후의 것으로는 해남 月松里 고분과 청주 新鳳洞 토광묘군에서 각각 출토되었다.

철제 낫은 철기시대의 철도자를 대신하여 논·밭농사에 널리 사용되던 수확 기구이다. 낫은 4세기 이후 날모양과 각도가 다양해지는데, 수확할 때에 그루터기를 뿌리째 베어낼 수 있어 작업효율을 크게 향상시킴으로써 노동력을 절감시킬 수 있었다. 이는 남원 月山里 고분, 청주 신봉동 토광묘군, 임실 金城里 석곽묘, 서울 九宜洞에서 각각 출토된 바 있다.

말굽형 따비날과 철제 가래날은 목제 따비나 가래의 날끝을 U자형 철판으로 보강한 갈이기구로서 여러 사람이 공동으로 협력하여 땅이나 도랑을 파거나, 제방을 쌓거나, 또는 논농사의 농구로 사용된다. 백제지역에서는 충북 중원 하천리 주거지에서 원삼국기의 것이 출토된 바 있으며, 4세기 이후의 것으로는 서울 石村洞 3호분 동쪽 고분군과 구의동, 해남 월송리 造山古墳, 남원 細田里 등에서 각각 출토되었다.

쇠스랑은 퇴비를 쌓아 올리거나 갈이와 김매기에 효과적으로 사용하던 경작용 농구로서 4세기 이후 백제나 신라지역에서 특징적으로 나타난다.[73)] 백제지역에서는 서울 구의동과 서산 明智里의 토광묘에서 각각 출토되었다. 서산 명지리의 것은 일본 大阪府 紫金山 고분 출토품과 같은 계통인 것으로 밝혀져 따비를 비롯한 농토목 용구들이 일본에 전해진 것으로 보고 있다.[74)]

---

71) 전덕재, 앞의 글, 18쪽.
72) 金光彦, 앞의 글, 67쪽.
73) 金光彦, 위의 글, 56쪽.
74) 李殷昌, 〈農工具〉(《韓國考古學》, 河出書房新社, 1972), 220쪽.

보습 또는 쇠삽날은 삽형으로 목재를 홈에 맞춰 끼우고 밭을 가는 데 사용하는 쟁기보습을 말한다. 다소 기년상의 문제는 있지만, 신라에서는 1세기경 노례왕 때에 처음 사용하였다고 전하는데[75] 우경의 실시와 관련하여 주목된다. 백제지역에서는 원삼국기의 것으로 경기도 가평 이곡리에서 보습틀이 나온 것이 있으나, 4세기 이후의 것으로는 서산 명지리 4호 토광묘와 서울 구의동에서 길이 44.4cm, 너비 34.4cm나 되는 대형 보습을 포함하여 3점이 출토된 바 있다. 이러한 크기의 보습은 사람이 끄는 쟁기보다는 축력을 이용하여 경작하는 데 사용하였을 가능성이 높다. 자료의 출토량이 적은 것으로 보아 아직은 널리 보급된 것으로 볼 수는 없지만, 축력을 이용한 우경을 실시한 경우 깊이갈이가 가능해져 종전보다 2.4배 정도의 노동생산력을 향상시킬 수 있으며[76] 토질의 개선이 가능하게 된다. 따라서 우경의 보급은[77] 작업 효율을 크게 높이고 아울러 농업생산력을 증대시켜서 나아가 1인당 경작면적을 늘릴 수 있었으며, 개별 가호 단위의 농업경영이 이루어지는 계기가 되었을 것으로 추측된다.[78]

한편 4세기 이후 철기제작 기술이 발전함에 따라 단조제의 도끼류·괭이·자귀·쇠삽날·톱 등 농경이나 개간에 필요한 용구도 생산되었다. 서울 구의동 출토의 도끼류, 임실 금성리 석곽묘 출토의 자귀, 나주 新村里 9호분 출토의 톱, 청주 신봉동 토광묘군 출토의 끌과 주조·단조로 된 도끼류 등이 이에 해당한다. 이러한 농토목 용구가 보급됨에 따라 수리관개시설의 축조와 정비가 용이해지고 수전개발이 더욱 활발해지게 되었다.

수리관개사업은 위의 철제 농토목 용구의 생산 이외에 고도의 토목기술 및 조직적으로 노동력을 징발할 수 있는 체계를 필요로 하였기 때문에 고대

---

75) 《三國遺事》 권 1, 紀異 2, 第三 弩禮王.

76) 木村正雄, 《中國古代農民叛亂の硏究》(東京大出版會, 1979), 54쪽.
우경을 행할 경우 따비로 밭을 갈 때보다 약 17배 정도의 경작능력이 향상된다는 연구도 참고된다(中國農業科學院·南京農學院中國農業遺産硏究室 編, 《中國農學史》 上, 科學出版社, 1984, 153쪽).

77) 신라는 지증왕 3년(602)에 국가적인 차원에서 牛耕을 적극적으로 장려하였다고 한다(李春寧, 《李朝農業技術史》, 韓國硏究院, 1964, 17쪽 ; 전덕재, 앞의 글, 25쪽 ; 安秉佑, 앞의 글, 278쪽).

78) 中國農業科學院·南京農學院中國農業遺産硏究室 編, 앞의 책 참조.
전덕재, 위의 글, 27쪽.

국가에서는 국가권력이 관여하기 마련이었다. 비류왕 27년(330)에 축조되었다는 金堤의 碧骨堤는 발굴조사 결과 제방의 길이가 약 3km, 높이가 약 4.3m, 상변폭 7.5m, 하변 폭 17.5m의 규모였음이 밝혀졌는데, 이 축제공사에 연인원 322,500명 이상의 대규모의 노동력이 동원되었을 것이라고 한다.[79] 또한 무령왕 때에도 제방을 축조하고 유이민을 귀농시키는 일련의 조치가 있었는데,[80] 이로써 농업인구를 안정적으로 확보하고자 하는 국가적인 노력의 일단을 짐작할 수 있다. 특히 제방을 쌓는 데는 고도의 토목기술을 필요로 하는 바, 서울 석촌동에 있는 4세기 무렵의 기단식 적석총의 존재를 미루어 볼 때, 백제는 4세기 무렵에 이미 고도의 토목 및 측량기술을 습득하였음을 짐작할 수 있다.

이러한 수리관개시설의 축조와 정비는 수전의 개발이라는 문제와 밀접하게 관련되기 마련이다. 제방을 축조함으로써 주변의 수전을 개발하고, 또한 가뭄과 홍수로부터 안전하게 전답을 유지할 수 있어서 수확량을 높일 수 있게 되었다. 6세기 무렵 신라에서는 수리관개시설을 전제로 하여 논이나 밭농사를 겸할 수 있는「水陸兼種法」을 개발하여[81] 토지 이용도를 높일 수 있었다. 그리고 수전의 확대로 常耕田이 증가하는 추세 속에서 주곡이 콩·보리에서 점차 쌀로 바뀌어 갔다. 백제의 경우 수전의 개발이나 농법에 대한 자세한 사정은 알 수 없으나, 6세기 무렵 백제에서 곡물 가운데 수세의 대상물은 쌀이었다는 점이 참고된다. 또한 5세기 무렵 일본의 河內지방을 개척한 백제계 이주민들이 間斷灌漑法과 습전을 건전으로 만드는 방식 등으로써 농업생산력을 증대시켰다는 데에서 이러한 방식을 백제에서 이용하였을 가능성을 상정할 수 있을 듯하다.

간단관개법은 물을 넣고 빼는 방법으로 물로 김을 매는 농법으로서, 벼 뿌리에 산소를 공급해 주어 벼의 생육을 도와 생산력을 증대시키는 방법이다. 이러한 농법은 5세기 무렵 일본의 하내지방으로 이주한 백제인들에 의해 채

79) 尹武炳, 앞의 글, 77~78쪽.
80) 《三國史記》 권 26, 百濟本紀 4, 무령왕 10년 정월.
81) 《隋書》 권 81, 列傳 46, 東夷, 新羅.
이 기사를 단순히 '논과 밭이 있다'로 해석할 수도 있으나, 창령 진흥왕 순수비에「白田」이란 말이 陸稻의 의미를 갖고 있는 점을 감안해 보면(諸橋轍次, 《大漢和辭典》 권 8, 27쪽), 6세기 당시 신라에서는 水稻와 陸稻의 구별이 있었음을 알 수 있다.

용되어 당시 일본 농업생산력을 크게 증진시키는 데 기여한 바 있다.[82] 또한 이들 백제 이주민들은 하내지방의 상습전을 건전으로 만든 결과 농업생산력을 단위 면적당 종전보다 3배나 증산시켜 「농업혁명」을 이룬 바 있다.[83] 항상 지하수위가 높고 클레이층이 바로 층하에 형성되어 배수가 불량한 저습지는 토양의 영양도도 낮고 수확량도 적기 때문에 이러한 지하수형 습전을 건전으로 만들어야 농업생산량의 증대를 기할 수 있게 된다.[84] 1세기 무렵 「澤」에 稻田을 개발했다는 《삼국사기》의 기사는 이와 관련될 것으로 생각된다. 이러한 습전의 건전화 사업에는 단조철로 된 농토목 용구의 생산과 고도의 토목·측량기술의 습득 및 노동력의 조직적인 동원을 필요로 한다.

그런데 6세기 무렵 백제에는 아직 시비법이 도입되지 못하여 연작이 어렵고 토지의 생산성은 전반적으로 낮았던 것으로 여겨진다. 그러므로 상경전이 아닌 경우 지력을 회복하기 위해 일정한 기간 동안 땅을 묵히는 휴경농법과 1~2년을 휴한하는 농법이 불가피하였다. 경기도 하남 渼沙里에서 발굴조사된 4~6세기 무렵 백제의 밭 유적에서 이를 짐작할 수 있다. 이 유적은 세 문화층으로 되어 있는데, 하층은 4~5세기 무렵의 유적이고 상층은 5~6세기 무렵의 것으로 보고되었다. 하층의 밭이 폐기된 후 그 위에 다시 수혈 주거지가 한 번 조성되었다가 폐기되고 나서 다시 상층의 밭이 만들어진 것이라고 한다.[85] 밭이 한동안 폐전이 된 사정은 알 수 없지만, 4~6세기 무렵 밭농사가 휴경 또는 휴한법에 의해 제약을 받고 있었던 것으로 짐작된다.

토지의 생산성이 낮았던 요인 가운데에는 잇따른 기근·홍수와 같은 자연재해 및 역질, 계속되는 전쟁 등을 들 수 있다. 이러한 여러 요인들은 농업노동력을 감소시키기 마련이어서, 결국 수리관개시설에 대한 정비 및 농업재생산 기반을 약화시키는 부정적인 역할을 하였다.

---

82) 飯沼二郎, 〈五世紀における農業革命〉(《日本のなかの朝鮮文化》 20, 1973), 59쪽.
83) 李進熙, 〈古代 朝日關係史硏究와 武寧王陵〉(《百濟硏究》 特輯號, 1982), 64~69쪽.
森浩一, 〈日本內의 渡來集團과 그 古墳〉(《百濟硏究》 特輯號, 1982), 111~114쪽.
飯沼二郎, 위의 글, 58~59쪽.
84) 八賀晉, 〈古代における水田開發〉(《日本史硏究》 96, 1966), 4쪽.
———, 〈古代の農耕と土壤〉(《古代の日本》 2, 1972), 25~27쪽.
85) 서울大博物館, 《文化遺蹟發掘調査報告 渼沙里》 제4권(渼沙里先史遺蹟發掘調査團, 1994), 208~214·258~259쪽.

(2) 수공업의 발달

가. 관영수공업의 성장과 경영형태

백제 수공업[86]의 연원은 삼한시대로 소급되는데, 마한에서는 치레걸이인 瓔珠·綿布 등의 직물과 가죽신 등을 생산하였다.[87] 3세기 무렵 철 수요가 높아지면서 교역과 철 생산이 촉진되어 백제 관영수공업 성장의 배경이 되었다. 철은 당시 생활용품·무기·농토목 용구 등의 원료로서 사회적 수요가 증대되고 있었던 만큼 그 자원 및 생산기술의 확보는 바로 부의 축적을 의미하는 동시에 지배권력을 유지하는 수단이 되기도 하였다.

철은 삼한 가운데 주로 변진에서 생산되어 삼한 소국이나 낙랑·대방·왜와 교역되었는데,[88] 백제지역에서 산출되기도 하였다. 七支刀의 단조처인 「谷那」라는 철산지의 존재나,[89] 서산 명지리 토광묘에서 출토된 철의 중간소재인 철정,[90] 근초고왕 때에 卓素라는 야철공을 왜에 파견한 기록[91] 등이 참고된다. 이러한 철 수요의 확대는 재산의 소유관계에도 크게 변화를 일으켰던 것으로 여겨진다. 철과 같이 교환가치가 높은 자원이나 특별한 제작기술을 거치는 물품이 지배자집단에게 독점적으로 소유됨으로써 정치권력의 집중화 현상이 나타나게 되었다.[92]

국초에는 수공업 생산이 주로 생산자인 민의 자급자족의 형태로 이루어져 왔으나, 국가나 구소국·부·부내부 수장층들은 사치품·무기·생활용품 등을 만들기 위해 일정한 생산물이나 생산수단을 배타적으로 장악하고 있었다.

---

86) 백제의 수공업 발달에 관해서는 다음과 같은 연구가 있다.
白南雲, 앞의 책, 242~256쪽.
劉元東, 〈韓國商工業史〉(《韓國文化史大系》 2, 高麗大 民族文化研究所, 1965), 995~1003쪽.
홍희유, 《조선중세수공업사연구》(과학백과사전출판부, 1978 ; 지양사, 1988, 5~68쪽).
林永周, 〈韓國古代工匠考 1〉(《文化財》 25, 1992), 60~72쪽.
朴南守, 《新羅手工業史研究》(東國大 博士學位論文, 1993).

87) 《三國志》 권 30, 魏書 30, 烏丸鮮卑 東夷傳 30, 韓.

88) 《三國志》 권 30, 魏書 30, 烏丸鮮卑 東夷傳 30, 弁辰.
《後漢書》 권 85, 東夷列傳 75, 韓.

89) 《日本書紀》 권 9, 神功皇后 52년 9월.

90) 金永培·韓炳三, 〈瑞山 大山面 百濟土壙墓 發掘報告〉(《考古學》 2, 1966), 58쪽.

91) 《古事記》 中卷, 應神紀 國主の歌·百濟の朝貢.

92) 李賢惠, 〈4세기 加耶社會의 交易體系의 변천〉(《韓國古代史研究》 1, 1988), 163쪽.

그러나 국가 지배력이 점차 강화되면서 관영수공업의 경영형태도 변화되었을 것으로 짐작된다. 국가는 중앙정치에 참여한 귀족이나 단위 정치체의 수장층과 호민에게 기존의 생산방식과 소유권을 그대로 인정해 주는 대신에 국가에 일정한 생산물을 공납토록 하는 수취방식을 취했다.[93] 그리고 철과 같이 사회적 생산력을 규정할 수 있는 생산물이나 금·은과 같은 사치품은 국왕을 비롯한 중앙귀족이 장악하게 되었다. 특히 4세기 후반 근초고왕 때에 군 단위까지 지방통치조직이 정비되고, 또 중앙정부에서 각 지방별로 소출되는 특산물을 일률적으로 파악하게 됨에 따라[94] 관영수공업의 경영형태에도 어떤 변화가 있었을 것이 예상된다. 그 구체적인 사정은 알 수 없지만, 이를 계기로 중앙 지배력이 직접 미치는 지역에는 군을 수취단위로 하여 調의 형태로 수공업 생산에 소요되는 생산물을 확보했던 것으로 짐작된다. 이러한 지방 특산물의 체계적인 수취를 전제로 하여 생산기술 수준이 높아지고 새로운 수공업부문이 생겨나면서, 왕실이나 관청에서는 장인을 확보하여 필요한 물품을 전업으로 생산하는 관영수공업을 발전시키는 계기가 마련되었던 것으로 여겨진다.

한편 관영수공업이 제도적으로 정비된 것은 사비시대 초기인 성왕대였다. 중앙의 정치기구 안에 관영수공업을 관리하고 운영하는 여러 관청을 두고 그 곳에 장인들을 배속시켜 왕실이나 관청에서 필요한 물품을 생산토록 하였다. 성왕이 국왕 중심의 정치운영을 위해 설치한 22부 가운데 관영수공업을 관리·운영하는 관청을 두었던 것이다.

이 때의 관영수공업은 크게 두 체계로 구분되어 있었다. 그 하나는 궁궐 내의 필요한 물품과 국왕의 사여물이나 대외교역품을 생산하는 궁중수공업으로서 궁중의 업무를 담당하는 내관 12개 관청 가운데 馬部·刀部·木部 등이 설치되었고, 다른 하나는 관청에 소요되는 물품을 생산하는 관청수공업으로서 일반 행정관부인 외관 10개 관청 가운데 司軍部·司空部·綢部 등이 이에 해당된다.

이들 관청의 직능은 그 명칭으로 미루어 보아 어느 정도 짐작할 수 있다. 궁중수공업을 관리·운영하는 마부는 마정과 함께 궁실에서 필요한 말과 수레의

93) 朴南守, 앞의 책, 26쪽.
94) 《日本書紀》 권 11, 仁德天皇 41년 3월.

여러 부속품의 생산을, 도부는 궁중에서 필요한 환두대도·칠지도와 같은 의전용 대도 등의 생산을, 목부는 왕실 안에서의 토목·건축의 업무와 목제품의 생산을 각각 맡았을 것이다. 그리고 관영수공업을 관리·운영하는 사군부는 군사행정과 함께 각종 무기의 생산을, 사공부는 각종 건설·보수공사의 업무를, 주부는 공물수취 행정과 함께 직물수공업의 생산을 맡았을 것으로 생각된다.

이와 같이 6세기 이후 백제의 관영수공업은 백제 수공업부문의 규모와 기술수준 및 운영·조직체계면에 있어서 상당한 비중을 지닌 것이었다. 관영수공업에 포괄되어 있는 업종들은 바로 이 시기 관영수공업의 분업 수준을 반영한다. 특히 불교건축 부문에 있어서는 분업화가 상당히 진행된 듯하다. 6세기 후반 법흥사 건립을 지원하기 위해 왜에 파견된 백제의 장인들 가운데에는 寺工·鑪盤博士·瓦博士·畵工 등이 나타나고 있는 것으로 보아[95] 당시 사원건축 부문에서는 생산 공정별로 상당한 수준의 분업화가 이루어졌음을 알 수 있다. 이처럼 관영수공업 부문이 점차 다양해지고, 또 분업에 의한 생산기술이 향상되고 있었음을 짐작할 수 있다. 다만 백제는 상급 장인들에게 박사의 직위를 수여하여 업종별로 전문화하려고 하였지만, 신라의 경우처럼 제도적으로 생산공정을 분업화하여[96] 이를 체계화하지는 못한 것 같다. 아마도 초보적인 단순 협업을 통하여 개별적으로 완제품을 생산하는 경우도 있었을 것이다.

다음으로 관영수공업의 관리체계에 있어서는, 22부의 해당 관청은 외형적으로 국왕 직속으로 병치되어 있으나 일단 해당 6좌평에게 소속되었을 것으로 본다. 그러나 실질적으로 업무를 수행하는 책임자는 3년 임기의 長史·長吏였다.[97] 22부의 직제 구성은 알려져 있지 않지만, 위덕왕 때에 왜에 파견된 백제사절단의 구성을 통해 그 단편적인 실상을 짐작할 수 있다. 이 사절단의 책임자는 德率·奈率의 率級 관등을 지녔고, 단원들은 대체로 五經博士·易博士·醫博士·曆博士·採藥師·樂人의 직책을 지닌 德級의 관등 소지자였다.[98] 이들 단원의 관복은 띠의 색으로 솔급과 구별되고 있어 각기 22

95) 《日本書紀》 권 21, 崇峻天皇 원년.
96) 朴南守, 앞의 책, 74~80쪽.
97) 《隋書》 권 81, 列傳 46, 東夷, 百濟.
《翰苑》 蕃夷部, 百濟.
98) 《日本書紀》 권 19, 欽明天皇 15년 2월.

부에 소속된 전적인 실무 행정관리인 듯하다. 이것으로 미루어 보면 22부의 책임자인 장사 또는 장리는 솔급으로 임명되고, 실무에 종사하는 행정관리는 솔급 아래인 덕급으로 임명된 것이 아닐까 한다.[99]

한편 국가는 관영수공업의 행정관리체계와 함께 생산 의욕을 고취시키고 일반 장인들을 관리·통제하기 위해 효율적인 생산관리를 도모해 나갔다. 22부의 수공업 관련의 관청에는 궁중이나 관청에서 필요한 물품을 생산하기 위해 소규모의 작업장을 설치하고 거기에 업종별로 우수한 장인들을 선발하여 배속시켰을 것으로 짐작된다. 이들 장인들은 예하의 하급 장인들을 기술적으로 지도·통제하는 업무를 부과받았을 것이다. 그들은 그 대가로 국가로부터 박사의 직위와 주로 덕급의 관등을 수여받을 정도로 크게 우대받았다. 근초고왕 때에 왜에 파견된 冶匠 卓素와 신라 황룡사 9층탑을 세운 백제의 阿非知,[100] 무령왕릉에서 출토된 은제 팔찌를 만든 多利,[101] 그리고 왜에 파견된 박사들이 이에 해당하는 장인으로 간주된다. 상급 장인의 밑에는 양인 출신의 하급 장인들과 노비 출신의 장인들이 많이 배속되어 있었을 것이다. 이들은 각기 사회경제적인 처지에 따라 차이가 있었다. 그 가운데 하급 장인들은 상급 장인과는 달리 대부분의 경우 자기경리로서 생계를 유지하면서 관역에 징발되었을 것이다. 그들은 자기가 생산한 수공업제품을 공물세인 調로 수탈당하면서 관역에 징발되어 부역노동을 부담하기도 하였다. 이것이 관영수공업의 생산효율을 저하시키는 역기능을 초래하였고, 아울러 민간수공업의 발전을 저해시키는 요인이 되었다.

나. 민간수공업의 성장

당시 농업이 주된 산업이고 자연경제적 성격을 띠고 있었기 때문에 대부분의 수공업은 농업과 긴밀히 결합되어 있었다. 따라서 농민들은 농사를 지으면서 부수적으로 가내수공업의 형태로 원료를 마련하여 직물류나 생활용구 등을 생산하였다. 특히 직물류는 농민들의 기본적인 옷감으로서 광범위한 수요에 기초했을 뿐 아니라 국가에 납부해야 하는 공물의 대상품목이었는데,

---

99) 金周成,《百濟 泗沘時代 政治史硏究》(全南大 博士學位論文, 1990), 58쪽.
100)《三國遺事》권 3, 塔像 4, 皇龍寺九層塔.
101) 文化財管理局,《武寧王陵》(三和出版社, 1973), 29쪽.

그 대부분은 농민들의 가내수공업으로 생산되었다. 마한에서는 농상을 장려하여 면포를 생산하였고, 6세기 무렵에는 布·絹과 함께 직물의 원료인 絲·麻를 공물로 징수하였다. 이 직물류의 생산은 「男耕女織」이란 말이 있듯이[102] 여자들에 의한 집단사역의 형태로 이루어졌다. 신라의 경우 8월 한가위에 벌어지는 길쌈놀이와,[103] 阿達城에서 마를 심는 작업이 요역의 형태로 공동으로 행해진 사례[104]가 참고된다.

이와 같이 민간수공업 부문 가운데서 가내수공업이 기본적인 생산형태이었고, 점차 6~7세기 무렵에 이르러 농업에서 수공업이 분리되면서 수공업을 전업으로 하는 전업수공업자도 생겨났다. 7세기 후반 신라의 廣德이란 승려가 경주 분황사 근처에서 은거하면서 신발을 만들어 생계를 유지했다는 사례가[105] 참고된다. 광덕이 신발과 같은 대중적인 수요품을 만들어 팔았다는 것은 당시 자가수요를 위한 것이 아니라 교환과 매매를 위한 생산을 전업적으로 행하고 있었음을 시사해 주고 있다.[106] 이는 당시 진행되고 있었던 시장의 발달, 대외관계의 진전 등과 무관한 일은 아닐 것이다. 그리고 백제 수공업 발전의 두드러진 부문인 관영수공업도 바로 민간수공업의 원료에 전적으로 기초하고 있다.

다. 각종 수공업기술의 발전

가) 금속가공 수공업의 발전

백제는 금·은·청동·철 등의 금속을 소재로 한 가공기술을 발전시켜 무기나 생산용구를 비롯하여 지배층의 위신과 사치적 욕구를 충족시키기 위한 사치품과 일반 사람들이 쓸 생활용품에 이르기까지 여러 제품을 만들었다. 금속 가공업 가운데에서 가장 큰 비중을 차지하고 있는 것은 철가공업이었다.

철기의 사용이 보편화되면서 주철과 단조철의 두 가지 기술에 의해 많은 철제 용구들이 다량으로 생산되었다. 백제는 야철된 철 소재를 1차로 가공하여 鐵鋌을 만든 다음 용도에 따라 다양한 철제품을 만들어 썼다. 백제지역에서는 철정이 별로 발견되지 않고 있지만, 서산 명지리 토광묘에서 출토된 철

102) 《新唐書》 권 220, 列傳 145, 東夷, 新羅.
103) 《三國史記》 권 1, 新羅本紀 1, 유리이사금 9년.
104) 《三國史記》 권 47, 列傳 7, 素那.
105) 《三國遺事》 권 5, 感通 7, 廣德 嚴莊.
106) 홍희유, 앞의 책, 16쪽.

정과 근초고왕 때에 왜에 철정을 보내준 사례 등이 참고된다.

백제의 철기는 무기류와 마구류 및 농공 토목용구가 대부분인데, 공격용 무기로는 환두도·쇠살촉·투겁창·가지창 등이 있으며, 방어용 무기로는 갑옷과 투구가 있다.[107] 환두도 중에서 무령왕릉과 나주 신촌리 9호분 乙棺에서 출토된 單龍 환두대도가 유명하다. 무령왕릉의 것은 칼자루 끝의 고리 안에 여의주를 입이 물고 있는 용머리를 장식하였으며, 칼자루의 손잡이에는 금줄을 감고 그 양쪽에는 龜甲 봉황문을 돋운 금구를 끼웠다. 갑옷으로는 청주 신봉동 토광묘에서 출토된 삼각판 釘結板甲이 대표적이다. 특히 백제는 중국에 明光鎧·칠갑·彫斧 등의 무기류를 보냈는데, 그 가운데 명광개는 갑옷에다 황색칠을 한 백제의 특산품이었다.[108] 농공 토목용구로서는 도끼·끌·낫·쇠스랑 등이 있는데, 도끼의 경우 주조보다도 단조류가 주류를 이루고 있다. 특히 일본에 있는 칠지도는 4세기 후반 백제가 100번 담금질하여 단조한 百鍊鋼의 철로 제작된 것으로서 당시 백제의 제철기술의 수준을 보여준다. 서울 구의동 유적에서 출토된 5세기 후반부터 6세기 전반 무렵의 철부는 탄소 함유량이 0.86%에 달해 현재의 工具鋼 수준과 견줄 만한 高炭素鋼을, 철촉은 함유량 0.51%에 달하는 中炭素鋼을 각각 소재로 하여 계속하여 반복 鍛打하는 방법으로 만든 것이다.[109]

한편 철기의 주조·단조기술의 발전과 함께 展延性이나 가열 용해성을 이용한 금·은 등 금속공예 기술도 발달하였다.[110] 장신구류·생활용품·불구류·장신구 등의 부문에서 백제의 세련된 금속가공 기술의 수준을 살펴볼 수 있다. 무령왕릉에서 나온 금제관식·귀걸이·팔찌·반지·은제 잔과 잔탁 등이 웅진시대 금속공예의 기술수준을 보여주는 대표적인 것인데, 화려하고도 세련된 조형감각을 나타내고 있다. 백제의 관모와 관식으로는 무령왕릉에서 왕과 왕비의 것이 각각 1쌍씩 나왔으며, 나주 신촌리 9호분과 익산의 笠店里에서 출토된 금동제 冠帽 등이 있다. 그 밖에 불교문화와 관련하여 뛰어난 금속공예품이

107) 金基雄, 〈武器와 馬具〉(《韓國史論》 15, 國史編纂委員會, 1985), 145~152쪽.

108) 洪思俊, 〈文獻에 나타난 百濟産業〉(《百濟硏究》 3, 1972), 49~50쪽.

109) 尹東錫·李南珪, 〈韓國 古代 鐵器의 CMA와 EPMA에 의한 硏究〉(《韓國考古學報》 17·18, 1985), 95~100쪽.

110) 朴南守, 앞의 책, 37~38쪽.

많이 제작되었는데, 부여 錦城山 폐사지 출토의 청동탑편, 부여 西腹寺址 출토의 청동 육각잔, 금동제 허리띠 장식 등을 꼽을 수 있다. 특히 부여 陵山里 건물터에서 발굴된 금동용봉무늬 향로는 백제의 금속공예의 기술수준을 보여주는 걸작품으로 손꼽히고 있다. 이러한 금속공예품을 만드는 데에는 打出法·押出法·鏤金세공기술·상감기술·아말감에 의한 도금법 등의 금속공예 기술이 적용되어 백제 금속공예의 기술이 높은 수준임을 보여주고 있다.[111] 무령왕릉에서 출토된 금제 뒤꽂이는 금속판을 안팎에서 鎚로 쳐서 무늬나 浮彫를 나타내는 기술인 타출법으로 제작된 것이라 한다.

나) 직조수공업의 발달

백제의 수공업 가운데에서 금속가공의 수공업 못지 않게 발달한 부문이 직조수공업이다. 마한 때부터 면포 등의 직물수공업이 발달하였고, 국가의 지배체제가 정비된 이후에는 민간 자체의 광범위한 수요와 공물납부의 필요성에서, 그리고 지배층의 입장에서는 사여품이나 사치적 욕구 및 대외교역상의 필요성으로 궁중과 관청에서 관영수공업의 형태로 다양한 종류의 직물을 생산하였다. 백제의 색복제가 紫·緋·靑의 3색으로 구분된 점이나[112] 《주서》 백제전에 나오는 지배층의 복식에 관한 기사와 조세기사 등에서 백제에서는 다양한 종류의 직물이 생산되었음을 알 수 있다.

백제는 신라처럼 다양하게 생산 공정별 분업형태로 직물을 생산하지는 못하였던 것 같다. 6세기 무렵 백제의 공물세인 調의 품목이 직물인 絹·布와 그 원료에 해당하는 絲와 麻로 국한되어 있었던 점과 대중국 교역품이 주로 무기류였던 점이 참고된다. 여기에서 견과 사는 마한 이래 백제지역에서 널리 생산되었고, 후대인 15세기에도 마와 함께 桑이 널리 재배되었음이 《世宗實錄地理志》를 통해 확인된다. 견직물은 제사·직조·염색 등의 생산공정이 소요되는데, 여기에 여러 생산기법이 응용된다.[113] 사서에 확인되는 견직의 종류만도 錦·綾·羅·紗·絹 등 여러 종류가 보이고 있다. 백제에는 사료가 없어 그 구체적인 실상은 알 수 없지만, 《일본서기》에는 漢織과 吳織이 백제

111) 朴南守, 위의 책, 38~39쪽.
112) 《三國史記》 권 24, 百濟本紀 2, 고이왕 27년 2월.
113) 직조의 생산공정에 대해서는 朴南守, 앞의 책, 40~42·69~74쪽 참조.

계 직조공에 의해 생산되었다고 전하는 바,[114] 이는 백제의 견직기술이 상당히 발달했음을 반영한다. 포는 농민들의 직물원료인데, 그 원료에 따라 마포·갈포·저포 등으로 구별된다. 포는 조의 징수 품목이었을 뿐 아니라 7세기 후반 신라에서는 통화수단으로도 중요한 기능을 가졌다.[115] 모시인 苧布도 충남 한산을 비롯하여 부여·청양·서천 등 옛 백제지역에서 생산되었다. 〈廣開土王陵碑文〉에서 백제 아신왕이 고구려에 항복한 대가로 공납했다는 1,000필의 細布는 바로 모시를 지칭하는 것으로 여겨지는데, 백제에서는 세포를 만드는 수공업이 크게 발달했음을 알 수 있다. 신라에서는 7세기 무렵에 이미 20升布를 비롯하여 30승포·40승포 등의 섬세한 세포를 생산하기도 하였다.[116]

〈梁起錫〉

4. 사회 구조

1) 신분제

百濟는 발달한 북방 이민족단으로 이루어진 사회로 馬韓 50여 개 소국 가운데 하나인 伯濟로부터 성장하였다. 초기 백제는 濊貊族 특히 맥족에 바탕을 둔 부여·고구려계의 溫祚와 沸流를 중심으로 한 정치체였다. 이들은 한강유역에 살게 된 후 수차에 걸쳐 같은 계열의 북방 이민집단을 받아들여 선주한 韓씨계족의 마한이라는 연맹정치체 가운데 하나로 자리잡게 되었다.

요동지방에 바탕을 두고 이미 초기 철기시대문화를 동반했던 백제집단과 이에 비해 후진성을 띤 선주민의 마한사회와는 여러 모로 차이가 있었다. 濊·貊과 韓이라는 백제와 마한의 종족상의 이질성은, 한반도 중부지방의 경우 부여어(혹은 고구려어)가 주축이 되었던 백제어와 그 이전 古아시아어의 요인이 있었다는 마한지방의 원시 한반도 기층어와의 사이에도 한동안 언어상의 이질성을 보였다.[1] 더욱이 세형동검이나 잔무늬거울(細文鏡, 精文鏡)을 바탕으로 철기생

114) 《日本書紀》 권 14, 雄略天皇 14년·15년.

115) 당시 布 1필의 시가는 조곡 30석 내지 50석이었다고 한다(《三國遺事》 권 1, 紀異 2, 太宗 春秋公).

116) 朴南守, 앞의 책, 69쪽.

산이 본격화되었던 한반도 중부지방(황해·강원·경기·충청)에 자리잡은 백제는 문화적 후진지역인 마한지방을 차례로 정복하여 동화시키기에 이르렀다. 이에 마한은 백제의 熊川柵이 있었다는 안성과 직산지방 일원에서 익산지방의 乾馬國으로 그들의 수도권을 옮기고 끝내 노령산맥 이남으로 밀려났다. 그러나 영산강을 중심으로 하여 咸平 新德里의 甕棺系 長鼓墳이나 금동관 등이 출토된 羅州 新村里 9호분 등 巨墳유적으로 보아, 5세기 말 백제지배층의 석실분으로 교체되기까지 이 지역권은 수장을 중심으로 한 독자적 공동체사회가 존속된 것으로 보인다. 그러다가 근초고왕 24년(369) 寶城江유역의 比利·辟中(《三國志》魏志 馬韓傳의 辟卑離國)과 영산강유역의 布彌支·半古(不彌·支半·狗素) 등 남은 마한연맹계 부족국은 백제에 복속하게 되었다.[2] 따라서 이와 같은 전남 일원의 마한 재지세력에 대하여 백제는 군사적인 정복수단과 병행하여 점차 회유·통합하는 과정을 택하였던 듯하다.

이처럼 백제는 마한과 공존하였던 원삼국시대인 3세기까지 여러 소국을 지배한 재지군장인 토호세력을 동화·굴복시키면서 한강변에 자리잡게 되었다. 그후 백제국의 왕족들은 부여계 眞氏·解氏 등 북부의 귀족집단과 더불어 지배층을 형성하여 신분제사회를 이루었다.

따라서 농업생산 및 부역에 종사한 일반 백성인 民과, 잇따른 전쟁과정에서 생긴 포로 및 범죄·채무에 의한 노비와 천류가 있었으나 이들에 대한 세부적인 내용을 밝히기는 어렵다. 다만 크게 나누어 왕족·준왕족(왕비족)·귀족·관료, 민, 노비 혹은 천류가 있는데 이외에 樂人 및 工匠 등을 들 수 있다.

그런데《三國史記》고이왕 27·28년조 및 雜志 色服條를 보면 국왕은 紫色의 큰 도포와 靑色바지에 金花로 장식한 검은 비단의 冠을 쓰고 검은 가죽신을 신었다고 되어 있다. 그리고 1품관에 해당되는 장관인 佐平과 아울러 제1관료군에 속하는 6품관 이상의 率系 5관은 자색의 공복과 銀花 장식의 관 및 자색 官帶를, 제2관료군인 11품 이상의 德系 5관은 緋色 공복을, 제3

---

1) 金芳漢,《韓國語의 系統》(民音社, 1990), 243~248쪽.
都守熙,〈百濟前期의 言語에 관한 硏究〉(《百濟硏究》特輯號, 1982).

2) 成洛俊,〈榮山江流域 甕棺古墳의 文化的 性格〉(《百濟社會의 諸問題》, 忠南大百濟硏究所, 1994).
李基東,〈百濟社會의 地域共同體와 國家權力〉(《百濟社會의 諸問題》, 1994).

관료군인 12품 文督 이하 5관은 靑色 공복을 각각 일률적으로 착용하였다. 또한 제1관료군에서는 자색 띠를 하였는데 제2관료군에서는 각기 색이 다른 띠를 하였으며 제3관료군에서는 하얀 띠를 착용하여 식별하였다.

〈표 1〉 백제의 관위와 복식

관료군별	관 위		품 계	복 식	冠·帶·履飾
	國 王			紫色袍·靑錦袴	金花飾·烏羅冠 素皮帶·烏羅履
제1관료군	佐 平		1	紫色公服	銀花飾冠 紫 帶
	率系 5官	達 率	2		
		恩 率	3		
		德 率	4		
		扞 率	5		
		奈 率	6		
제2관료군	德系 5관	將 德	7	緋色公服	紫 帶
		施 德	8		皁 帶
		固 德	9		赤 帶
		季 德	10		靑 帶
		對 德	11		黃 帶
제3관료군	督 이하 5官	文 督	12	靑色公服	白帶(黃帶)
		武 督	13		白 帶
		佐 軍	14		白 帶
		振 武	15		白 帶
		剋 虞	16		白 帶

《三國史記》 권 24, 百濟本紀 2, 고이왕 27·28년 및 권 33, 雜志 2, 色服.

이와 같이 색복에 의한 관료집단의 구별은, 신라에서 진골층인 大阿飡 이상 伊伐飡(太大角干)까지는 자색 공복을 입었으며, 6頭品(得難)인 級(伐)飡 이상 阿飡까지는 비색 공복을, 5두품인 大奈麻·奈麻는 청색 공복을 각각 착용한 점과 비교가 된다.[3] 그러나 백제에서는 신라의 골품제도에서 보다시피 집단별로 신분상 엄격한 통제가 있었던 것 같지는 않다. 다만 백제에서는 신라사회처럼 일반 백성(民)들에게는 자·비색의 옷을 금하였다. 자주색이나 비색과 같이 붉은색이 가미된 빛은 일찍부터 동·서양을 막론하고 복식상 고

3) 《三國史記》 권 33, 雜志 2, 色服.

귀한 색상으로 인식되었기 때문에 지배층과 구별되는 일반 백성들에게는 착용을 금하였다. 결국 백제는 이른 시기부터 중국의 복식문화의 영향을 받아 국왕과 귀족 및 관료군과 같은 지배층을 일반민과 구별하였던 것이다. 특히 백제에서 관료의 명칭은 한대 이후 남북조시대에 이르기까지 중국문화의 영향이 인정되나 토착어에 바탕을 두고 한자화한 관직명도 보인다. 즉 좌평은 《周禮》天官 序官條에 "佐王均邦國"이라고 한 데서 나온 듯하고, 제1관료군에 속하는 「率」자는 솔·솟·수리(率伊山·高山·首山 上峰)라는 토착어와 관계가 있는 듯하다.[4] 達率의 達은 阿斯達, 즉 '양지 밝은 곳'이라는 양달(達은 山의 옛말), 扞率의 扞은 汗·旱·干과 같이 大, 奈率의 奈는 내=川, 냇가·냇물(川·壤) 등과 각각 관계가 있는 것으로 여겨지며, 덕계 5官의 德은 조선후기 洪良浩의 《北塞記略》에서 "高阜曰德"이라고 하였듯이 언덕의 덕을 뜻하는 것으로 생각된다. 그런데 佐平을 비롯하여 恩·文·武(恩率·文德·武德) 등은 한자어에 속하므로, 백제의 관직명은 고유어와 외래어가 복합되어 있다는 데 그 특징을 찾아볼 수 있다.

(1) 왕족·왕비족

백제의 왕계로는 부여의 解慕漱계이며 고구려 동명왕인 朱蒙의 적통을 이은 溫祚계의 夫餘氏(餘氏)가 있었고, 별도로 역시 북부여 解扶婁의 서손이며 優台(仇台)를 이어 沸流계로 계승한 優氏가 있었던 것으로 보인다. 신라에서 朴·昔·金 3姓이 번갈아 왕위를 계승한 사례와는 다르나, 7대 사반왕의 대를 이은 고이왕은 5대 초고왕의 왕모의 아우 즉 외숙 항렬계로 왕위를 계승한 것으로 보고 있다. 고이왕을 비롯하여 《삼국사기》 고이왕 27년(260)에 內臣佐平으로 임명된 고이왕의 아우 優壽가 있고, 비류왕 18년(321) 정월에 역시 내신좌평으로 임명된 왕의 庶弟 優福이 있으며 아울러 책계왕·분서왕 등도 부여씨가 아닌 異姓 우씨계로 추정된다.[5]

---

4) 李炳銑, 《韓國古代國名地名硏究》(螢雪出版社, 1982), 104쪽.
《三國史記》 권 34, 雜志 3, 地理 1 大城郡 안에 率伊山城이 있는데 이는 密城郡 소속의 蘇山縣에 대응한다.
金思燁, 〈固有名詞〉(《古代朝鮮語と日本語》 5, 六興出版社, 1981), 362쪽.

5) 千寬宇, 〈馬韓地域과 伯濟王國〉(《古朝鮮史·三韓史硏究》, 一潮閣, 1989).
權兌遠, 〈中國東北地方과 百濟文化系統〉(《한민족과 북방과의 관계사연구》 95−8, 한국정신문화연구원, 1994).

왕비족으로는 진씨와 해씨가 있었다. 이들은 5세기 후반부터 등장한 백제의 대성8족 가운데 핵심이 되는 성씨였으나, 남천 후 그 세력이 약해졌다. 그러나 《삼국사기》에 의하면 근초고왕 2년(347) 왕후의 친척이라는 朝廷佐平 眞淨을 비롯하여 근구수왕 2년(376) 왕의 장인인 內臣佐平 眞高道, 아신왕 2년(393) 왕의 친장인이라는 左將 眞武, 전지왕 3년(407) 內法佐平 解須, 兵官佐平 解丘가 모두 왕의 외척이라고 하였다. 이들 진씨 · 해씨의 두 씨족은 백제왕실의 척신으로 준왕족의 위치에까지 이르게 되었다. 그런데 동성왕 15년(493) 신라 伊飡 比智의 딸이 백제왕실에 출가해 온 이후로는 두 씨족이 왕비족으로서의 지위를 누렸을 만한 별다른 기록이 전해지지 않고 있다.

한편 백제는 부여나 고구려가 5부족사회를 바탕으로 고대국가가 발전한 것과 유사한 과정을 겪었다. 그 초기에는 부족적 연맹의 성격을 간직하고 있었던 5부제가 고대국가의 체제가 성립된 후로는 수도의 행정구역으로 변화 · 발전하였다. 그 후 웅진시대에는 전국을 22檐(擔)魯로 나누고 왕의 자제나 종실들을 파견하여 지방통치를 담당케 함으로써 점차 왕권의 전제화가 이루어졌다. 사비시대에는 수도의 행정권을 5부와 5항으로 정비하고 지방을 5방으로 나누어 대성 호족출신으로서 2품관인 달솔을 方領으로 임명하였다. 이 시대에 전제왕권이 강화되었다고는 하나 왕권은 왕비족인 진씨 · 해씨를 비롯하여 대성8족 등 귀족관료들로부터 항시 견제를 받고 있었다.

시조 온조왕으로부터 6좌평과 16관등이 정해졌다고 전하는 고이왕 27년 이전까지는 左輔 · 右輔 · 左將이 왕의 숙부 등 왕족과 진씨 · 해씨 등 왕비족에서 임명되어 국왕을 보좌하며 행정의 책임을 맡았고 이들에 의해 왕권이 유지되었다. 4세기 후반부터 중국대륙은 남북조시대였는데, 이 무렵 백제는 개로왕 4년(458) 남조인 송과 외교관계를 맺으면서 당시의 국제적 위상을 고려하여 중신들에게 左賢王 · 右賢王의 봉작을 요청하였다. 같은 왕 18년(472)과 동성왕 12년(490) · 17년에는 南齊에 보낸 表文 중 지역명이 첨부된 王 · 侯의 칭호가 보인다.[6] 또 좌 · 우현왕 기사가 있는 《송서》 백제전에는 백제의 요서지방에 대한 점유기사가 전해지고 있다. 이 시기는 당시 동북아시아

6) 《宋書》 권 97, 列傳 57, 東夷, 百濟國.
《南齊書》 권 58, 列傳 39, 百濟國.

권의 국제적 시각으로 보아 백제왕권의 권위가 크게 신장하여 소왕과 후를 거느린 이른바「백제대왕」으로서의 위상을 표명하였던 때이기도 하다.

(2) 귀족·관료

백제사회의 귀족을 대표하는 대성8족은《北史》를 비롯하여《翰苑》에서 인용한《括地志》, 그리고《通典》·《新唐書》등에 전하고 있다. 그러나 중국 正史로서는《隋書》百衲本에서 처음으로 이에 대한 기록이 보인다.[7] 8성에 대한 내용은 중국 사서마다 다소의 차이가 있으나, 비교적 사료적 가치가 있다고 인정되는《통전》에서는 沙氏·燕氏·劦氏·解氏·眞(貞)氏·國(骨)氏·木氏, 苩氏로 전하고 있다.[8] 그 기재 순서가 우열에 따른 것인지는 알 수 없으나 웅진으로 옮긴 이후에는 사·연·협씨가 해·진 양씨를 제치고 상위의 유력씨족이 되었던 것으로 보인다. 이는 남천 이후 귀족사회의 권력구조에 변동이 있었음을 뜻한다. 예를 들어 웅진으로 남천한 이후로 한동안 세력을 떨쳤던 동성왕 때의 내법좌평 沙若思와 무령왕 때의 달솔 沙烏로 대표되는 사씨세력, 삼근왕 때에 해구와 같이 반란을 일으킨 은솔 燕信과 더불어 동성왕 때의 병관좌평이 된 燕突 등의 연씨세력을 비롯하여 동성왕을 시해케 한 衛士佐平 苩加 등 백씨세력의 성장을 볼 수 있다.

그리고《북사》백제전에 "國中大姓有族"이라고 하여 대성8족이라는 8자가 보이지 않으나 역시 이어 사·연·례(劦)·해·진·국·목·묘(苗)씨 등 8성을 들고 있다. 그러나 8성 이외에도 유력한 성씨족이 존재하고 있었다. 가령《삼국사기》에 의하면 온조왕대에 우보로 활약했던 乙音, 다루왕 때 동부인 좌보 屹于 및 昆優와 초고왕 때 서부인 茴會가 있었다.[9] 중국측《南齊書》에는, 토호출신 관료로 추정되며 동성왕이 중국에 작위의 제수를 청한 인물 중 高達·楊茂·會邁·慕遺·王茂·張塞·陳明 등이 보인다.[10] 또한 백제 말기에 활약한 允忠을 비롯하여 좌장 殷相(의자왕대), 부흥장 鬼室福信·遲受信·黑

---

7) "國中大姓有八族 沙氏·燕氏·劦氏·解氏·貞氏·國氏·木氏·苩氏"(《隋書》권 81, 列傳 46, 東夷, 百濟).

8) "……沙氏·燕氏·劦氏·解氏·眞氏·國氏·木氏·苩氏"(《通典》권, 邊防 1, 東夷上, 百濟).

9)《三國史記》권 23, 百濟本紀 1, 시조온조왕 41년 및 다루왕 4년·7년, 초고왕 48년.

10)《南齊書》권 58, 列傳 39, 百濟國.

齒常之 등이 있었다. 이로 보아 대성8족에는 들지 않았더라도 고구려계 대족 성씨의 계통으로 보이는 乙氏(乙支氏)·高氏와 낙랑·대방의 漢人계 王氏성도 찾아볼 수 있다.

그 밖에 백제가 망한 후 일본에 귀화한 망명귀족들 가운데 일본 天智天皇(661~671)의 명령으로 筑紫國에 大野·椽 두 성을 쌓은 達率 憶禮福留와 달솔 四比福夫가 있고, 역시 近江지방 長門國(琵琶湖東岸 伊吹山)에 축성했다는 달솔 答炑春初가 있다.[11] 또《新撰姓氏錄》에는 달솔 名進·支母未惠遠, 은솔 納比旦止, 한솔 答他斯智·古都助, 덕솔 吳伎側 등 솔계 관리출신이 보인다.[12]

《삼국사기》에서 고이왕 27년(260)에 시행했다는 6좌평과 16품관을 비롯하여 백제의 관부에 대한 중국측 기사는 각 사서에 따라 차이가 있다. 즉《周書》·《北史》백제전에는 5左(좌평) 22부라 하고,《隋書》나《北史》에서는 16등관과 대성8족에 대하여, 그리고《新唐書》·《舊唐書》에는 6좌평의 직무에 대하여 각각 전하고 있다.[13] 관부와 관직체계는 미흡하나마 중국의《周禮》6典체제에 바탕을 두었으며, 3세기 후반에 외형상 이미 品(官等), 階(官位), 司(官府), 職(官職務)이라는 중국식 직관제의 형식을 갖추었다. 그 후 호남 일원에 존속했던 마한을 통합하여 명실공히 고대국가의 체제를 완비한 근초고왕 때에 이르기까지는, 정치·군사의 대권을 장악한 좌평의 자리에 왕족으로 보이는 우씨와 더불어 왕실의 외척인 진씨·해씨가 귀족관료로서는 최고의 권좌를 한동안 차지하였다. 이들 좌평을 포함한 제1관료군인 솔계관과, 제2관료군인 덕계관 이상은 자·비색 옷을 입게 하여 신분을 구분하였는데 이들은 실제적으로 백제사회를 지배한 귀족계층이었다. 이는 신라에서 제1골인 진골과 제2골인 득난(6두품)층이 각각 자·비색의 공복을 입었던 최상위집단의 지배층이었던 사실과 비교된다. 따라서 백제에서 문독 이하의 제3관료군은 그들 사회를 지배했던 상위집단의 귀족에 속한 관료집단이라고 할 수 있다.

그런데《신당서》백제전에는 백제가 나당연합군에 의하여 멸망한 후 당나

---

11)《日本書紀》권 27, 天智天皇 4년.
12)《新撰姓氏錄》(吉川弘文館, 1962).
13)《周書》권 49, 列傳 41, 異域 上, 百濟.
《北史》권 94, 列傳 82, 百濟.
《舊唐書》권 199 上, 列傳 149 上, 東夷, 百濟.
《新唐書》권 220, 列傳 145, 東夷, 百濟.

라장수 蘇定方에게 포로가 되어 長安에 끌려간 사람들 가운데 의자왕을 비롯하여 왕자 · 왕족과 추장 58인이 있었다고 하였다. 그런데 《구당서》 백제전에서는 이들을 僞將 즉 백제의 위장된 장군이라고 하였다. 나당연합군의 공세를 방어하기 위하여 참전한 이들은 아직도 부족에 바탕을 둔 토호들로 추측되므로 백제의 지방사회는 후기에 이르기까지 공동체적 족단세력이 존재하고 있었던 것이 아닌가 생각된다. 이와 같은 사실은 3세기 무렵에 출현하여 4세기부터 5세기 말까지 유지했던 것으로 알려진 영산강유역의 옹관묘계의 장고분 및 方臺形 봉토분유적을 통해서도 짐작할 수 있다.

한편 백제사회에서 품계를 받은 것으로 전하는 계층으로는 악인을 비롯하여 易博士 · 曆博士 · 醫博士 · 採藥師 등을 들 수 있다. 악공과 더불어 잡류 및 공장 등 전문인 계층들은 백제 성왕 때 일본에 易博士 施德(8품) 王道良, 曆博士 固德(9품) 王保孫, 의박사 奈率(6품) 王有㥄陀, 채약사 시덕(8품) 潘量豊, 고덕 丁有陀, 악인 시덕(8품) 三斤 등을 보냈으며,[14] 그 후에도 寺工(사원건축기술자) 太良未太 · 文賈古子, 鑪盤博士(露盤 즉 사탑의 상륜부 주조기술자) 將德(7품) 白昧淳, 瓦博士(기와제조 기술자) 麻奈文奴 · 陽貴文 · 㥄貴文 · 昔麻帝彌, 화공 白加 등을 보내어[15] 이른바 아스카[飛鳥]문화 발전의 계기를 마련하여 주었다. 이로 보아 고려나 조선시대에는 良人이나 中人계층에 속하면서도 천시되었던 악공과 더불어 의술 · 역술 · 공장 · 화공 등 전문인 및 기술자들이 백제사회에서는 귀족 · 관료계층에 포함되어 우대받았던 사실을 알 수 있다. 또한 당시 백제에서는 전문지식인의 자격을 인정받아 박사 호칭을 가진 사람이 다시 덕계에서 솔계에 이르는 상위직 관료에 임명되기도 하였다.

(3) 민

《구당서》나 《신당서》 백제전에 왕은 소매가 넓고 큰 자주빛 袍衣를 입고 신하들은 진홍빛 옷을 입었는데, 民인 일반 백성은 자주빛과 진홍빛 옷을 입는 것이 금지되었다고 간략히 전하고 있다. 또한 《삼국사기》 백제본기 개로왕 21년(475)조에는 "盡發國人"이라 하고, 무령왕 23년(523)조에 "徵漢北州郡民"

14) 《日本書紀》 권 19, 欽明天皇 15년 2월.

15) 《日本書紀》 권 21, 崇峻天皇 원년.

이라고 한 것처럼, 일반 백성층을 國人이나 民 등으로 표기하여, 귀족 및 노비 계층과 구별하였다. 이들 민은 당시 주로 병역과 부역에 종사한 15세 이상의 성인 남자를 가리키는 것이다. 또 농경사회에서는 모든 국가경제의 바탕이 토지에 있었으므로, 대부분의 민은 농경생활에 종사하였다. 물론 이들이 바치는 세금(租·調)이 국가경제를 이끌어가는 재원이었다.

고이왕 15년(248)에는 봄과 여름에 가뭄이 들고 겨울에 기근이 심하므로, 창고를 풀어 진휼하고 또 1년 동안 조세를 감면시켰다고 한다.[16] 이를 보면 민이 매년 세금을 바쳤음을 알 수가 있다.

고구려의 경우에는 백성(민)들의 세(人頭稅)를 1인당 布 5필, 곡물 5석, 遊人(고려시대 閑人과 비교됨)은 3년마다 한번씩 10인이 합하여 細布 1필을 바쳤으며, 租(호별세)는 민의 생활수준에 따라 1호당 상이 1석, 중이 7두, 하가 5두라고 하여[17] 차등을 두었음을 알 수 있다. 또한 신라에서는 沙梁郡 소년 嘉實이 薛氏女의 아버지를 대신하여 3년에 걸친 복역기간을 다하였는데 다시 3년을 연장하여 6년간 군역에 종사하였다고 한다.[18] 이러한 예로 보아 삼국시대 민의 조세부담의 정도나 力役기간을 어느 정도 짐작할 수 있다.

《魏書》 백제전에 의하면 당시의 농사는 벼농사를 짓기 전에 기장·콩·조 등의 잡곡농사가 벼농사보다 앞섰던 것으로 보인다. 주로 농사를 생업으로 했던 당시 민의 생활은 온조왕 때부터 자주 보이는 가뭄과 재해, 질병 등으로 인하여 매우 비참하였다. 심지어 "굶주린 백성이 서로 살육하여 먹는다"라는 충격적인 기록까지 보일 정도였다.[19] 이처럼 어려웠던 민들의 생활에 대하여는 통일신라시대 西原京(청주)지방의 민정을 전하는 일본 正倉院의 〈신라민정문서〉에서도 볼 수 있다.[20] 이에 의하면 4개 마을 가운데 15세 이상 50세 미만의 남자가 여자 248명에 비해 192명에 불과하다. 이와 같은 남녀 인구의 편차는, 남자들이 병역이나 역역을 피하여 유랑하고 또한 사망율도 여자에 비하여 높았던 데 원인이 있지 않나 한다. 고대사회에 있어서 일반

16) 《三國史記》 권 24, 百濟本紀 2, 고이왕 15년.
17) 《北史》 권 94, 列傳 82, 高麗.
18) 《三國史記》 권 48, 列傳 8, 薛氏女.
19) 《三國史記》 권 23, 百濟本紀 1, 시조 온조왕 33년 및 기루왕 32년.
20) 李弘稙, 〈日本正倉院 발견 新羅民政文書〉(《學林》 3, 1954).

양민들의 어려웠던 생활을 헤아려 볼 수 있다. 한편 직접 수취대상이 된 농민 이외에 상업과 수공업에 종사한 일반 백성층이 있었던 것으로 보인다.

백제가 남천하기 전 비류왕 2년(428)에는 왕이 4部(동·서·남·북)를 순시하여 가난한 백성들에게 신분에 따라 곡물을 사여하였다. 여기에서 말하는 신분이 빈부의 차이를 뜻하는 것인지는 자세히 알 수 없다. 그러나 한강변 북쪽에서 예성강(浿河)에 이르는 북부지방은 주로 부여·고구려 이민집단의 지역일 것이고, 중동부지방은 濊族집단이, 중서부지방은 漢郡縣 아래 토착민인 고조선을 중심으로 한 韓系 유민집단이 남하한 곳일 것이며, 호서지방을 포함한 남부지방은 선사시대 이래의 선주민인 마한계 집단이 포함된 것으로 보인다.

《주서》 백제전에는 부여씨계인 왕족들 사이에서 국왕을「於羅瑕」라고 하는데 대하여 민인 백성들은 왕을「鞬吉支」, 왕비를「於陸」이라고 하였다.[21] 여기에서 지배집단을 형성한 북부의 부여계 집단과 정복·동화과정에서 피지배층이 된 마한계 집단과의 사이에는 언어에서도 상당한 차이가 있었음을 알 수 있다.

(4) 노 비

삼국이 고대국가 체제를 형성하면서 공동체사회는 점진적으로 해체되어 갔다. 이와 더불어 노비 및 천인집단이 사회구조의 한 계층으로 발생하였다. 특히 노비는 고조선의「八條法禁」에서 처음으로 보인다. 즉 도둑질한 자에 대해서는 그 벌로 남자는 소유주의 家奴로 여자는 家婢로 각각 되었으며, 自贖하려면 한 사람당 50만 전으로 보상해야만 하였다.[22] 이와 같은 고조선의 법속은 삼국시대 부여를 비롯하여 백제에서도 찾아볼 수 있어, 살인·도둑·간음과 같은 죄에 대한 형벌, 채무로 인한 보상, 인신매매 등에 의해 노비가 생겨났음을 알 수 있다.

첫째로 《삼국사기》 온조왕 22년조에는 王이 靺鞨과 싸워 사로잡은 포로를 장수들에게 나누어 주었다는 기록이 있다. 여기에서 말갈이란 東濊 혹은 濊貊을 뜻한다고 하여 僞靺鞨로 알려졌다.[23](靺鞨은 수·당대 불린 것이고, 그 이

21) 《周書》 권 49, 列傳 41, 異域 上, 百濟.

22) 《漢書》 권 28, 志 8, 地理 8下2(分野志), 古朝鮮의 八條犯禁.

23) 李丙燾, 〈百濟史의 諸問題〉(《韓國古代史硏究》, 博英社, 1975). 靺鞨은 濊貊(東

전은 肅愼·挹婁로 통했다). 또 근초고왕 24년(369)에도 고구려군을 물리치고 얻은 포로를 역시 장수에게 주었다고 하였다. 이러한 사례로 보아 전쟁포로를 노비로 삼았던 것을 알 수 있다.

둘째는 형벌에 의한 노비이다. 《북사》 백제전에는 결혼한 여자가 간통한 경우에 그 신분을 천민으로 낮추어 남편집의 婢로 삼았다고 하였다. 《구당서》·《신당서》 백제전에서는 살인을 범한 자가 노비 3명을 제공하면 무죄로 방면된다고 하였다. 이와 같은 형률은 백제지배집단의 발원으로 보이는 부여나 고구려에서는 더욱 가혹하였다. 가령 부여의 경우에는 투기하는 부인은 모두 죽이고 그 시체를 산상에 버리며, 남녀가 간음하면 다같이 죽이고 살인자는 본인을 사형함은 물론 그 가족을 모두 노비로 삼았다.[24] 여기에서 家父長社會로 옮겨 간 고대국가 초기의 엄격한 형률을 적용한 노비의 성립과정을 엿볼 수 있다.

셋째로 채무로 인한 노비이다. 《북사》 고구려전에는 집안이 빈곤하여 채무를 이행할 수 없는 경우나, 공사간에 빚을 져야만 할 경우 자녀를 노비로 팔아 넘기는 것을 허용한다고 하였다. 이처럼 양민이 노비로 전락하는 매매가 있었음을 알 수가 있다. 심지어 《구당서》 고구려전에 의하면 우마의 도살자는 양민신분을 박탈하고 노비로 삼기까지 하였다.[25] 이는 농경사회에 들어갔으나 아직도 우·마 등 가축을 소중히 여겼던 부여나 고구려 같은 북방사회에서만 엿볼 수 있는 일이다. 다만 백제에서도 고구려사회처럼 곤궁한 양민층 가운데 매매로 인한 전락노비가 있었다고 보여진다.

한편 《삼국지》 위지 부여전에는 下戶와 관련된 기사가 보인다. 그것은 그 판본에 따라 약간의 차이가 있는데, 武英殿本에는 "邑落有豪民民下戶皆爲奴僕"이라 한 데 비해, 百衲本·元本 등에는 "邑落有豪民名下戶皆爲奴僕"이라 하였고,[26] 일반적으로는 무영전본을 따르고 있다. 그렇다 하더라도 그 해석

濊)을 지칭한 것 같고 후일 신라 史家가 개필한 것으로 보고 있다.
兪元載, 〈三國史記僞靺鞨考〉(《史學硏究》 29, 1979).
權兌遠, 〈濊貊文化圈과 肅愼問題〉(《論文集》 43, 忠南大 人文科學硏究所, 1994).

24) 《後漢書》 권 85, 東夷列傳 75, 夫餘國.
《三國志》 권 30, 魏書 30, 烏丸鮮卑東夷傳 30, 夫餘.

25) 《北史》 권 94, 列傳 82, 高(句)麗.
《舊唐書》 권 199 上, 列傳 149 上, 東夷, 高麗.

26) 《三國志》 권 30, 魏書 30, 烏丸鮮卑東夷傳 30, 夫餘.

에 있어서는, "읍락에는 호민이 있고 民인 下戶는 모두 노복이다"라는 견해와 "읍락에는 호민·민·하호가 있는데 모두 노복이다"라는 견해로 나뉜다. 대체로 전자의 해석이 옳은 듯한데, 이에 따른다면 부여의 경우 加가 다스린 일정한 부족권역내의 읍락에는 부농인 호민이 있고, 이에 예속된 민이 소작을 하는 隸民과 같은 처지에 있어 노복과 같다는 의미로 풀이된다. 그러므로 앞서 살펴 본 대로 민의 생활은 매우 곤궁하였고, 공동체의 해체와 더불어 이들 사이에는 자연히 빈부의 차이가 생겼다. 따라서 예민과 같이 하호로 지칭되는 민은 호민의 토지에 매여 살며 나라에 가혹한 세와 부역까지 부담하였으므로 그들을 노복의 상태에 비유한 것으로 볼 수 있다.

그 외에 백제사회의 노비를 확인할 수 있는 자료를 찾아볼 수는 없으나, 《삼국지》 위지 한전의 漢人 戶來사건에서처럼 漢人들이 韓지역에 벌목하러 왔다가 사로잡혀 머리를 깎이우고 노예가 된 사례에서 보이는 바와 같이 삼한시대에 영역과 재산을 침해하였다가 포로가 됨으로써 노비로 된 경우를 찾아볼 수 있다. 또한 고구려 德興里壁畵古墳의 玄室 북벽에서 주인의 실내생활도에 보이는 남자 종복(私奴), 舞踊塚의 말탄 주인을 시중드는 노복(私奴), 長川 제1호분의 불교공양도에서 여주인의 몸종으로 보이는 시녀(私婢) 등에서 삼국시대 노비의 모습을 찾아 볼 수 있다.27)

2) 법률과 풍속

(1) 법 률

《한서》 지리지가 전하는 고조선사회의 8조법금[犯禁]은 초기 로마법과 같이 관습법의 성격을 띠고 있으며 모든 인류의 사회발전단계에서 적용되어 온 것처럼 유사성을 지니고 있다. 이와 같은 8조의 법금은 중국 동북지방의 부여를 위시하여 고구려·백제·신라에 이르기까지 다소의 차이는 있으나 거의 유사하다. 그 간략한 내용이 중국정사 동이전에 전하고 있다.

《한서》 高帝紀에 보이는 "命 蕭何次律令"이라는 구절에 대해 王定謙이 '令이란 民에게 반포하는 법령을 말하며 이와 같은 영을 범하는 자에게 형벌을

---

27) 朱榮憲, 〈고구려 벽화무덤에 대하여〉(《高句麗古墳壁畵》, 朝鮮畵報社, 1980).

내리는 것을 律이라고 하였다'고 주를 덧붙였다. 《삼국사기》 고이왕(234~286) 조에서는 중국의 6전례에 합치되는 6좌평제도와 더불어 관등·관위(품계) 및 관부·직무의 성격에 관한 내용을 볼 수 있다. 아울러 관리가 뇌물을 받으면 도적과 동일하게 받은 재물의 3배를 배상하고 종신 禁錮의 형벌을 받는다고 하였다. 또한 왕이 친히 참석하여 정사 및 나라의 중대한 형벌까지 논의하는 南堂制가 있었다는 것은[28] 당시 백제사회가 율령제에 의한 정치체제로 발전하고 있었다는 사실을 말해주고 있다. 이와 같은 고이왕대의 기사는 남천 이후 백제의 정치제도가 성숙해진 후대의 사실을 끌어올린 것이라고 보기도 한다. 그러나 《삼국사기》에는 신라의 첨(점)해이사금(247~261) 및 미추이사금(262~284) 때 즉 백제 고이왕대와 같은 시기인 3세기 후반에 이미 남당정치의 기록이 보이며 특히 미추왕대에는 여러 신하를 남당에 모아 놓고 왕이 친히 정치와 형벌이 적합한지의 여부를 물었다고 하였다.[29]

《주서》 백제조에는 16등급의 품계, 내·외관 22부와 복식, 혼·상풍속 등 당시 백제의 사회풍속과 함께, 율령에 관하여 다음과 같이 소개하고 있다.

> 反叛(모반)·退軍 및 살인자는 참하고, 도둑은 유형(귀양)에 처하며 훔친 물건의 2배를 징수한다. 결혼한 부인이 간통하면 그 신분을 박탈하여 천류로 내려 남편집의 종으로 삼았다(《周書》 권 49, 列傳 41, 異域 上, 百濟).

이와 동일한 내용은 《북사》 백제전에도 보인다. 그리고 《구당서》 동이전 백제조에서는 반역자에 대하여 그 가족과 재산을 몰수하고, 살인자는 노비 3인을 제공하면 속죄되며, 관인으로서 뇌물을 받거나 도둑질한 자는 그 액수의 3배를 배상하고 아울러 평생 벼슬길에서 추방당하는 금고형을 받는다고 하였다.[30] 이와 같은 《구당서》 백제전의 형률에 관한 내용은 《신당서》에서도 동일하게 보이는데, 《주서》 백제전에 전하는 내용과는 다소 차이가 있다. 다만 《삼국사기》 고이왕 29년(262)에 관리로서 뇌물을 받은 경우 및 도둑질한 자에게 3배의 재물을 징발하고 종신토록 금고에 처한다는 사실은[31] 일찍이 고조선사회의 '盜者自贖'에 관한 만민법적인 법속에 바탕을 두고 있다. 따라서 고대

---

28) 《三國史記》 권 24, 百濟本紀 2, 고이왕 27·28·29년.
29) 《三國史記》 권 2, 新羅本紀 2, 첨해이사금 3년 7월 및 미추이사금 7년.
30) 《舊唐書》 권 199 上, 列傳 149 上, 百濟.
31) 《三國史記》 권 24, 百濟本紀 2, 고이왕 29년.

국가의 형태가 갖추어지기 시작한 삼국시대의 형률은 이와 같은 법속의 영향을 받았다고 보여진다.

또 온조왕 34년(16)에는 반란을 일으킨 마한의 옛장수 周勤의 시체를 허리까지 자르고 동시에 처자를 주살하였으며, 또한 무령왕 즉위년에도 반란자 좌평 苩加를 참형에 처하고 그 시체를 白江에 버렸다.[32)]

부여를 비롯한 삼국시대 형률이 정확히 언제 만들어져 실시되었는지는 알 수 없다. 그러나 《후한서》 부여전에 전하는 바와 같이 형률이 지극히 엄한 것은 부여를 비롯한 삼국에서 동일하게 나타난다. 즉 《후한서》 부여국전에 의하면 부여에서는 모반이나 살인이 포함된 사형수 가족을 몰수하여 노비로 삼는 가족연좌법이 시행되었고, 도둑의 보상을 12배로 하였으며, 남녀간의 사통간음이나 질투한 부인은 사형시키고 그 시체를 산상에 유기하는 등의 가혹한 처벌이 있었다.[33)] 또한 형벌의 유형에는 조금 차이가 있으나 고구려에서도 같은 경향을 찾아볼 수 있다. 《주서》 열전 고구려조에는 내란 및 외적과 내통한 반역자에 대하여는 火刑시킨 후 다시 참형하며, 그 가족을 몰수하여 노비로 삼고, 도둑질한 자는 물건을 10배(《구당서》 고구려전에는 12배)로 갚든지, 갚을 능력이 없는 자는 그 자녀를 노비로 팔아 보상하는 등의 형률이 전하고 있다. 그리고 《구당서》 고구려전에는 우마를 함부로 도살하는 자는 신분을 낮추어 노비로 삼으며, 형률이 엄하므로 범죄자가 적어 길바닥에 물건이 떨어졌어도 줍지 않았다고 하였다. 《후한서》 부여국전에는 죄인을 수용할 감옥(牢獄)이 있었다고 하였는데 《남사》 고구려전에는 형률이 매우 엄하여 범인이 드물고 감옥이 없다고 하였다. 이로 보아 백제의 발원과 관계가 깊은 부여나 고구려와 같은 북방사회의 경우, 남방으로 이동하여 마한 토착세력을 정복 또는 동화시켜 정착한 백제사회보다 형률이 오히려 엄격하였음을 알 수 있다. 이는 아마도 1세기를 전후한 때 중국 동북지방에서 선비를 위시하여 말갈 여러 족과의 끊임없는 대결을 위해 결속이 필요했기 때문으로 보인다.

이상과 같이 백제를 비롯한 삼국시대의 형률은 살상·도둑·간음을 금했던 이른바 고조선의 8조법금처럼 고대사회에서 볼 수 있었던 관습법의 한

32) 《三國史記》 권 23, 百濟本紀 1, 시조 온조왕 34년 및 권 26, 百濟本紀 4, 무령왕 즉위년 정월.

33) 《後漢書》 권 85, 東夷列傳 75, 夫餘國.

유형이라고 할 수 있다. 그러나 형률의 집행에서는 수·당률인 5刑(笞·杖·徒·流·死)에 바탕을 두고 속죄하는 방식이 가미되어 있다. 또한 삼국이 병립하여 상호 항쟁하는 사회적 배경으로 인해 반역·모반, 전투할 때의 도망자 등에 대한 형벌이 가혹했으며, 가부장사회의 특징으로 부녀자의 간음을 규제하고 노비제 및 사유재산제가 강조되었던 것 같다.

(2) 풍 속

마한의 연맹국 중 하나였던 伯濟는 한강변 하류지역을 중심으로 성장하였다. 따라서 북쪽은 浿河(예성강)에서 동쪽은 走壤(춘천), 남쪽은 熊川(안성)에 이르는 한반도 중부지역에서 초기 백제어의 발원으로 인정되는 부여어(고구려어)를 사용하는 문화권이 성립되었다. 그 남쪽은 원시 한반도어로 보이는 알타이계 퉁구스어에 古아시아어가 관련되어 성립된 것으로 보이며, 또한 이와 관계가 있고 한반도의 기층어에 속한다는 마한어를 사용한 문화권이 자리잡고 있었다. 근초고왕이 마한 전역을 통합한 4세기 이전까지는 이와 같은 두 개의 언어문화권이 병존하고 있었다고 보아야 할 것 같다. 따라서 마한과 백제라는 두 개의 다른 사회풍속이 한동안 계속되다가 결국 마한풍이 백제사회에 흡수 혼합되었을 것이다. 그러나 이렇게 두 사회의 다른 풍속사를 사서를 통하여 구체적으로 가려내기는 어렵다. 다만 중국과의 적극적으로 교류가 시작된 이후 중국측에서 백제의 사정을 알게 되었고, 결국 남조의 《梁書》 백제전부터 단편적이나마 구체적인 백제의 사회풍속사가 전해지게 된 것이다.[34]

《삼국지》 위지 韓傳의 廉斯鑡사건이[35] 시사하는 바와 같이 이미 漢郡縣시대 그들 통치 밖에 있었던 남쪽의 韓사회에는 고조선의 유민집단에 의한 유풍과 더불어 한군현을 통하여 중국측 사회풍속의 영향을 받았던 것으로 보인다. 그 후 남북조시대부터 시작된 활발한 교류의 결과 《양서》·《주서》 및 《수서》·《구당서》·《신당서》 등의 백제전에 의하면 학술과 풍속에서 잡희·오락에 이르기까지 백제에서 부여나 고구려사회보다 중국측 사회풍속에 깊은 영향을 받았던 것을 알 수 있다.

---

34) 《梁書》 권 54, 列傳 48, 諸夷列傳東夷, 百濟.

35) 《三國志》 권 30, 魏書 30, 烏丸鮮卑東夷傳 30, 韓.

가. 학 술

중국측 문헌에 「百濟」라는 국명이 처음으로 나타난 것은 당나라 초기 房玄齡 등이 편찬한 서진 및 동진대의 사서《晋書》載記 慕容皝(337~348)조의 중국과의 교류기사이다.36) 그러나 자세한 내용은 남조 (劉)宋대의《宋書》에서부터 보인다. 즉《송서》백제전에 의하면 元嘉 27년(450) 비유왕이 송 문제에게 청하여 한나라 焦贛이 찬술한 易書인《易林》과 式占(唐六典에 式盤으로 占을 쳤다고 함 ; 〈사진 1〉 참조) 등을 얻었다.37) 역시《양서》백제전에 의하면 사비성에 남천하기 전후인 中大通 6년(534)과 大同 7년(541)에 백제의 성왕은 양무제에게 사신을 보내《涅槃經》등의 해설서와 毛詩博士, 工匠·畵師를 청하여 받았다.38)

이러한 학술·불교·역술에 대한 적극적인 관심은《주서》백제전에서 보다 구체적으로 살필 수 있다.39) 즉 고전과 역사(墳史)서를 즐겨 읽고 그 가운데 우수한 자는 훌륭하게 문장을 구사하였다. 또 음양·오행설을 이해했고, 송의 元嘉曆을 채용하여 寅月을 정월로 삼았다. 그리고 의약·卜筮·占相術에도 능하였다는 것이다. 이와 같이 五經·子史 등 고전과 사서에 능하였고, 대쪽과 龜甲으로 점을 치는 중국 옛부터의 풍습도 역시 수용하였던 것이다. 이처럼 백제인들은 학술뿐 아니라 관료로서도 맡은 직무를 훌륭히 수행할 수 있는 이른바 能文能吏의 소양도 갖추었던 것 같다. 또한 군왕에게 정사를 간할수 있는 上表·上疏制까지 받아들일 정도로 당시 귀족관료를 중심으로 한 지식인층의 학술문화 수준은 매우 뛰어났던 것이다. 더욱이《양서》신라전에는 신라인이 중국과 통하려면 백제 사람의 통역이 있어야 된다고 하였던 것으로 보아40) 당시 학술문화 전반에 걸쳐 백제가 신라보다 앞섰던 것으로 보인다.

언어의 경우, 앞서 살펴본 바와 같이《양서》백제전에서 언어와 복장이 고구려와 같다고 하였고,《주서》백제전에서는 왕족인 부여씨와 민에 속하는 마한인과의 사이에 사용하는 용어의 차이가 인정된다고 하였다. 따라서 백제의 왕족을 중심으로 한 지배층은 부여에 바탕을 둔 부여어를 사용하고 피지

36)《晋書》권 109, 載記 9, 慕容皝.

37)《宋書》권 97, 列傳 57, 東夷, 百濟國.

38)《梁書》권 54, 列傳 48, 諸夷列傳東夷, 百濟 및《梁書》권 4, 簡文帝帝紀 太淸 3년 참조.

39)《周書》권 49, 列傳 41, 異域 上, 百濟.

40)《梁書》권 54, 列傳 48, 諸夷列傳東夷, 新羅.

배층인 민은 마한 토착어를 사용하여, 근초고왕이 마한 전역을 통합한 후에도 오랫동안 이러한 언어상의 차이는 존속되었던 것으로 볼 수 있다. 특히 《양서》 백제전에 "그 언어는 중국의 것을 參用하였다"라고 한 것처럼 백제의 지배층사회에서는 중국측 한자어의 영향이 컸던 것으로 이해된다. 가령 백제에서 모자(帽)를 冠, 저고리(襦)를 複衫, 바지(袴)를 褌이라 하는 등 중국복식사의 의례적인 용어를 수용하고 있다. 반면 신라의 경우에는 《양서》 신라전에서 관을 遺子禮, 저고리를 尉解, 바지를 柯半, 신(靴)을 洗로 각각 표시하였다. 이것은 그들이 관위를 子賁旱支, 齊旱支, 謁旱支 등이라 한 바와 같이, 신라어가 알타이 어군에 속하며 旱·干·飡 등 汗(大)에 통하는 공통의 어간에 바탕을 둔 토착어를 사용한 문제와 관계가 있다고 보여진다. 따라서 백제어가 한자문화에서 영향을 많은 받은 것과는 달리 신라는 통일전까지 고유의 토착어를 지켜온 것으로 볼 수 있다.

나. 신 앙

《삼국사기》 祭祀志에는 중국의 《冊府元龜》의 외신부 백제조를 인용하여, 매년 4계절 중 仲月인 2월(仲春)·5월(仲夏)·8월(仲秋)·11월(仲冬)에 왕이 천신과 오행사상에 의한 5帝神을 받들어 제사지내고, 그들 시조인 仇台(優台)의 사당을 도성 안에 세워 역시 1년에 네 차례 제사를 지냈다고 하였다.[41] 이 내용은 《주서》 백제전에도 전한다.

또한 《古記》를 인용하여 온조왕 20년(2) 2월 왕이 제단을 설치하여 천지신에게 제사를 지냈다고 하였고, 이어서 같은 왕 38년 10월과 다루왕 2년(29) 2월, 고이왕 5년(238)과 10년·14년 정월, 근초고왕 2년(347) 정월, 아신왕 2년(393) 정월, 전지왕 2년(406) 정월, 모대왕(牟大王=동성왕) 11년(489) 10월에 각각 시조 온조왕 때와 같이 제단을 세워 천지신을 위한 제사를 받들었다고 전하고 있다.

역시 같은 《고기》의 기사를 옮겨 다루왕 2년 정월과 책계왕 2년(287) 2월, 분서왕 2년(299) 정월, 계왕 2년(345) 4월, 아신왕 2년(393) 정월, 전지왕 2년(406) 정월 동일하게 동명사당에 배알하였다고 하였다. 이는 온조왕 원년 정

---

41) 孔安國의 尙書 序에 "少昊 金天氏(金德王), 顓頊高陽氏(水德王), 帝嚳高辛氏(木德王) 唐堯(火德王) 虞舜(木德王)"이라고 하였다.

월에 동명왕의 사당을 세운 이후 역대 왕들이 즉위 초에 이 사당을 배알했다고 하는《삼국사기》기록과 관계가 있을 것이다.[42] 그런데 이《삼국사기》제사지에 인용한《고기》란 이미 없어져 전하지 않는《舊三國史記》와 관계가 있는 것으로 보인다.

음양오행사상의 영향으로 인정되는 5제숭배 등 중국문화 계통의 영향을 제외하면, 불교가 수용된 침류왕(385) 이전의 한성시대에는 토속신앙의 흐름이 강하게 이어져 왔던 것으로 볼 수 있다. 특히 제천의식은 고조선의 하늘숭배와 동일한 계통의 문화를 계승한 부여·고구려계 시조설화가 결합된 것으로서, 부여의 迎鼓(12월), 동예의 舞天(10월), 고구려의 東盟(10월)과 아울러 삼한의 天君·蘇塗의 존재에서도 역시 동일한 토속적 신앙의 흐름을 찾아볼 수 있다. 또한 하늘뿐만 아니라 천지산천 등 자연의 여러 신을 숭배해 온 토속신앙은 八關會를 통하여 신라와 고려시대에 이르기까지 그 맥을 이었다.

불교에 관하여는, 현재까지 한강변 일원을 중심으로 한 경기지방에서 호서·호남에 이르는 옛 백제문화 강역으로부터 많은 유적·유물이 발견되어 널리 성행하였음을 확인할 수 있다. 그러나 구체적인 기록은 매우 드문 형편이다.《삼국사기》에 전하는 사실은 침류왕 즉위년(384) 9월에 동진에서 온 胡僧 摩羅難陀가 불법을 전하고, 그 다음해는 漢山에 절을 창건하여 승려 10인을 두었으며, 성왕 19년(541)에는 중국 남조의 양나라를 통하여《열반경》등 경전을 얻었다는 정도이다.[43]

그리고《일본서기》에는 欽明天皇 13년(552, 성왕 30년)에 西部 姬氏 달솔 怒利斯致契 등이 금동불상 1구와 幡蓋·經論을 각각 약간씩 전하여 일본불교 발전의 계기가 되었다고 하였다.[44]《북사》백제전에는 승려가 있고 사찰과 탑이 많으나 道士가 없다고 한 기사가 있다. 이 내용은 백제의 불교가 크게 발전한 성왕대 이후의 상황을 전한 것으로 보인다.

그 밖에도《일본서기》崇峻紀에 의하면 백제는 당시 사원건축가인 사공

42)《三國史記》권 23, 百濟本紀 1, 시조 온조왕 원년에 "立東明王廟"라 한 이후 다루왕·구수왕·책계왕·분서왕·아신왕·전지왕조에 동명묘 拜謁기사가 보인다.

43)《三國史記》권 24, 百濟本紀 2, 침류왕 즉위년, 2년 및 권 26, 百濟本紀 4, 성왕 19년.

44)《日本書紀》권 19, 欽明天皇 13년 10월조에 보이는데, 帝說·元興寺緣起에는 欽明 7년 무오(538) 즉 성왕 16년 백제가 泗沘로 천도한 해라고 하였다.

(寺工)과 노반박사, 와박사(造瓦師) 등을 일본에 보내 고대일본의 불교문화인 飛鳥[아스카]文化가 발전할 수 있는 계기를 마련해 주었다. 그리고 《삼국유사》 탑상조에 의하면 신라 선덕여왕 12년(643 ; 의자왕 3)에 당시 신라에서는 구할 수 없었던 사원건축의 거장 阿非知를 청하여 皇龍寺9層塔을 완성하였다고 한다.[45]

백제의 求道僧으로는 三論宗에 정통한 惠現이 있었고,[46] 인도에까지 가서 律部를 익혀 백제 律宗의 비조가 된 謙益과 같은 명승이 있었다.[47]

고구려와 같이 백제에서도 후기에는 도교가 수용되었던 것으로 짐작된다. 가령 扶餘郡 窺岩面 外里에서 발견된 山水文·山水鳳凰文(〈사진 2〉)에 이른바 도교세계에서 말하는 三神山(蓬萊·方丈·瀛州山) 및 道觀(道院)과 道士로 추정되는 사람의 모습이 보인다. 또 근래 부여 陵山里에서 발견한 금동향로의 상단 뚜껑쪽에 새겨진 문양은 주제가 신선이 살았다는 蓬萊山을 중심으로 하고 있다. 이러한 유물들에 보이는 문양은 우리 나라 고유의 산악숭배와 더불어 신선사상 및 도교사상의 영향으로부터 비롯된 것이라 할 수 있다(〈사진 3〉).[48]

《주서》나 《통전》 등의 백제전에 따르면 백제인은 일찍부터 卜筮(著龜), 占相術을 비롯하여 음양오행에 관한 이해가 깊었던 것 같다. 부여 능산리에서 발견한 금동향로는 그 바탕이 되는 모티프를 전한시대 유물인 錯金博山爐(〈사진 4〉)에 두고 있으며, 그 후 백제인 기술자에 의해 새로운 창작으로 이루어진 것이라고 할 수 있다.[49] 그런데 향로 상부인 뚜껑쪽에는 승려상을 비롯하여 다섯 개의 산악 주봉과 5인의 악사에 의한 奏樂像(〈사진 5〉), 다섯 마리의 기러기(雁 혹은 鴛鴦?) 및 다섯 개의 香煙구멍, 허리쪽의 연꽃, 臺座의

---

45) 《三國遺事》 권 3, 塔像 4, 皇龍寺九層塔.

46) 《三國遺事》 권 5, 避隱 8, 惠現求靜.

47) 李能和, 《朝鮮佛教通史》(新文館, 1918).

48) 國立扶餘博物館, 《扶餘博物館陳列品圖鑑》(三和出版社, 1981), 도판 73·74·75·76 참조.
國立中央博物館, 《特別展 金銅龍鳳蓬萊山香爐》(通川文化社, 1994), 도판 27~30 참조.

49) 《中國文物精華》(北京, 文物出版社, 1992), 115圖 「錯金博山爐」 1968, 河北省滿城縣陵山出土. 중국 고대사회에서 분향을 위해 사용한 향로이며, 상단 뚜껑쪽의 爐蓋와 그 아래 爐盤이 있고, 이를 받치는 爐座로 구성되어 있다. 뚜껑 상단 정상에는 으레 靈鳥가 놓여져 있으며 이를 받치는 산악과 사람 및 호랑이·원숭이 등 동물이 보이며, 향로 전체를 받치고 있는 爐座에는 昇龍像이 있고 龍頭가 이를 떠받치고 있다. 따라서 기본적 구도는 백제의 금동향로와 동일하다.

용 등이 새겨져 있는데 여기에서 당시 오행설에 대한 깊은 믿음과 아울러 불교·용신·산악 숭배와 같은 그들 신앙생활의 한 모습을 찾아볼 수 있다.

다. 예 속

당나라 때 令狐德棻 등이 편찬에 착수했다는 《주서》 이역전에는 백제의 정치제도나 풍속·신앙 등에 관한 비교적 새로운 내용이 소개되고 있다.

> 백제 남자의 의복은 고구려와 대략 같으며, 조정에서 배례하거나 제사를 지낼 때 冠의 양끝에 깃털을 달았으며 군사가 있는 경우에는 달지 않았다. 배알의 예를 행할 때는 두 손을 모아 땅을 짚고 경의를 표하였다. 부인의 의복은 袍衣와 흡사하고 소매가 약간 큰 편이었다(《周書》 권 49, 列傳 41, 異域 上, 百濟).

복식에 대해 전하는 위 기사에서 남자의 경우는 고구려 복식과 비슷하였으며, 관에 깃을 꽂았음을 알 수 있다. 남자들의 관복은 국왕과 좌평 이하 솔계에 속한 제1관료군이 모두 자주빛 도포류에 속하는 공복을 입고, 제2관료군인 덕계는 붉은 빛, 그 이하 제3관료군은 청색옷을 각각 입어 외형상의 복식으로 위엄을 갖추어 백성 및 천민과 구별하였음은 앞에서도 언급하였다. 또한 《양서》 백제전에는 백제사람은 키가 크며 의복이 정결함을 강조하였다.

그리고 《삼국지》 위지 부여전에서는 부여 사람은 체구가 크고 성격이 용감하면서 근후하여 존귀한 사람을 대할 때는 무릎을 꿇고 양손을 모아 땅을 짚었다고 하였다. 또 고구려전에서는 고구려사람이 부여인의 별종이며 역시 청결함을 스스로 선호하였고, 무릎을 꿇고 절하는 예절이 있다고 하였다. 결국 부여에 바탕을 두었다는 백제는 고구려와 마찬가지로 비교적 체구와 신장이 컸던 것 같고 또한 늘 정결하며 예의를 갖춘 것으로 볼 수 있다.

더욱이 백제 여인의 의복은 소매가 큰 袍衣같은 것이었다. 1979년도 충남대학교 박물관팀에 의하여 부여 정림사지 회랑에서 발견된 陶俑 중 籠冠을 쓴 여인상의 의복에서 소매가 넓은 도포형의 치마를 확인한 바 있다. 이를 통해 백제사회에서 예절을 갖춘 중국식 복식문화의 흐름을 찾아볼 수가 있다.[50)]

혼례와 상례에 관하여 《주서》 백제전에서는 대략 중국과 같아 부모나 남편이 죽으면 3년 동안 상복을 입고 나머지 친족의 경우는 장례를 마치는 대

50) 權兌遠, 〈百濟의 冠帽系統考〉(《史學志》 16, 1982).
　　———, 〈百濟의 籠冠考〉(《尹武炳博士回甲紀念論叢》, 1984).

로 예절이 모두 끝난다고 하였다. 또한《수서》백제전에는 상제가 고구려와 같다고 하였다.

그런데 백제에서는《후한서》부여전이나《양서》고구려전에 보이는 흉노 등 북방 유목민족사회에서 형이 죽으면 동생이 형수를 취한다는 娶嫂婚(Levirate)풍과 고구려의 데릴사위(豫壻制)와 같은 혼속은 찾아볼 수가 없다. 또한 服喪制에 관하여는 일찍이 중국의 은·주시대부터 발원하였다고 전하는 3년 친상제가 그 후 1년 혹은 3개월로 줄어들고, 전한대는 36일 탈상이 조칙으로 정례가 되었다고 하며, 부여에서는 5개월, 신라에서는 1개월 탈상이라고 하였다.51) 과연 고구려나 백제에서 3년 복상이 어느 정도로 지켜져 내려왔는지는 의문이 남는다.

백제에서 불교수용 이후 행한 것으로 보이는 화장풍에 대한 기록은 찾아볼 수 없다. 그러나 1971년과 1972년 부여 中井里·鹽倉里의 발굴조사로 백제시대 화장묘가 밝혀졌다. 그 후 新里·軍守里·上錦里·雙北里에서 藏骨용기인 骨壺가 발견되었다. 그 결과 불교가 성행한 사비시대 이후인 백제 말기에는 화장의 풍속이 있었음을 알 수 있게 되었다.52)

라. 잡 희

백제사회의 오락에 속하는 雜戲에 관하여는《주서》이역전을 비롯하여《북사》·《수서》백제전에 간략히 전하고 있다. 즉 投壺·圍棊·樗蒲·握槊·弄珠 등이 있었고 이 가운데 奕棊(위기와 같음)를 가장 중히 여겼다는 것이다. 이와 같은 잡희류는 중국에서 이미 경서와 같은 고전에 전해 내려오고 있어 상당히 이른 시기부터 전승되어 온 중국측의 풍속이라고 볼 수 있다. 그리고 이러한 중국계통의 풍속은 우리 나라의 삼국시대에 해당되는 남북조시대에서 수·당시대에 걸친 교류를 통하여 백제사회에 전파되어 정착한 것으로 보인다.

가) 투 호

投壺에 관하여는《禮記》·《大戴禮》투호편에 간략한 설명이 전해 오고 있다. 투호는 연회가 있을 때 주인과 손님이 상대가 되어 생긴 여흥이다. 대개 단지를 뜰이나 건물내에 놓고 화살 모양의 나무를 단지 속에 던져 넣어 그

51) 權兌遠,《韓國社會風俗史硏究》(景仁文化社, 1980).
52) 姜仁求,《百濟古墳硏究》(一志社, 1977).

수의 다과로 승패를 정하며(〈그림 1〉), 패자는 벌주를 마시게 하고 술을 마시지 못하는 자는 노래로 대신하였다는 것이다. 한편 이 때 磬鼓를 울리며 시가를 읊어 좌흥을 돋우었다고도 하였다.

나) 저 포

樗蒲란 본래 주사위(骰子·賽子 : 〈그림 2〉)가 가죽나무 등의 열매로 만들어졌다는 데서 유래한 것이라고 한다. 한대 이전에는 六博이라고 하는 것이 있었는데, 이것은 6개의 댓가지(6箸, 길이 6寸)에 일정한 표시(숫자?)를 새겨 놓고 이를 던져 그 숫자를 산출하여 경기판(Game 盤上) 위에 놓인 바둑말[棊]을 진행시켜 상위에 도달하도록 서로 겨루는 놀이라고 하였다(〈사진 6·7·8〉). 그런데 저포의 명칭이 생긴 한대 이후 다섯 개의 주사위를 사용한 데서 五木의 칭이 생긴 것이라고 한다. 이와 같은 주사위는 처음 나무로 만들었으나 후에 상아로 바뀌어 상부는 검은색, 하부는 흰색으로 표시하였다고 하였다.

한편 博이 육박류를 지칭한 것이라면 혁은 바둑(圍棊·奕棊)류를 말한 것이므로 박과 혁은 별개의 것임을 뜻한다.[53]

다) 악 삭

握槊은 일명 雙陸(六)이라고도 한다. 正角 6면에 1에서 6까지의 숫자를 새긴 주사위(骰子) 한 쌍을 던져 사위대로 행마하여 먼저 입궁을 다투되, 둘이 다 6이 나면 대개 이기므로 쌍육이라고 하였다는 것이다. 槊이란 바둑에서 말하는 局인 바둑판을 뜻하며, 주사위를 던져 그 결과를 두는 바둑말을 쥐고[握] 바둑판에 놓는 데서 유래된 것으로 보인다. 그 형태는 다르나 1975년 3월부터 1976년 12월에 걸쳐 문화재관리국에서 발굴 조사한 雁鴨池 유적에서 4각형 6면 혹은 3각형 8면의 참나무로 된 흑칠 주사위가 발견되었다. 그런데 이 주사위로부터 그 면에 새긴 글귀에 따라 노래도 하고 춤도 추었던 신라 사람들의 풍류놀이를 확인할 수 있게 되었다.[54] 중국의 《五雜組》 등 고전에 의하면 쌍륙인 악삭은 남북조시대에 서역에서 전파되어 수·당시대 성행하였다고 하는데, 이 무렵 백제에 전파된 것으로 보인다.

53) 尙秉和, 《中國社會風俗史》(秋田成明 譯, 平凡社, 1974)의 제34장 各種遊戱 참조.
54) 國立中央博物館, 《雁鴨池》(通川文化社, 1980)의 제340도, 木製주사위 참조.

라) 농 주

弄珠에 대하여 전해 오는 분명한 기록은 관련사서에서 찾아볼 수가 없기 때문에 그 내용을 자세히 밝힐 수는 없다. 다만 농주란 弄丸으로 보는 것이 타당하다는 견해가 있다. 즉 춘추시대 市南이라는 곳에 宜僚라는 자가 丸鈴(珠)을 잘 다루어 항상 8개는 공중에 있고 한 개는 손 가운데 있었다. 초나라가 송과 더불어 싸울 때 의료가 가슴에 칼상처를 받고도 軍陣 앞에 나가서 환령을 다루어[弄] 싸움을 그치게 함으로써 결국 초나라의 승리로 돌아가게 했다는 것이다.55)

한편 고구려 藥水里壁畵古墳 行列圖에 보이는 곡예도와 水山里의 벽화고분의 그림 가운데 마디가 있는 작은 나무봉과 2개 내지 5개의 공을 공중에 던지는 곡예사의 그림에서 농주의 한 사례를 찾아볼 수가 있다56)(〈그림 3〉). 그것이 백제사회에 전파되면서 어떠한 형태로 변했는지는 알 수 없으나 이와 같은 고구려사회의 곡예류에 속한 오락풍속이 전해진 것으로 볼 수 있다.

마) 위 기

중국 晋代 張華가 지었다고 전하는 《博物志》에 의하면 위기(圍棊·奕棊·圍碁)의 기원은 堯가 그 아들 丹朱에게, 또는 舜이 역시 그 아들 商均에게 가르쳤던 데 있다고 한다. 그렇다면 위기, 곧 바둑은 중국에서 이미 오래 전부터 있었던 오락풍인 것 같다. 그런데 당나라 때의 孔穎達이 《疏》에서는 위기를 혁이라고 하는데, 棋者가 바둑돌을 잡고 상대를 둘러싸서 죽이기 때문에 나온 말이라고 하였다. 후세 사람들은 육박이 바둑말[棊 또는 碁]을 사용하며 흑·백이 있고, 바둑판[局]에도 길[道]이 있다는 데서 같은 종류로 오해하기도 한다. 그러나 博奕은 12도이며 흑·백이 각각 6개인데, 혁기인 위기(〈그림 4〉)는 300개가 되므로 상대방을 포위하여 이길 수가 있다는 것이다.

백제에서 바둑을 즐긴 사람으로는 개로왕이 유명하다. 즉 박혁인 바둑을 즐겼던 개로왕을 기만한 고구려 승려이며 바둑의 명수 道琳과의 대국사화가 전한다.57) 또 신라에서도 효성왕은 즉위하기 전에 賢士 信忠과 궁정의 잣나

---

55) 《六堂 崔南善全集》 권 3(玄岩社, 1973).

56) 呂南喆·金洪圭, 《高句麗の文化》(同朋舍, 1982).

57) 《三國史記》 권 25, 百濟本紀 3, 개로왕 21년 9월.

무 밑에서 바둑을 상대하여 후일을 기약하기도 하였다.[58] 이로 본다면 삼국시대에 왕실과 귀족사회에서 바둑을 즐겼던 것을 알 수 있다.

마. 기 사

백제에서 騎射의 풍을 중히 여겼다고 한 기록은 역시 《주서》나 《통전》 백제전에 전해지고 있다. 아울러 《송서》 백제전에서는 (劉)宋의 문제가 보내준 腰弩를 비롯하여 무기류로 弓·箭·刀·稍(長矛)이 있었다고 하였다. 더욱이 《삼국사기》에는 온조왕 때 이미 精騎 혹은 勁騎와 같은 날쌘 기병들이 전투하였던 것을 전하고 있다. 그리고 성왕 7년(529)에는 왕이 고구려 안장왕의 군사를 맞이하여 3만이 되는 보병과 기병으로 싸웠다고 하였다. 따라서 평소에는 수렵을 행하였고, 유사시에는 기병전이 있었기에 기사의 풍습을 귀히 여긴 것으로 볼 수 있다.

최근 부여에서 발견된 금동향로 상단 뚜껑쪽에 새겨진 기마인은 첫째 말의 머리부분[面簾] 및 볼기부분[馬簾]을 보호와 의례적 목적으로 가린 것으로 보이는 甲騎(具裝) 모습과(〈사진 9〉), 둘째 말 위의 인물에서 전한시대 山東省 嘉祥縣宋山畵像石 등에 보이는 기마상(〈사진 10〉)과 같이 冠幘으로 보이는 관모를 쓰고 소매가 넓은 濶袖形 포의를 입었으며, 다리부분을 가린[帶披脚] 모습을 하고 있다.[59] 이는 당시에 의례적이며 위무가 당당했던 백제인들의 기마풍을 전하는 것으로 볼 수 있다. 한편 고구려 舞踊塚과 長川 1호벽화고분에도 騎射(狩獵)상이 보인다(〈사진 11〉).

바. 문신·편두

《삼국지》 위지 한전 마한조에 남자 가운데 때때로 文身을 한 자가 있다 하였다. 그리고 《남사》 夷貊 백제조에는 "그 나라는 일본이 가까워 자못 문신한 자가 많았다"고 하였다. 중국의 주나라 때 남방의 越에서 문신의 풍속이 있었고 이와 같은 문신은 해양국가인 일본에서도 일찍부터 전해오고 있는 것으로 남방계 사회풍속이었다. 또한 위의 《삼국지》 弁辰條에 의하면, "아이가 태어나면 머리를 좁게 하기 위해 문득 돌로 머리를 누르는데, 그 결과 진한 사람은

58) 《三國遺事》 권 5, 避隱 8, 信忠掛冠.
59) 山東博物館·山東文物考古硏究所, 《山東漢畵像石選集》(山東, 齊魯書社, 1982), 嘉祥縣宋山畵像石 圖版 182·189.

모두 褊頭이다"라는 내용을 보여준다. 이러한 풍속은 만주지방에도 있었던 듯 하니, 즉《滿州源流考》권 2에서 만주지방에는 옛날부터 편두하는 관습이 있어 어린 아이 때부터 기구[臥具]를 통하여 머리통 모양을 인위적으로 편두형을 만들었다는 것이다. 그런데 우리 나라는 일찍부터 머리의 앞 뒤 최대 길이가 매우 짧은 短頭蓋形이라는 형질인류학상의 측정 결과도 나온 바 있다.[60]

또한 1954년 초에 중국 황하 하류의 산동·강소의 북부일대에서 이른바 동이계 신석기시대문화로 알려진 大汶口文化 유적의 인골을 분석한 결과 후두부를 인공적으로 변형시킨 편두형 모습을 확인한 바 있다.[61] 결국 편두의 풍속은 변진지역이라는 한반도 중부 이남에서 보였던 머리 모습의 특징으로 한정할 수 없고, 일찍부터 동이문화권으로 알려진 중국대륙의 산동지방에서 만주와 한반도에 걸친 문화권에 보이는 한 습속이었다고 하겠다.

사. 씨 름

씨름(角抵·角力)에 대하여는 중국정사의 동이열전 등에 전하는 기록은 없고, 다만《후한서》부여국전에 후한 順帝 永和 원년(136) 부여왕이 직접 후한의 도읍지 낙양에 가서 伎樂의 한 종류라는 角抵戱를 얻었다는 기록이 남아 있을 뿐이다. 그러나 고구려 벽화고분 角抵塚(4세기 말)의 角抵圖에서 고구려 사람들의 씨름하는 모습을 확인할 수가 있다.

그런데《일본서기》皇極天皇 원년(642 ; 의자왕 2년)조에 의하면, 당시 백제에서 온 使人 대좌평 智積 등에게 일본조정에서 연회를 베풀어 주고, 이미 일본에 체류중인 백제왕자(혹은 왕의 아우) 翹岐가 健兒(膂力 즉 근력이 센자)들에게 씨름인 相撲(捔力으로 표기하기도 하였음)을 보여주었다고 하였다.[62] 결국 친왜세력인 교기에 의하여 고구려와 같이 이미 백제에서도 유행하고 있었던 씨름이 일본에 전해진 것으로 볼 수 있다.

아. 황칠수

60) 島五郎, 〈現代朝鮮體質人類學補遺〉(《人類學雜志》 49, 1934)의 한반도 중부지방 조사 측정 참조.

61) 〈中國新石器時代 人種成分的 硏究〉《新中國的 考古發現和硏究》(文物出版社, 1981), 192쪽에서 "頭骨受壓變形的部位主要限于后枕部"라고 보고하였다.

62) 《日本書紀》 권 24, 皇極天皇 원년 7월.

黃漆樹는 그 즙을 물건에 바르면 황금색이 나는 나무이다. 이에 대하여 《통전》 백제전에서는 백제국 서남쪽 바다에 세 개의 섬이 있는데 이곳에 황색의 칠을 채취할 수 있는 나무가 있다고 하였다. 그리고 이 나무는 小榎樹(小榎) 즉 작은 싸리나무와 유사하나 그것보다는 크며 6월에 즙을 내어 기물에 바르면 황금색이 되어 눈이 부시다는 것이다.[63] 또 《鷄林遺事》에서는 鷄林志를 인용하여, 고려의 황칠은 섬에서 산출되며 6월에 즙액을 채취하는데 그 빛은 황금 빛깔로서 본래 백제에서 산출되던 것을 중국 浙江省 사람들이 新羅漆이라고 했다는 것이다.[64] 洪萬選의 《山林經濟》 種樹편에는 황칠수가 「千金木」으로 전해지고 있다.

한편 황칠은 제주도에서 「나나니」란 이름으로 불리우고 나주의 扇匠에 의하여 근래까지 전승되고 있다고 한다.[65] 황칠은 옻칠이 아니라 락카와 같으며, 기물에 한번 칠을 하면 나무결[木理]이 금빛을 띠면서 생생하게 떠오른다는 것이다.

그런데 《신당서》 에는 "당나라가 요동성을 공격할 때, 백제에서 당나라에 금칠을 한 갑옷[金漆鎧]을 바치고 玄金(烏金·鐵)을 五綵로 칠하여 山五文鎧를 만들어 보냈으므로, 사관들이 이를 입고 종군하였다. 당 태종과 李勣이 합류할 때 갑옷이 햇빛에 번쩍거렸다"고 하는 기사를 전하고 있다. 백제는 무왕 25년(624 ; 당고조 7년)에 당에 사신을 보내어 「光明甲」을 바쳤다고 하였다. 또 당 태종이 백제에 사신을 보내 金漆을 채취하여 철갑에 칠하도록 하였는데 모두 黃紫색으로 빛나게 하였으며, 5채로 玄金을 물들여 山文甲을 만들었다고 한다.[66]

이상에서 당과 고구려와의 전쟁이 벌어졌던 때에 백제가 황금칠을 한 光明甲을 바쳤다는 것이라던가, 또한 당 태종이 직접 백제에 사신을 보내어 백제로부터 갑옷에 칠할 금칠을 채취하도록 하였다는 것 등을 알게 되었다. 결국 백제의 서해 3도에 자생하는 小榎樹에서 얻은 황칠로 만들어진 갑옷이 멀리 당나라에까지 알려진 것처럼, 황칠수는 당시 목공예로로터 갑옷에 이르기까지 매우 소중한 칠의 원료로 사용되었던 것으로 보인다.

---

63) 《通典》 권 185, 邊方 1, 東夷 上, 百濟.
64) 方鍾鉉, 〈鷄林遺事硏究〉(《東方學志》 2, 1955).
65) 李宗碩, 〈朝鮮漆의 한 特徵에 관하여〉(《韓國美術史學大會硏究發表論旨》, 1979).
66) 《冊府元龜》 권 970, 外臣部 朝貢 3 및 권 117, 帝王部 親征 2.

자. 기타 풍속

중국사서에는 백제 초기 무렵의 연령집단에 의해 행하여졌던 공동작업이나 성년식을 위한 유습의 일단이 전해진다. 그것은 고행의 통과의례(Initiation)와 유사한데 다음과 같다.

> 나라 안에 무슨 일이 있거나 관가에서 성곽을 쌓게 되면 여러 소년 중 용감하고 장한 자는 모두 등가죽을 뚫고 거기에 한 발쯤되는 나무막대를 매달아 온종일 소리 지르며 일을 하는데도 아프게 여기지 않는다. 그리하여 사람들은(國人) 그들에게 일하기를 권장하고 또한 그들을 한 사람의 튼튼한 사나이(健兒)로 여긴다(《三國志》 권 30, 魏書 30, 烏丸鮮卑東夷傳 30, 韓).

이에 대하여 노예제사회의 강제노동으로 보기도 하고,[67] 성년식의 통과의례로 보기도 하며[68] 노동기구인 '지개'로 보는 견해도 있다.[69] 아마도 백제에 통합되기 이전의 마한 초기사회에서 그들 부족의 수호를 위하여 일찍부터 구성된 청년무사단체의 수련과정에서 성년식을 겸한 고행이 요청되었던 사실을 전한 것이 아닌가 한다. 가령 신라의 화랑도나 고구려의 扃堂과 같이, 후일 백제에서도 청년무사단인 修士들의 수행과정이 있었음을 뜻하는 것으로 볼 수 있다.[70]

역시 《삼국지》 위지 및 《통전》 한전에 細尾鷄 혹은 長尾鷄에 대하여 전하고 있는데, 이와 같은 세미계는 문신과 같이 남방사회의 요인으로 알려져 있다. 예를 들어 중국에서는 남방 苗族社會에서 鷄神崇拜가 일찍부터 있었던 것으로 알려지고 있다.[71]

〈權兌遠〉

---

67) 白南雲, 《朝鮮社會經濟史》(改造社, 1933).
68) 三品彰英, 《新羅花郎の硏究》(三省堂, 1943).
69) 李丙燾, 〈三韓의 社會相〉(《韓國史》 古代篇, 震檀學會, 1965).
70) 權兌遠, 〈三韓의 社會風俗考察〉(앞의 책, 1980).
71) 위와 같음.

〈사진 1〉 式盤(式占)
甘肅省武威縣磨咀子漢墓 출토

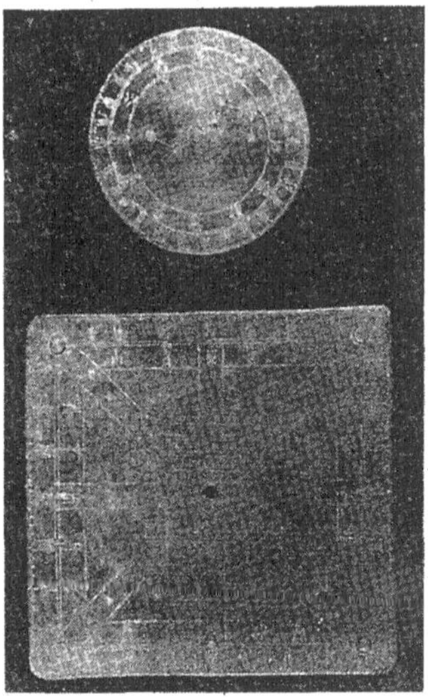

〈사진 2〉 山水文·山水鳳凰文塼
扶餘郡窺岩面外里 출토

〈사진 3〉 金銅龍鳳蓬萊山香爐
扶餘陵山里 출토

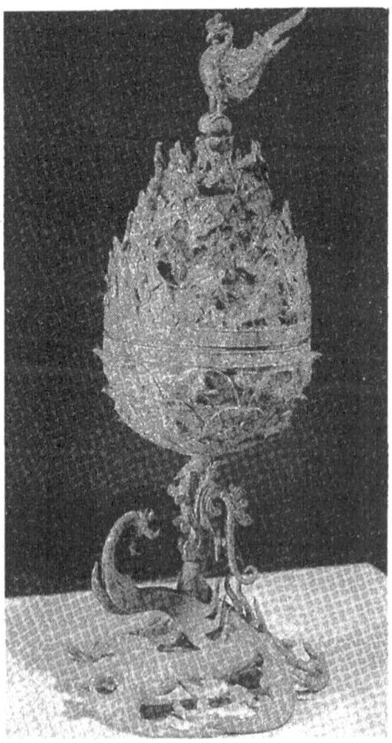

〈사진 4〉 錯金博山爐
河北省滿城縣陵山 출토, 前漢

〈사진 5〉 五人奏樂像
(金銅香爐 蓋部)

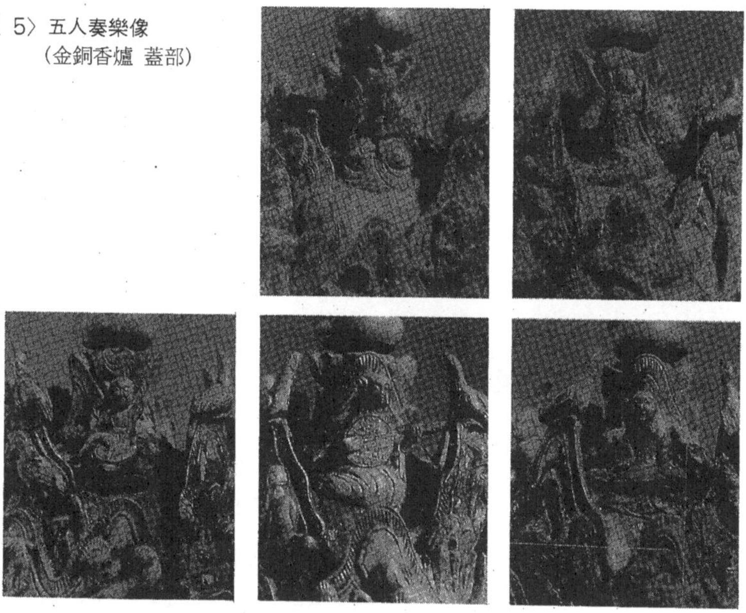

〈그림 1〉 投　壺
南陽漢畵像石, 서기1세기

〈그림 2〉 주사위(賽子 · 骰子)
河北省滿城縣陵山 출토,
靑銅製, 서기전 2세기

〈사진 6〉 六博俑
河南省靈寶縣後漢墓 출토

〈사진 7〉 六博圖
武威磨咀子漢墓 출토

〈사진 8〉 六博과 觀者
山東省滕縣西戶口漢墓
畫像石

〈그림 3〉 弄珠(球)圖
藥水里 高句麗古墳壁畫

〈그림 4〉 碁盤(局)
望都東郊外漢墓 출토,
石製모형, 서기2세기

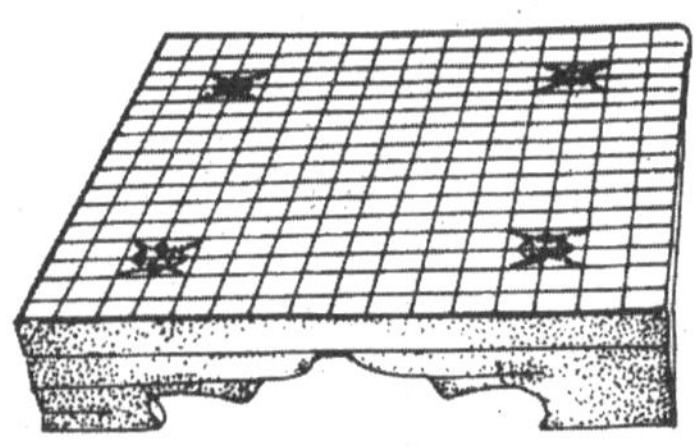

〈사진 9〉 金銅香爐 騎馬像
扶餘陵山里 출토

〈사진 10〉 漢畫像石 騎馬像
山東省嘉祥縣宋山

〈사진 11〉 騎射像
高句麗舞踊塚 古墳壁畵

집 필 자

개 요 ·· 노중국

Ⅰ. 백제의 성립과 발전

1. 백제의 기원 ·· 권오영
2. 백제의 성립과 발전 ·· 권오영

Ⅱ. 백제의 변천

1. 한성시대 후기의 정치적 변화 ·· 양기석
2. 웅진천도와 중흥 ·· 양기석
3. 사비천도와 지배체제의 재편 ·· 김주성
4. 지배세력의 분열과 왕권의 약화 ·· 김주성

Ⅲ. 백제의 대외관계

1. 중국왕조와의 관계 ·· 유원재
2. 백제의 요서영유(설) ·· 유원재
3. 왜와의 관계 ·· 유원재

Ⅳ. 백제의 정치·경제와 사회

1. 중앙통치조직 ·· 노중국
2. 지방·군사제도 ·· 노중국
3. 경제구조 ·· 양기석
4. 사회구조 ·· 권태원

한국사 6

삼국의 정치와 사회 2 – 백제

편찬간행 **국사편찬위원회**

초판1쇄 2003년 11월 30일
2쇄 2013년 6월 4일

번각발행 **탐구당**

등록일 1950년 11월 1일
등록번호 서울 제 03-00993 호

주소 서울특별시 용산구 한강대로 62 나길 6
전화 (02) 3785-2211(대표)
팩스 (02) 3785-2272
홈페이지 www.tamgudang.co.kr
전자우편 tamgudang@paran.com

ISBN 978-89-8236-572-0
978-89-8236-566-9(세트)

값 12,000 원